高等院校法学专业规划教材

航空法教程

（第2版）

主　编　董杜骄　顾琳华

副主编　贺富永　杨　惠　朱子勤　李　娜

撰稿人　（以撰写章节先后为序）

董杜骄　贺富永　顾琳华　李　娜

韩文蕾　胡建发　杨　惠　刁伟民

朱子勤

对外经济贸易大学出版社

中国·北京

图书在版编目（CIP）数据

航空法教程／董杜骄，顾琳华主编．—2版．—北京：对外经济贸易大学出版社，2016.3（2023.8重印）
高等院校法学专业规划教材
ISBN 978-7-5663-1537-3

Ⅰ.①航… Ⅱ.①董… ②顾… Ⅲ.①航空法-高等学校-教材 Ⅳ.①D993.4

中国版本图书馆 CIP 数据核字（2016）第 028948 号

航空法教程（第 2 版）

董杜骄 顾琳华 **主编**
责任编辑：汪友年 乔博娟

对外经济贸易大学出版社
北京市朝阳区惠新东街 10 号 邮政编码：100029
邮购电话：010-64492338 发行部电话：010-64492342
网址：http://www.uibep.com E-mail：uibep@126.com

三河市少明印务有限公司印装 新华书店经销
成品尺寸：185mm×260mm 19 印张 439 千字
2016 年 3 月北京第 2 版 2023 年 8 月第 7 次印刷

ISBN 978-7-5663-1537-3
印数：10 601-11 600 册 定价：39.00 元

高等院校法学专业规划教材编委会名单

本书作者简介

董杜骄　男，1972年生，1994年毕业于辽宁大学法律系，2001年在北京航空航天大学获管理学硕士学位。北京航空航天大学法学院讲师，岳成律师事务所执业律师，1994~1998年曾工作于中国航空工业总公司航空发动机研究所法律事务部。在《中国法律》《中国软科学》《科技进步与对策》《行政与法》《岳成律师》以及《北京航空航天大学学报》等其他学术刊物上发表了包括航空法律问题在内的学术论文多篇。在中央电视台“东方时空”、北京交通台、《北京晨报》、《中国消费者报》等媒体上发表过航空法律见解。学术研究重点是边缘法学。

顾琳华　女，毕业于首都经济贸易大学。中国民航管理干部学院副教授，长期从事航空法等课程的教学研究。发表了《试论航空器机长的法律地位》等十余篇论文，参与编写了《中国民用航空专业法规概要》《航空法教程》及其修订版、《新编经济法教程》等著作，其中《航空法教程》（修订版）获得2005年民航总局级优秀教材一等奖。主持并参与了民航总局科技基金项目航班延误的处理及法律责任研究、中小机场生存与发展、机场噪声处置政策研究等科研项目，其中航班延误的处理及法律责任研究获2004年度中国民用航空协会科学技术奖三等奖。多次为民航总局及各管理局举办的民用航空监察员法律知识培训班做航空法、行政法等专题讲座，受到民航系统内的认同和首肯。

贺富永　男，1973年生，法学硕士，南京航空航天大学人文学院法律系讲师，江苏省国际法学研究会理事。长期从事航空法学和国际法学的教学和研究工作，在《理论探讨》《西南民族大学学报》等学术刊物上发表航空法学论文数十篇。

杨惠　女，1962年生，法学硕士，中国民航大学教授，中国航空法学研究会常务理事，中国法学会法学教育研究会理事。近年来，合作或独立出版专著、教材4部，发表学术论文近30篇，主持省部级课题4项。

朱子勤　女，法学博士，中国政法大学国际法学院副教授。主要从事国际私法、国际航空法的教学与研究工作。

李娜　女，1976年生，西北工业大学人文与经法学院法学系讲师。主要从事国际法领域的教学与研究工作，曾发表论文多篇。

刁伟民　男，中国民航管理干部学院讲师。

韩文蕾　女，西北工业大学人文与经法学院法学系讲师。

胡建发　男，西北工业大学人文与经法学院法学系讲师。

前言（第二版）

《航空法教程》自出版以来，成为读者的航空法入门读本和航空院校学生的课堂教材。鉴于航空法律体系十分庞大浩繁，其基本法律内容随着航空运行实践得以不断丰富完善。

近年来国际国内的航空法律出现了一些新变化。例如，国际民用航空组织于 2013 年通过《芝加哥公约》第 19 号附件，就安全管理提出了国际标准和建议性措施，指出了国际航空公法方面的最新发展。在航空法律制度中，适航管理制度、机场建设与管理、空中航行乃至空难事故调查则具有明显的技术特征，其技术变动也往往成为法律问题。基于航空器驾驶舱“玻璃化”的趋势，飞行组成员中的机械员、领航员、飞行通信员的工作任务由飞行电脑和驾驶员中的机长、副驾驶承担，使得驾驶舱出现只有机长和副驾驶执行飞行任务的情况，也带来了驾驶舱在某些时候只有一人职守的现象。“德国之翼”空难就是机长离开驾驶舱，副驾驶独自操纵飞机撞山的结果。而基于对客舱内乘客中是否混入危险恐怖分子的担心，也在客舱中普遍加设了空中安保人员、空中警察或空中保安成为乘务组成员。从空勤人员的构成看，基本法律规定和现实已经有了较大不同。

近几年，我国民航主管部门修订的《民用航空器驾驶员和地面教员合格审定规则》《一般运行和飞行规则》以及《大型飞机公共航空运输承运人运行合格审定规则》，虽然只是民航管理部门颁发的规章，但是具有操作性更强，也更为贴近航空实践的特征。在 2009 年 7 月 1 日，国务院颁布施行的《民用机场管理条例》对于机场的建设与使用、机场的安全和运营管理、机场安全环境保护作出了明确的法规界定。

上述内容通过本教程的再版得以必要的体现。这次修订是严格按照法律、法规、规章的规定进行的，是一般读者和航空专业法律学习的好助手。

董杜骄

2016 年 3 月

前言（第一版）

我国民航事业无论在航空运输、通用航空、机群更新、机场建设、航线布局、航行保障、飞行安全、人才培训等方面都持续快速发展，与此相适应，航空法律建设也经历了不平凡的发展历程。航空法学的教学与科研在高等院校日益受到法学专业以及有关专业的重视。本教程为了适应航空法教学的需要，力争使学生了解航空法的概念、特点、发展历程及现代航空法的发展状况，掌握空中航行、航空器、航空人员、机场、空中交通服务、航空运输通用航空等法律知识，了解航空器援救和调查、公共航空运输企业、公共航空运输、通用航空及民用航空安全等方面的法律内容。鉴于国际、国内的航空法律正处于巨大的变革期，对于法律的变化和走向还难以准确把握，因此只能根据现行的国际国内规定来阐释教学观点。我们认为，航空法教学是传授相对定型的知识的，至于理论争鸣应放在航空法科研领域进行。为避免理论上的偏差，本教程更注重教学内容的实用性。

另外，本书是在北京航空航天大学、中国政法大学、中国民航大学、南京航空航天大学、中国民航管理干部学院、西北工业大学等多所院校的航空法骨干教师参与下，分工负责完成的。在此，对各位老师在百忙之中参与本书的编写工作深表谢意。

《航空法教程》撰写分工为：董杜骄：第一、八章；贺富永：第二、七、十章；顾琳华：第三、四、五章；李娜：第六章第一节；韩文蕾：第六章第二节；胡建发：第六章第三、四、五节；杨惠：第九章；刁伟民：第十一章；朱子勤：第十二章。

目　　录

第一章

航空法概述

第一节　航空法的基本理论

一、航空法的概念

航空法是伴随着人类航空事业的发展而产生的。20 世纪初，随着飞机的发明和航空科学技术的发展，航空法逐步成为了一门新兴的法律学科，航空成为国防、民用交通运输的重要力量。就民用航空而言，航空科技、航空企业以及航空服务等有关经济部门，需要航空法律制度予以保障。另外，航空器是在一定的空气空间活动的。空间是地面的上空，由于人类在空间活动的性质和范围的不同，空间可分为空气空间和外层空间两层。目前，这两层空间之间的界限尚没有统一的规定，大多数国家主张以人造卫星飞行的最低高度（约 100~110 公里）作为界限：在离地面以上约 100~110 公里之处为空气空间，其上层即为外层空间。因而从物理意义上讲，航空法和外层空间法调整的空间范围并不相同。空气空间是地面国领土的构成部分，亦即该国的领空。就国内的航空立法而言，国家对其领空有完全的主权，国家有权制定有关航空活动的法规。但航空活动的天然国际性，使得航空器必然越出一国的范围而引起跨国关系，国家必须通过双边的或多边的国际条约，确立国际航空规则和制度以调整国际间的航空法律关系。这套调整国际国内航空法律关系的原则、规则和规章制度的总体，称为“航空法”。航空法因调整对象的独特性而得以成为独立的法学学科。

航空法的定义众多，常见的有：

（1）有法国学者认为：“航空法是一套关于飞机，空中航行、航空商业运输，以及由国际国内空中航行引起的，公法或私法的全部法律关系的国内国际规则。”

（2）阿根廷航空法学者文斯卡拉达认为：“航空法是一套支配由航空活动引起的或经其修改的制度与法律关系的、公法与私法、国际与国内的原则与规范。”①

（3）荷兰航空法专家迪德里克斯·弗斯霍尔认为：“航空法是管理空气空间的使

---

① Videla Escalada. Aeronautical Law. 1979：2.

用，并使航空、公众和世界各国从中受益的一套规则。”①

（4）我国的航空法学者赵维田先生从常识性的角度认为：“航空法是一套调整人类航空活动中各种法律关系的规则体系。”②

本书认为，航空法是作为国际法和国内法的有机组成部分，兼跨公法与私法，并以民用航空活动为主要调整对象的法律规范的总称。

二、航空法的主要特征

航空法作为国际法和国内法的有机组成部分，主要调整对象是民用航空活动，因而具有不同于其他法律的显著特征。

（一）国际性

人类的航空活动具有天然的国际性。航空活动的中介为空气空间，并无有形的边界可言。航空活动的高速性和远程性，以及相关的领空飞越等特殊性质，决定了航空法的国际性。因此，航空立法从一开始就是作为国际法的一个组成部分而存在的。在航空法的发源地——欧洲，这个道理更易为人们所理解。由于中小国家众多，飞机短时间内飞越数国的情形并不鲜见。因此，欧洲诸国学者至今仍将航空法等同于国际航空法。但是，美国、俄罗斯、加拿大、印度、中国等领土大国，因幅员辽阔，相当多的航空活动具有国内性。不过，基于国际交往、制止航空犯罪和经济全球化等方面的需要，仍要重视航空法的国际性，并求助于国际立法。随着世界航空运输的相互依赖和相互合作的不断发展以及多国航空公司的建立，航空运输国际化的特点更加明显。

航空活动的国际性，使得任何设立国际机场的地点均变成口岸，并设立“海关”，这促使随海运发展而设立的，原本存在于沿海或通海的内河沿岸的口岸、海关制度延伸到任何设立国际机场的地点。航空法的国际性正是源自于航空活动的天然国际性，空气空间并无有形的边界，这与海运、铁路或公路不同。航空法需要站在国际法的高度，表述主权、管辖权、领土、国籍、国家间及与国际法律实体间的关系，统一私法及许多法律冲突问题。

（二）跨越公法与私法

航空活动首要解决的是公法问题，如飞行管理、空域管理、民用航空安全方面的法律规范。航空业作为国民经济的一部分，国家对其进行管理监督，相对于其他许多行业来说，控制程度较高。就国际民用航空活动而言，会涉及诸如主权、领土、国籍、国家关系等法律问题。为解决公法问题的国际公约有1944年的芝加哥《国际民用航空公约》（简称《芝加哥公约》），为制止航空犯罪的《东京公约》《海牙公约》《蒙特利尔公约》等。1944年《芝加哥公约》的签署，在国际航空法上具有里程碑的意义。该公约是现行关于国际民用航空法的最基本文件，对空中航行、国际民用航空组织（ICAO）、国际航空运输等都作了具体规定。我国于1974年承认其对我国的效力。第二次世界大战以后，危害国际民航安全的行为屡屡发生，严重危及了国际民航的安全和声

---

① I H Ph Diederiks-Verschoor. An Introduction to Air Law. 6th ed. New York：Kluwer Law International，1979.

② 赵维田．国际航空法．北京：社会科学文献出版社，2000：2.

誉。因此，有关国家在国际民航组织的支持下召开国际会议，于 1963 年签订了《东京公约》，1970 年签订了《海牙公约》，1971 年签订了《蒙特利尔公约》，1988 年签订了《补充蒙特利尔议定书》，1991 年签订了《关于注标塑性炸药以便探测的公约》，这些构成了国际航空公法的框架。国际民用航空组织于 2013 年通过《芝加哥公约》第 19 号附件，就安全管理提出了国际标准和建议性措施，指出了国际航空公法方面的最新发展。

在私法领域内，民用航空活动涉及公共航空运输企业制度、公共航空运输中的运输凭证、承运人责任以及对地（水）面第三人损害的赔偿责任等法律问题。由于各国在财产权利法、合同法、侵权行为法等方面的法律规则千差万别，需要采取统一的私法规则为国际航空运输开路。如 1929 年，为航空损害赔偿实行统一规则的《统一国际航空运输某些规则的公约》（简称《华沙公约》）。但是，空中交通管制人员的责任、产品责任等法律问题仍有待解决。国际航空私法的发展，最显著的成就是 1999 年《蒙特利尔公约》的签署。1997 年 5 月，国际民用航空组织法律委员会第 30 次会议在加拿大的蒙特利尔召开，会议讨论通过了新华沙公约草案。1999 年 5 月 28 日，新华沙公约的正式文本——《蒙特利尔公约》通过，其名称仍然是《统一国际航空运输某些规则的公约》。2005 年 2 月 28 日，全国人民代表大会常务委员会通过《关于批准〈统一国际航空运输某些规则的公约〉的决定》。[①] 2005 年 7 月 31 日，该公约对中国生效。虽然新《华沙公约》的调整对象是国际航空运输，但它必然要影响到我国的航空运输法律制度。

（三）民用航空的平时法

航空法以民用航空为其规定内容，不包括军事、警察、海关部门的航空器，以及作为武器和军事用途之使用的航空器。《国际民用航空公约》第 3 条第 1、2 款规定："（1）本公约仅适用于民用航空器，不适用于国家航空器。（2）用于军事、海关和警察部门的航空器，应认为是国家航空器。"第 89 条规定："如遇战争，本公约的规定不妨碍受战争影响的任一缔约国的行动自由，无论其为交战国或中立国。如遇任何缔约国宣布其处于紧急状态，并将此事通知理事会，上述原则同样适用。"

（四）航空法的独立性

航空法作为国内法和国际法的有机组成部分，具有相对独立性。

1. 航空运输的特殊性是航空法得以独立的现实基础

除与陆上、水上运输一样均具有交通运输业的通性外，航空运输还具有一些特殊性，首先是航空运输的国际性、技术性和强制性（适航净空）；其次是主体、内容的广泛性；最后是平时性、独立性和综合性。

2. 航空法不能完全并入民法、行政法、刑法、国际法

例如，在航空活动中会产生诸如航班延误、运输合同等民事法律关系，空中管制、

---

① 第十届全国人民代表大会常务委员会第十四次会议决定：批准国务院提请审议批准的 1999 年 5 月 28 日经国际民航组织在蒙特利尔召开的航空法国际会议通过的《统一国际航空运输某些规则的公约》；同时声明：在中华人民共和国政府另行通知前，《统一国际航空运输某些规则的公约》暂不适用于中华人民共和国香港特别行政区。

非法干扰行为的治安管理处罚等行政法律关系，调整劫机犯罪行为的刑事法律关系，航空公司和旅客不是同一国人的，还可能涉及国际因素。航空法调整的是围绕民用航空活动产生的跨越公法、私法的综合性法律关系，包含了国际与国内的原则与规范。其中适航管理制度、机场建设与管理、空中航行乃至空难事故调查则具有明显的技术特征。因此，航空法既包括技术性航空法律，同时也兼具国际法、经济法和民法等诸多部门法的内容。

三、航空法的渊源

航空法主要由制定法或成文法组成，有时亦受习惯法的影响和制约。航空法具有下列渊源：

（一）多边国际公约

现在生效的国际公约中，批准和参加国众多，形成普遍适用的国际统一法律规则的有三个序列：

1. 为解决公法问题的国际公约

1944年的芝加哥《国际民用航空公约》为解决公法问题的主要国际公约。该公约规定，缔约国对其领土之上的空气空间拥有完全的、排它的主权，主张民用航空应当安全、有秩序地发展。国际飞行分为航班飞行和非航班飞行，航班飞行非经许可不得在他国领土上空飞行，非航班飞行有权飞过而不降停或作非运输业务性降停。是否允许他国航空器飞过领空是地面国的主权，空中没有“无害通过权”。

2. 为制止航空犯罪的国际公约

（1）《东京公约》，即《关于在航空器内的犯罪和犯有某些其他行为的公约》，1963年9月14日订于东京，1969年12月14日生效。1978年11月14日中华人民共和国政府向国际民航组织秘书长交存加入书，1979年2月12日对我国生效。

（2）《海牙公约》，即《关于制止非法劫持航空器的公约》，1970年12月6日订于海牙，1971年10月14日生效。1980年9月10日中华人民共和国政府向美国政府交存加入书，同时声明：对本公约第12条第1款持有保留；台湾当局盗用中国名义对该公约的签署和批准是非法和无效的。该公约于1980年10月10日对我国生效。

（3）《蒙特利尔公约》，即《关于制止危害民用航空安全的非法行为的公约》，1971年9月23日订于蒙特利尔，1973年1月26日生效。1980年中华人民共和国政府向美国政府交存加入书，同时声明：对公约第14条第1款持有保留；台湾当局盗用中国名义对该公约的签署和批准是非法和无效的。本公约于1980年10月10日对我国生效。

（4）《制止在用于国际民用航空的机场发生的非法暴力行为以补充1971年9月23日订于蒙特利尔的〈关于制止危害民用航空安全的非法行为的公约〉的议定书》，1988年2月24日订于蒙特利尔，1989年8月6日生效。1998年11月4日，第九届全国人大常委会第五次会议决定批准，并指出：我国在加入《关于制止危害民用航空安全的非法行为的公约》时对第14条第1款所作的保留同时适用该议定书。

鉴于空中劫持是危害国际航空飞行的严重犯罪行为，飞机登记国、犯罪者所属国、犯罪行为发生地国、飞机降落地国都可以行使管辖权。空中劫持可作为可引渡罪行提出引渡要求，如犯人所在国不予以引渡，则它应根据本国法律起诉，并加以严厉惩罚。航空刑法针对航空劫持犯罪提出的或引渡或起诉的规定，较为有效地震慑了航空劫持这样的暴力犯罪。进入 21 世纪以来，航空劫持行为具有了规避引渡和起诉的倾向，使得航空刑法面临新的考验。为了打击这样的犯罪行为，仅靠航空刑法建设还不够，对相关人员的背景调查、航空器舱门的改造、机组配备安保人员等法律举措也需要同时进行。

3. 为航空损害赔偿实行统一规则的《统一国际航空运输某些规则的公约》

该公约有 1929 年和 1999 年两个文本，在承运人责任方面的规定有显著不同。后者更加关注旅客的人身和财产权利保护。

除该公约外，其他有关条约包括：《关于外国航空器对地（水）面第三人造成损害的公约》（1952 年 10 月 7 日订于罗马，简称 1952 年《罗马公约》），《关于国际承认航空器权利公约》（1948 年 6 月 19 日订于日内瓦，简称 1948 年《日内瓦公约》），等等。

（二）双边协定

双边航空协定的主要内容是交换过境权和营运权，确定航路、运力和运费价格。由于民航公约只能解决国际空中航行中的原则性和基本问题，其到目前为止形成的 19 个附件也是国际标准和建议性措施。所以，国家和国家之间仍然需要就更为具体的航空运输法律问题进行双边磋商，形成协定。

（三）国内法和法院判例

各国的国内法和法院判例在航空刑法、航空民事责任等方面是有着重大影响的。比如，在航班上不过量提供酒精饮料的判例，成为国际民用航空旅客运输中的共识。

（四）国际法的一般原则和习惯国际法

航空法作为国际法的一个组成部分或分类，它要受国际法的一般原则和习惯国际法的制约。国际航空立法之初，许多规则是从海洋法和海商法类推或引入进来的，如《巴黎公约》中的无害通过、适航证等及《华沙公约》中关于过失责任、限制责任、免责条款等，受海商法中的《海牙规则》影响甚深。在管辖权问题上，《东京公约》中的“航空器登记国”原则即从“船旗国原则”引申到对本国飞机上的犯罪和民事行为的管辖上。

海洋法中的公海以及毗连区、专属经济区上空的空气空间问题、过境通行权问题、海盗定义等，均与航空法有不同程度的关联。

（五）国际组织的立法和准立法文件

最显著的是国际民航组织和国际航空运输协会（IATA），以及区域性国际组织如“欧洲民航会议”（ECAC）的立法和准立法文件。

国际民航组织是协调各国有关民航经济和法律义务，并制定各种民航技术标准和航行规则的国际组织，第二次世界大战后，为解决战后民用航空发展中的国际性问题，1944 年 11 月 1 日至 12 月 7 日在美国芝加哥召开了有 52 个国家参加的国际民航会议，签订了《国际民用航空公约》，并按国际民用航空临时协定设立了“临时国际民航组织”。1947 年 4 月 4 日公约生效，“国际民航组织”正式成立。同年 5 月成为联合国的一个专门机构，总部设在加拿大的蒙特利尔。1990年，已有161个缔约国。迄今为止，国际民航组织制定过《国际民用航空公约》的19个技术业务附件和多种技术文件。

国际航空运输协会是世界各国航空运输企业自愿联合组织的非政府性的国际组织，其宗旨是“为了世界人民的利益，促进安全、正常而经济的航空运输”，“对于直接或间接从事国际航空运输工作的各空运企业提供合作的途径”，“与国际民航组织以及其他国际组织通力合作”。协会在协商制定国际航空客货运价，统一国际航空运输规章制度，帮助各会员公司改善机场布局和程序、标准，以提高机场运营效率等方面具有相当的影响力。如国际航空运输协会于1997年组织部分大型航空公司签署了有关旅客责任的承运人间协议，自愿将对旅客伤亡的责任限额提高到10万特别提款权。有120余家航空公司参加了该协议，代表了世界民航界约90%的运力。

其他区域性国际组织也曾制定过相关法律文件，如欧洲民航会议在1967年7月10日制定了关于航班飞行运价程序的国际协定。

（六）国际间合同性的协议

如在美国的发起下，1966年多国在加拿大蒙特利尔签订了《蒙特利尔协议》，甲方为美国民航委，乙方为多国民航公司，这种合同性的协议提高了进出、经停美国的国际客运航班的责任限额。规定凡飞经美国、加拿大或以此二国为目的地的航班飞机，其空难最高赔偿上限是7.5万美元。

第二节　航空法发展简史

一、航空法发展的初始阶段

1783年11月21日，人类使用蒙哥尔菲埃气球首次载人飞行获得成功，象征着人类征服空气空间开始载入航空发展史册。1784年由于这种可运载的热气球的出现，巴黎市政当局发布了人类历史上的第一个航空法令，其中规定“未经批准，不得放飞”。

1819年，法国塞纳省第一次制定了空中航行安全规章，规定气球载人要配备降落伞；在农民收割农作物之前禁止气球飞行。

1889年，法国邀集巴西、美国、英国、俄罗斯、墨西哥等28国代表集会讨论航空问题。会议议题是：（1）政府是否应颁发民用航空执照；（2）驾驶员对乘客和地面第三人承担的责任是需要制定特别法规定，还是适用普通法；（3）救捞航空器残骸是否应适用海事法；（4）对驾驶员的失踪和死亡宣告是否应重新立法。

1899年，第一次海牙和平会议通过了《禁止在轻气球上投放炮弹及炸裂品宣言》。

1900年，法国法学家保罗·福希叶（Paul Fauchille）向国际法学会提出，需要制定一部国际空中航行法典；1901年，福希叶发表了具有划时代意义的法学著作——《空域和气球的法律制度》；由于滑翔机这样的非机动飞行器大行其道，1902年，他应国际法学会的要求，提出了第一部国际航空法典草案——《浮空器的法律制度》。

1906年，欧洲已开始有飞机飞行。1908年12月，法国邀请欧洲21个国家于1910

年在巴黎举行外交会议，讨论欧洲的空中航行管理问题，并于 1909 年 8 月向应邀出席会议的 18 个国家发出了问题询问单，为会议作准备。德国为会议提交了一个共 55 条和两个附件的公约草案。同年，人们驾驶飞机飞越了英吉利海峡。与此同时，气球和飞艇飞行也相继增多，常常越出边界。另外，由于机动飞行器的出现，实现了跨国飞行。

1910 年，欧洲 19 国开始讨论国际航空立法问题，会议围绕德国提出的公约草案进行了激烈的讨论。焦点问题是飞行空域的法律地位以及空域所属国对飞越其领陆和领水上空进行管理和限制的权限。会议因航空自由和领空主权的争议无果而终。但公约草案所提出的很多关键性词汇、概念乃至条文，被后来的国际公约所采纳，至今未变。同时也促使各国颁布了首批空中航行管理法令。

由于当时的飞行器性能不稳定、不成熟，还不能安全搭载客货及邮件，各国均未制定航空法方面的成套规则。但是，这一时期产生了若干航空法判例和论著，如 1822 年，美国根据普通法判决了一个航空侵权案（盖尔诉斯旺案）；1889 年，英国也有了一个航空损害案判例（斯科特的受托管理人诉摩斯案）；1891 年，芒都卡的《在空域中犯罪的刑事责任和司法侦缉》；威尔赫姆的《论在国际法中气球驾驶员的法律地位》。

以上事例表明，随着人类航空活动在一定空气空间的展开，航空法亦开始萌芽。但真正意义上的航空法是第一次世界大战后的产物。

二、航空法发展的活跃期

1914~1918 年爆发了第一次世界大战，航空器被广泛用于战争，民用航空因而停顿。但战争刺激了航空技术和航空制造业的发展，为战后航空器民用化提供了物质条件和技术储备。而飞机在第一次世界大战中的使用，让各国认识到飞机的民用前途很广。1918 年 2 月，柏林—汉诺威/科伦之间有了航空邮运业务；1918 年 3 月 22 日，在巴黎—布鲁塞尔之间首次开辟了国际定期航空邮运航班；1919 年 8 月 25 日，首次在伦敦—巴黎间开办了国际航空旅客运输服务。同时，1919 年 6 月 14 日和 15 日首次不降停飞越大西洋获得成功，更使人们看到了发展航空运输的潜力。航空器民用化进一步促进了航空国际法律制度认识上的统一。

1916 年，美洲各国在泛美航空会议上就空气空间主权、飞机应具有国籍并涂本国标记、美洲国家飞机自由航行等形成原则性认识。

1919 年，巴黎和会制定了第一个国际航空法典——《巴黎空中航行管理公约》（简称 1919 年《巴黎公约》），该公约共 9 章 43 条，有 8 个附件。该公约明确了空气空间主权，并引入了海洋法的一些规则，如无害通过、适航证，驾驶员合格证、飞机国籍原则，其中决定设立的常设管理机构——国际空中航行委员会（ICAN）更成为国际民航组织的前身。该公约在航空法发展史上具有极其重要的意义：它是国际航空法的第一个多边国际公约，确立了领空主权原则，为国际空中航行的法律制度奠定了坚实的基础，从而开辟了航空法发展的新纪元。

1926 年，西班牙与 20 个拉丁美洲国家签订了《伊比利亚—美洲航空公约》。

1928 年，美国也因对巴黎和会不满，与若干美洲国家签订了《哈瓦那公约》。

这一时期，航空私法方面的国际立法也十分活跃。

1925 年，法国与 43 国举办首次航空私法国际会议，产生了以航空法专家个人资格参加的航空法专家国际技术委员会（CITEJA），相当于后来的国际民航常设法律委员会。该会议分组研究了飞机的登记与产权、承运人的民事责任、对第三者造成损害及保险方面的问题、飞机和机长的法律地位等问题。

1929 年，航空法专家国际技术委员会制定了华沙《统一国际航空运输某些规则的公约》，就运输凭证和航空承运人责任形成统一规则。我国于 1958 年加入该公约。华沙规则在国际社会具有普遍的约束力。

1933 年，航空法专家国际技术委员会针对飞机对地（水）面第三者造成损害的问题，制定了《罗马公约》。

三、航空法的成熟与完善期

（一）《芝加哥公约》

1944 年《芝加哥公约》替代了 1919 年《巴黎公约》、1926 年《伊比利亚—美洲航空公约》、1928 年《哈瓦那公约》三个多边国际公约，使它们成为航空法的历史文献。《芝加哥公约》使英国的航空秩序论得以实现，即以一定的国际机构协调国际运输，分配国际航路，确定运力和运费。而美国的航空自由论、澳大利亚的超国家论在芝加哥会议上未得到多数支持。该公约成为国际航空法的基础文件，国际民航组织因该公约得以成立。该公约于 1947 年 4 月 4 日生效后，已有 150 多个国家批准或加入。我国于 1974 年加入该公约。

（二）航空私法

国际民航组织于 1948 年通过《关于国际承认航空器权利公约》，1957 年 9 月 17 日生效。该公约对依登记国法律登记的飞机产权及购买、租赁、抵押等权利的国际承认问题，作出统一规则。

1952 年，国际民航组织法律委员会以新的《罗马公约》取代 1933 年《罗马公约》，又经 1978 年修订，以期就外国航空器对地（水）面第三者造成损害的赔偿责任限额和航空保险方面作出有益的改进和补充。该公约未生效。

1955 年，国际民航组织法律委员会通过《海牙议定书》修订《华沙公约》，将每位旅客的赔偿责任限额从 125 000 普安卡雷法郎（约 8 300 美元）提高一倍。

1966 年，因对《华沙公约》中承运人赔偿责任限额不满，美国通过《蒙特利尔协议》提高进出、经停美国的国际客运航班的责任限额到 75 000 美元。

1971 年，《危地马拉城议定书》将承运人赔偿责任限额提高到 10 万美元，亦不能使美国参议院满意。

1975 年，国际民航组织的 4 个《蒙特利尔议定书》至今未生效。

除承运人责任外，空中交通管制人员责任、空中相撞责任、航空产品责任也未能形成统一规则。

（三）航空刑法

航空刑法形成于 20 世纪 60 年代。这一时期，国际恐怖主义猛烈冲击国际民用航空，使得航空管辖权问题备受各国关注。关于飞机上的犯罪或民事事实和行为由哪国管辖的问题，至少有五种说法，分别是：登记国说，领土管辖说，复合说，出发地国说，降落地国说。

登记国说——即飞机国籍说。类似于海洋法上的船旗国专属管辖原则。但是，在飞机飞经他国领空时，面临着大陆法系的刑法域内原则的抵制。

领土管辖说——即由飞经国管辖。符合刑法域内原则，但是飞经国根本无法了解飞机高空飞行时的机上状态。

复合说——领土管辖与登记国原则并行适用。虽合理，却面临管辖冲突的问题。

1963 年国际民航组织法律委员会制定的《关于在航空器内的犯罪和犯有某些其他行为的公约》，认可登记国说。

1970 年海牙《关于制止非法劫持航空器的公约》和 1971 年蒙特利尔《关于制止危害民用航空安全的非法行为的公约》，形成“或引渡或起诉”的独特体制，突破了传统国际刑法的禁域。之后，双边航空协定有所发展。20 世纪 90 年代以后，航空立法再度活跃。但是，传统规则的转变尚需假以时日。

第三节 我国航空法律体系

在我国，航空法律、法规以及规章，共同构成了一个比较完善的航空法律制度和规范体系，在航空活动的各个领域和各个方面基本实现了有法可依，为全面实行依法治航、保障航空改革与发展的顺利进行奠定了制度保障。各级人大、政府，特别是全国人大和国务院，通过法定程序把发展我国航空事业的一系列重大方针、政策和决定、决策及时转变为体现国家统一意志、政府行政依据、社会一体遵行的法律法规，充分反映了国家对航空战略地位的高度重视。关于航空立法，国内方面有 1995 年通过的《中华人民共和国民用航空法》，以及相继颁布的民用航空法律、法规、规章；国际方面，我国先后签署、批准了 20 多个国际公约和议定书，再加上与其他国家签订的双边航空运输协定，初步形成了我国的民用航空法律体系。在我国的民用航空法律体系中，《宪法》是国家的根本大法，国内民航法律不能与之相冲突，《中华人民共和国民用航空法》是我国民用航空的母法，还包括民法等国内涉及民航条款的法律，国务院及其主管部门颁发的关于民航管理、统一全国飞行的行政法规、规章，以及我国缔结和参加的有关航空公约、双边协定等。

一、航空法律

由全国人民代表大会常务委员会颁布的有代表性的法律有：

1. 《全国人民代表大会常务委员会关于加入 1929 年在华沙签订的〈统一国际航空运输某些规则的公约〉的决定》

1958 年 6 月 5 日，全国人民代表大会常务委员会第九十七次会议根据国务院提出的议案，决定加入 1929 年 10 月 12 日在华沙签订的《统一国际航空运输某些规则的公约》。

2.《全国人民代表大会常务委员会关于批准国务院将交通部所属中国民用航空局改为国务院直属局的决议》

1962年4月13日，第二届全国人民代表大会常务委员会第五十三次会议批准国务院将交通部所属中国民用航空局改为国务院直属局，并改名为中国民用航空总局（简称民航总局）。

3.《全国人民代表大会常务委员会关于惩治劫持航空器犯罪分子的决定》

1992年12月28日，第七届全国人民代表大会常务委员会第二十九次会议通过该决定。

4.《中华人民共和国民用航空法》

由中华人民共和国第八届全国人民代表大会常务委员会第十六次会议于1995年10月30日通过，自1996年3月1日施行。

该法是我国民用航空的基本法，在我国民用航空法律体系中处于最重要的地位，共16章159条。内容涉及领空主权、民用航空器国籍、民用航空器权利（包括民用航空器所有权和抵押权、民用航空器优先权、民用航空器租赁）、民用航空器适航管理、航空人员、民用机场、空中航行、公共航空运输企业、公共航空运输（包括一般规定、运输凭证、承运人的责任、实际承运人履行航空运输的特别规定）、通用航空搜寻援救和事故调查、对地面第三人损害的赔偿责任、对外国民用航空器的特别规定、涉外关系的法律适用、法律责任等基本法律规定。该法既是我国民用航空主管部门对民用航空实施管理的基本法律依据，也是从事民用航空活动的单位和个人所应遵守的基本法律。

5.《全国人民代表大会常务委员会关于批准〈制止在用于国际民用航空的机场发生的非法暴力行为以补充1971年9月23日订于蒙特利尔的《关于制止危害民用航空安全的非法行为的公约》的议定书〉的决定》（1998年11月4日通过）

第九届全国人民代表大会常务委员会第五次会议决定：批准《制止在用于国际民用航空的机场发生的非法暴力行为以补充1971年9月23日订于蒙特利尔的〈关于制止危害民用航空安全的非法行为的公约〉的议定书》，同时声明：我国在加入《关于制止危害民用航空安全的非法行为的公约》时对该公约第14条第1款所作的保留同样适用于该议定书。

6.《全国人民代表大会常务委员会关于加入〈关于国际承认航空器权利公约〉的决定》（1999年10月31日通过）

第九届全国人民代表大会常务委员会第十二次会议决定：中华人民共和国加入《关于国际承认航空器权利公约》；同时声明：（1）中华人民共和国政府不承认旧中国政府对《关于国际承认航空器权利公约》的签署；（2）在中华人民共和国政府另行通知前，《关于国际承认航空器权利公约》暂不适用于中华人民共和国香港特别行政区。

7.《全国人民代表大会常务委员会关于批准〈统一国际航空运输某些规则的公约〉的决定》（2005年2月28日通过）

第十届全国人民代表大会常务委员会第十四次会议决定：批准国务院提请审议批准的1999年5月28日经国际民航组织在蒙特利尔召开的航空法国际会议通过的《统一国际航空运输某些规则的公约》；同时声明：在中华人民共和国政府另行通知前，《统一国际航空运输某些规则的公约》暂不适用于中华人民共和国香港特别行政区。

此外，其他法律亦有涉及到民用航空活动的内容，如《中华人民共和国刑法》中关于民用航空活动刑事犯罪的规定、《中华人民共和国海关法》中关于运输工具进出境的规定、《中华人民共和国环境保护法》中关于航行中航空器的环境保护的有关规定。这些法律的有关规定是从事民用航空活动所必须遵守的，也是我国民用航空法律体系的组成部分。

二、航空法规

航空法规在调整民用航空活动中各种法律关系方面起着十分重要的作用。内容涉及机场、航空器、客货运输、损害赔偿、安全保卫等。国务院颁布的有代表性的行政法规有：《国务院关于保障民用航空安全的通知》（1982 年 12 月 1 日），《国务院关于通用航空管理的暂行规定》（1986 年 1 月 8 日），《中华人民共和国民用航空器适航管理条例》（1987 年 5 月 4 日），《民用航空运输不定期飞行管理暂行规定》（1989 年 3 月 2 日），《国内航空运输旅客身体损害赔偿暂行规定》（1993 年修订），《中华人民共和国民用航空安全保卫条例》（1996 年 7 月 6 日），《中华人民共和国民用航空器国籍登记条例》（1997 年 10 月 21 日），《中华人民共和国民用航空器权利登记条例》（1997 年 10 月 21 日），《通用航空飞行管制条例》（2003 年 1 月 10 日），《国家处置民用航空器飞行事故应急预案》（2006 年 1 月 22 日）。

三、航空规章

中国民用航空总局根据《中华人民共和国民用航空法》的规定制定的关于行政程序、航空安全管理、航空市场和经济管理、行政管理方面的规章在中国民用航空法律体系框架中所占比例最大。其具体内容涉及行政程序规则、航空器、航空人员、空域、导航设施、空中交通规则和一般运行规则、民用航空企业合格审定及运行、学校、非航空人员及其他单位的合格审定及运行、民用机场建设和管理、委任代表规则、航空保险、综合调控规则、航空运输规则、航空保安、科技和计量标准、航空器搜寻救助和事故调查等。

国务院民用航空总局单独或联合其他部委共同颁布的有代表性的行政规章有：《民用航空产品和零部件合格审定规定》（1990 年 8 月 8 日发布，1991 年 4 月 9 日第一次修订，1998 年 8 月 20 日第二次修订），《民用航空运输销售代理业管理规定》（1993 年 7 月 5 日），《定期国际航空运输管理规定》（1993 年 7 月 29 日），《民用航空器运行适航管理规定》（1995 年 5 月 12 日），《中国民用航空总局民用机场工程施工许可证管理规定》（1995 年 8 月 26 日），《中国民用航空总局民用机场工程设计管理规定》（1995 年 8 月 26 日），《中国民用航空总局民用机场工程建设监理规定》（1995 年 8 月 26 日），《中国民用航空总局关于修改〈中国民用航空局法规起草、制定程序的规定〉的决定》（1995 年 11 月 15 日），《民用航空器维修人员合格审定的规定》（1991 年 2 月 10 日制定，1995 年 12 月 14 日修订），《制止民用航空运输市场不正当竞争行为规定》（1996 年 2 月 27 日），《中国民用航空危险品运输管理规定》（1996 年 2 月 27 日制定，3 月 1

日起施行),《中国民用航空旅客、行李国内运输规则》(1985 年 1 月 1 日制定, 1996 年 2 月 28 日修订),《中国民用航空货物国内运输规则》(1986 年 1 月 1 日制定, 1996 年 2 月 29 日修订),《通用航空企业审批管理规定》(1996 年 8 月 1 日),《民用航空器领航员、飞行机械员、飞行通信员合格审定规则》(1996 年 8 月 1 日),《民用航空器驾驶员和飞行教员合格审定规则》(1996 年 8 月 1 日),《中国民用航空旅客、行李国际运输规则》(1997 年 12 月 8 日),《外国民用航空器运行和适航检查规定》(1998 年 4 月 2 日),《民用航空器国籍登记规定（CCAR-45-R1）》(1998 年 6 月 10 日),《中华人民共和国民用航空器权利登记条例实施办法》(1999 年 9 月 1 日),《中国民用航空货物国际运输规则》(2000 年 4 月 21 日中国民用航空总局令第 91 号发布, 自 2000 年 8 月 1 日起施行),《民用航空器飞行事故调查规定》(2000 年 7 月 19 日),《民用航空运输凭证管理规定》(2000 年 11 月 27 日中国民用航空总局局务会议通过, 自 2001 年 3 月 1 日起施行),《通用航空企业审批管理规定》(1996 年 8 月 1 日发布, 2001 年 8 月 31 日修订),《中国民用航空总局关于修订〈中国民用航空旅客、行李国内运输规则〉的决定》(2004 年 7 月 12 日中国民用航空总局令第 124 号发布, 自 2004 年 8 月 12 日起施行),《外国公共航空运输承运人运行合格审定规则》(2004 年 8 月 23 日),《〈外商投资民用航空业规定〉的补充规定》(2005 年 1 月 24 日),《民用航空安全信息管理规定》(2005 年 3 月 7 日),《国内投资民用航空业规定（试行）》(2005 年 7 月 15 日),《民用航空企业机场联合重组改制管理规定》(2005 年 7 月 20 日),《民用航空器飞行事故应急反应和家属援助规定》(2005 年 10 月 7 日),《中国民用航空国内航线经营许可规定》(2006 年 1 月 16 日),《民用航空行政许可工作规则》(2006 年 2 月 20 日),《国内航空运输承运人赔偿责任限额规定》(2006 年 2 月 28 日),《国家税务总局中国民用航空总局关于试行民航电子客票报销凭证有关问题的通知》(2006 年 3 月 15 日),《外国航空运输企业常驻代表机构审批管理办法》(2006 年 4 月 3 日),《民用航空预先飞行计划管理办法》(2006 年 4 月 3 日)。

值得注意的是, 现有的航空法律体系还不能完全适应我国民用航空运输业的发展, 甚至航空法律的滞后性和缺乏可操作性会在一定程度上限制我国航空运输业的发展。而民用航空的一些热点法律问题也接踵而至, 表现在航班延误、航空事故调查、航空安全保障（飞行、机务、空管、空警）、航空客票电子化、航空民事责任制度、航空刑事责任制度、航空多边国际公约、双边航空运输协定的模式、民航体制改革、航空消费者权益保护、民航企业的重组、民营航空业的法律问题等诸多方面。比如《民用航空法》, 在 1997 年新《刑法》颁行和全国人民代表大会常务委员会批准《统一国际航空运输某些规则的公约》(即 1999 年通过的《蒙特利尔公约》) 后, 修改民用航空法已是迫在眉睫, 因为其部分内容已无法与 1997 年《刑法》相衔接, 无法与有关国际公约的规定相协调, 难以全面规范和调整航空运输活动中产生的诸如航空运输凭证电子化、航空运输承运人的责任制度和责任限额等法律问题。基于空中安保的需要, 在航空旅客运输中, 机组人员构成也发生了较大变化, 空中警察或空中保安成为乘务组成员。因此, 我国航空公法和航空私法的建设, 应当避免与我国缔结、加入或批准的国际公约、协定相矛盾, 坚持现实性与超前性相结合的立法思路; 同时也要坚持实事求是, 从我国现实航空发展水平出发，制定各方面都可以接受的基本法律标准和规范。

思考题

1. 简述航空法的概念和主要特征。
2. 简述航空法的渊源。
3. 论述航空法的发展历程。
4. 论述我国航空法律体系。

第二章

民用航空器的法律规定

第一节 航空器概述

一、航空器的定义

国际上首次对航空器进行定义的是1919年《巴黎公约》附件A，称“航空器是指可以从空气的反作用而在大气中取得支撑力的任何机器”。这个定义后来被1944年《国际民用航空公约》原文引入它的附件2《空中规则》中，根据附件2《空中规则》的规定，航空器既包括重于空气的飞机、飞船、滑翔机、直升机，也包括轻于空气的氢气球，其关键是在于该器械有无升力。同时，该附件还对飞机下了一个定义：“有动力装置的重于空气的航空器，其升力主要来自空气动力在翼面上的反作用，其翼面在特定条件固定不变。”这一定义排除了火箭，因为火箭在大气层中并不是靠空气的反作用作支撑的，其冲力来源于该装置本身所携带的燃料。1967年11月8日，国际民用航空组织对航空器这一定义进行了修改，形成了新的定义，即“航空器是大气中靠空气的反作用力而不是靠空气对地（水）面的反作用力作支撑的任何器械”。这个定义将气垫船从航空器中排除出去①，是至今较为权威的定义。

我国《民用航空法》并未对航空器的定义作出规定，但在民用航空法规、行政规章中对航空器进行了定义，其规定和1967年国际民用航空组织的定义基本相同。

二、航空器的分类及法律地位

（一）航空器的分类

根据《国际民用航空公约》附件7的规定，航空器在技术上可分为轻于空气的航

① 但是，有人认为，1944年《芝加哥公约》附件2《空中规则》中对航空器的定义，把靠空气对地（水）面的反作用力获得支撑的气垫船（器）排除出“航空器”外。曹三明，夏兴华．民用航空法释义．沈阳：辽宁教育出版社，1996：15.

空器和重于空气的航空器两大类。①

但是，为了识别航空器在法律上的地位，排除非民用航空器的适用，一般对航空器采用二元分类。如在国际条约中，将航空器分为公共/私用航空器、民用/军用航空器和民用/国家航空器；在国内法中，将航空器分为民用/公用航空器、民用/军用航空器和民用/国家航空器等。

1. 国际公约的规定

1944 年《国际民用航空公约》中对航空器的分类基本上复制了 1919 年《巴黎空中航行管理公约》的规定，仍然坚持二元的分类，对国家航空器的表述也更为明确，用“民用航空器”代替了“私用航空器”。其第 3 条第 1 款规定：“本公约仅适用于民用航空器，不适用于国家航空器。”国家航空器是指用于军事、海关和警察的航空器。

2. 国内法的规定

在国内航空立法中，对航空器的分类也都坚持二元论的观点，并且基本上都是参照 1919 年《巴黎空中航行管理公约》和 1944 年《国际民用航空公约》的规定制定的，将航空器分为民用/公用航空器、民用/军用航空器和民用/国家航空器等。我国《民用航空法》对航空器的分类也采用二元论，即将航空器分为民用航空器和国家航空器，其第 5 条规定：“本法所称民用航空器，是指除用于执行军事、海关、警察飞行任务外的航空器。”

3. 航空器分类的必要性

诚然，民用航空器和国家航空器之间划界的确是一个复杂的问题，给国家航空器下一个确切定义也几乎是不可能的，但将航空器划分为民用航空器和国家航空器在法律上是必要的，在实践中也是可行的。国际航空条约和国内航空法中对国家航空器和民用航空器的划分还是有其存在理由和依据的，多年的实践表明，对国家航空器和民用航空器的划分无论在法律层面还是在实践层面上，都没有阻碍航空法的发展，也没有阻碍我们处理航空事务的能力。其理由主要有以下五个方面：

（1）国家航空器和民用航空器的划分是特定历史时代的产物。

（2）为了加强对国际航空公约统一适用，有必要将航空器划分为国家航空器和民用航空器。

（3）国际航空实践的发展，也弥补了划分上的某些不足。国家航空器和民用航空器在不同的历史时期，其范围也是不一样的。这正为修改、修订法律提供了空间，并为法官们的创造性适用法律提供了机会，也为学者们的解释提供了资源，从而更能推进航

---

① 根据《国际民用航空公约》附件 7 的规定，轻于空气的航空器主要有：非动力驱动气球和动力驱动的飞艇；重于空气的航空器主要有：非动力驱动的滑翔机和风筝，以及动力驱动的定翼飞机、旋翼机和扑翼机。根据我国民航主管部门于 2014 年 7 月 10 日第 4 次修订的《民用航空器驾驶员和地面教员合格审定规则》规定，私用驾驶员执照、商用驾驶员执照和航线运输驾驶员执照上签注下列相应的等级：（1）航空器类别等级分为飞机、直升机、飞艇、倾转旋翼机。（2）飞机级别等级分为单发陆地、多发陆地、单发水上、多发水上。（3）航空器型别等级分为审定为最大起飞全重在 5 700 千克以上的飞机；审定为最大起飞全重在 3 180 千克以上的直升机和倾转旋翼机；涡轮喷气动力的飞机；局方通过型号合格审定程序确定需要型别等级的其他航空器。

空法的发展和航空事业的不断前进。

（4）民用航空器和国家航空器之间是可以相互转化的。

（5）国家的存在也为国家航空器的生存提供了理由和依据。

总之，我们认为，对民用航空器和国家航空器的划分还是有必要的，但在划分的依据和标准上，随着航空事业的发展，还有待进一步的研究。

（二）航空器的法律地位

将航空器划分为民用航空器和国家航空器的根本目的是为了确定其法律地位，从而为国际公约和国内法对民用航空器的适用奠定法律基础。从国际公约和国内法的规定来看，民用航空器和国家航空器分别处于不同的法律地位。

1. 民用航空器的法律地位

（1）民用航空器是合成物。民用航空器是由航空器构架、发动机、螺旋桨、无线电设备和其他一切为了在民用航空器上使用的，无论安装于其上或者暂时拆离的物品等组成的合成物，每一部分都是民用航空器不可或缺的，在法律上均不能脱离民用航空器而单独存在。它们与民用航空器之间被视为从物与主物的关系，民用航空器所有权转移、抵押权设立及优先权的存在等均涉及整个民用航空器。

（2）民用航空器具有不动产属性。根据民法理论，发生位移而不损害其价值的财产是动产，民用航空器理应属于动产范畴。但是，民用航空器作为运输工具，其投入资金大，使用年限长，法律上一般将其视为不动产进行处理。我国《民用航空法》按照不动产物权变动进行权利登记的模式，在第三章“民用航空器权利”中，规定民用航空器所有权的取得、转让和消灭、抵押权设立、变更，都应当进行登记，未经登记的，不得对抗第三人。

（3）民用航空器虽是物，但有拟人性。民用航空器在法律地位上是物，是法律关系的客体，但是民用航空器却具有法律上自然人或法人的特性，因此产生了法律主体的某些属性。对于民用航空器的拟人性，是拟自然人还是拟法人，学术界存在不同的看法。但在法律规定范围内，民用航空器具有相应的权利能力和行为能力。

首先，法律上赋予了航空器的法律人格，使其成为航空法的适用对象。如《国际民用航空公约》第 3 条、1952 年《罗马公约》第 26 条、1963 年《东京公约》第 1 条、1970 年《海牙公约》第 3 条、1971 年《蒙特利尔公约》第 4 条都规定了适用对象是民用航空器。国内航空法中也基本上和国际条约的规定一样，如我国《民用航空法》第 5 条的规定。

其次，在航行中，权利和义务的规定也是针对民用航空器的。根据国际条约和国内法的规定，民用航空器应当遵守飞入国的法律和规章，民用航空器在公海和不属于任何国家领土的上空飞行，享有飞越自由，但要遵守国际航空的一般规则，对民用航空器不得使用武力或武力相威胁。另外，根据 1982 年《联合国海洋法公约》的规定，航空器在公海上空飞越自由，在专属经济区，所有国家，不论为沿海国还是内陆国，在有关规定的限制下，享有该公约第 87 条所指的航行和飞越自由；民用航空器还享有过境通行权、群岛海岛通过权。

2. 国家航空器的法律地位

航空法中没有对国家航空器的法律地位作出详细规定，只在国际航空条约中有零星的内容①，所以只能根据国际法的一般原则和习惯国际法加以判断。根据国际法的一般原则，国家享有豁免权；凡是国家行为或可归因于国家的行为，应享有管辖豁免权，故国家航空器在理论上享有管辖的豁免权，但在国际习惯中，有以下具体的规定：

（1）外国国家元首、政府首脑和执行特别使命的高级官员乘坐的专用航空器享有管辖的豁免权。

（2）用于执行国际组织任务的航空器也享有特权和豁免权。其特权和豁免权的根据，也是由于国际组织本身所享有的成员国所赋予的特权和豁免权所决定的，此时的航空器也享有相应的特权和豁免权，例如联合国及专门机构所拥有的航空器在执行任务时的管辖豁免权。

（3）军用航空器享有管辖豁免权。军用航空器原则上享有给予外国军舰的特权，这种特权就是管辖豁免权，但是被强迫降落或者被要求或勒令降落的军用航空器，不能获得这方面的任何特权。这已经形成了一条习惯国际法规则。

（4）警察和海关航空器不享有特权和豁免权。在任何情况下，警察和海关航空器都不享有特权和豁免权，但是有关国家之间可以通过特别协议确定在何种情况下准许飞越边境，如国家之间打击犯罪的合作、对航空器的搜寻和援救的合作等。

第二节　民用航空器国籍

一、民用航空器国籍的概念和意义

（一）民用航空器国籍的概念

国籍是表示个人具有某个国家的公民或国民资格或身份，与该国保持着永久的法律联系，处于该国的属人优越权之下。② 严格地说，只有个人才是各国国籍法的主体。但自 19 世纪后半叶之后，随着国家之间交往的发展，国籍的概念被扩大到法人、船舶、航空器上。

最早提出对航空器国籍设想的是法国法学家福希尔，他认为应当制定国际规则来指导航空活动。后来许多国际航空条约都对航空器的国籍作出了具体规定。如 1919 年《巴黎公约》第 6 条、1926 年《伊比利亚—美洲航空公约》第 6 条、1928 年《哈瓦那公约》第 17 条，都有关于航空器国籍的规定，《国际民用航空公约》专门设置了第三章“航空器的国籍”，用 5 个条款表达了同样的规则，即登记确立航空器国籍准则，时至今日，这个作为国际航空法宪章性条约所规定的确定航空器国籍的原则仍然适用。

---

① 如《国际民用航空公约》第 3 条第 3 款规定：“一缔约国的国家航空器，未经特别协定或其他方式的许可并遵照其中的规定，不得在另一缔约国领土上空飞行或在此领土上降落。”

② 邵津．国际法．北京：北京大学出版社，高等教育出版社，2000：62.

《国际民用航空公约》中以航空器国籍原则为基础的条款很多①，这些条款若离开了航空器的国籍原则，将会很难以理解。这一原则之所以重要，是因为它承认了航空器根据国内法具有法律人格，并赋予了本国国籍，从而打开了将其他权利和责任直接转移给航空器的道路，而不论航空器的所有人或经营人是谁。这样，航空器的国籍便成了民用航空器与其国籍国（登记国）相联系的法律纽带，使得该国在国际法上享有了国籍规则若干权利与义务。

（二）民用航空器国籍的法律意义

民用航空器国籍制度的确立，在法律上具有重要的意义。②

1. 民用航空器国籍在国内法上的意义

民用航空器国籍表明民用航空器与登记国家之间在法律上的隶属关系，民用航空器因此获得国籍国在航空运输方面提供的各种优惠。如《国际民用航空公约》第 7 条规定："缔约各国有权拒绝准许其他缔约国的航空器为取酬或出租在其领土内载运乘客、邮件和货物前往其领土内另一地点。缔约各国承允不缔结任何协议在排他的基础上特准任何其他国家的空运企业享有任何此项特权，也不向任何其他国家取得任何此项排他的特权。"我国《民用航空法》第 177 条规定："外国民用航空器的经营人，不得经营中华人民共和国境内两点之间的航空运输。"

国籍国还要保护航空器所有人、经营人和民用航空器的合法权利，并加强对民用航空器的管理，对标有本国国籍标志的民用航空器行使有效的行政、技术及社会事项的管辖和控制，以保证取得该国国籍的民用航空器与国家之间有真正的联系。

取得我国国籍的民用航空器，不仅在航空运输政策、税收优惠等方面享有照顾，必要时可享受我国使领馆的保护与帮助，而且在公海上或外国领空发生刑事、民事案件时，我国也享有管辖权。

2. 民用航空器国籍在国际法上的意义

按照有关国际公约，民用航空器只要取得一定国家的国籍，便能受登记国法律的保护。国籍国对在域外的本国航空器享有相关的权利，并承担相应的职责，同时该民用航空器还享受登记国参加或缔结的国际条约中所享有的权利。

3. 民用航空器国籍在国际私法上的意义

在航空运输中可能遇到适用法律的冲突问题。由于民用航空器兼具动产和不动产的特性，因此，处理这类法律纠纷通常考虑到民用航空器与登记国之间法律上的真正联系，以航空器的国籍为"连结点"，代之以登记国法。如 1948 年《日内瓦公约》第 1 条规定的航空器所有权、占有权、租赁期限为 6 个月以上租赁占有民用航空器的权利以及为担保偿付债务而协议设定的航空器的抵押权、质权以及类似权利，必须符合"权

---

① 如 1944 年《芝加哥公约》第 5 条和第 6 条关于定期和不定期航空航班都是针对某国的航空器而言，指航空器的国籍登记国；第 9 条的关于禁区飞行不得歧视；第 15 条的在其他缔约国使用机场；第 16 条的检查航空器和查验文件应当避免不合理的延误；第 22 条的便利国际航空旅行和运输；第 24 条的对海关关税的某些豁免；第 27 条的对专利主张或扣押的某些豁免；第 26 条的对登记国援助，在一缔约国内进行事故调查给予方便；另外，第 30~33 条、第 39~44 条等条款；等等。这些离开航空器的国籍原则都将难以理解。

② 贺富永．民用航空器国籍的法理透视．江苏航空，2003（2）：39-40.

利的设定符合该航空器进行国籍登记的缔约国在设定该权利时的法律”，“在不同缔约国中进行的连续登记的合法性，按照每次登记时的该航空器进行国籍登记的缔约国的法律予以确定”。我国《民用航空法》在关于涉外关系的法律适用问题上，也有以登记国法作为准据法的情形，比如对民用航空器所有权和抵押权的问题，第185条规定：“民用航空器所有权的取得、转让和消灭，适用民用航空器国籍登记国法律。”第186条还规定：“民用航空器抵押权适用民用航空器国籍登记国法律。”

二、民用航空器国籍的法律规定

（一）国际航空公约的规定

《国际民用航空公约》用第17~19条三个条文来阐述民用航空器国籍的基本原则。第17条规定，航空器具有其登记国的国籍。第18条规定，航空器不得具有双重国籍，航空器在一个以上国家登记不得认为有效，但其登记可以由一国转移至另一国。第19条规定，航空器在任何缔约国登记或转移登记，应按该国的法律和规章办理。在这三个条文中，第17条是基本原则，即登记确定国籍；第18条和第19条也是公约所制定的两项规则，即航空器只能有一个国籍，航空器国籍的取得应当按照缔约国的国内法的规定来办理。

早在1919年巴黎会议上，英国代表就曾在其提交的国际空中航行的国际公约草案第3条中建议“航空器的国籍按其所有人的国籍决定”。但登记确定国籍的准则最后在1919年《巴黎空中航行管理公约》中占了上风，并被各国法律所普遍采用，也被后来的国际航空条约所复制，如1926年《伊比利亚—美洲航空公约》第6条、1928年《哈瓦那公约》第17条等。1944年《国际民用航空公约》第17条也适用了同样的原则。

（二）国内法的规定

1. 其他国家国内法的规定

航空器具有其登记国的国籍，航空器国籍的取得或转移登记，依据该国的法律和规章办理，这已被各国国内航空法所采用。但在登记的条件上，各国的法律规定不尽相同。如法国《航空法》第L121-3（3）条规定：“只有属于法国自然人或法人的航空器才能在法国注册”，同时还规定了合股公司、有限责任公司以及协会等法人必须具备的条件。美国《航空法》第501条规定“合众国公民或经法律手续准许在合众国长期居住的外国个体公民所有”或者“为依法组织并按合众国或其所属任一州的法律从事营业的法人（只有一个合众国公民的法人除外）所有，并且该航空器的基地在合众国又主要在合众国内使用者”所拥有的航空器方可登记。英国法律只允许英国臣民或受英国保护的人所有的或租用的航空器在英国登记。日本航空法规定了四种人员拥有的航空器不得进行登记：未取得国籍者；外国或外国的公共团体或类似的机构；根据外国法令或规章设立的法人或其他团体；任何法人，其代表为前三项所述人员时，其1/3以上的高级职员或1/3以上的表决权为此等人所有时。此外，日本航空法还规定，凡具有外国国籍的航空器，均不得登记。另外，前苏联、罗马尼亚等国的航空法对航空器的国籍登记问题都作出了类似的规定。

2. 我国法律的规定

我国目前调整民用航空器国籍登记的法律、行政法规和规章主要有：《中华人民共和国民用航空法》；1997 年 10 月 21 日国务院颁布的《中华人民共和国民用航空器国籍登记条例》；1998 年 6 月 10 日中国民航总局发布的《民用航空器国籍登记规定》。结合以上法律、法规和规章，简要介绍我国法律关于航空器国籍的规定如下：

（1）总则。《中华人民共和国民用航空器国籍登记条例》和《民用航空器国籍登记规定》均在第 1 条对民用航空器国籍登记的目的作出了规定，即是“为加强对民用航空器国籍的管理，保障民用航空活动安全，维护民用航空活动秩序”。

① 民用航空器不得具有双重国籍。我国《民用航空法》第 9 条规定：“民用航空器不得具有双重国籍。未注销外国国籍的民用航空器不得在中华人民共和国申请国籍登记。”《中华人民共和国民用航空器国籍登记条例》第 4 条、《民用航空器国籍登记规定》第 8 条都规定：“民用航空器不得具有双重国籍。未注销外国国籍的民用航空器，不得在中华人民共和国申请国籍登记；未注销中华人民共和国国籍的民用航空器，不得在外国办理国籍登记。”

② 登记条件。根据我国《民用航空法》第 7 条、《中华人民共和国民用航空器国籍登记条例》第 2 条以及《民用航空器国籍登记规定》第 5 条的规定，下列民用航空器应当在我国进行国籍登记：中华人民共和国国家机构的民用航空器；依照中华人民共和国法律设立的企业法人的民用航空器，企业法人的注册资本中有外商出资的，外商投资公共航空运输企业，中方应当控股，同时一家外商（包括其关联企业）的投资比例不得超过 25%①；在我国境内有住所或者主要营业所的中国公民的民用航空器；依照我国法律设立的事业法人的民用航空器；民航总局准予登记的其他民用航空器。

自境外租赁的民用航空器，承租人符合前述登记条件的规定，该民用航空器的机组人员由承租人配备的，可以申请登记我国国籍；但是，必须先予注销该民用航空器原国籍登记。

③ 登记机关。我国民用航空器国籍登记机关是国务院民用航空主管部门，即民航总局。《民用航空法》第 6 条规定：“经中华人民共和国国务院民用航空主管部门依法进行国籍登记的民用航空器，具有中华人民共和国国籍，由国务院民用航空主管部门发给国籍登记证书。国务院民用航空主管部门设立中华人民共和国民用航空器国籍登记簿，统一记载民用航空器的国籍登记事项。”《中华人民共和国民用航空器国籍登记条例》第 5 条和《民用航空器国籍登记规定》第 7 条也作了同样的规定。

④ 飞行的规定。在我国领域内飞行的民用航空器，应当具有规定的国籍标志和登记标志或临时登记标志，并携带国籍登记证书或临时登记证书。民用航空器没有或者未

---

① 《民用航空器国籍登记规定》第 5 条第 1 款第 2 项规定：“依照中华人民共和国法律设立的企业法人的民用航空器；企业法人的注册资本中有外商出资的，外商在该企业法人的注册资本或者实收资本中所占比例不超过 35%，其代表在董事会、股东大会（股东会）的表决权不超过 35%，该企业法人的董事长由中国公民担任。”

中国民用航空总局、对外贸易经济合作部和国家计划委员会于 2002 年 6 月 22 日发布并于同年 8 月 1 日起施行的《外商投资民用航空业规定》第 6 条规定，外商投资公共航空运输企业，应当由中方控股，一家外商（包括其关联企业）投资比例不得超过 25%。

携带民用航空器国籍登记证书的，国务院民用航空主管部门或者其授权的地区民用航空管理机构可以禁止该民用航空器起飞。

⑤ 民用航空器国籍登记，不得作为民用航空器所有权的证据。

（2）民用航空器国籍登记。民用航空器国籍登记是指符合法律规定的申请人，依照法律、行政法规和规章所规定的条件和程序向法定机构办理民用航空器国籍登记的活动。

① 申请。符合规定的民用航空器所有人或者占有人（简称申请人）申请我国民用航空器国籍登记的，应当按照国务院民用航空主管部门规定的格式如实填写民用航空器国籍登记申请书，并向国务院民用航空主管部门提交下列文件：证明申请人合法身份的文件；作为取得民用航空器所有权证明的购买合同和交接文书，或者作为占有民用航空器证明的租赁合同和交接文书；未在外国登记国籍或者已注销外国国籍的证明；国务院民用航空主管部门要求提交的其他有关文件。

国务院民用航空主管部门应当自收到民用航空器国籍登记申请之日起 7 个工作日内，对申请书及有关证明文件进行审查；经审查，符合规定的，即在我国民用航空器国籍登记簿上登记该民用航空器①，并向申请人颁发我国民用航空器国籍登记证书。民用航空器依法登记后，取得我国国籍，受我国法律管辖和保护。

申请人办理民用航空器国籍登记，应当缴纳登记费。登记费的收取标准由国务院民用航空主管部门会同国务院价格主管部门制定。

② 民用航空器国籍证书。民用航空器国籍登记证书应当放置于民用航空器内显著位置，以备查验。民用航空器国籍登记证书的有效期自颁发之日起至变更登记或注销登记之日止。民用航空器国籍登记证书遗失或污损的，应当按照规定向民航总局申请补发或者更换民用航空器国籍登记证书，并提交有关说明材料。民航总局自收到申请之日起 7 个工作日内，对申请书及有关材料进行审查；经审查，符合规定的，即补发或者更换民用航空器国籍登记证书。民用航空器国籍登记证书不得涂改、伪造或转让。

③ 变更登记和注销登记。取得我国国籍的民用航空器，遇有下列情形之一时，应当向民航总局申请办理变更登记：民用航空器所有人或其地址变更；民用航空器占有人或其地址变更；其他情形。申请人应当按照民航总局规定的格式填写民用航空器变更登记申请书，并提交有关证明文件，交回原民用航空器国籍登记证书。

民航总局自收到民用航空器国籍登记变更申请之日起 7 个工作日内，对申请书及有关证明文件进行审查；经审查，符合本规定的，即在我国民用航空器国籍登记簿上进行变更登记，并颁发变更后的民用航空器国籍登记证书。

取得我国国籍的民用航空器，遇有下列情形之一的，应当向民航总局申请办理注销登记：民用航空器所有权依法转移境外并已办理出口适航证的；民用航空器退出使用或者报废的；民用航空器失事或者失踪并停止搜寻的；民用航空器租赁合同终止的；其他

① 《民用航空器国籍登记规定》第 12 条规定：“民航总局在民用航空器国籍登记簿中载明下列事项：（一）民用航空器国籍标志和登记标志；（二）民用航空器制造人名称；（三）民用航空器型号；（四）民用航空器出厂序号；（五）民用航空器所有人名称及其地址；（六）民用航空器占有人名称及其地址；（七）民用航空器登记日期；（八）民用航空器国籍登记证书签发人姓名；（九）变更登记日期；（十）注销登记日期。”

情形。申请人应当按照民航总局规定的格式填写民用航空器注销登记申请书，并提交有关证明文件，交回原民用航空器国籍登记证书，但民用航空器所有权依法转移境外并已办理出口适航证的、民用航空器退出使用或者报废的以及民用航空器失事或者失踪并停止搜寻的情况除外。

民航总局自收到申请书之日起 7 个工作日内，对申请书及有关证明文件进行审查；经审查，符合规定的，即注销该民用航空器的国籍登记。民用航空器注销国籍登记的，该航空器上的国籍标志和登记标志应当予以覆盖。

申请人办理变更登记、注销登记和临时登记，应当缴纳登记费。登记费的收取标准由国务院民用航空主管部门会同国务院价格主管部门制定。

（3）国籍标志和登记标志。民用航空器的国籍标志是指识别民用航空器国籍的字母符号。民用航空器的登记标志是指民用航空器登记国在民用航空器登记后给定的数字、字母或它们的组合。我国民用航空器的国籍标志置于登记标志之前，国籍标志和登记标志之间加一条短横线。我国民用航空器的国籍标志为罗马体大写字母 B，登记标志为阿拉伯数字、罗马体大写字母或者二者的组合。国籍标志和登记标志在民用航空器上的位置、尺寸和字体，由国务院民用航空主管部门规定。取得我国国籍的民用航空器，应当将规定的国籍标志和登记标志用漆喷涂在该航空器上或者用其他能够保持同等耐久性的方法附着在该航空器上，并保持清晰可见。

（4）临时登记标志。《民用航空器国籍登记规定》第 31 条和《中华人民共和国民用航空器国籍登记条例》第 20 条规定，对未取得民用航空器国籍登记证书的民用航空器，申请人应当按照规定，在进行飞行前 30 日内，按照国务院民用航空主管部门规定的格式如实填写申请书，并向国务院民用航空主管部门提交有关证明文件，办理临时登记。

（5）法律责任。《民用航空器国籍登记规定》第 34 条和第 35 条规定，违反民用航空器国籍登记规定的法律责任主要是行政处罚，具体规定为：

有下列情形之一的，民航总局或者其授权的地区管理局可以禁止该民用航空器起飞，并可处以警告；利用该民用航空器从事经营活动，有违法所得的，可以处以违法所得 3 倍以下的罚款（最高不超过 3 万元），没有违法所得的，可以处以 1 万元以下的罚款；利用该民用航空器从事非经营活动的，可以处以 1 000 元以下罚款：① 民用航空器没有或者未携带民用航空器国籍登记证书或临时登记证书；② 伪造、涂改或者转让民用航空器国籍登记证书的；③ 载有临时登记标志的民用航空器从事验证试验飞行、生产试验飞行、表演飞行、为交付或者出口的调机飞行和其他必要的飞行以外的飞行活动的。

有下列情形之一的，民航总局或者其授权的地区管理局可以处以警告；利用该民用航空器从事经营活动，有违法所得的，可以处以违法所得 3 倍以下的罚款（最高不超过 3 万元），没有违法所得的，可以处以 1 万元以下的罚款；利用该民用航空器从事非经营活动的，可以处以 1 000 元以下罚款：① 航空器应当办理变更登记或者注销登记，不申请办理变更登记或者注销登记的；② 不按规定的位置、字体、尺寸在航空器上标明国籍标志和登记标志的；③ 在民用航空器上喷涂、粘贴不符合规定或者未经民航总局批准的图案、标记或者符号的；④ 不按规定在每一航空器上标明民用航空器所有人或者占有人的名称和标志的；⑤ 不按规定制作或固定识别牌的。

三、民用航空器国籍原则的发展

（一）航空器国籍与所有人、经营人国籍

登记确定航空器国籍制度已经被《国际民用航空公约》和各国航空法所普遍采用。用登记制度来确定国籍有它的缺陷和弊端，即有造成航空器国籍和所有人、经营人国籍分离的可能性，从而给管理带来很大的不便，也会产生“方便旗”问题。从《国际民用航空公约》的规定来看，并没有为堵塞类似海商法中的船舶“方便旗”这类漏洞提供有效的保障。根据《国际民用航空公约》交换的权利，包括其第5条规定的不定期飞行的权利，都是针对在缔约各国登记的航空器，而不提航空器所有人或经营人的国籍。但是，定期国际航班的过境和运营权利一般是在缔约各国之间交换，不是对具有其国籍的航空器，而是对各自的航空运输企业或航空公司，为此，在芝加哥所制定的另外两个多边协定《国际航班过境协定》和《国际航空运输协定》以及后来缔结的大量双边航空协定中，一般都规定有主要所有权和有效管理权条款，以确保有关航空公司完全为缔约国各自国民所有，我国与许多西方国家之间的双边航空协定中都订立有此类条款。从各国国内航空法对航空器登记的条件来看，所有权条款和有效控制条款基本上都存在。这样就可以从定期国际航空运输中容易地排除“方便旗”问题。

实际上，由于国际航空运输的发展，许多在本国登记的航空器，其经营人却是他国国民，再完全用航空器国籍作为试金石，而全然不顾航空器的经营人是不现实的，与法律责任的承担联系紧密的是航空器的经营人，而不是航空器，如1952年《罗马公约》明确规定对地（水）面第三人的损害赔偿是航空器的经营人。后鉴于因包租与互换飞机而发生的经营人并非航空器登记国国民或法人等情况，1978年《蒙特利尔议定书》作出的补充认为，应将“经营人国”理解为，“任何非登记国的经营人，其主要营业地或者如无这种主要营业地则其经常居住地在该国境内的任何缔约国”。面对着不定期航班的竞争，在1956年的《巴黎公约》中将航空器的范围延伸到所有“在欧洲民航会议一成员国登记”，而不论该国是否是协定的一个缔约方。但却对经营人严格限定在具有缔约国国民身份，后又进一步规定，为了利用协定赋予的权益，作为一缔约国国民的经营人必须首先“由该国家的主管当局正式授权”。随着欧盟航空运输自由化的进一步发展，陈旧的航空器国籍和运输权利的关联模式已被打破，并且欧盟也已经放弃了经营人国籍的概念。

（二）联合经营的登记问题

《国际民用航空公约》第77条规定：“本公约不妨碍两个或两个以上缔约国组成航空运输的联营组织或国际性的经营机构，以及在任何航线或地区合营航班。但此项组织或机构的合营航班，应遵守本公约的一切规定，包括关于将协定向理事会登记的规定。理事会应决定本公约关于航空器国籍的规定以何种方式适合于国际经营机构所用的航空器。”公约制定时也已经看到航空器只有一个国籍可能出现的弊端，因此授权理事会来决定用何种方式进行登记。如在1946年成立的北欧航空公司，对于这个航空公司的机

群，就按照它们的出资比例分别在三国登记。1961 年 11 个法语系的非洲国家组成了“非洲航空公司”，就该公司的航空器的登记问题进行请示，国际民航组织法律委员会和理事会在 1967 年讨论了这个问题，认为：只要在一国作联合登记，而将该公司在各国登记的航空器填入联合登记簿内，即可成立，但该公司所属机群只涂共同标志而不是某一个国家的标志，各国承担连带责任。[①] 1983 年约旦和伊拉克组成一家联营的“阿拉伯航空货运公司”，要求国际民航组织理事会解决国籍登记问题，理事会基本上参照 1967 年讨论的意见，作出了答复。

（三）航空器国籍国职权的转移

国际航空运输中，航空器国籍国享有对本国在域外航空器的功能也在逐渐地减弱；在国际航空业务中，各国航空企业之间租、包和互换航空器的现象逐渐增多，单纯地用《国际民用航空公约》的国籍原则难以解决这些活动所产生的诸多问题。用航空器登记来捆绑航空器国籍国，使其承担所有的责任，只会引起它们的不满，同时会对其国内法造成冲击。为了解决这一问题，1980 年 10 月国际民用航空组织第 23 届大会上专门通过了一项对《芝加哥公约》的修订，增设了第 83 分条的决议，规定：“某些职能与责任的转移：（甲）虽有第十二条（空中规则）、第三十条（无线电设备）、第三十一条（适航证）、第三十二条（人员执照）的规定，但当在一缔约国登记的航空器依包、租与互换航空器协议或类似协议由经营者经营，而该经营人的主要营业地或无此种营业地时其常住地在另一缔约国时，登记国可以按照与该国的协议，将第十二条、第三十条、第三十一条、第三十二条（一）款中的全部或部分职能与责任转移。登记国由此解脱其已经转移的职能与责任的责任。”

（四）航空联盟对国籍原则的冲击

随着航空联盟的出现，使得航空器的国籍、航空公司国籍失去了和运输权利相关联的状况。由于航空资源是属于国家的，航权的交换通过双边航空协定的方式进行，并授予航空公司经营，加上对国籍登记条件的主要所有权和有效控制条款的存在，使得航空器的国籍、航空公司国籍和运输权利看起来联系非常紧密；但航空联盟的出现，代码的共享，使得航空公司轻而易举地绕过了双边政府协定，快速进入别国市场，经营它本来无权经营的国际航线。航空公司联盟、代码共享的出现以及航空运输全球化的趋势正形成一股合力，对航空器国籍所产生的反作用，足以使传统的航空器国籍变成法律上的一纸空文。

航空器国籍原则在实践中阻碍了航空运输业的发展，因此，如何加强对民用航空器国籍制度的研究，来替代传统的航空器国籍原则，成了现在迫切需要解决的问题之一。

四、航空器登记国的权利和义务

航空器登记国对在本国登记的航空器享有相关权利并承担相应义务，用以保持航空器和航空器登记国之间的法律纽带。国际航空公约公法系列和各国国内法都对此作出了

① 国际民航组织法律委员会第 16 次（巴黎）会议记录与文件。ICAO Doc. 8787—Lc/156-1～156-2；理事会决议，ICAO Doc. 8900/2。转引自赵维田．国际航空法．北京：社会科学文献出版社，2000：65.

相应的规定。

（一）航空器登记国的权利

航空器登记国对在本国登记的航空器所享有的权利主要有管辖权、保护权和管理权等权利。

1. 管辖权

航空器的国籍国对在本国登记的航空器具有管辖权，这没有争议。但对于在域外的本国航空器，本国享有管辖权的性质，却存在争议。在民事管辖领域，国际条约和国内立法都作出了比较完备的规定。因此，《国际民用航空公约》并没有对在本国登记航空器的民事管辖权作出规定。但随着航空运输的发展，航空犯罪不断出现，对民用航空安全造成了威胁，这时对在航空器上犯罪的管辖权问题便凸显出来，这主要涉及一国刑法的域外效力问题。但由于大陆法系和英美法系国家法律的规定不同，在实践中造成了对在航空器上的犯罪和行为出现了多重管辖或没有管辖的局面，从而对打击航空犯罪形成了障碍。

许多国家都已经是 1963 年《东京公约》的成员国，各国国内法基本上按照《东京公约》的要求确立了航空器登记国的管辖权。如我国《刑法》第 6 条第 2 款规定："凡在中华人民共和国船舶或者航空器内犯罪的，也适用本法。"1998 年 6 月最高人民法院的司法解释也规定，在中华人民共和国领域外的中国航空器内犯罪的，由犯罪发生后该航空器在中国最初降落地的人民法院管辖。

2. 保护权

在域外的具有本国国籍的民用航空器，本国享有保护的权利。这些权利主要有采取援救措施、参与事故调查、协助以及其他权利。

3. 管理权

民用航空器的登记国对在域外的本国民用航空器享有管理权。这些权利主要包括适航管理以及航行管理。《国际民用航空公约》第 12 条和第 29 ~ 35 条，对此作出了具体规定。许多国家的国内法也有对在本国登记的民用航空器进行管理和控制的详细规定。如美国的国内法规定，租给外国经营人使用的民用航空器，必须每月两次飞回美国；前苏联航空法规定，民用航空器的机组人员必须是该民用航空器登记国的公民。

（二）航空器登记国的义务

根据国际航空公约和国内法的规定，航空器的国籍登记国对在域外的本国航空器所承担的义务主要有管辖义务、保证义务、保护义务以及协助义务。

1. 管辖义务

航空器登记国对本国在域外的航空器上的行为有管辖的义务，特别是对犯罪行为的管辖，以确保国际民用航空安全和有秩序地进行。这是国际公约赋予缔约国的一项义务。

2. 保证义务

航空器登记国对在域外的本国航空器应承担保证义务。首先，每一缔约国应采取适当措施，禁止将在该国登记的、或者在该国有主营业所或永久居所的经营人所使用的任何民用航空器肆意用于与本公约宗旨不相符的目的。其次，应当保证本国航空器在从事国际飞行时携带符合规定的文件。再次，保证为其航空器发给的或核准的适航证及执照的标准不低于国际最低标准。最后，应当保证在本国登记的航空器无论在何地，都遵守当地的法律和规章。

3. 保护义务

从国籍制度的产生来看，国籍制度的设立是国家为保护其国民在国外的合法权利，当航空器在该国登记时，享有了“国民”的身份，因此国家对在域外的本国航空器的合法利益有保护的义务。

4. 协助义务

《国际民用航空公约》第 21 条规定，缔约各国承允，如经要求，应将关于在该国登记的某一航空器的登记及所有权情况提供给任何另一缔约国或国际民用航空组织。此外，缔约各国应按照国际民用航空组织制定的规章，向该组织报告有关在该国登记的经常从事国际航行的航空器所有权和控制权的可提供的有关资料。如经要求，国际民用航空组织应将所得到的资料提供给其他缔约国。

第三节 民用航空器权利

一、一般规定

民用航空器权利是指以民用航空器为客体而发生的相关民事权利，是航空法律制度的重要内容。民用航空器是民法上重要的物，围绕民用航空器产生了各种法律关系，如民用航空器所有权、使用权、抵押权、优先权以及权利登记制度。

（一）民用航空器权利的法律基础

1. 1948 年《日内瓦公约》

1948 年 6 月 19 日，国际民用航空组织大会在日内瓦通过了该公约，定名为《关于国际承认航空器权利公约》，美国、法国、德国、意大利、荷兰、瑞典、巴西、阿根廷等国家都加入了该公约。公约的目的在于，通过为航空器权利人提供尽量多的担保权益和利益的保护，为航空运输企业争取到一种财务支持手段，摆脱无力购买航空器的财务困境，从而促进国际民用航空事业的发展。该公约共 23 条，其核心内容是解决各国有关航空权利的法律冲突，在各地区法律基础上发展和统一了有关民用航空器权利的规则。与航空领域的其他国际公约相比，它自成体系、独成一类。该公约于 1953 年 9 月 17 日起生效，从生效至今五十多年的历史来看，它在实践中显示出了广泛的适用性和普遍的影响力。

2. 2001 年《移动设备国际利益公约》及《有关航空器设备特定问题议定书》

随着世界经济的不断发展，卫星、航天器、铁路运输车辆等移动设备在国际间的融资租赁活动已十分普遍。根据传统的冲突法规则，财产权适用财产所在地法律，但由于这类高价值移动设备在日常运营中经常穿越或跨越国界，从而使在其上设定的担保利益如何适用法律变得十分困难。

上述法律冲突降低了交易的预见性，增大了交易风险，融资人、出租人不能确信其担保物权可以得到法律有效的保护，因而设置资产担保之外的诸如政府担保或第三方商业担保等其他保证条件，导致了交易成本增高。投资者和金融机构不愿为航空公司提供大规模的贷款，原因是它们担心航空公司一旦破产，它们的贷款就打了水漂。因而从 20 世纪开始，航空业内就达成了一个共识：急需建立一套国际统一的调整物上担保、产权保留和租赁利益的法律制度，以给债权人提供必要的保障，同时也保护债务人的利益。基于以上理由，也为了自己的商业利益，空中客车和波音公司的管理人士共同牵头，组织起一个由飞机制造商、发动机制造商、租赁公司和金融界人士等 22 家成员组成的航空工作组联合国际统一私法协会，于 1992 年开始起草移动设备国际利益公约，这项公约下附带航空器设备、铁路车辆、空间资产三个方面特定问题的议定书。

2001 年国际统一私法协会和国际民航组织在南非开普敦召开外交会议，68 个国家政府的代表和 14 个国际组织的代表参加了会议。在外交会议的最后一天会议上，共有 26 个国家签署了《移动设备国际利益公约》（简称《开普敦公约》）及《有关航空器设备特定问题议定书》（简称《开普敦议定书》，中国也是签署国之一）。这两个法律文件创设了航空器国际利益这一担保权利。该权利通过国际登记系统登记而生效，由各国依据公约来保护。

《移动设备国际利益公约》已经于 2004 年 4 月 1 日生效，《有关航空器设备特定问题议定书》生效条件是 8 个国家批准，因 2005 年 11 月 2 日马来西亚的正式认证，《有关航空器设备特定问题议定书》达到了法定的生效国家数，已于 2006 年 3 月 1 日生效。①

《移动设备国际利益公约》及《有关航空器设备特定问题议定书》旨在促进高价值移动设备的融资租赁交易，通过强化债权人利益，减少债权人、出租人的交易风险来降低购买租赁航空器的国外融资利率和担保费用，同时为融资多样化创造条件。它们弥补了《日内瓦公约》的不足，和《日内瓦公约》一起为保护航空器权利人的利益提供了法律基础，是对《日内瓦公约》的延续和刷新。

3. 我国的法律规定

近年来我国航空运输事业发展迅猛，为满足日益增长的航空市场需求，民用航空活动领域利用多种方式筹措资金，或购买、或租赁、或“购买结合租赁”民用航空器，这就在客观上对我国应如何保护有关民用航空器权利人的利益提出了新的更高要求，我国航空运输事业发展也对我国航空法提出了新要求。立法者考虑到航空活动的国际性、航空器融资活动主体的多样性及主体所处不同法律体系，并坚持尽力与国际接轨，故我国《民用航空法》在总结实践经验的基础上，参考、借鉴了《日内瓦公约》的主要原则和制度，从实际出发，在《民用航空法》中专辟一章即第三章“民用航空器权利”，确立了民用航空器权利制度在我国民用航空法中的地位和作用，另外还存在着许多的航空行政法规和规章全部或部分地对航空器权利制度进行了规定。加之我国已于 1999 年

① 到 2006 年 3 月，《有关航空器设备特定问题议定书》的加入国有美国、埃塞俄比亚、尼日利亚、巴拿马、巴基斯坦、阿曼、爱尔兰、马来西亚和塞内加尔 9 个国家。

10 月 31 日加入《日内瓦公约》，这样就更加全面地规定了航空器权利制度，从而为解决相关权利人纠纷奠定了国内和国际的法律基础。

（二）民用航空器权利客体

民用航空器权利客体是指民用航空器权利所指向的对象。《日内瓦公约》第 10 条规定，民用航空器的权利客体包括对民用航空器构架、发动机、螺旋桨、无线电设备和其他一切为了在民用航空器上使用的，无论安装于其上或者暂时拆离的物品。我国《民用航空法》第 10 条对民用航空器权利客体的规定和《日内瓦公约》第 10 条的规定完全一致。《有关航空器设备特定问题议定书》第 2 条规定，其所适用的航空器的权利客体是指航空器的标的物，“航空器标的物”是指航空器机身、航空器发动机和直升机。“航空器”是指为《芝加哥公约》之目的所定义的航空器，即已安装航空器发动机的航空器机身或直升机。

二、民用航空器所有权

（一）民用航空器所有权概念和特征

1. 民用航空器所有权概念

所有权是指所有权人对自己的不动产或者动产，依照法律规定享有占有、使用、收益和处分的权利。民用航空器所有权是指民用航空器的所有权人在法律规定的范围内自由支配民用航空器并排除他人干涉的权利。所有权人依法对其民用航空器享有占有、使用、收益和处分的权利。

民用航空器所有权的权利主体既可以是自然人，也可以是法人，包括企业法人和事业法人，还可以是国家。我国《民用航空法》第 15 条规定：“国家所有的民用航空器，由国家授予法人经营管理或者使用的，本法有关民用航空器所有人的规定适用于该法人。”

2. 民用航空器所有权特征

民用航空器所有权是一种财产所有权，它具有一般财产所有权的特征，但和一般财产所有权相比，还具有如下的特征：

（1）民用航空器所有权具有合成性。与一般财产权相比，民用航空器所有权具有明显的合成性。包括民用航空器构架、发动机、螺旋桨、无线电设备和其他一切为了在民用航空器上使用的，无论安装于其上或者暂时拆离的物品。“航空器所有权的分割仅为量的分割，分割后的所有权与分割前的所有权性质相同，只是范围有所不同。”①

（2）以民用航空器为唯一客体。即民用航空器所有权主体所指向的对象是民用航空器，具有单一性。

（3）民用航空器经常处于非所有人的控制之下。民用航空器需要由具有航空执照的人员来进行空中航行活动。因此，当进行航行活动时，它常常处在航空人员的直接控制之下，而不是处于所有人的直接控制之下。

（4）权利主体负有特殊的法定义务。这主要表现在民用航空器所有人或经营人应

---

① 郝秀辉．航空器权利研究．中国民航学院学报，2005（2）：55.

当按照法律规定，使民用航空器处于适航状态，确保航空器具有适航性，以保证机上人员和地面人员的生命财产安全。如我国《民用航空法》第38条规定："民用航空器的所有人或者承租人应当按照适航证书规定的使用范围使用民用航空器，做好民用航空器的维修保养工作，保证民用航空器处于适航状态。"

（5）在航行活动中，机长在遇到特殊情况时享有对民用航空器的最后处分权。当航空器升空以后，形成了一个封闭的空间，在这个空间里，机长享有法律赋予的权力，包括在遇到特殊情况时对航空器的处分权。如《国际民用航空公约》附件2第2.4条规定："航空器机长在其负责期间，对航空器的处置有最后决定权。"我国《民用航空法》第46条也规定："飞行中，对于任何破坏民用航空器、扰乱民用航空器内秩序、危害民用航空器所载人员或者财产安全以及其他危及飞行安全的行为，在保证安全的前提下，机长有权采取必要的适当措施。飞行中，遇到特殊情况时，为保证民用航空器及其所载人员的安全，机长有权对民用航空器作出处置。"

（二）民用航空器所有权权能

依照法律规定，民用航空器所有权的权能包括占有权、使用权、收益权和处分权四项权能。

1. 占有权

占有权是指民用航空器所有人对其财产的实际控制和支配的权利。通常情况下，民用航空器占有权由所有人享有，但也可以由非所有人享有，如我国《民用航空法》第15条规定，国家所有的航空器，由国家授予法人经营管理或者使用的，该法人当然享有对民用航空器的占有权；再如包机中，民用航空器的占有权归包机人享有，民用航空器租赁中，承租人依法享有对该民用航空器的占有等。

2. 使用权

使用权是指按照民用航空器的性能和用途加以利用的权利。民用航空器使用权属于用益物权的范畴，是民用航空器所有权派生的权利。它是民用航空器所有人将民用航空器所有权的部分权能分离出去，由使用权人享有，从而实现所有权人和使用权人的各自利益。民用航空器使用权虽是民用航空器所有权派生的权利，但这并不影响民用航空器使用权作为一种独立权利的存在。民用航空器使用权一旦产生，其使用权人就在设定的范围内不仅可以排除一般人对于其权利行使的干涉，而且在其权利范围内可直接对抗所有人的非法妨害。民用航空器使用权以对民用航空器的使用、收益为主要内容，并以对民用航空器的占有为前提，即必须将民用航空器的占有转移给使用权人，由其在实体上支配航空器，否则，民用航空器使用权设立的目的就无法实现。① 如在民用航空器租赁中，我国《民用航空法》第29条规定，租赁期间，出租人不得干扰承租人依法占有、使用民用航空器。

3. 收益权

收益权是所有人通过民用航空器的占有、使用、经营、转让而取得的经济效益。民用航空器所有人无论是采取何种方式，其根本目的是获得收益，使用不是目的，只是手段，使用民用航空器的最终目的是获得收益。民用航空器收益权既可以归民用航空器的

① 郝秀辉．航空器权利研究．中国民航学院学报，2005（2）：55.

所有权人享有，也可以是合法的非所有权人享有。

4. 处分权

处分权指民用航空器所有人依法对民用航空器进行处置的权利。处分权通常情况下由航空器所有人行使，但在法律规定或合同约定的情况下，非所有人对他人的财产也可以行使处分权，如抵押权人依法对抵押财产的处分权、机长享有法律上赋予的对航空器的处分权等。

（三）民用航空器所有权的取得、转让和消灭

由于民用航空器价值较大，法律中对其所有权的取得、转让和消灭都作出了严格规定。我国《民用航空法》第 14 条规定，民用航空器所有权的取得、转让和消灭，应当向国务院民用航空主管部门登记，未经登记的，不得对抗第三人；民用航空器所有权的转让，应当签订书面合同。《有关航空器设备特定问题议定书》第 5 条也规定航空器的销售必须要以书面形式订立。

1. 民用航空器所有权的取得和转让

我国《民法通则》第 72 条第 1 款规定："财产所有权的取得，不得违反法律规定。"民用航空器所有权的取得在形式上必须合法，否则得不到法律的确认和保护。民用航空器所有权的取得分为原始取得和继受取得，前者如航空器制造商对自己建造的航空器所拥有的所有权，后者如航空公司对自己直接购买的航空器所享有的所有权。

民用航空器所有人可以依法转让其民用航空器所有权。我国《民用航空法》第 14 条规定，民用航空器所有权的转让，应当签订书面合同。

《有关航空器设备特定问题议定书》第 5 条规定："1. 为本议定书之目的，销售合同①：（a）须以书面形式订立；（b）涉及卖方有权处置的航空器标的物；和（c）使航空器标的物能够按照本议定书加以识别。2. 销售合同按其条件将航空器标的物卖方的利益转移给买方。3. 销售合同的登记长期有效。除非被撤销或登记中规定了期限且该期限届满，预期销售的登记有效。"

2. 民用航空器所有权的消灭

民用航空器所有权的消灭是指因出现了某种法律事实，使民用航空器所有人的所有权丧失的一种法律现象。引起民用航空器所有权消灭的原因主要有：

（1）因民用航空器灭失和失踪而消灭。民用航空器的灭失是指经损害的民用航空器已经不复存在，如航空器坠毁。民用航空器失踪是指在官方搜寻工作宣告结束时仍不能确定航空器或其残骸位置。这两种情况都导致民用航空器作为所有权的客体已经不复存在，从而导致航空器所有权消灭。

（2）因民用航空器转让而消灭。有权转让民用航空器所有权人依照法律的规定转让其民用航空器所有权，从而导致原所有权消灭，而产生新的所有权。这主要是指通过航空器买卖合同，将民用航空器所有权转让给他人而使原所有权消灭。

（3）因民用航空器报废而消灭。民用航空器有一定的使用年限，超过了规定的使

---

① 2001 年《有关航空器设备特定问题议定书》第 3 条第 1 款规定，设定或规定国际利益的协议是指销售合同，国际利益、预期国际利益、债务人和债权人分别是指销售、预期销售、卖方和买方。

用年限而继续使用，航空安全就没有保障。民用航空器报废以后，其所有权消灭。

（4）因债权人依法行使权利而消灭。这主要发生在民用航空器作为担保物权和民用航空器优先权中权利人可以请求法院强制拍卖该民用航空器而获得赔偿，从而通过拍卖而使民用航空器所有权丧失。

三、民用航空器抵押权

（一）民用航空器抵押权的概念

抵押权是指债权人对于债务人或第三人不转移占有而提供担保的财产，在债务人不履行债务时，债权人享有就抵押的财产变价并优先受偿的权利。根据我国《担保法》第34条第1款第4项规定，抵押人依法有权处分的国有的机器、交通运输工具和其他财产可以用于抵押。同时根据该法的规定，以航空器抵押的，应当办理抵押物登记，抵押合同自登记之日起生效。

民用航空器抵押权是指债权人对于债务人或第三人不转移占有而提供担保的民用航空器，在债务人不履行债务时，依法享有就担保的民用航空器享有变价并优先受偿的权利。民用航空器抵押权既是航空业融资的传统途径，又为债权人利益提供了可靠担保，它有利于民用航空业和金融业的发展。

民用航空器抵押权的设立，应符合我国《担保法》中对抵押权的一般规定，同时按照特别法与普通法有不同规定时优先适用特别法的原则，我国《民用航空法》中对抵押权的设立规定和担保法的规定不同的，应优先适用《民用航空法》。如我国《民用航空法》第16条对设立民用航空器抵押权的规定就作出了与《担保法》不同的规定①，设定民用航空器抵押权，由抵押权人和抵押人共同向国务院民用航空主管部门办理抵押权登记；未经登记的，不得对抗第三人。

（二）民用航空器抵押权的法律特征

航空器抵押权具有抵押权的一般法律特征，主要表现在以下几个方面：

（1）附从性。民用航空器抵押权的附从性首先主要表现在民用航空器抵押权设定是以担保债权的存在为前提的，债权不存在，抵押权不成立。其次表现在民用航空器抵押权变化上的附从性，即民用航空器的抵押权将随着被担保债权的变化而变化。再次表现在消灭上的附从性，即民用航空器抵押权随着被担保债权的消灭而消灭。

（2）特定性。民用航空器抵押权的特定性包括两个方面的含义：其一指抵押物——民用航空器特定；其二指所担保的债权特定，一般情况下，以航空器抵押权人的特定债权来进行担保。

（3）优先受偿性。抵押权人就民用航空器受清偿时，有优先于对民用航空器享有的其他请求权的受偿权。

（4）不移转对民用航空器的占有。抵押人对民用航空器可继续进行使用、收益和处分，不影响航空器使用价值的发挥。

---

① 我国《民用航空法》第16条的规定并没有否定未经登记的抵押合同的效力，只是规定不得对抗第三人，但抵押合同仍然有效。

（三）民用航空器抵押权消灭

民用航空器抵押权在性质上为担保物权，其设定一般有存续期限，为有期物权，并非如所有权那样永恒存续。民用航空器抵押权得因一定法律事实而消灭，消灭原因主要有以下几种：

（1）民用航空器灭失或失踪。抵押权标的物灭失为物权消灭的一般原因，所以抵押物——民用航空器灭失或失踪，民用航空器抵押权随之消灭。但民用航空器抵押权对所抵押的民用航空器拍卖价金有优先受偿权，其在本质上为价值权，具有物上代位性。因此，当民用航空器灭失或失踪时，如果有赔偿金、保险金或补偿金等代位物，由于价值仍存在，抵押权可存在于该赔偿金、保险金或补偿金上，民用航空器抵押权并不消灭。

（2）主债权消灭。民用航空器抵押权是为担保主债权实现而存在的从权利，相对于被担保的主债权，民用航空器抵押权具有绝对的附从性，主债权消灭，民用航空器抵押权亦消灭。

（3）民用航空器抵押权实现。民用航空器抵押权实现，抵押担保法律关系消灭，抵押权自然消灭。民用航空器抵押权因实现而消灭，其所担保的债权是否得到全部清偿则在所不问，并且即使在同一民用航空器上有数个抵押权，其中一个抵押权实现的，该抵押权及其他抵押权均消灭。

（4）除斥期间届满。抵押权为担保物权，原则上既不得因所担保的债权罹于时效消灭而消灭，同时也不得因除斥期间的经过而消灭。但近现代民法从确定各种复杂法律关系的实际需要出发，也例外地规定抵押权得因一定期间的经过而消灭。民用航空器抵押权除斥期间届满，权利消灭。如最高人民法院在2000年12月8日公布的《关于适用〈中华人民共和国担保法〉若干问题的解释》第12条规定："当事人约定的或者登记部门要求登记的担保期间，对担保物权的存续不具有法律约束力。担保物权所担保的债权的诉讼时效结束后，担保权人在诉讼时效结束后的二年内行使担保物权的，人民法院应当予以支持。"

四、民用航空器优先权

（一）民用航空器优先权的概念

民用航空器优先权是指债权人依照有关法律规定，向民用航空器所有人、承租人提出赔偿请求，对产生该赔偿请求的民用航空器享有优先受偿的权利。

民用航空器优先权是以民用航空器为标的，以担保特定债权的实现为目的，通过司法程序对民用航空器扣押以至出卖民用航空器，使债权人从民用航空器变卖所得价款中依法定顺序优先受偿的一种法定担保物权。①

① 对于民用航空器优先权的法律性质，主要有以下几种观点：（1）民用航空器优先权是一种物权，具有物权的法定性、追及性、支配性等法律特性；（2）民用航空器优先权是一种债权，其成立既不登记，又不必占有，不属于物权；（3）民用航空器优先权是物权化的债权，民用航空器优先权本质上是债权，但航空法为了实际需要赋予其某些物权的性质，是一种债权的物权化；（4）民用航空器优先权是法律规定的优先受偿的权利，是法定特权；（5）民用航空器优先权是程序权利，民用航空器优先权的实现应通过法院扣押民用航空器从而拍卖民用航空器，并从卖得的价款中债权人优先受偿，因此，是属于一种程序性的权利。根据我国《民用航空法》的规定可以认为，民用航空器优先权是一项担保物权。

民用航空器优先权作为一项权利，它是民用航空法赋予某些法定的特殊债权人，对产生该债权的民用航空器所享有的一种以该民用航空器为标的的法定优先受偿。“法定”权利，是民用航空器优先权的显著特性，只有《民用航空法》第19条规定的两项债权，即援救该民用航空器的报酬和保管维护该民用航空器的必需费用，才具有民用航空器优先权。这种法定权利，不能通过有关双方当事人合同约定产生，也不因民用航空器所有权的私下转让而消灭。

（二）民用航空器优先权的法律特征

民用航空器优先权的法律特征主要表现为法定性、从属性、依附性、时间性和秘密性等几个方面。

（1）法定性。民用航空器优先权的法定性主要表现在两个方面：一方面是指产生的法定性，并非一切债权都能产生民用航空器优先权，在航空法中对民用航空器优先权作出了严格的限制，只有法律规定范围内的债权才能得到航空器优先权的担保；另一方面是指消灭上的法定性，非经法定原因，不会消灭。

（2）从属性。民用航空器优先权的从属性是指航空器优先权是伴随着法定债权的产生而产生，并随之而变更和消灭。民用航空器优先权是担保物权，以债权为主权利，优先权为从权利，没有债权，民用航空器优先权就不能独立存在。债权转移消灭，民用航空器优先权亦转移消灭。民用航空器优先权不得与债权分离而让与，也不得从债权分离而为其他债权担保。

（3）依附性。民用航空器优先权的依附性是指航空器的优先权不因所有权的转移而消灭，只要债务人不履行债务，民用航空器的优先权就依附于民用航空器上，直至民用航空器灭失或被法院拍卖而消失。

（4）时间性。虽然民用航空器优先权的产生是随着债务产生之时起自动产生而无需登记，但是为了督促权利人对权利的行使，并为保护第三人利益，法律中规定了民用航空器优先权的期限，在此期限届满时，民用航空器优先权将随之消灭。如《日内瓦公约》第4条第3、4款规定，民用航空器优先权应当在援救或保管工作终了之日起3个月内进行登记，3个月的期限届满后，缔约各国即不再承认上述权利。我国《民用航空法》第25条也作出民用航空器优先权期限为3个月的规定。

（5）秘密性。民用航空器优先权的产生和设立，不受物权公示性的约束，不以登记为要件，也不以占有为前提，更无须当事人进行约定，只要法定的债权产生，民用航空器优先权就随之产生。我国《民用航空法》对民用航空器所有权、抵押权都规定了不进行登记的不得对抗第三人，而对民用航空器优先权却没有此规定。

（三）民用航空器优先权的范围与受偿顺序

1. 民用航空器优先权的范围

民用航空器优先权的范围包括主体范围和债权范围。

（1）主体范围。享有民用航空器优先权的债权，必须是针对民用航空器所有人、承租人提出的赔偿请求；向民用航空器所有人、承租人以外的人提出的赔偿请求，不具有民用航空器优先权。因为民用航空器优先权最终要通过扣押并变卖民用航空器来实现，这必然引起民用航空器所有权、处分权状况的变化，而只有民用航空器所有人、承租人才对民用航空器享有所有权、处分权。

（2）债权范围。《日内瓦公约》第 4 条规定，民用航空器优先权的范围是援救该民用航空器的报酬和保管维护该民用航空器的必需费用。优先权适用于担保的全部债款，但其中所包含的利息，不得超过执行程序开始前 3 年中和执行过程中所产生的利息。我国《民用航空法》第 19 条第 1 款对优先权的范围也规定为“援救该民用航空器的报酬和保管维护该民用航空器的必需费用”。

2. 优先权受偿顺序

《日内瓦公约》第 4 条第 2 款规定，优先权的受偿顺序为“按照产生该权利的事件发生日期逆向排列”。我国《民用航空法》第 19 条第 2 款也规定民用航空器优先权后发生的先受偿。

民用航空器优先权债权的受偿顺序采用“时间倒序”原则，或者称“时间在先，权利在后”的原则排列债权的受偿顺序，其出发点是坚持“为其他债权的受偿创造条件的债权优先于其他债权”的原则。因为这类债权虽然是发生在后，但它为发生在先的、已经存在的债权的受偿起到了保全作用；没有发生在后的债权，发生在前的债权可能也得不到清偿。例如，某民用航空器在海上遇难，某海运公司对其成功施救之后，航空维修公司又对其进行必要的保管和维护，使其恢复适航状态。按照“时间倒序”原则，保管维护该民用航空器的费用应当优先于救助费用得到清偿。因为维修公司对航空器的保管、维护使航空器恢复了原有适航状态和功能，救助效果和价值才得以体现，否则，该航空器可能一文不值，甚至可能因保管不善而废弃。航空器废弃，会导致以航空器为标的、担保发生在前的债权即救助报酬请求权的民用航空器优先权随之灭失。故在法律中对民用航空器优先权债权的受偿顺序，采用“时间倒序”原则。

另外，《日内瓦公约》第 4 条第 1 款规定，航空器优先权优先于对该航空器的所有其他权利。第 7 条第 6 款规定：“根据拍卖所在地缔约国的法律，为了各债权人的共同利益并在执行过程中产生的合法费用，优先于任何其他权利受偿，包括第四条规定的优先权，并应从拍卖的价金中支付。”

我国《民用航空法》第 21 条和第 22 条规定了判决和拍卖所产生的费用以及民用航空器抵押权与民用航空器优先权的受偿顺序，即判决和拍卖过程中所产生的费用先行拨付，其次是民用航空器优先权，再次是民用航空器抵押权。

（四）民用航空器优先权的转移和消灭

民用航空器优先权作为一种担保物权，决定了它的产生必然以法律规定的债权存在为前提，一旦债权产生，民用航空器优先权同时产生，具有对抗其他权利的效力；其所担保的债权发生转移，优先权就随之移转。如我国《民用航空法》第 23 条规定：“本法第十九条规定的债权转移的，其民用航空器优先权随之转移。”但对于权利客体即民用航空器而言，该优先权仍依附在民用航空器上，不因民用航空器所有权的转让而消灭。如我国《民用航空法》第 25 条第 2 款规定，“民用航空器优先权不因民用航空器所有权的转让而消灭”。这也是由于民用航空器优先权的从属性和依附性所决定的。

民用航空器优先权的行使主要是通过法院扣押产生优先权的民用航空器行使。优先权人享有航空器优先权，但不能自行扣押和拍卖民用航空器，而必须通过向法院申请，由法院来执行。我国《民用航空法》第 24 条规定："民用航空器优先权应当通过人民法院扣押产生优先权的民用航空器行使。"

《日内瓦公约》第 6 条规定："在扣押或者强制拍卖航空器或航空器权利的情况下，被诉人明知正在进行拍卖或执行程序，而设立或转让第一条第一款所列的权利①，不论是有损于实行扣押的债权人或执行债权人，还是有损于买受人，缔约各国可以不予承认。"

根据《日内瓦公约》和我国《民用航空法》的规定，民用航空器优先权消灭的原因主要有：

（1）民用航空器优先权的期限已经终结。《日内瓦公约》和我国《民用航空法》都规定了民用航空器优先权的期限是 3 个月，自援救或保管工作终了之日起 3 个月内权利人不去登记的，又没有法律规定的事由的，民用航空器优先权消灭。

（2）民用航空器依法被强制拍卖。民用航空器优先权不因民用航空器所有权的转让而消灭，但是，民用航空器经依法强制拍卖的除外。如《日内瓦公约》第 8 条规定，拍卖航空器，产生转移该航空器所有权的效力，买受人不再受未由其负担的权利的影响。我国《民用航空法》第 25 条第 2 款也规定，民用航空器经依法强制拍卖的，民用航空器优先权消灭。

（3）民用航空器灭失或失踪。民用航空器灭失或失踪，民用航空器优先权的客体不复存在，民用航空器优先权消灭。

五、民用航空器租赁

民用航空器租赁是指民用航空器出租人与承租人通过签订租赁合同，将民用航空器租给承租人，由承租人支付租金。对民用航空器租赁进行了法律规定的国际公约主要有 1948 年《日内瓦公约》、1988 年《国际统一私法协会国际融资租赁公约》和 2001 年《移动设备国际利益公约》及《有关航空器设备特定问题议定书》。如《日内瓦公约》第 1 条第 1 款规定缔约各国承允，承认：根据租赁期限为六个月以上的租赁占有航空器的权利。1988 年《国际统一私法协会国际融资租赁公约》统一国际融资租赁法律，消除了国际融资租赁法律障碍，为航空器国际融资租赁提供了法律基础。《有关航空器设备特定问题议定书》为航空器的租赁特别是航空器的融资租赁的权利担保进一步提供了法律上的保障。我国《民用航空法》第三章中专辟一节——第四节"民用航空器租赁"，用 8 个条文对民用航空器租赁特别是融资租赁作出了具体规定。

根据租赁目的，以与租赁资产所有权有关的风险和报酬归属于出租人或承租人的程度为依据，将民用航空器租赁分为经营租赁和融资租赁两类。

（一）民用航空器经营租赁

民用航空器的经营租赁是出租人将民用航空器交付承租人使用、收益，承租人支付

① 这几项权利包括：航空器所有权；通过购买并占有行为取得航空器的权利；根据租赁期限为 6 个月以上的租赁占有航空器的权利；为担保偿付债务而协议设定的航空器抵押权、质权以及类似权利。

租金的租赁方式。

1. 民用航空器经营租赁的特点

（1）标的物是民用航空器。与其他租赁相比，民用航空器经营租赁的标的物是民用航空器，在法律适用上优先适用我国《民用航空法》的规定，在其没有规定的情况下，适用我国其他法律法规的相关规定，如合同法的相关规定。

（2）转移民用航空器占有权、使用权和收益权。民用航空器经营租赁不转移民用航空器所有权，而是转移其占有权、使用权和收益权。但承租人无权处分民用航空器。无论租赁期限多长，出租人都对民用航空器享有所有权。在租赁期满时，承租人要将民用航空器返还给出租人。

（3）民用航空器经营租赁是有偿行为。有偿使用他人财产是租赁法律关系的本质特征之一，承租人使用民用航空器时，应当支付租金。租金是承租人获得民用航空器使用权的代价，也是民用航空器经营租赁合同的必要条款，无租金条款，民用航空器租赁合同不能成立。

（4）民用航空器经营租赁合同是诺成合同、双务合同。双方当事人达成租赁协议后，合同即告成立，而不以民用航空器的实际交付为合同的生效要件，故为诺成性合同。民用航空器经营租赁合同当事人双方既负有一定义务，也享有一定权利，双方的权利义务具有对应性、对价性，因而为双务合同。

2. 出租人权利与义务

（1）出租人权利。民用航空器经营租赁合同中出租人享有的权利主要包括两个方面：

① 合同解除权。承租人未按照约定的方法或者民用航空器的性质使用民用航空器，致使民用航空器受损耗，出租人对此可解除合同并请求赔偿损失。承租人未经出租人同意转租的，出租人可以解除合同。承租人无正当理由未支付或者迟延支付租金，出租人可以要求承租人在合同期限内支付，承租人逾期不支付的，出租人可以解除合同。以上是民用航空器租赁合同的一般规定，具体规定还要看双方在合同中的约定以及具体的租赁方式加以判断。

② 收取租金权。出租人出租民用航空器的目的，就是为了获得收益，出租人可以依照合同规定的时间、地点、约定的币种等收取租金。

（2）出租人义务。民用航空器经营租赁合同中出租人的义务主要有：

① 出租人应按照约定交付民用航空器并确保其在租赁期间保持符合约定的用途。

② 对民用航空器有维修义务，保证民用航空器在合同期内正常使用，但当事人另有约定的除外。

③ 返还押金或担保物的义务。租赁合同中如果约定承租人要提供一定的押金或担保，在合同终止时，出租人应当按时返还押金或者担保物。

④ 出租人解除合同时应当在合理的期限内通知承租人。

3. 承租人权利和义务

（1）承租人权利。在民用航空器经营租赁中，承租人所享有的权利主要有使用权、获取收益权以及转租权。

① 使用权。承租人按照合同的约定或者法律的规定对民用航空器进行使用，既是承租人权利，又是承租人义务。

② 获取收益权。在租赁期间因占有、使用民用航空器获得的收益，归承租人所有，但当事人另有约定的除外。

③ 转租权。承租人经出租人同意，可以将民用航空器转租给第三人。承租人与出租人之间的原租赁合同继续有效，第三人对民用航空器造成损失的，承租人应当赔偿损失。承租人未经出租人同意转租的，出租人可以解除合同。

（2）承租人义务。承租人的义务主要有支付租金、有关事项的通知以及返还民用航空器等。

① 按照合同的期限支付租金。承租人应当依照合同规定的时间、地点、约定的币种等支付租金。

② 有关事项的通知义务，包括：民用航空器有修理、防止危害的必要时，承租人应及时通知出租人；第三人主张权利的，承租人应及时通知出租人；民用航空器因不可抗力损毁灭失或因第三人的侵害受损等，承租人也应及时通知出租人。

③ 租赁期届满，承租人应当返还民用航空器，返还的民用航空器应当符合按照约定或者民用航空器的性质使用后的状态。

（二）民用航空器融资租赁

1. 民用航空器融资租赁的概念和特征

1988年《国际统一私法协会国际融资租赁公约》对融资租赁的定义进行了规定，融资租赁交易是一方（出租人）按照另一方（承租人）的规格要求同某个第三方（供货人）订立一项协议。我国《合同法》第237条规定：“融资租赁合同是出租人根据承租人对出卖人、租赁物的选择，向出卖人购买租赁物，提供给承租人使用，承租人支付租金的合同。”

我国《民用航空法》第27条规定：“民用航空器的融资租赁，是指出租人按照承租人对供货方和民用航空器的选择，购得民用航空器，出租给承租人使用，由承租人定期交纳租金。”

民用航空器融资租赁不同于传统的租赁方式，它具有融资、担保和使用功能，可以使航空器承租人得到加速折旧和节税的好处，其实质是出租人为支付民用航空器价款而向承租人提供资金融通。

民用航空器的融资租赁主要包括以下几个法律特点：

（1）民用航空器融资租赁涉及三方当事人。这三方当事人包括：为租赁提供资金融通的出租人，选择供货方和民用航空器并向出租人支付租金的承租方，以及为出租方提供民用航空器的供货方。

（2）民用航空器融资租赁合同包括两个或两个以上的合同。这些合同主要有出租人根据承租人对供货方和民用航空器的选择与供货方订立的买卖合同，民用航空器的出租方和承租方之间的租赁合同。这两个合同中，租赁合同是主合同，买卖合同是从合同或叫辅合同。当然，民用航空器的融资租赁合同还可能涉及到诸如抵押合同、保险合同等合同形式。

（3）民用航空器融资租赁偏重于承租人的义务和责任，而出租人只享有租赁物的名义所有权，其法律地位类似于融资人。出租人以融物的形式，实际是给承租人融资，他并不关心租赁物的使用，而注重于收取租金，得到投资回报，可以说，出租人只是租赁物名义上的所有人，而且他不承担租赁物的瑕疵担保责任。供货方交付的民用航空器有瑕疵时，出租人都会把赔偿请求权让渡给承租人，在租赁期间，民用航空器的保养、维修、保险和过时的风险一般都由承租人承担，同时，民用航空器造成第三人的人身和财产损害的，出租人一般不承担责任。

（4）民用航空器融资租赁合同的当事人“中途不得解约”。由于民用航空器是承租人选定的，所以民用航空器融资租赁大多是一次性完全收回的租赁。为保障出租人和承租人双方各自的利益，在租赁合同的有效期内，任何一方不得中途解约。只有当民用航空器失事全损或被证明已经不具适航性丧失使用效益的情况下，才能终止合同，但要以出租人不受任何经济损失为前提。“当事人中途不得解约”的法律规定，是公平维护民用航空器融资租赁交易中出租人和承租人以及其他参与人基本权益的基础之一。①

（5）民用航空器融资租赁合同应当采用书面形式。由于民用航空器融资租赁合同涉及的主体多、内容复杂，各方当事人的权利义务规定有其特殊性，故我国《合同法》第215规定，租期在6个月以上的应当采用书面形式。融资租赁合同规定应当采用书面形式，融资租赁合同的内容应当包括租赁物名称、数量、规格、技术性能、检验方法、租赁期限、租金构成及其支付期限和方式、币种、租赁期间届满租赁物的归属等条款。我国《民用航空法》第26条规定：“民用航空器租赁合同，包括融资租赁合同和其他租赁合同，应当以书面形式订立。”

2. 民用航空器融资租赁合同的效力

（1）民用航空器融资租赁合同的生效与无效

根据《合同法》第44条的规定，依法成立的融资租赁合同，自成立时生效。法律、行政法规规定应当办理批准、登记等手续生效的，自批准、登记时生效。我国民用航空法并没有要求民用航空器的融资租赁合同要办理登记手续，登记并不是其生效要件。民用航空器融资租赁合同生效时间为民用航空器融资租赁合同的成立之时。②

根据我国《合同法》《民法通则》和1996年最高人民法院颁布的《关于审理融资租赁合同纠纷案件若干问题的规定》以及我国《民用航空法》的规定，民用航空器融资租赁合同的无效主要包括以下几个方面：出租人不具备从事民用航空器融资租赁经营范围的；民用航空器的承租人与供货方恶意串通，骗取出租人资金的；以融资租赁合同形式规避国家有关法律、法规的；依照有关法律、法规应认定为无效的。

（2）出租人权利与义务

① 出租人的权利。民用航空器出租人对出租的民用航空器所享有的权利主要包括对民用航空器的所有权、收取租金权、民用航空器造成第三人损害时的免责权、承租人破产时民用航空器的收回权、承租人不按约定支付租金时的全部租金请求权或者合同解

① 吴惠祥．国际飞机租赁的法律探究．中国民航学院学报，2000（12）：54.
② 贺富永．浅析民用航空器融资租赁合同．江苏航空，2002（3）：27.

除权以及出卖人违约时的索赔权。

② 出租人的义务。根据《国际统一私法协会国际融资租赁公约》和我国《合同法》及《民用航空法》的规定，出租人的义务主要包括按照承租人对供货方和民用航空器的选择签订租赁物买卖合同、不得擅自变更与承租人有关的民用航空器买卖合同内容、保证承租人对民用航空器占有和使用、不得中途解约以及对承租人行使索赔权时的协助义务。

（3）承租人的权利与义务

① 承租人的权利。就民用航空器融资租赁而言，民用航空器承租人除了享有合同法中对承租人的权利的规定，如享有出租人擅自变更租赁物买卖合同中与承租人有关内容的抗辩权，享有民用航空器买卖合同中与受领民用航空器有关的买受人的权利，受领租赁物的权利以及对租赁物进行检验的权利，拒绝接受不符合约定的租赁物的权利外，民用航空器承租人的权利主要表现在以下几个方面：选择确定供货方和民用航空器的权利、享有出卖人不履行租赁物买卖合同义务时的索赔权、享有对民用航空器占有和使用以及抗干扰的权利、转租民用航空器的权利。

② 承租人的义务。在民用航空器的融资租赁中，民用航空器承租人的主要义务有支付租金、妥善保管民用航空器、租期届满交付民用航空器等。

（4）供货方的权利与义务

供货方作为融资租赁合同的一方当事人，其主要权利是向出租人收取民用航空器的价款。同时供货方负有向承租人交付民用航空器的义务，并对民用航空器负瑕疵担保责任。

六、民用航空器权利登记制度

民用航空器权利登记制度是航空法律制度不可缺少的重要组成部分。1948年《日内瓦公约》规定，应该登记的航空器权利包括：航空器的所有权、通过购买取得并占有航空器的权利、依据为期6个月以上的飞机租赁合同使用航空器的权利、航空器抵押权、航空器出租人的背书、出租人购买航空器时的贷方作为飞机动产抵押权的持有人和作为租赁受让人的权利、承租人作为用户对飞机使用和享用的权利。

在2001年《移动设备国际利益公约》及《有关航空器设备特定问题议定书》中，登记制度也是公约体系优先考虑的核心问题。《有关航空器设备特定问题议定书》对登记的具体要求有专门表述，规定了谁可以办理、更改或撤销登记，并对登记标的物为可单独识别也作了必须性规定。所有的登记条款都建立在假设整个系统将是电子化的前提下，可以在线检索，因此登记和对检索的回应均通过电脑自动完成，而无需牵涉到人为的干预。议定书还确定了登记的监管机关，登记官将严格负责赔偿由于过错、失职以及登记系统发生故障所造成的损失。该公约和议定书中的登记制度能使一项国际利益的存在受到公开关注，并能使债权人维护其优先受偿权，以及在对债务人进行破产程序诉讼时维护该项国际利益的有效性，可以为登记国际利益、预期的国际利益以及可以登记的非约定权利和利益提供方便，而且也有助于转让国际利益，使某国际利益从属于另一国际利益以及其他某些权利。

我国《担保法》和《民用航空法》也都规定了以航空器为客体的动产物权登记公示制度，这一登记制度的设立不仅丰富和完善了我国航空法律制度体系，而且也是对我国财产权利登记制度的补充和发展。其他法规和规章有1997年10月21日国务院发布实施的《中华人民共和国民用航空器权利登记条例》以及民航总局1999年9月1日发布并于同年11月1日施行的《中华人民共和国民用航空器权利登记条例实施办法》等。

民用航空器权利登记主要包括：所有权登记，通过购买行为取得并占有民用航空器的权利的登记，民用航空器的租赁登记以及民用航空器的抵押权登记和优先权登记。我国《民用航空法》第11条和《日内瓦公约》第1条都作出了相同的规定。

第四节 民用航空器适航管理

一、民用航空器适航管理的概念及特点

（一）民用航空器适航管理的概念和分类

民用航空器适航管理是以保障航空器的安全为目标的技术管理，是对航空器的设计、制造、使用和维修等环节进行科学的、统一的审查、鉴定、监督和管理。

民用航空器的适航性是指有关航空器的安全或结构完整的品质特征，包括航空器的部件和分系统的性能水平以及操作特点上的安全或结构完整的品质特征，也就是指航空器适合空中航空航行并能保障安全的规定性。

航空器的适航管理包括初始适航管理和持续适航管理，分别对民用航空器的初始适航性和持续适航性进行管理，以便对民用航空器的适航性进行全方位的管理。民用航空器的初始适航性是指新生产出来的航空器在投入使用前所应当具备的适航性。民用航空器的持续适航性是指具有适航证的航空器投入使用后继续保持的适航性。

符合法律规定条件的，发给民用航空器的适航证书。我国民用航空器的适航证书种类有商业性的客货运输的运输类适航证书、通用航空的专业飞行的专业类适航证书和滑翔机、载人气球、超轻型飞机在规定的限制条件下飞行的初级类适航证书。

（二）民用航空器适航管理的特点

各国对民用航空器的适航管理，基本上都具有五个国际间普遍承认的特点。①

1. 权威性

适航管理所依据的标准和审定监督规则具有国家法律效力，所有的适航规章、标准都是强制性的；作为适航管理部门，也必须具有权威性，航空器的设计、制造、使用和维修单位、个人，必须服从国家适航管理部门的统一、公正的管理。

2. 国际性

航空器既是国际间航空运输的重要工具，也是国际上的重要商品。航空产品的进出口，特别是航空器的生产日趋国际化，决定了各国的适航管理必然具有国际性。各国的

---

① 曹三明，夏兴华．民用航空法释义．沈阳：辽宁教育出版社，1996：73-74.

适航管理部门为了保证航空的安全和利益，根据本国的适航标准，严格审查各种进口的航空产品。同时各国也要求积极扩大国际交流，制定国际上能够得到普遍承认的适航标准，广泛制定保护本国利益的国际间的适航协议，使本国的航空产品能够更多地进入国际市场。

3. 完整性

任何一个国家的适航管理部门，对航空器的设计、制造、使用、维修直至其退役的全过程，都要实施以安全为目的、统一的闭环式的审查、鉴定、监督和管理。

4. 动态的发展性

航空科技的进步和民用航空业的不断发展，要求各国适航管理部门不断改进和增加新的适航标准，适航管理也必然随之变化发展。因此，适航管理不能是静态的、永恒不变的，而应当是动态发展的。

5. 独立性

适航管理部门的独立性是保证其在立法和执法工作上的公正性和合理性的要求。世界各国适航管理部门几乎都是在经济和管理体制上独立于航空器的设计、制造、使用和维修等环节之外的政府审查监督机构。只有这样，才能保障航空安全和促进航空运输业及制造业的发展。

二、民用航空器适航管理的内容

（一）民用航空器适航管理的法律基础

由于民用航空器适航管理的特点具有国际性，各国也都需要国际上有统一的适航标准，以保障和促进相关民用航空活动能够正常进行，国际上对民用航空器适航管理标准的制定工作早就开始了，突出表现在《国际民用航空公约》附件中，同时各国国内的适航管理的标准不得低于国际上的标准；在各国国内，适航管理的标准由其国内法加以规定，我国目前对民用航空器的适航管理已经形成了以《民用航空法》为核心的一整套完备的法律体系。

（二）民用航空器适航管理的范围

各国对航空器的适航性均进行严格管理。虽在适航管理的范围上略有差异，但一般而言，都包括对民用航空器的初始适航性的管理和持续适航性的管理，其管理范围都是围绕着民用航空器适航性而产生。

我国适航管理法规主要是围绕着民用航空器的设计、生产、进出口、使用及维修等内容而制定的。《民用航空器适航管理条例》第 2 条规定，民用航空器适航管理的范围为，在中华人民共和国境内从事民用航空器（含航空发动机和螺旋桨，下同）的设计、生产、使用和维修的单位或者个人，向中华人民共和国出口民用航空器的单位或者个人，以及在中华人民共和国境外维修在中华人民共和国注册登记的民用航空器的单位或者个人，都必须遵守中华人民共和国关于适航管理的规定。

三、违反适航管理规定的法律责任

我国《民用航空法》第 201~205 条以及《民用航空器适航管理条例》第 19~26 条

对违反适航管理规定的法律责任进行了阐述。具体而言，包括行政责任、民事责任和刑事责任三个方面。

第五节　对外国民用航空器的特别规定

一、外国民用航空器的概念

航空器依据国籍划分为本国航空器和外国航空器。凡是在外国登记的民用航空器都是外国民用航空器。如我国《民用航空法》第173条规定："外国人经营的外国民用航空器，在中华人民共和国境内从事民用航空活动，适用本章规定；本章没有规定的，适用本法其他有关规定。"所以，本节所称外国民用航空器是指外国人经营的外国民用航空器。外国经营人是指依据外国法律设立的航空经营人。

二、对外国民用航空器规定的法律基础

早在《巴黎空中航行管理公约》中，就对外国航空器的权利和义务进行了规定，取代它的《国际民用航空公约》对外国民用航空器的规定更为具体，另外，1944年《国际航班过境协定》和《国际航空运输协定》也对外国民用航空器的权利有所规定。但是基于国家航空资源的有限性，对于外国航空器一般都在国家之间的双边航空运输协定中加以规定。

我国对外国民用航空器的特别规定，不仅表现在我国和相关国家之间签订的双边航空运输协定中，而且在国内航空法中也有非常详细的规定。我国对外国民用航空器规定的法律已经形成了以《民用航空法》为核心的一系列法律制度，主要有：《民用航空法》第十三章"对外国民用航空器的特别规定"；1979年2月23日民航总局发布的《外国民用航空器飞行管理规则》；国务院1989年1月3日发布，并于同年3月2日施行的《民用航空运输不定期飞行管理暂行规定》；民航总局发布的于1998年10月2日起施行的《外国民用航空器运行和适航检查规定》；民航总局于2004年8月23日颁布，并于2005年1月1日起实施的《外国公共航空运输承运人运行合格审定规则》；民航总局2006年6月21日颁布，并于同年7月21日起施行的《外国航空运输企业不定期飞行经营许可细则》等法律法规和规章。

三、对外国民用航空器的特别规定

我国《民用航空法》中对外国民用航空器的特别规定主要参照和借鉴《国际民用航空公约》的规定而制定。其主要内容包括：外国民用航空器飞入、飞出我国领空和在我国境内飞行、降落的条件；外国民用航空器经营人经营我国政府与该外国政府签订的航空运输协定规定的国际航班运输不定期运输的条件；我国拥有的国内载运权；外国民用航空器必须按航班时刻和飞行计划飞行的要求；外国民用航空器在我国境内起飞或

降落的地点和接受有关检查的义务；对外国民用航空器适航证书、机组人员合格证和执照标准的要求，以及外国民用航空器在我国境内遇险和发生事故等有关问题的规定。另外，我国航空行政法规和规章又对此进行了细化。

（一）一般规定

《国际民用航空公约》第 1 条规定："缔约各国承认每一国家对其领土之上的空气空间享有完全的和排他的主权。"我国《民用航空法》第 2 条也规定："中华人民共和国的领陆和领水之上的空域为中华人民共和国领空。中华人民共和国对领空享有完全的、排他的主权。"由于领空属于国家领土主权组成的一部分，因此，国家对其领空享有完全和排他的权利，享有对领空资源进行自主支配的权利。

但由于航空运输国际性的特点，决定了一国领空不可能完全封闭起来，国家之间往往按照互惠互利的原则，通过各国政府之间签订航空运输协定或者其他有关文件，或者经过本国政府的批准，允许外国民用航空器飞入、飞出本国领空和在本国境内飞行、降落。如我国《外国民用航空器飞行管理规则》第 2 条规定："外国民用航空器只有根据中华人民共和国政府同该国政府签订的航空运输协定或者其他有关文件，或者通过外交途径向中华人民共和国政府申请，在得到答复接受后，才准飞入或者飞出中华人民共和国国界和在中华人民共和国境内飞行。"我国《民用航空法》第 174 条第 1 款规定："外国民用航空器根据其国籍登记国政府与中华人民共和国政府签订的协定、协议的规定，或者经中华人民共和国国务院民用航空主管部门批准或者接受，方可飞入、飞出中华人民共和国领空和在中华人民共和国境内飞行、降落。"《外国民用航空器运行和适航检查规定》第 4 条对此进行了细化。

值得注意的是，1944 年《国际民用航空公约》第 6 条①中只规定了对定期国际航空运输需要缔约国的许可或批准，而对不定期航空运输却在第 5 条中规定了缔约各国"同意其他缔约国的一切不从事定期国际航班飞行的航空器，在遵守本公约规定的条件，不需要事先获准，有权飞入或飞经其领土而不降停，或作非商业性降停，但飞经国有权令其降落"。我国法律、法规和航空行政规章明确规定对于不定期航空运输也要事先获准。

（二）外国民用航空器入境的法律规定

1. 取得责任担保或保险

民用航空运输是一项风险较大的活动，航空器在空中运行，可能会对地面第三人造成损害，为了确保对地面第三人的充分赔偿，1952 年《罗马公约》第 15 条规定了外国民用航空器飞入他国，他国可以要求其提供充分的担保或保险；我国也要求飞入我国的外国民用航空器应当取得责任担保或者保险，以便确保我国地面第三人受到损害时能够获得充分合理的赔偿。

2. 携带手册、文件和资料

一国政府是否允许外国民用航空器飞入本国领空，要看该民用航空器所携带的手

---

① 1944 年《国际民用航空公约》第 6 条规定："除非经一缔约国特准或其他许可并遵照此项特准或许可的条件，任何定期国际航班不得在该国领土上空飞行或进入该国领土。"

册、文件和资料是否完备、是否符合《国际民用航空公约》及其附件以及本国法律的规定。这也是确保空中航行安全的基本要求。《国际民用航空公约》第 29 条对“每一航空器从事国际航行时”携带的文件进行了规定。

我国航空法中对飞入我国境内的外国民用航空器应当携带文件、资料的规定和《国际民用航空公约》的规定基本一致，如《民用航空运输不定期飞行管理暂行规定》第 6 条、《外国民用航空器运行和适航检查规定》第 5 条和第 6 条以及《外国公共航空运输承运人运行合格审定规则》第 43 条的规定。

（三）外国民用航空器在我国境内飞行的法律规定

1. 一般规定

《外国民用航空器飞行管理规则》第 3 条规定：“外国民用航空器及其空勤组成员和乘客，在中华人民共和国境内飞行或者停留时，必须遵守中华人民共和国的法律和有关入境、出境、过境的法令规章。”《民用航空法》第 173 条规定：“外国人经营的外国民用航空器，在中华人民共和国境内从事民用航空活动，适用本章规定；本章没有规定的，适用本法其他有关规定。”《民用航空法》第 177 条规定：“外国民用航空器的经营人，不得经营中华人民共和国境内两点之间的航空运输。”关于国内载运权，《国际民用航空公约》第 7 条规定：“缔约各国有权拒绝准许其他缔约国的航空器为取酬或出租在其领土内载运乘客、邮件和货物前往其领土内另一地点。缔约各国承允不缔结任何协议在排他的基础上特准任何其他国家的空运企业享有任何此项特权，也不向任何其他国家取得任何此项排他的特权。”日本、法国、美国等国家的航空法中也都有类似的规定。

2. 经营许可

（1）定期国际航空运输。定期国际航空运输的使用一方面涉及一国的主权，另一方面从事国际航空运输也存在着巨大的经济效益，因此主权国家往往根据政治、经济等各方面考虑是否许可外国航空运输企业与本国之间的国际航空运输。这是世界上许多国家法律上的通行规定，也得到了《国际民用航空公约》的法律确认。

（2）不定期航空运输。我国《民用航空法》规定，外国民用航空器的经营人经其本国政府批准，并获得中华人民共和国国务院民用航空主管部门批准，方可经营中华人民共和国境内一地和境外一地之间的不定期航空运输。如《外国航空运输企业不定期飞行经营许可细则》第 4 条规定：“外航在外国和中华人民共和国之间从事不定期飞行，应当按照本细则向中国民用航空总局提出申请，取得经营许可并按照《外国公共航空运输承运人运行合格审定规则》完成运行审定后，方可飞行。”《外国航空运输企业不定期飞行经营许可细则》中对不定期飞行的申请、决定、法律责任等都作出了规定。

3. 外国民用航空器在我国境内运行的规定

外国民用航空器在我国境内运行的规定主要包括班期时刻或飞行计划的遵守、空中交通规章的遵照等。

（四）其他规定

除了上述对外国民用航空器的特别规定以外，我国法律中对外国民用航空器的搜寻援救和事故调查、在设关机场起飞或降落等都作出了规定。

思考题

1. 简述民用航空器的分类及法律地位。
2. 论述民用航空器的国籍原则。
3. 论述民用航空器的权利制度。
4. 论述民用航空器的租赁制度。
5. 简述外国民用航空器的权利和义务。

第三章

航空人员的法律规定

第一节　航空人员的管理制度

一、航空人员的概念

航空人员，是指领有执照，从事直接与空中航行有关工作的专业人员。

《中华人民共和国民用航空法》第 39 条规定，航空人员，是指下列从事民用航空活动的空勤人员和地面人员：（1）空勤人员，包括驾驶员、领航员、飞行机械人员、飞行通信员、乘务员；（2）地面人员，包括民用航空器维修人员、空中交通管制员、飞行签派员、航空电台通信员。

在国际上，对什么是“航空人员”并没有统一的定义。近年来，基于航空器驾驶舱“玻璃化”的趋势，飞行组成员中的机械员、领航员、飞行通信员的工作任务由飞行电脑和驾驶员中的机长、副驾驶承担，使得驾驶舱出现只有机长和副驾驶执行飞行任务的情况，也带来了驾驶舱在某些时候只有一人职守的现象。“德国之翼”空难就是机长离开驾驶舱，副驾驶独自操纵飞机撞山的结果。而基于客舱内乘客中是否混入危险恐怖分子的担心，在客舱也普遍加设了空中安保人员。从空勤人员的构成看，基本法律规定和现实已经有了较大不同。

二、航空人员的法律责任

航空人员对保障飞行安全负有重大的责任，应当严格履行职责，恪尽职守，保护民用航空器及其所载人员和财产的安全。否则，要承担相应的法律责任。

依据我国《民用航空法》的规定：

1. 航空人员玩忽职守，或者违反规章制度，导致发生重大飞行事故，造成严重后果的，分别依照、比照《刑法》第 187 条或者第 114 条规定追究刑事责任。（第 199 条）就是说，根据《刑法》① 的规定，对有关航空人员追究刑事责任，将处 3 年以下有

---

① 这里是指 1979 年《中华人民共和国刑法》。1997 年对刑法作了重大修改，增加第 131 条规定如下：“航空人员违反规章制度，致使发生重大飞行事故，造成严重后果的，处三年以下有期徒刑或者拘役；造成飞机坠毁或者人员伤亡的，处三年以上七年以下有期徒刑。”因此，上述《中华人民共和国民用航空法》的有关规定应作相应修改。

期徒刑或者拘役；情节特别严重的，将判处3年以上7年以下有期徒刑。对于未构成犯罪的，需要追究行政责任的，也将给予相应的行政处罚。

2. 违反本法第40条的规定，未取得航空人员执照、体格检查合格证书而从事相应的民用航空活动的，由国务院民用航空主管部门责令停止民用航空活动，在国务院民用航空主管部门规定的期限内不得申领有关执照和证书，对其所在单位处以20万元以下的罚款。(第205条)

3. 有下列违法情形之一的，由国务院民用航空主管部门对民用航空器的机长给予警告或者吊扣执照1~6个月的处罚，情节较重的，可以给予吊销执照的处罚：(1) 机长违反本法第45条第1款的规定，未对民用航空器实施检查而起飞的；(2) 民用航空器违反本法第75条的规定，未按照空中交通管制单位指定的航路和飞行高度飞行，或者违反本法第79条规定飞越城市上空的。(第206条)

4. 民用航空器的机长或者机组其他人员有下列行为之一的，由国务院民用航空主管部门给予警告或者吊扣执照1~6个月的处罚：(1) 执行飞行任务时，不按照本法第41条的规定携带执照和体格检查合格证书的；(2) 民用航空器遇险时，违反本法第48条的规定离开民用航空器的；(3) 违反本法第77条第2款的规定执行飞行任务的。(第208条)

三、航空人员的执照及分类

(一) 关于执照的一般规定

实行执照制度，是对航空人员加强技术管理，促进人员素质不断提高的一项重大措施。

为统一国际标准，使各国在本国的立法中有所参照，国际民用航空组织在《国际民用航空公约》附件1中就人员执照问题在以下几个方面作了较为详细的规定：

首先，规定了充任飞行组成员的授权问题，即“除非持有符合本附件规格并与其职务相适应的有效执照，任何人不得充任航空器飞行组成员。该执照应由航空器登记国签发或由任何其他缔约国签发并由航空器登记国认可有效”。

其次，规定了认可执照的方法，即“当一缔约国认可另一缔约国签发的执照以代替自己另发执照时，必须通过在前者执照上作适当批准确定其有效，接受该执照作为相等于自己签发的执照。这种批准的有效期，不得超过该执照的有效期限”。

另外，附件1中还就体检合格、执照的有效性、体检合格条件下降以及批准的训练等方面作了具体规定。

(二) 人员执照的分类

《国际民用航空公约》附件1《人员执照》就各类发照人员（驾驶员、驾驶员以外的其他飞行组成员以及飞行组成员以外的其他人员）的等级以及年龄、知识、经验、技能和体检合格方面，均制定了国际标准和建议措施，各国均可参照，并通过本国立法予以施行。

我国《民用航空法》第40条第1款规定：“航空人员应当接受专门训练，经考核合格，取得国务院民用航空主管部门颁发的执照，方可担任其执照载明的工作。”中国民用航空总局自1985年以来先后发布了许多有关规定，就各类发照人员分别在年龄、知识、经验、技能和体检合格方面制定了不同的标准和具体要求。凡符合规定的标准和要求的，民航总局授权有关职能部门可据此颁发其执照。

四、航空人员资格的取得和丧失

（一）航空人员资格的取得

上面已经提到，凡是符合规定的标准和要求的航空人员，民航总局或民航地区管理局有关职能部门可据此颁发其执照。也就是说，领取执照的同时就具有了资格。如2014年7月10日修订的《民用航空器驾驶员和地面教员合格审定规则》第5条规定："民航局飞行标准职能部门统一管理民用航空器驾驶员与地面教员合格审定工作，负责全国民用航空器驾驶员与地面教员执照和等级的颁发与管理工作。地区管理局及其派出机构的飞行标准职能部门根据民航局飞行标准职能部门的规定，具体负责本地区民用航空器驾驶员与地面教员的执照和等级的颁发与管理工作。"

此外，《民用航空器驾驶员和地面教员合格审定规则》还就有关执照类别和等级等作了明确的规定，且规定了申请执照的条件。如该规定第183条就取得航线运输驾驶员执照应具备的资格要求为：（1）年满21周岁；（2）无犯罪记录；（3）能正确读、听、说、写汉语，无影响双向无线电对话的口音和口吃，申请人因某种原因不能满足部分要求的，局方应当在其执照上签注必要的运行限制；（4）具有高中或者高中以上文化程度；（5）持有局方颁发的有效Ⅰ级体检合格证；（6）持有按本规则颁发的商用驾驶员执照和仪表等级；（7）在申请实践考试之前，满足本章中适用于所申请航空器等级的飞行经历要求；（8）通过了本规则第185条所要求航空知识的理论考试；（9）通过了本规则第187条所要求飞行技能的实践考试；（10）符合本规则适用于所申请航空器类别和级别等级的相应条款的要求。

《民用航空器维修人员执照管理规则》第23条就取得民用航空器部件修理人员执照应具备的资格要求为：（1）年满18周岁，身体健康。（2）至少具备下列任一经历：① 具有中专（含）以上航空技术相关专业学历，并且独立从事所申请专业的航空器部件修理工作累计在2年（含）以上，其中在申请之日前1年应当持续从事所申请专业的民用航空器部件修理工作；② 独立从事所申请专业的航空器部件修理工作累计在3年（含）以上，其中在申请之日前1年应当持续从事所申请专业的民用航空器部件修理工作；③ 经过民航总局批准的培训机构培训并获得其颁发的所申请专业基础培训合格证书。（3）能正确读、写申请专业相关技术文件和管理程序使用的文字。

以上分别就航线运输驾驶员以及民用航空器部件修理人员的资格的取得作了简单介绍，其他各类人员资格的取得与上述情况相似，有关具体规定可参看《民用航空器领航员、飞行机械员、飞行通信员合格审定规则》《民用航空飞行签派员执照管理规则》《中国民用航空空中交通管制员执照管理规则》《中国民用航空无线电管理规定》《中国民用航空气象工作规则》和《民用航空航行情报员执照管理规则》。

（二）航空人员资格的丧失

航空人员在取得资格后因种种原因未能继续符合规定的要求和达到规定的标准，其航空人员的资格也就由此丧失了。如《民用航空器驾驶员和地面教员合格审定规则》

中第241、243、245、247条以及第249条分别对涉及酒精或药物的违禁行为，拒绝接受酒精、药物检验或提供检验结果，理论考试中作弊，伪造、复制或篡改申请书、执照、认可证书、飞行经历记录本、成绩单或记录以及其他违章行为规定了暂扣执照1~6个月或吊销执照的处罚规定。另外第251条还规定在“本规则执照持有人受到刑事处罚期间，不得行使所持执照赋予的权利”。《民用航空器维修人员执照管理规则》第42条规定：“民用航空器维修人员执照、航空器部件修理人员执照和维修管理人员资格证书持有人有下列情形之一的，由民航总局或者民航地区管理局责令其停止相关工作并给予警告或者暂扣执照或资格证书3~6个月的处罚，情节严重的，吊销其执照或者资格证书：（a）擅自涂改执照或资格证书的；（b）违反规定进行维修工作并且隐瞒情况不据实报告的；（c）超出签署和授权的范围进行维修放行的；（d）伪造维修记录的；（e）在服用毒品或者饮用含酒精饮料后进行维修或者放行工作的；（f）授权或者迫使下属人员违反有关规定进行维修和放行工作的；（g）对违反规定从事维修或放行工作的行为和事实隐瞒不报的；（h）违反规定从事维修或放行工作并造成严重后果的。”

五、航空人员的工作时限

随着我国航空运输业的不断发展，客观上造成了社会需求与民航承受能力不相适应的矛盾。一方面是各公司在经营组织管理工作上还存在缺口，飞机引进得快，人员培训跟不上，人机比失调，生产任务加到少数成熟人员的头上来完成，超时飞行潜藏着不安全因素。另一方面是一些航空公司对空勤人员的业余时间的行为方式很少或全无管理，而业余时间的社会生活方式和业余活动直接影响着空勤组人员执行飞行任务时的身体及精神状态。因此，“正常”的疲乏在执勤机组人员中是经常发生的，在其他各类航空人员中也确实存在，只是未出现危险，然而，疲劳状态可能是不利于飞行安全的一种现象。“疲乏”和“疲劳”这两个术语有所不同：首先疲乏应解释为“正常”状态，它可由任何活动产生，在此状态下一个人可以迅速振作进而达到高水平工作状态，而不会表现出工作能力下降。对这种状态可以理解为不会导致足以影响飞行安全的任何工作能力的下降。而疲劳则应解释为执行任务能力显著降低的状态，并且一个人在这种工作能力下降的情况下，即使遇到紧急情况也肯定无力振作。可以说，“正常”的疲乏是疲劳的早期状态。为了确保飞行安全，防止飞行人员疲劳，保护飞行人员的身体健康，中国民用航空局于1999年5月5日公布了《大型飞机公共航空运输承运人运行合格审定规则》①，其中对机组成员值勤期限制、飞行时间限制和休息要求作了明确的规定：合格证持有人在实施本规则运行中，应当建立用于机组成员疲劳管理的制度和程序，保证其机组成员符合本章适用的值勤期限制、飞行时间限制和休息要求。任何违反本章规定的人员不得在本规则运行中担任机组必需成员。值勤期，是指机组成员在接受合格证持有人安排的飞行任务后，从为了完成该次任务而到指定地点报到时刻开始（不包括从居住地或者驻地到报到地点所用的时间），到解除任务时刻为止的连续时间段。在高级飞

① 《大型飞机公共航空运输承运人运行合格审定规则》于2000年7月18日第一次修订，2005年2月25日第二次修订，2006年10月30日第三次修订，2010年1月4日第四次修订。

行模拟机上实施训练或检查的时间应计入值勤期时间内。在一个值勤期内，如机组成员能在有睡眠条件的场所得到休息，则该休息时间可以不计入该值勤期的值勤时间。休息期，是指从机组成员到达休息地点起，到为执行下一次任务离开休息地点为止的连续时间段，在该段时间内，合格证持有人不得为该员安排任何工作和给予任何干扰。为了完成指派的飞行任务作为乘员乘坐飞机往来于驻地和值勤地点的时间不得计入休息期。例如，当飞行机组配备 2 名驾驶员时，驾驶员的值勤期限制、飞行时间限制和休息要求应当符合以下规定：（1）值勤期最多 14 小时，该值勤期内的飞行时间不得超过 8 小时，但对于不多于 2 个航段的飞行，飞行时间可以延长至 9 小时。值勤期后应当安排至少 10 个连续小时的休息期，但对飞行任务解除的时间是发生在当地时间午夜零点之后的，则应安排 12 个连续小时的休息期，这个休息期应当安排在该值勤期结束时刻与下一值勤期开始时刻之间；（2）发生运行延误时，如果驾驶员的实际值勤时间未超过 14 小时的限制，则该值勤期后的休息期可以缩短至 9 小时；（3）发生运行延误时，值勤期最多可以延长至 16 小时，但该值勤期后 10 小时的休息期不得缩短。

六、航空人员的体检制度

我国《民用航空法》规定，空勤人员和空中交通管制员在取得执照前，还应当接受国务院民用航空主管部门颁发的体格检查合格证书。空勤人员在执行飞行任务时应当随身携带执照和体格检查证书，并接受国务院民用航空主管部门的查验。

在法律上之所以对上述航空人员的体格检查作出规定，原因在于空勤人员和空中交通管制员的健康状况直接关系到空中航行的安全问题。航空器是高速飞行工具，在空中作业，具有高度危险，加之随着民用航空事业的发展，空中活动日趋频繁，致使空勤人员和空中交通管制员在工作中常常处于极度紧张状况之中，如果没有健康的体魄与之相适应，轻则延误工作，重则可能造成严重的飞行事故，其后果不堪设想。因而，认真地实施对空勤人员和空中交通管制员的健康监督，是切实保障飞行安全不可缺少的环节，是所有有关人员的共同利益所在。

组织实施航空人员体格检查是航空卫生工作的基本任务之一。民航总局航空卫生职能部门负责制定有关的管理文件和程序，对体检合格证的申请、审核、颁发和体检鉴定实施监督管理。各地区管理局的航空卫生职能部门负责对所辖地区航空人员体检文书和医学资料的审核、体检合格证的颁发，并对体检鉴定和体检合格证持有人持体检合格证行使执照权利情况实施监督管理。

第二节 航空器机长的法律地位

所谓机长的法律地位，是指机长应具备的法定资格以及法律赋予他的权利和义务。

一、机长的资格

机长是航空器机组的负责人。机长应当由具有独立驾驶该型号民用航空器的技术和经验的驾驶员担任。机组由航空器经营人委派在飞行期间的航空器内担任职务的人员组成。民用航空器机组由机长和其他空勤人员组成，通常，机组又分成飞行组和乘务组。

飞行组由持有执照、担任的主要职务是操纵飞行期间的航空器的机组成员组成。《国际民用航空公约》附件1第1.2.1条规定："除非持有该航空器登记国或者任何其他缔约国签订的、由该航空器登记国认可的符合本附件的规格并与其事务相适应的有效执照，任何人不得充任航空器飞行组成员。"乘务组由飞行组成员以外在机舱工作的其他机组成员组成，担任操纵航空器以外的辅助职务。机组的组成和人员数额，应当符合国务院民用航空主管部门的规定。机组缺员的民用航空器，不得起飞。

在执行飞行任务期间，机长负责领导机组的一切活动，保证其航空器遵守关于航空器飞行和运转的现行规则和规章，并对航空器及其所载人员和财产的安全负责。由于机长的责任重大，必须赋予机长相应的权力：具有高度权威，使航空器内全体人员服从机长命令，听从机长指挥，维持航空器内的严明纪律和正常秩序，以保障机长履行职责，果断采取一切必要的合理措施，正确处置意外事故和突发事件，全面地完成所肩负的任务。

《民用航空法》第43条第1款规定："……机长应当由具有独立驾驶该型号民用航空器的技术和经验的驾驶员担任。"第51条规定，飞行中，机长因故不能履行职务的，由仅次于机长职务的驾驶员代理机长；在下一个经停地起飞前，民用航空器所有人或者承租人应当指派新机长接任。"《一般运行和飞行规则》规定，在代管航空器的私用载客运行中担任机长、副驾驶和客舱乘务员的人员应当满足以下技术和经验要求：（1）在VFR飞行中担任机长的驾驶员，其总飞行经历时间应当不少于500小时；在IFR飞行中担任机长的驾驶员，其总飞行经历时间应当不少于1 200小时。（2）代管航空器的机长和副驾驶应当至少持有商用驾驶员执照、相应的航空器等级和仪表等级。对于具备型别等级的航空器，航空器的机长应当持有型别等级。（3）对于航空器代管人在运行中使用的乘务员，应当接受代管人提供的适当训练。如果局方在考虑航空器代管人的运行规模和范围之后，认为其机组成员能有效履行与其职位相应的职责，局方可以批准代管人偏离本条款的要求。《大型飞机公共航空运输承运人运行合格审定规则》规定：按照本规则运行时，飞行机组至少配备两名驾驶员，并且应当指定一名驾驶员为机长。只有持有航线运输驾驶员执照和该飞机相应型别等级证书的驾驶员，方可以在按照本规则运行的飞机上担任机长。

现行的有关国际公约中就机长资格问题作出了较为详细的规定，如规定机长只能由驾驶员担任，机长是"在飞行时间内，负责航空器的飞行和安全的驾驶员"；"每次飞行，（航空器）经营人应指定一名驾驶员担任机长"；年满60岁的驾驶员，不得担任定期和不定期国际航空运输飞行的航空器机长。

另外，国际公约中还规定了担任机长的驾驶员应符合某些条件，如：

（1）在90天内在某型飞机上至少作过3次起降，才能担任该型飞机的机长。

（2）担任航路和航站飞行机长的驾驶员必须对下列各项有足够的知识：①熟悉所飞航路和所用机场，包括：地形和最低安全高度；季节性气象情况；气象、通信以及空中交通服务、设备和程序；搜寻和救援程序；沿航路有关导航设备。②飞越人口稠密地区和飞行量密集地区上空的飞行航径程序、障碍物、机场布局、灯光、进近助航设备和进场、离场、等待和仪表进近程序以及有关飞行的最低标准。

（3）在复杂情况下，机长应在有一名取得某一机场飞行资格的驾驶员为飞行组成员或者作为机舱观察员的陪同下，在航路上各该降落机场作过一次实际进近。

（4）应在将要执行任务的航线或航段上作为机组的飞行组成员作过一次实际飞行。

二、机长的职责

（一）我国的有关规定

1.《民用航空法》的规定

关于机长的职责，《民用航空法》作了重要的规定。其主要规定是："民用航空器的操作由机长负责，机长应当严格履行职责，保护民用航空器及其所载人员和财产的安全"（第 44 条第 1 款）；"飞行前，机长应当对民用航空器实施必要的检查；未经检查，不得起飞"（第 45 条第 1 款）；"民用航空器遇险时，机长有权采取一切必要的措施，并指挥机组人员和航空器上其他人员采取抢救措施。在必须撤离遇险民用航空器的紧急情况下，机长必须采取措施，首先组织旅客安全离开民用航空器；未经机长允许，机组人员不得擅自离开民用航空器；机长应当最后离开民用航空器"（第 48 条）；同时，"民用航空器发生事故，机长应当直接或者通过空中交通管制单位，如实将事故情况及时报告国务院民用航空主管部门"（第 49 条）；还有"机长收到船舶或者其他航空器的遇险信号，或者发现遇险的船舶、航空器及其人员，应当将遇险情况及时报告就近的空中交通管制单位并给予可能的合理的援助"（第 50 条）。

2.《中国民用航空飞行规则》的规定

《中国民用航空飞行规则》第 9 条就机长的职责作了较系统的规定：（1）领导机组认真执行"保证安全第一，改善服务工作，争取飞行正常"的方针，正确处理安全与生产的关系，任何时候都必须把保证安全放在第一位。（2）飞行前，根据任务的性质、特点和要求，熟悉与该次飞行有关的资料，领导机组从最困难、最复杂情况出发充分做好飞行前准备工作。（3）飞行中，切实依照航空器飞行手册和使用手册的有关规定，正确操纵航空器和使用各种设备，合理节约油料、器材，并对机组全体成员的工作实施督促检查。（4）要求机组成员并且带头做到，热情周到地为旅客和使用部门服务，不断提高服务质量和作业质量。（5）要求机组成员并且带头做到，严格按照飞行规章制度办事，遵守飞行纪律，服从空中交通管制。（6）在飞行中，遇有复杂气象条件和发生特殊情况时，组织全体空勤人员密切协作配合，正确处置。（7）在执行任务期间，必须认真负责、严格要求，对机组进行全面管理，妥善安排作息，搞好内外团结，圆满完成飞行任务。（8）飞行后，主持机组讲评，并向上级汇报。（9）努力钻研业务技术，熟悉飞行有关规定，不断提高组织领导能力和技术业务水平。

（二）现行的有关国际规定

在现行的有关国际公约中就机长的职责问题作了如下的规定：

（1）在飞行时，机长应对航空器的操作和安全以及航空器内所有人员的安全负责。

（2）机长应保证按规定的飞行检查制度进行详细的检查。这里所指的飞行检查制度，是指经营人为飞行组在各个阶段前、中、后以及在紧急情况下使用而建立的检查制度，以保证航务手册、航空器飞行手册或者其他与适航证有关文件中所规定的操作程序得到遵守。

（3）机长应负责将涉及航空器而使任何人员受伤或死亡，或使航空器或财产遭受重大损坏的任何事故，以可利用的最迅速的方法通知最近的有关当局。

（4）机长应负责在飞行结束时将航空器上已知的或可疑的缺陷报告经营人。

（5）机长应对"航行记录簿"或"总申报单"负责。

国际民用航空组织建议，"航行记录簿"应包括下列各项内容：① 航空器国籍和登记；② 日期；③ 机组成员名单；④ 机组各成员担任的职务；⑤ 起飞地点；⑥ 到达地点；⑦ 起飞时间；⑧ 到达时间；⑨ 飞行小时；⑩ 飞行性质（私人飞行、作业飞行、定期或不定期飞行）；⑪ 意外事件观察情况；⑫ 负责人签字。

（6）在发生非法干扰行为后，机长应立即向指定的地方当局递交这一行为的报告。

（7）当机长看到另一架航空器或一艘水面船舶遇险时，除非他没有能力或根据当时情况考虑不合理或没有必要外，须采取下列行动：① 保持该遇险船舶或航空器在其视界之内，直至不再需要在场为止；② 如果不能确定其本身位置，采取行动以利于确定其位置；③ 将所见遇险情况报告援救协调中心交通服务单位；④ 按照援救协调中心或空中交通服务单位的指示办事。

（8）任何时候一架航空器的机长在无线电或无线电话上截获一则遇险信号/或类似的信号时，必须：① 记录该遇险航空器或船舶的位置（如已说明）；② 如可能，测定所发信号的方位；③ 向有关援救协调中心或空中交通管制服务单位报告遇险通信并提供一切有用的情况；④ 在等待指示时，可自行斟酌飞向遇险通信所给的位置。

（9）在飞行中，如果对于危及航空器或人员安全的紧急情况而必须采取违反航空器所在地国的规章或程序的措施，机长应不迟延地报告有关当局。如事故发生地国提出要求，机长应向该国的有关当局提出关于这一违章情况的报告，该机长也应向航空器登记国提交这一报告的副本。这种报告应及早提交，一般应在10天之内。

（10）如果航空器在国际机场以外的地点降落，机长应按实际可能尽快向有关政府当局报告降落。

此外，机长可持官方文件，运带其航空器登记国的外交信袋。

三、机长的权力

关于机长的权力的规定，是一个极其重要的问题，这是机长履行职责，维护航空器内的正常秩序和良好纪律，保证航空器及其所载人员和财产安全必不可少的法律保障。在一国领空内飞行，机长的权利由该国的国内法赋予；进行国际飞行，机长的权力还必须由国际法作出相应的规定，才能得到国际社会的承认。

（一）我国国内法的规定

《民用航空法》指出，"机长在其职权范围内发布的命令，民用航空器所载人员都应当执行"，并就机长的权力作了明确的规定：（1）飞行前，机长发现民用航空器、机场、气象条件等不符合规定，不能保证飞行安全的，有权拒绝起飞（第45条第2款）；

(2) 飞行中，对于任何破坏民用航空器、扰乱民用航空器内秩序、危害民用航空器所载人员或者财产安全以及其他危及飞行安全的行为，在保证安全的前提下，机长有权采取必要的适当措施（第46条第1款）；(3) 飞行中，遇到特殊情况时，为保证民用航空器及其所载人员的安全，机长有权对民用航空器作出处置（第46条第2款）；(4) 机长发现机组人员不适宜执行飞行任务的，为保证飞行安全，有权提出调整（第47条）；(5) 民用航空器遇险时，机长有权采取一切必要措施，并指挥机组人员和航空器上其他人员采取抢救措施（第48条）。

另外，《一般运行和飞行规则》以及《大型飞机公共航空运输承运人运行合格审定规则》虽然只是民航管理部门颁发的规章，但是其在机长权力上的规定具有操作性更强，也更为贴近航空实践的特征，在此不做展开论述了。

（二）国际法的有关规定

国际法中关于机长的权力，目前仅有如下规定：

1.《国际民用航空公约》的规定

《国际民用航空公约》附件9第7.4.1条规定："如果航空器显然将实际延误不能继续飞行时，机长在等待有关政府当局指示时，或者当他的机组无法与该政府当局取得联系时，机长有权采取他认为对旅客和机组的健康和安全以及为避免或最大限度减少对航空器本身及其载荷的损失或毁坏所需的紧急措施。"附件2第2.4条规定："航空器机长在其负责期间，对航空器的处置有最后决定权。"

2. 1963年《东京公约》的规定

1963年《东京公约》规定，在航空器内如果发生违反刑法的犯罪，或者发生危害航空器或其所载人员或财产的安全，或者危害航空器内的正常秩序和纪律的行为，机长有下列权力：(1) 机长有正当理由认为某人在航空器内已经或即将实施上述犯罪或行为的，可以对此人采取必要的合理措施，包括看管措施。(2) 机长可以要求或授权其他机组成员进行协助，并可以请求授权（但不得强求）旅客给予协助，来看管他有权看管的任何人。(3) 机长如果有正当的理由认为，某人在航空器内已经或即将实施危害航空器或其所载人员或财产的安全，或者危害航空器内正常秩序和纪律的行为时，只要是为保护航空器或者所载人员或财产的安全，为维护航空器内的正常秩序和纪律的目的所必需的，可以使该人在航空器降落的任何国家的领土内下机。(4) 机长如果有正当的理由认为，某人在航空器内实施的行为，在他看来，按照航空器登记国刑法已构成严重犯罪时，可以将该人移交给航空器降落地的任何（《东京公约》）缔约国的主管当局。

《东京公约》第10条还明确规定，对于依据机长的权力采取的上述行动，无论是航空器机长、任何其他机组人员、任何旅客、航空器所有人或经营人，还是为其利益进行此次飞行的人，在因受到上述行动的人遭到损害而提起的诉讼中，都不能被宣布负有责任。这是对机长行使权力的法律保护，具有十分重要的意义。

但是，机长应当正确行使权力。

其一，只要"机长有正当理由认为"有采取措施的必要，就可以对某人"采取必要的合理措施，包括看管措施"。这里强调的是采取措施的主观标准。但同时应注意

《东京公约》第6条第1款对采取措施规定了客观标准，即采取措施的必要性在于：（1）保护航空器或者所载人员或财产的安全；（2）维护航空器内的正常秩序和纪律；（3）使机长可以按照公约的规定将此人移交主管当局或使此人下机。

其二，“看管措施”应于航空器降落于任何地点终止施行，但遇下列情况除外：（1）该降落地位于某非缔约国境内而该国不允许此人下机，或者为保证机长能够将此人移交主管当局，已对其采取了看管措施；（2）航空器被迫降落，而机长无法将此人移交给主管当局；（3）此人同意在受看管的条件下被继续向前运送。

第一种例外实际上又分为两种情况：一是航空器降落地的非缔约国不允许罪犯下机，那么，罪犯只能在受看管（不论其是否同意）的条件下被继续向前运送。二是为保证机长行使移交权已对罪犯采取了看管措施，从航空器降落后到主管当局接受移交前这段时间，看管措施仍需继续进行。第二种例外是在迫降的情况下，机长无法将罪犯移交主管当局，因此，看管措施只得继续施行，直到机长能够将其移交给主管当局。第三种例外与第一种例外有某些相似，区别在于罪犯同意在受看管的条件下被继续向前运送。这样，罪犯在“被继续向前运送”的过程中，仍将处于“受看管”状态。

当载有被看管人的航空器在一国领土上降落前，机长应尽可能迅速将该航空器内有人受看管的事实和理由通知该国主管当局。

其三，有关航空器机长权力的内容（该公约第三章），不适用于在登记国领空、公海上空或不属于任何国家领土的其他地区上空飞行的航空器，除非前一起飞地点或预定的下一降落地点不在登记国领土上，或该航空器随后在非登记国领空内飞行而罪犯仍在其内。

根据该公约的这一规定，在下列三种情况下一般不适用《公约》第三章有关航空器机长权力的内容：（1）航空器在登记国上空飞行；（2）航空器在公海上空飞行；（3）航空器在不属于任何国家领土的其他地区上空飞行。

显然，在上述三种情况下，一般都要适用航空器登记国的国内法，而不是适用国际法。但是，该公约所谓的“除非前一起飞地点或预定的下一降落地点不在登记国领土上，或该航空器随后在非登记国领空内飞行而该人在航空器内”，则是指国际飞行或由于罪犯的犯罪行为使飞行变成了事实上的国际飞行这两种情况。在这两种情况下，由于飞行涉及两个以上的国家，因此，必须适用国际上统一的规则，也就是适用《东京公约》的有关规定。严格地讲，只有当在登记国领土起飞的航空器飞入非登记国领空，或是在非登记国领土起飞的航空器仍在该非登记国或其他非登记国领空飞行时，该飞行才是真正地涉及两个以上国家的国际飞行，《东京公约》的有关规定才应适用。

思考题

1. 什么是航空人员？
2. 航空人员的管理制度主要包括哪些内容？
3. 机长依法具有哪些权力？机长应如何正确行使权力？

第四章

机场的法律规定

第一节　机场概述

一、机场的概念与分类

（一）机场的概念

所谓机场，就是可供飞机起飞、降落、滑行和停放的场地及有关的建筑物与设施的总称。

关于机场的概念，各国立法表述不尽一致。[①]《国际民用航空公约》附件14把机场的定义表述为“在陆地上或水面上一块划定的区域（包括各种建筑物、装置和设备）其全部或部分意图供航空器降落、起飞和地面活动之用”。其所谓划定区域，通常是指飞行区、净空障碍物限制面所要求的尺寸和坡度等形成的面积和空间，此外还包括旅客候机楼、目视助航系统、通信导航、气象、空中交通管理等各种设施和其他建筑物，这些设施、建筑物是机场正常运营及保证飞行安全的基础设施。国际民用航空组织（ICAO）第9569号文件关于机场的定义是：机场（或飞机场，几乎是同义词，尽管在属性含义方面使用更多）是在陆地或水面限定供飞机抵达、始发和表面活动的区域。

《民用航空法》对“民用机场”的定义是，“专供民用航空器起飞、降落、滑行、停放以及进行其他活动使用的划定区域，包括附属的建筑物、装置和设施”（第53条第1款）。这个定义反映了我国“民用机场”的本质属性。

民用机场包括飞行区、航空客货运输服务区、机务维修区等。

飞行区是机场的主要组成部分，有跑道、滑行道和停机坪以及各种飞行保障设施，如无线电导航设施（包括仪表着陆系统、雷达和灯光助航设施），气象自动观测系统及指挥系统等。在机场、飞行区及其邻近地区上空，为保证飞机安全起飞和着陆，根据机

---

① 前苏联和罗马尼亚的航空法中有“机场”和“航空港（站）”两个概念，把只为航空器起降和停放并具有相应设施的指定区域称为“机场”；而把为旅客、托运人提供客货运输服务的机场称为“航空港（站）”。美国的联邦航空法中亦有“着陆区”和“航空港”两个概念。其“着陆区”与前苏联和罗马尼亚的“机场”类似，并也把供客货运输服务的着陆区称为“航空港”。

场起降飞机的性能，规定若干障碍物限制面，这些限制面以上的空域被称为净空区。

航空客货运输服务区，也称航站区，是为旅客、货物、邮件运输服务的区域。区域内设施有客机坪、候机楼、停车场等，其主体建筑是候机楼，又称航站楼。货运量较大的民用机场还设有专门的货运站或货运楼。

机务维修区，一般包括维修机坪、维修机库、维修工厂或维修车间、航材库等，为飞机、发动机、机上各种设备提供维修服务。

此外，航空油料的储存、供应和飞机加油设施、机场的消防和急救设施，以及供水、供电、供热、污水污物处理，有线通信、地面交通等公用和市政设施，对每个民用机场都是不可缺少的。

（二）机场的分类

机场按其使用性质通常可划分为军用机场、民用机场和军民合用机场。之所以有军用机场和民用机场的区分，是因为它们的法律地位不同，这就决定了军用机场管辖及其适用的规则与现行的民用机场管辖及其适用的规则是不完全相同的。航空法中的机场一般特指民用机场。对民用机场可以从不同的角度进行分类。

1. 国际上对民用机场的分类

（1）按照机场可以接纳的机型，可以分为直升机场、短距起降机场和常规机场。直升机场是指一个飞机场（或在一种结构上）限定的区域，供直升机降落、起飞或其表面活动。短距起降机场是指专门为短距起降飞机设计与常规机场设施分开的机场。

（2）按照机场的活动类型，可以分为商业机场和私人机场。商业机场是指供公众使用的机场，它包括处理旅客、办理货运和为商业飞机服务的设施。私人机场主要是指为属于私人的小型飞机、飞行俱乐部等服务的机场。

（3）按照机场的运营范围，可以分为国际机场、国内机场和地区机场。国际机场是指为国际航班出入境而指定的机场，一般要办理海关、移民、公共卫生、动植物检疫和类似程序方面的手续，而一个国家在国际航班方面第一个抵达地点和最后一个始发地点的国际机场又被称为门户机场。国内机场是指只供国内航班使用的机场。地区机场主要是指短程地区航班经营的中小城市的机场，一般被认定为国内机场。

此外，还有拥挤机场和备用机场之分。拥挤机场是指业务处理的容量不能满足需求的机场。为了解决拥挤问题，一个国家可以指定替代机场（即转移主要商业机场业务的机场）或辅助机场（即把通用航空业务从繁忙机场转移出去），来缓解特定市场的拥挤问题。备用机场是指由于技术原因不能前往预定机场降落，而另外预先指定降落的机场。

2. 我国对民用机场的分类

（1）我国的民用机场分为国际机场和国内机场。国际机场是指向国际民用航空组织登记并对外开放，可以接受外国航空器起降或备降的机场。我国的国际机场又可分为国际定期航班机场、国际定期航班备降机场、国际不定期飞行机场、国际不定期飞行备降机场和国际通用航空机场（我国暂不设）。① 国内机场是指我国国际机场以外的一切

① 根据1986年民航局字0152号文件。

其他机场。

（2）依据机场所服务的航线和规模，我国的民用机场习惯上可以分为三类：第一类是连接国际、国内航线密集的大型枢纽机场，如北京首都机场、上海浦东机场、广州白云机场等；第二类是以国内航线为主，空运吞吐量较为集中的国内干线机场，这类机场主要是指省、自治区、直辖市首府及重要工业、旅游、开放城市的机场；第三类是地方航线或支线机场，该类机场大多分布在各省、自治区地面交通欠发达地区，机场规模较小，等级也较低。

（3）根据机场的使用范围，可以分为运输机场、通用航空机场、试飞机场、训练机场和航空俱乐部机场。运输机场是指从事民用航空运输经营活动，同时也可用于通用航空活动的机场。通用航空机场是指为工业、林业、农业、牧业、渔业生产和国家建设服务的作业飞行，以及从事医疗卫生、抢险救灾、海洋及环境监测、科学实验、教育训练、文化体育及游览等项工作活动之用的机场。试飞机场是指为飞机研制、修理后进行试飞的工厂专用机场。训练机场是指民航飞行学院为培养和训练民航飞行人员的学校专用机场。航空俱乐部机场是指专供航空俱乐部所属会员训练、比赛专用的机场。

（4）根据所在城市经济社会发展状况、机场在航空运输网络中的地位、客货运输规模等指标，将我国民用航空运输机场划分为五类：大型复合枢纽机场、大型枢纽机场、中型枢纽机场、中型机场和小型机场。

二、机场的管理法规

机场作为保障航空安全的重要基础设施，如何布局、建设、管理和经营，以及它与周围环境的关系，都需要在法律上加以规范，并以此作为机场进行相关活动的依据和保障。机场设在一国领域内，所产生的社会关系，主要由该国的国内法来调整，但应尽可能地采用国际规范和通行做法，以求得技术标准和法律规范在可行的范围内最大程度的统一。① 然而对于机场的经营，国际上却没有统一的规定。②

我国现行调整机场的法律规范主要是《中华人民共和国民用航空法》。该法第六章“民用机场”共 17 条，包括民用机场的概念、民用机场的布局和建设规划的审批程序、新建和扩建民用机场的公告程序、民用机场的安全保卫及净空保护、障碍物的清除、民用机场使用许可证的申请条件及审批程序、国际机场开放使用的特殊条件及审批程序、民用机场保证安全及搞好服务工作的原则要求、民用机场的环境保护、使用民用机场及其助航设施的使用和服务费以及民用机场的废弃或改作他用的报批程序等内容。国家其他法律中涉及机场的内容亦须遵照执行。国家还发布了一批有关机场管理的行政法规及大量的民用航空规章。例如 2009 年 7 月 1 日施行的《民用机场管理条例》对于机场的建设与使用、机场的安全和运营管理、机场安全环境保护作出了明确的法规界定。此外，各个机场都有自己的管理细则和机场使用细则，结合各机场的实际情况，实施机场管理。

---

① 《国际民用航空公约》对国际民用航空机场作了一些原则性规定，集中体现在第 10 条、第 13 ~ 16 条、第 22 ~ 23 条、第 68 ~ 76 条及其附件 9《简化手续》、附件 14《机场》、附件 16《环境保护》。

② 比较欧洲机场和美国机场，我们就会发现，美国机场绝大多数为私人所有，而欧洲机场则大都由政府保持一定程度的控制。

第二节 机场建设

民用机场是民用航空活动的重要组成部分，对于保障民用航空运输、促进民用航空发展起着举足轻重的作用。民用机场建设总的原则是统筹安排、合理布局。机场建设既要与国民经济和社会发展相适应，又要合理考虑开发与利用国土和空域资源，还要注意与各种运输方式相协调，而且机场的布局要与航线网络布局相统一。

一、民用机场建设的行业管理

2003年3月，国务院关于民航体制改革的方案明确了民用机场下放、属地管理的改革方向，原由国务院民用航空主管部门即中国民用航空总局直接管理的机场，除首都机场和西藏自治区的民用机场外，下放所在省（区、市）管理，接受民航总局的行业管理。2004年7月，机场下放任务完成。

中国民用航空局是国务院主管民用航空事务的政府部门，对全国民用机场（包括军民合用机场民用部分）实施行业管理，其主要内容是：（1）拟定民用机场建设、管理的规章、技术标准和定额，并监督执行；（2）办理审批、颁发、吊销民用机场使用许可证、军民合用机场对民用航空器开放使用批准和经营许可证，并实施监督；（3）审批民用机场总体规划，审核新建民用机场场址和机场定名，并监督执行；（4）审核、批准中央投资和直属单位民航基本建设和技术改造项目的初步设计、开工报告，并组织竣工验收；负责民航专业工程项目的初步设计、招标投标和质量监督管理，并组织竣工验收；（5）对民用机场净空保护、应急救援、环境保护和土地使用等实施行业管理；（6）对民用机场专业工程的设计、施工、监理单位和社会中介组织实施资质管理；（7）对民用机场专用设备实施安全适用性管理；（8）负责航油市场管理；拟订供油设施建设规范，并监督执行。

为了加强民用机场工程建设监督管理，规范建设程序，保证工程质量和机场运行安全，维护建设市场秩序，民航局根据《民用航空法》《国务院对确需保留的行政审批项目设定行政许可的决定》等法律、法规，于2012年10月29日通过了《民用机场建设管理规定》。该规定第3条规定："中国民用航空局负责全国民用机场及相关空管工程规划与建设的监督管理，民航地区管理局负责所辖地区民用机场及相关空管工程规划与建设的监督管理。"

二、运输机场的总体规划与选址

《民用机场建设管理规定》第2条规定："本规定适用于民用机场（包括军民合用机场民用部分）及相关空管工程的规划与建设。民用机场分为运输机场[①]和通用机场。"

① 民用机场分为公共航空运输机场和通用航空机场，简称运输机场和通用机场。

（一）运输机场的总体规划

全国民用航空运输机场布局和建设规划应当符合国民经济和社会发展需求，体现合理利用航空资源的原则，并与土地利用总体规划、城市规划以及法律、行政法规规定的其他有关规划相协调。

全国民用航空运输机场布局和建设规划由民航总局会同国务院有关部门制定，报送国务院批准后实施。各省（自治区、直辖市）人民政府应当根据全国民用航空运输机场布局和建设规划，制定本行政区的运输机场建设规划，并纳入本级国民经济和社会发展规划。

1. 运输机场总体规划应遵循的原则及有关要求

（1）运输机场总体规划应遵循的原则。运输机场总体规划应遵循“统一规划、分期建设，功能分区为主、行政区划为辅”的原则。规划设施应当布局合理，各设施系统容量平衡，满足航空业务量发展需要。

（2）相关要求有：运输机场总体规划应当由具有相应资质的单位编制。未在我国境内注册的境外设计咨询机构不得独立承担运输机场总体规划，可与符合资质条件的境内单位组成联合体承担运输机场总体规划。机场管理机构负责本运输机场总体规划的实施管理。地区民用航空管理机构负责辖区内运输机场总体规划的监督管理，并对运输机场范围内建设项目是否符合总体规划进行审核。运输机场所在地人民政府负责运输机场总体规划所划定的运输机场周边控制区的规划管理。地方人民政府在审批运输机场周边控制区内的建设项目时，应当符合运输机场运行及发展对周边环境的要求，并征求机场管理机构的意见。运输机场总体规划应当符合《民用机场总体规划编制内容及深度要求》，并应提出两个或三个综合比较方案。新建运输机场总体规划应当依据批准的可行性研究报告或核准的项目申请报告编制。改建或扩建运输机场应是在总体规划批准后方可进行项目前期工作。

2. 运输机场总体规划应符合的基本要求

（1）飞行区设施和净空条件应符合安全运行要求。航站区位置适中，具备分期建设的条件。

（2）空域规划可行，飞行程序设计合理，目视助航、通信、导航、航管、雷达和气象设施配置适当。

（3）航空器维修、货运、供油等辅助生产设施及消防、救援、安全保卫设施布局合理，直接为航空器运行、客货服务的设施靠近飞行区或站坪。供电、供水、供气、通信、道路、排水等公共设施与城市公共设施相衔接，各系统规模能满足机场发展要求。

（4）机场与城市间的交通连接顺畅、便捷；机场内供旅客、货运、航空器维修、供油等不同使用要求的道路设置合理，避免相互干扰。

（5）编制机场噪声相容性规划，包括针对该民用机场起降航空器机型组合、跑道使用方式、起降架次、飞行程序等提出控制机场噪声影响的比较方案和噪声暴露地图；对机场周边受机场噪声影响的建筑物提出处置方案，并对机场周边土地利用提出建议。

（6）结合场地条件进行规划、布局，结合地形竖向设计；公用设施管线统筹考虑，建筑群相对集中；在满足机场运行和发展需要的前提下，节约用地，尽可能少占耕地，减少拆迁。

3. 运输机场总体规划应履行的程序

（1）近期规划机场飞行区指标为4E（含）以上、4D（含）以下的运输机场总体规划由机场管理机构（或项目法人）分别向民航总局、所在地民航地区管理局提出审批申请，同时向审批机关提交机场总体规划一式10份，向地方政府提交机场总体规划一式5份。

（2）审批机关会同地方政府组织对机场总体规划进行审查，并提出审查意见。

（3）机场管理机构（或项目法人）组织编制单位根据审查意见对机场总体规划进行修改和完善，按审查确定的最优方案重新编制机场总体规划，并向审批机关提交机场总体规划一式15份。

（4）审批机关在收到符合要求的机场总体规划后20日内完成审批工作，并在审定的机场总体规划上加盖印章。

（5）机场管理机构（或项目法人）应当自机场总体规划批准后10日内分别向民航总局、所在地民航地区管理局和地方政府提交审定的机场总体规划及其电子版本（光盘）一式2份。

（二）运输机场的选址

运输机场规划场址应当符合民航总局规定的运输机场场址基本条件，经过充分论证比选后，由具有相应资质的单位编制选址报告。运输机场规划场址由省（自治区、直辖市）人民政府报经民航总局审核同意后进行工程可行性研究工作。地方人民政府应当将运输机场规划场址纳入城市总体规划，并对场址实施保护。

1. 运输机场场址应当符合的基本条件

（1）机场净空、空域及气象条件能够满足机场安全运行要求，与邻近机场无矛盾或能够协调解决，与城市距离适中，机场运行和发展与城市规划发展相协调。

（2）场地能够满足机场近期建设和远期发展的需要，工程地质、水文地质条件良好，地形、地貌较简单，满足机场工程的建设要求和安全运行要求。

（3）具备建设机场导航、供油、供电、供水、供气、通信、道路、排水等设施、系统的条件。

（4）满足文物保护及环境保护等要求。

（5）占用良田耕地少，拆迁量和工程量相对较小，工程投资经济合理。

2. 运输机场的选址报告

（1）运输机场选址报告应当由具有相应资质的单位编制。选址报告应当符合民航总局关于民用机场选址报告编制内容及审定的有关要求。

（2）运输机场选址报告应当按照运输机场的基本条件提出两个或三个预选场址，并从中推荐一个场址。

3. 运输机场选址应履行的程序

（1）拟选场址由省、自治区、直辖市人民政府主管部门向所在地民航地区管理局提出审查申请，并同时提交选址报告一式12份。

（2）民航地区管理局对选址报告的内容及深度进行审核，并在20日内向民航总局上报审核意见及选址报告一式 8 份。

（3）民航总局对选址报告进行审查，必要时对预选场址组织现场踏勘及专家评审，并根据现场踏勘情况和评审意见提出对选址的修改要求。

（4）民航总局在收到符合要求的选址报告和民航地区管理局的初审意见后 20 日内向申请人出具场址审查意见。

三、运输机场工程初步设计与施工图设计

（一）运输机场工程初步设计

1. 运输机场工程初步设计应符合的基本要求

（1）建设方案符合经审批机关批准的机场总体规划。

（2）项目内容、规模及标准等符合经审批机关批准的可行性研究报告或经核准的项目申请报告。

（3）符合国家和行业现行的有关技术标准及规范。

（4）符合《民用机场工程初步设计文件编制内容及深度要求》。

2. 中央政府直接投资或资本金注入方式投资的运输机场工程初步设计应履行的程序

（1）A 类工程、B 类工程的初步设计分别由项目法人向民航总局、所在地民航地区管理局提出审批申请，并同时提交初步设计文件一式 2~10 份（视工程技术复杂程度由审批机关确定）和相应的电子版本（光盘）一式 2 份。

（2）审批机关组织对初步设计文件进行审查，并提出审查意见。根据工程项目的技术复杂程度，需要委托中介机构进行技术评审的，项目法人应当与该评审单位依法签订技术服务合同，并按国家有关规定支付评审费用。评审单位在完成评审工作后应当提出评审报告。

（3）按照审查或评审意见，必要时项目法人应组织设计单位对初步设计进行修改、补充和完善，并向审批机关提交初步设计补充材料和相应的电子版本（光盘）一式 2 份。

（4）审批机关在收到符合要求的初步设计文件后 20 日内完成审批工作。

3. 项目法人报批运输机场工程初步设计时应包括的材料

（1）审批申请文件。

（2）初步设计文件。包括初步设计文件及资料清单、设计说明书（设计总说明书和各专业设计说明书）、设计图纸、主要工程量表、主要设备及材料表、工程概算书，初步设计汇总概算与批准可行性研究报告投资对照表及其说明、有关附件等。

（3）有关批准文件。包括：项目建议书，可行性研究报告，环境评价，通信、导航、雷达、气象台（站）址等的批准文件。

（4）相应的工程勘察、地震评估、环境评价以及工程试验等报告书。

4. 应注意的其他问题

中央政府直接投资或以资本金注入方式投资的运输机场工程，其初步设计概算不得超出批准的可行性研究报告的总投资。如实际情况确实需要部分超出的，必须说明超出

原因并落实超出部分的资金来源；当超出幅度在 10% 以上时，应当按有关规定重新报批可行性研究报告。

对于非中央政府直接投资或以资本金注入方式投资的工程，如含有民航专业工程内容，其初步设计亦应当履行上述程序，审批机关对民航专业工程初步设计出具行业意见。

另外，运输机场工程的初步设计原则上一次报审，对于新建机场工程的初步设计可视情形分两次报审。

运输机场工程初步设计一经批准，应严格遵照执行，不得擅自修改、变更。如确有必要对已批准的初步设计进行设计方案、主要工艺流程或者主要设备以及建设规模等方面重大调整的，应当报原审批机关批准后方可实施。

（二）运输机场工程施工图设计

1. 运输机场工程施工图设计应符合的基本要求

该基本要求为：（1）符合经审批机关批准的初步设计；（2）符合国家和行业现行的有关技术标准及规范；（3）符合《民用机场工程施工图设计文件编制内容及深度要求》。

2. 应履行施工图设计审批制度的民航专业工程及具体报批程序

（1）应履行施工图设计审批制度的民航专业工程。下列民航专业工程必须履行施工图设计审批制度：① 含土方、基础、道面、排水、桥梁等飞行区场道工程；② 航管楼、塔台、雷达塔的土建部分，以及机场通信、导航、航管、气象工程中层数为 2 层及以上的其他建（构）筑物的土建部分；③ 储油库、供油管线工程。

（2）具体报批程序为：① A 类工程、B 类工程的施工图设计分别由项目法人向民航总局、所在地民航地区管理局提出审批申请。② 审批机关在 7 日内委托具有相应资质的施工图设计审查单位进行审查。③ 项目法人与审查单位依法签订技术服务合同，向审查单位提交一套施工图设计文件及有关材料（包括施工图设计图纸及其说明书、初步设计批准文件、工程勘察成果报告和工程试验报告等），并按国家有关规定支付审查费用。④ 审查单位在收到施工图设计文件后 20 日内完成审查工作。对于技术复杂或审查工作量大的项目，审查时间可适当延长，但最长不得超过 30 日。审查合格的，审查人员和审查单位必须在已审查同意的所有施工图设计图纸上签字并盖章，填写审查批准书中“审查单位意见”栏并盖章。审查单位向审查机关提交审查报告、已填写的审查批准书和已签字盖章的施工图设计图纸。审查不合格的，审查单位将施工图设计文件退回项目法人，由项目法人组织原设计单位对施工图设计进行修改，并重新提交审查单位进行审查。⑤ 审批机关在收到审查报告后 10 日内批复审查批准书。

3. 项目法人向审批机关报批运输机场施工图设计应包括的材料

应包括的材料有：（1）审批申请文件；（2）施工图设计项目表；（3）相应的初步设计批准文件。

4. 运输机场工程施工图设计审查的主要内容

该主要内容为：（1）建筑物和构筑物的稳定性、安全性审查，包括地基基础和主体结构体系是否安全、可靠；（2）是否满足飞行安全与正常运行的要求；（3）是否符合国家和行业现行的有关强制性标准、规范；（4）是否符合批准的初步设计文件要求；（5）是否达到规定的施工图设计深度要求；（6）是否损害公众利益。

5. 审查人员必须具备的条件

审查人员必须具备的条件有：（1）具有相应专业的高级技术职称，对于土建工程，应具有10年以上结构设计工作经历，独立完成过5项二级以上（含二级）项目工程设计的一级注册结构工程师、高级工程师，年满35周岁，最高不超过65周岁；（2）有独立工作能力，并有一定语言文字表达能力；（3）有良好的职业道德。

6. 审查报告应包括的内容

审查报告应包括的内容为：（1）审查工作概况；（2）审查依据和采用的标准及规范；（3）审查意见；（4）与项目法人、设计单位协商的情况；（5）有关问题及建议；（6）审查结论意见。

7. 应注意的其他问题

项目法人向审批机关报批运输机场施工图设计原则上集中报审，一个单位工程的施工图设计必须一次报审。

项目法人、设计单位及审查单位应当就审查单位提出的审查意见进行充分协商。设计单位应当按照协商一致的意见对原施工图设计进行修改，并将修改后的施工图设计提交审查单位复审。项目法人或者设计单位对审查单位作出的审查报告如有重大分歧时，可由项目法人或者设计单位向审批机关提出复审申请，审批机关组织专家论证并作出复审意见。

施工图设计一经审查批准，任何单位和个人不得擅自修改、变更。如确有必要进行修改的，项目法人必须重新报原审批机关审批同意后方可实施。

凡应履行报批程序而未报批、或未经审批机关批准的施工图设计文件不得交付施工，有关部门不得发放施工许可证。

四、运输机场建设实施与工程验收

（一）运输机场建设实施

1. 运输机场建设实施应执行的制度

运输机场工程的建设实施应当执行国家规定的招标投标、市场准入、监理、质量监督等制度；招标活动按照国家有关法律、法规执行。

2. 对施工单位、监理单位及质量监督机构的要求

该要求具体为：（1）承担运输机场工程建设的施工单位应具备相应的资质等级；（2）运输机场工程的监理单位应具有相应的资质等级；（3）民航专业工程质量监督机构负责民航专业工程项目的质量监督工作，属于民航专业工程的，项目法人应在工程开工前向民航专业工程质量监督机构申报质量监督手续。

3. 对机场不停航施工的要求

对于机场不停航施工项目，项目法人应当向所在地民航地区管理局申报不停航施工实施方案，并在获得批准后方可开工。

机场管理机构及驻场单位向民航地区管理局申请不停航施工时，应当提交下列材料：（1）工程建设的有关批准文件；（2）施工组织管理方案及附图；（3）施工对机场原有运行条件相关影响的说明，以及保证机场安全正常运行的具体措施；（4）民航总局有关机场航班调整及机场关闭等有关批准文件。

（二）运输机场工程验收

1. 运输机场工程竣工验收应当具备的条件

竣工验收应当具备的条件有：（1）完成建设工程设计和合同约定的各项内容；（2）有完整的技术档案和施工管理资料；（3）有工程使用的主要建筑材料、建筑构配件和设备的进场试验报告；（4）有勘察、设计、施工、监理等单位分别签署的质量合格文件；（5）有施工单位签署的工程保修书。

2. 对于含有民航专业工程的运输机场工程，在竣工验收、飞行校验和试飞合格后，必须履行的行业验收程序

行业验收程序为：（1）A 类工程、B 类工程的行业验收分别由项目法人向民航总局、所在地民航地区管理局提出申请；（2）民航总局或民航地区管理局在收到项目法人的申请后 20 日内组织完成行业验收工作，并出具行业验收意见。

3. 项目法人在申请运输机场工程验收时应报送的材料

申请运输机场工程验收应报送的材料有：（1）竣工验收报告，内容包括：① 工程项目建设过程及竣工验收工作概况；② 工程项目内容、规模、技术方案和措施、完成的主要工程量和安装设备等；③ 资金到位及投资完成情况；④ 竣工验收整改意见及整改工作完成情况；⑤ 竣工验收结论；⑥ 竣工验收项目一览表。（2）飞行校验结果报告。（3）试飞总结报告。（4）设计、施工、监理、质监等单位的工作报告。（5）环保、消防、劳动卫生等主管部门的验收合格意见或者准许使用意见。（6）有关项目的联合试运转情况。（7）有关批准文件。

4. 行业验收的内容

行业验收的内容有：（1）工程质量是否符合国家和行业现行的有关标准及规范；（2）工程主要设备的安装、调试及联合试运转情况；（3）工程是否满足机场运行安全和生产使用需要；（4）工程投产使用各项准备工作是否符合有关规定；（5）工程档案收集、整理和归档情况。

5. 应注意的其他问题

项目法人应当按国家、民航及地方政府有关规定及时移交运输机场工程档案资料。对于未经行业验收合格的民航专业工程，不得开放使用。

第三节　机场管理

“民用机场管理机构”是各个机场设立的管理机构的通称，是指依法组建或者接受委托的直接从事民用机场运营管理的法人组织。

机场管理机构负责机场的安全保障、运营服务、环境保护和公共事务等管理。机场管理机构应当为航空运输企业，其他驻场单位①和社会公众提供公平、公正的服务。

一、民用机场使用许可制度

民用机场实行机场许可制度，是加强对民用机场的管理，保障民用机场安全、正常运行的一项法律制度。各个机场获得“民用机场使用许可证”才能对外开放。②

（一）目的宗旨、适用范围及管理机构

1. 目的宗旨

民用机场实行机场许可制度是为了加强民用机场的管理，保障民用机场安全、正常运行。

2. 适用范围

《民用机场使用许可规定》适用于民用机场（含军民合用机场的民用部分）的使用许可管理及其相关活动，临时机场不适用该规定。③

3. 管理机构

（1）民航总局负责对民用机场使用许可及其相关活动的统一管理和持续监督检查，包括：① 制定有关规章、标准，并依法监督检查机场运行情况；② 审批并颁发飞行区指标为4E（含）以上运输机场的民用机场使用许可证；③ 负责运输机场名称的批准；④ 设立国际机场的审核；⑤ 法律、行政法规规定的其他有关职责。

（2）民航地区管理局负责对所辖区域的民用机场使用许可实施监督管理，包括：① 根据民航总局授权审批颁发本辖区内飞行区指标为4D（含）以下运输机场和通用机场的民用机场使用许可证；② 负责本辖区内通用机场名称的批准；③ 监督检查本辖区内民用机场的运行情况；④ 民航总局授权的其他职责。

（二）民用机场使用许可证及其使用手册

民用机场应当持有机场使用许可证，方可开放使用。《民用机场使用许可规定》第5条规定：“民用机场实行使用许可制度。民用机场取得使用许可证，方可开放使用。在特殊情况下，民用机场不完全符合本规定要求，需要开放使用的，机场管理机构向民航总局或者民航地区管理局提出申请，民航总局或者民航地区管理局经过特别批准后，可以颁发民用机场使用许可证。”

民用机场使用许可证是指由民航机场管理机构提出申请，经民航总局或其授权机构审查批准颁发的准许机场开放使用的法律文件。申请民用机场使用许可证，应当编写民用机场使用手册，其手册在颁发民用机场使用许可证时同时生效，具有法律效力。

---

① 驻场单位，是指工作场所设于依法划定的民用机场范围内除机场管理机构以外的机关、企事业单位。

② 《民用航空法》第62条和第63条是关于机场许可制度的法律规定，2005年8月31日第156号民航总局令发布的《民用机场使用许可规定》是其必要补充。

③ 这是由于临时机场技术要求的多样性和其地点的相对不固定性，对临时机场的管理不同于固定机场，具体的特殊要求往往散见于多项规定，因此，《民用机场使用许可规定》未将临时机场纳入管理范畴。临时机场的管理可根据实际情况，分别按照《中国民航航空专业飞行工作细则》《中国民用航空直升机近海飞行规则》《民用直升机海上平台运行规定》的有关规定执行。

（三）民用机场的名称管理

1. 运输机场名称应当符合的有关规定

运输机场名称应当符合的有关规定有：（1）应当与国务院或各级地名主管部门审查批准的机场所在地行政区划的地名名称一致；（2）与现有其他机场不重名，避免使用同音字；（3）使用规范的汉字或者少数民族文字；（4）按照国家汉语拼音使用相关规定，规范拼写机场名称；（5）按照国家译名管理相关规定，规范拼写机场英文译名。

2. 运输机场更名应当符合的条件

运输机场更名应符合如下条件：（1）机场所在地城市（或地、州）名称或具体地点行政区划名称经国务院或各级地名主管部门批准更名的，该机场应当更名；（2）当地群众因风俗或读音而强烈要求修改机场名称中后缀具体地点名称的，该机场可以更名；（3）由民航总局报经国务院批准设立国际机场的，需在机场名称内增加“国际”二字。

3. 运输机场命名或更名应报送的文件

运输机场命名或更名应向民航总局报送下列文件：（1）机场管理机构关于机场命名或更名的申请文件；（2）机场所在地市、州级人民政府的审核意见；（3）军队产权的军民合用机场民用部分，应附相关军队机关的意见；（4）机场名称内需增加“国际”二字的，应附国务院批准其设立国际机场的文件。

4. 通用机场名称应当符合的有关规定

通用机场的名称应当由机场所在地城市或地、州、县、乡名称后缀机场所在地具体地点名称组成。运输机场名称应符合的相关规定亦同样适用于通用机场。

5. 通用机场更名及应报送的文件

通用机场的命名或更名，由机场管理机构或机场所有者提出申请，报机场所在地民航地区管理局审批。

申请通用机场的命名或更名的，机场管理机构或机场所有者应当向民航地区管理局报送下列文件：（1）机场管理机构或机场所有者关于机场命名或更名的申请文件；（2）机场所在地县级以上人民政府的审核意见。

民航地区管理局收到通用机场管理机构或机场所有者提出的申请后，应当在20个工作日内审查决定，并报送民航总局备案。通用机场管理机构或者所有者收到民航地区管理局命名或更名的批复后，方可正式启用经批准的机场名称，对外公布信息，并在机场显著位置规范标示机场名称。

二、国际机场与联检制度

国际机场是指国务院民用航空主管部门对外公告的，经国际民用航空组织登记对外国民用航空器开放的机场。它可以接受国际航空运载出入境，同时要求办理海关、移民、公共卫生、动植物检疫和商品检验等类似手续。

（一）国际机场的设立

1. 审批机构与报批程序

（1）审批机构。《民用航空法》第64条规定：“设立国际机场，由国务院民用航空主管部门报请国务院审查批准。国际机场的开放使用，由国务院民用航空主管部门对外公告；国际机场资料由国务院民用航空主管部门统一对外提供。”

（2）报批程序。《民用机场使用许可规定》规定：“现有运输机场申请设立国际机场，由机场所有者或者机场管理机构征得机场所在地省（区、市）级人民政府同意后，向民航总局提出申请。”（第 52 条）“民航总局收到申请文件并征求国务院有关部门意见后，提出审核意见报请国务院审批。”（第 54 条）“国务院批准运输机场设立为国际机场后，由机场所在地省（区、市）级人民政府按照国家有关规定组织落实出入境检查检验机构，建设机场各相关专业检查检验设施。”（第 55 条）“新建运输机场申请设立国际机场，在机场立项报告中一并申请。国务院批准后，在机场建设期内按国际机场的标准和出入境检查检验机构的规定要求，完成配套设施的建设，并经各相关主管部门验收合格。”（第 56 条）

（3）申请设立国际机场应提交的文件有：① 设立国际机场的必要性和可行性，机场所在区域经济、社会的发展需求；② 机场安全运行和经营状况；③ 机场设置出入境检查检验机构及其设施的可行性。

2. 国际机场应具备国际通航条件

（1）机场的飞行区、目视助航设施、消防救援设施、通信导航、空中交通管理、航行情报、气象等设施都应当符合《国际民用航空公约》及其附件 14 和其他相关附件规定的国际标准，但也允许存在差异。①

（2）应根据需要设置口岸检查检验机构。国际机场又称设关机场。国际航空业载出入一国国境，应在该国指定的设关机场降落、起飞，以便接受联检机构的检查。对此，《国际民用航空公约》第 10 条作了明确规定，即“除按照本公约的条款或经特许，航空器可以飞经一缔约国领土而不降停外，每一航空器进入一缔约国，如该国规章有规定时，应在该国指定的机场降停，以便接受海关和其他检查。当离开一缔约国领土时，此种航空器应从同样的设关机场离去”。可见，一国在接受国际航空业载出入其国境的同时，有权要求其在指定的设关机场起降并办理有关公共当局要求的检查检验手续，这是一国基于主权而享有并行使的权力。我国的相关法律对此作出了明确的规定，从而确立了我国国际机场的联检制度。

（3）对外公告并对外提供国际机场资料。根据《国际民用航空公约》的规定，国际机场必须对外公告并提供机场资料，这是缔约国应承担的义务；《民用航空法》第 64 条亦有此规定。中国民航局行使国际机场对外公告和对外统一提供国际机场资料的职权。中国向国际民用航空组织提供《中华人民共和国航行资料汇编》主要包括引言、国际机场简述、机场一览表和机场资料以及航空地面灯光设备等项内容。

---

① 《国际民用航空公约》附件 14《机场》卷 I 第四版（于 2004 年 2 月 28 日通过，2004 年 11 月 25 日起执行）前言的“通知差异”中提请各缔约国注意公约第 38 条所规定的义务。根据这一义务，要求各缔约国将其本国的规章和措施与该附件及其任何修正案中的国际标准之间的任何差异，通知国际民航组织，并提请各缔约国将这种通知扩大到与该附件及其任何修正案中的建议措施之间的任何差异，如果这一差异的通知对航空安全是重要的话。此外，还请各缔约国将随后可能出现的任何差异，或撤销前已通知的任何差异，随时通知国际民航组织。

（二）联检制度

1. 边防检查

《中华人民共和国公民出境入境管理法》和《中华人民共和国外国人入境出境管理法》以及《中华人民共和国出境入境边防检查条例》是我国边防检查机构进行边防检查的法律依据。根据这些法律、法规，我国公安部主管出境入境边防检查工作，在我国国际机场设立边防检查站，负责对出入境人员及其行李、物品、航空器及其载运的货物实施边防检查，并按国家有关规定对出入境的航空器进行监护。出入境人员和航空器必须经国际机场或主管机关特许的地点通行，接受边防检查、监护和管理。

2. 海关检查

中国海关依照中国《海关法》及其他有关法律、法规，监管进出中国国境的航空器、货物、行李及其他物品，征收关税及其他费用，缉查走私及办理其他海关业务。进出境的航空器及其所载货物、物品，必须经设关机场进出境，特殊情况下需经未设海关的地点临时进出境的，必须经国务院或其授权机关批准，并依法办理海关手续。进口货物的收货人和出口货物的发货人应向海关如实申报，并交验进口许可证和有关单证。国家限制进出口的货物，没有许可证的不予放行。经收、发货人申请，海关同意，进口货物的收货人可以在设有海关的指运地、出口货物的发货人可在设有海关的启运地办理海关手续。个人携带进出境的行李物品、邮寄进出境的物品，应以自用、合理数量为限，并接受海关监管。准许进出口的货物、进出境的物品，除依法减免关税的以外，由海关依进出口关税税则征收关税。除海关特准的外，进出口货物在收、发货人缴清税款或提供担保后，由海关签印放行。

3. 卫生检疫

中国在国际机场设立国境卫生检疫机关，依照中国卫生检疫法实施传染病检疫、监测和卫生监督。对患有监测传染病的人、来自国外监测传染病流行区的人或者与监测传染病人密切接触的人，国境卫生检疫机关应区别情况，发给就诊方便卡，实施留验或采取其他预防、控制措施（如阻止患有某种监测传染病的外国人入境，加强对出境人员的健康检查，要求其提供规定的证明等），并及时通知当地卫生行政部门。

4. 动植物检疫

中国在国际机场设立动植物检疫机关，依照中国动植物检疫法的规定，对进出中国国境的动植物、动植物产品、其他检疫品及其装载容器、包装物和来自疫区的航空器等实施检疫。对输入我国的动物、动物产品、植物种子、种苗等繁殖材料，必须事先提出申请、办理检疫审批手续；货主或其代理人应在检疫物进境前或进境时持输出国或地区的检疫证书、贸易合同等单证，向进境口岸动植物检疫机关报检；应在进境口岸进行检疫，因口岸条件限制，可由国家动植物检疫机关决定将其运往指定地点检疫；经检疫合格者，准予进境，海关凭检疫机关签发的《检疫放行通知单》或报关单上加盖的印章验放；因无法在口岸海关监管区实施检疫而需调离检疫的，海关凭口岸动植物检疫机关签发的《检疫调离通知单》验放。对输出我国的动植物及其产品和其他检疫物，货主或其代理人应向口岸动植物检疫机关报检；经口岸动植物检疫机关检疫合格或经除害处理合格的，准予出境；海关凭口岸动植物检疫机关签发的检疫证书或在报关单上加盖的印章验放。对过境动植物及其产品和其他检疫物，口岸动植物检疫机关只检查航空器或包装，经检疫合格的准予过境。

5. 进出口商品检验

按照中国进出口商品检验法，对列入《商检机构实施检验的进出口商品种类表》的进出口商品，必须经过商检机构或国家商检部门、商检机构指定的检验机构的检验，否则，进口的上述商品不得销售和使用，未经检验的上述商品也不得出口，但收、发货人可向国家商检部门申请免检。

综上所述，在国际机场设置口岸检验机构，实行联检制度是维护国家主权，保障国家利益和人民安全，防止发生非法事件的必要手段，进出国境的国际航空业载必须严格遵守中国有关入境和放行的法律、法规和规章，同时实施联检制度的各公共当局必须根据《国际民用航空公约》及其附件 9 的规定和国际通行做法简化放行手续，这是航空运输的特点所要求的，也是促进国际贸易所必须的。

三、机场设施管理

我国《民用航空法》规定，民用机场应当按规定标准设置必要的设施。

（一）机场道面适用性管理

所谓机场道面，一般是指机场跑道、滑行道、停机坪的表面。跑道包括非仪表跑道和仪表跑道，仪表跑道又分为精密进近跑道（分Ⅰ类、Ⅱ类、Ⅲ类）和非精密进近跑道；滑行道包括飞机机位滑行通道、机坪滑行道和快速出口滑行道。机场道面状况是否符合有关的技术标准，是否处于良好的适用状态，将直接关系到飞机能否安全运行。其适用性的技术标准在《国际民用航空公约》附件 14 中有明确规定，我国民航局发布的《民用机场飞行区技术标准》也有明确而严格的规定，它们是进行机场道面管理的依据。另外，《民用机场运行安全管理规定》中，在“飞行区管理”部分，对于跑道摩擦系数测试及维护作了明确规定：“跑道日航空器着陆架次大于 210 架次的，测试跑道摩擦系数的频率应当不少于每周一次……跑道日航空器着陆架次为 15 次以下的，测试跑道摩擦系数的频率应当不少于每年一次。”

（二）机场目视助航设施的管理

目视助航设施主要包括目视助航灯光系统和助航标志，指示标（如风向标、着陆方向标）、标记牌、标志物等。它同机场道面一样，其技术状况、适用状态对飞机的安全运行至关重要。《国际民用航空公约》附件 14 及民航局发布的《民用机场飞行区技术标准》、《民用机场专用设备使用管理规定》是对机场目视助航设施进行管理的依据。

（三）民用机场专用设备使用管理

民用机场专用设备是指为保障航空器飞行和地面运行安全，在民用机场内用于航空器地面保障、航空运输服务等作业的各种专用设备。

民用机场专用设备属特殊产品，担负特种作业功能，执行行业特殊技术规范和标准，承担飞行地面保障和航空运输服务等作业任务，其安全性和适用性对飞行安全、机场运行安全以及机场正常运行具有直接影响。从源头上控制进入机场的专用设备安全技术水平，为用户选择安全适用的产品提供政府审查依据是各国民航实施行业管理的通行手段。同时，对在民用设备实施监督管理，保证设备处于安全适用的技术状态，是民航安全监督管理的基础工作之一，直接影响到航空运输安全。《国际民用航空公约》附件14及民航局发布的《民用机场专用设备使用管理规定》是对民用机场专用设备使用管理的依据。

（四）航站楼的管理

航站楼即候机楼和货运中心，由机场管理机构实施管理，其主要内容是：（1）管理、维护候机楼和货运中心的各种设施设备，包括照明、动态显示、电视监视、广播、空调、冷暖气、供水系统、电子钟及其控制、自动门、行李传送带、防火装置、紧急出口等；（2）制定航站楼的整体布局；（3）提供饮水、公用电话、手推车、医疗救护、遗失物品认领、小件行李寄存、问询等服务；（4）对航站楼内房屋及场地进行管理；（5）负责维护治安秩序，保障机场安全，航站楼内的治安管理应在公安部门的统一领导下进行。

（五）机场净空管理

机场净空区域是根据航空器的类型及机场助航设施的性能，通过对机场及其附近一定范围内规定几种障碍物限制面，来限制机场周围及附近的高地、铁塔、架空线、建筑物等物体的高度，以保障航空器起降安全的一定区域。

我国《民用航空法》第58~61条是净空保护的法律规定；此外，国务院和民航总局发布的有关保护机场净空的规定是其必要补充。

民用机场所在地人民政府应当依照批准的有关机场总体规划严格保护机场净空，并制定具体的管理办法；机场所在地县级以上人民政府应当将按照国家规定划定的民用机场净空保护区域在当地主要媒体上公布，并在民用机场净空保护区域的地域范围内张贴公告，加强对民用机场周围厂矿企业、城乡居民的宣传教育。

四、机场交通管理

航空器活动区的交通安全十分重要，民航局自2006年8月12日起施行《民用机场航空器活动区道路交通安全管理规则》（CCAR-331SB-R1），加强了民用机场航空器活动区道路交通管理，规范车辆、人员的通行，保障航空器、车辆及人员在地面的交通安全。民用机场（含军民合用机场的民用部分）航空器活动区的道路，是指机场内用于航空器起飞、着陆、停放以及与此有关的地面活动区域内标定的供人员、车辆通行的场地。所称车辆，包括机动车辆（含机动车牵引的航空器活动区专用设备）和非机动车辆。在航空器活动区道路通行的车辆、人员应当遵守本规则。在航空器活动区道路通行的车辆、人员一般遵循右侧通行的原则，按规定路线通行，避让航空器。该规则第22条要求车辆在航空器活动区行驶时，应当遵守下列规定：

（1）按指定的通行道口进入航空器活动区，接受值勤人员的查验。

（2）机场管理机构可根据本机场的实际情况，实行分区限速管理，但最高时速不得超过50公里。

（3）行驶到客机坪、停机坪、滑行道交叉路口时，停车观察航空器动态，在确认安全后，方可通行。

（4）遇有航空器滑行或被拖行时，在航空器一侧安全距离外避让，不得在滑行的航空器前200米内穿行或50米内尾随、穿行。

（5）行李车拖挂托盘行驶时，挂长3.4米、宽2.5米的大托盘不得超过四个，长1.9米、宽1.8米的小托盘不得超过六个。拖挂的货物重量不得超过拖车的最高载量。

行李车在拖挂托盘行驶时不得倒车。

（6）机动车辆穿行跑道、滑行道、联络道或在跑道、滑行道、联络道作业时，应当事先征得空中管制部门或机场管理机构同意，按指定的时间、区域、路线穿行或作业。

（7）驶入跑道、滑行道、联络道作业的机动车辆应当配备能与塔台保持不间断通讯联络的双向有效的通讯设备，作业人员应当按规定穿戴反光服饰。

五、机场应急救援管理

机场应急救援工作应当遵循最大限度地抢救人员生命和减少财产损失，预案完善、准备充分、救援及时、处置有效的原则。《民用运输机场突发事件应急救援管理规则》（CCAR-139-II-R1）已经2011年7月4日中国民用航空局局务会议通过，自2011年9月9日起施行，为机场应急救援提供了规章依据。

中国民用航空局（以下简称民航局）负责机场应急救援管理工作相关规章、标准的制定和对机场应急救援管理工作进行总体监督检查，并按照《民用机场使用许可规定》的要求，负责飞行区等级指标为4E以上（含4E）机场突发事件应急救援预案的审批工作。

中国民用航空地区管理局（以下简称民航地区管理局）负责本辖区内机场应急救援管理工作的日常监督检查，并按照《民用机场使用许可规定》的要求，负责飞行区等级指标为4D以下（含4D）机场突发事件应急救援预案的审批工作。

机场管理机构应当按照国家、地方人民政府的有关规定和本规则的要求，制定机场突发事件应急救援预案，并负责机场应急救援工作的统筹协调和管理。使用该机场的航空器营运人和其他驻场单位应当根据在应急救援中承担的职责制定相应的突发事件应急救援预案，并与机场突发事件应急救援预案相协调，送机场管理机构备案。

机场应急救援工作应当接受机场所在地人民政府（以下统称地方人民政府）的领导和监督。

本规则所称地方人民政府是指机场所在地县级（含）以上人民政府。

规则第7条把机场突发事件分为航空器突发事件和非航空器突发事件。

航空器突发事件包括：（1）航空器失事；（2）航空器空中遇险，包括故障、遭遇危险天气、危险品泄露等；（3）航空器受到非法干扰，包括劫持、爆炸物威胁等；（4）航空器与航空器地面相撞或与障碍物相撞，导致人员伤亡或燃油泄露等；（5）航空器跑道事件，包括跑道外接地、冲出、偏出跑道；（6）航空器火警；（7）涉及航空器的其他突发事件。

非航空器突发事件包括：（1）对机场设施的爆炸物威胁；（2）机场设施失火；（3）机场危险化学品泄露；（4）自然灾害；（5）医学突发事件；（6）不涉及航空器的其他突发事件。

规则第8条把航空器突发事件的应急救援响应等级分为：（1）原地待命：航空器空中发生故障等突发事件，但该故障仅对航空器安全着陆造成困难，各救援单位应当做好紧急出动的准备。（2）集结待命：航空器在空中出现故障等紧急情况，随时有可能发生航空器坠毁、爆炸、起火、严重损坏，或者航空器受到非法干扰等紧急情况，各救援单位应当按照指令在指定地点集结。（3）紧急出动：已发生航空器失事、爆炸、起火、严重损坏等情况，各救援单位应当按照指令立即出动，以最快速度赶赴事故现场。

非航空器突发事件的应急救援响应不分等级。发生非航空器突发事件时，按照相应预案实施救援。

从应急救援组织机构及其职责机场管理看：机场管理机构应当在地方人民政府统一领导下成立机场应急救援工作领导小组。

机场应急救援工作领导小组是机场应急救援工作的决策机构，通常应当由地方人民政府、机场管理机构、民航地区管理局或其派出机构、空中交通管理部门、有关航空器营运人和其他驻场单位负责人共同组成。

机场应急救援工作领导小组负责确定机场应急救援工作的总体方针和工作重点、审核机场突发事件应急救援预案及各应急救援成员单位之间的职责、审核确定机场应急救援演练等重要事项，并在机场应急救援过程中，对遇到的重大问题进行决策。

六、机场安全保卫

2013年9月1日开始施行的《民用航空运输机场安全保卫规则》，对于机场开放使用的安保要求作了详细规定。包括机场控制区的划分、机场控制区通行证、机场控制区通行管制以及要害部门的航空安保措施以及信息报告制度等。

思考题

1. 什么是机场？我国是如何对机场进行分类的？
2. 机场管理规定的主要内容有哪些？

第五章

空中航行的法律制度[①]

第一节 空气空间的法律地位

空气空间，通常称为“空域”，是航空器运行的活动场所。航空器在空气空间的运行活动，即是我们所说的空中航行。空气空间的法律地位如何，决定了空中航行实行怎样的法律制度。

现代航空法规定，在空气空间实行领空制度，每一个国家对其领空享有完全的和排他的主权。领空主权原则不仅为各国国内法所肯定，而且为国际条约所承认，是国际法的一个基本原则。《国际民用航空公约》第 1 条规定：“缔约各国承认每一国家对其领土之上的空气空间享有完全的和排他的主权。”我国《民用航空法》第 2 条规定：“中华人民共和国的领陆和领水之上的空域为中华人民共和国领空。中华人民共和国对领空享有完全的、排他的主权。”

一、领空的概念

领空，是指处在一个国家主权支配之下，在国家疆界之内的陆地和水域之上的空气空间。1919 年《巴黎空中航行管理公约》确立了每一国家对其领土之上的空气空间享有完全的和排他的主权，形成了领空制度，但却渗入了“无害通过”的概念，使领空主权仍受“无害通过”的限制。1944 年《芝加哥公约》取代了《巴黎公约》，摒弃了“无害通过”的概念，最终确立了完全的和排他的领空主权原则，形成了公认的国际法基本准则。

至于领空的范围，确认领空是以地球中心为顶点，由与国家在地球表面的领陆和领水的边界线相垂直的直线所包围的圆锥形立体空间，这已为世人所公认。但领空范围是否有上限，这个上限高度又是多少，却颇有争论，至今尚未解决。

1913 年克卢内（Clunet）称：“每个国家对其领空的主权权利应自由地行使至穹苍。”在当时，直至 20 世纪 40 年代，这种高度无限论是不存在任何问题的。但 1957 年

---

① 刘伟民．航空法教程．修订版．北京：中国法制出版社，2001：57-92.

第一颗人造卫星上天后，出现了“外层空间”的新概念，逐渐形成了“空间法”。空气空间根据航空法实行领空主权制度；外层空间根据空间法实行自由探索，不受任一国家主权管辖，不得为任何国家占有的制度。于是划界问题突出了。关于划定领空上限高度的理论曾出现过多种学说。

当今，关于空气空间与外层空间划界的理论主要是两类，即空间论和功能论。

（一）空间论

空间论，又称主权定界论，以空间的某种高度为界线，划分为空气空间和外层空间的界限，即划定行使国家主权的空间和自由探测的空间。至于如何划界，因根据不一，主张也就各异。现列举若干如下①：

1. 空气存在说

这种主张认为，所谓“空气空间”即是有空气存在的空间，凡存在有空气的地方都应认为是“空气空间”。但是，在1.6亿公里的高度仍发现有空气粒子。由此可见，以是否有空气存在来划界是不现实的。

2. 航空器升空限度说

一般说航空器是从空气的反作用而在大气中取得支撑力的任何机器。因此，这种主张认为，凡航空器能上升的最高高度，应是空气空间的上限。目前，飞机上升的最高高度为30~40公里。很显然，愿意将领空主权限制在这样低的高度的国家，是为数不多的。

3. 有效控制高度说

根据这一主张，一国对其空气空间的主权范围应以其能行使有效控制的高度为界。由于各国国力和空间技术相差悬殊，同时随着科学技术的进步，可控制的高度也在不断变化，若依此主张，不仅不可能有统一的客观划界标准，而且会纵容“强权政治”的泛滥，理所当然地不会被大多数国家所接受。

4. 引力平衡说

这种观点主张以地球的引力和邻近的天体的引力之间的平衡点为界线。根据科学计算，地球和月球之间的平衡点离地球约32.7万公里；对太阳而言，为上述数字的6倍。以这样遥远的距离划界，没有实际意义。

5. 卡曼管辖线

根据物理学家冯·卡曼计算，以飞行得以进行的条件作为考虑的基础，离心力取代空气成为飞行动力的高度离地面约为83公里。这一界限称为卡曼管辖线。因此，主张以此划分空气空间和外层空间的界限。但各地大气层条件有较大差异，因而影响了卡曼线的稳定性，也就难以此标准划界。

6. 人造地球卫星轨道最低点说

根据这一主张，外层空间的最低界限应以人造地球卫星轨道离地面最低高度为界。国际法协会通过决议称：“在海拔约100公里及以上的空间，已日益被各国和从事外空

① 贺其治．外层空间法．北京：法律出版社，1992：39-40，46-47.

工作的专家们接受为外层空间。”①

7. 中介空间

有的主张在空气空间与外层空间之间设立一个“中介空间”。按此种理论，以人造地球卫星轨道最低点划界，该界限以下是“空气空间”；往上设置一个“中介空间”，宽度为50公里，毗连的国家行使部分管辖权；从“中介空间”再往上则是“外层空间”。

（二）功能论

这种学说认为，围绕地球的只有一个天空，它逐渐消融在宇宙之中，既不需要，也难以划定两个空间。若以人造卫星绕地球运行的最低轨道划界，却因掌握的技术不同，人造卫星运行的轨道的高度亦有不同。因此，功能论主张，不必人为地划定界限，而只要区分航空活动和航天活动，与此相适应，划分为自由功能和主权功能。即是说，航空活动受主权支配，航天活动则自由飞行。

我们知道，发射航天器进入外层空间之前是要通过领空部分的，若按“功能论”定性，那将来还有什么“领空”可言？况且，航空航天飞机出现后，既包括航空活动，又包括航天活动，又如何定性？航空航天飞机的活动及其有关问题将适用什么样的法律制度？如此种种，都会出现很多新问题需要研究。因此，有人主张放弃空气空间和外层空间划界问题的讨论，而应该创立新的航空航天法一并解决。

二、关于空气空间法律地位的理论和实践

1919年签订《巴黎空中航行管理公约》之前，关于空气空间的法律地位，大体上可归纳成下列五种理论：

（一）完全的空中自由论

这种理论以比利时法学家尼斯②（Nys）为代表，认为空气和海洋一样是人类的共同财富，因而主张空中自由论。法国法学家福希叶开始时亦持这种主张③，但这种理论并未为多数人所接受。

（二）空中有限自由论

这种理论以法国法学家福希叶为代表，上面曾提到，福希叶开始时是主张空中自由论的。他认为人们不能占有空气，亦不能改变又不能改造空气，因此不主张国家对领土上空享有主权。他说“大炮视为主权的发生器”，也是否认人类权利的另外的规则，即“国家相互自由与平等的规则”。因此，在300米（艾菲尔铁塔的高度）以上的空间应是航行自由的，鉴于空中自由不被人们所接受，因而福希叶重新考虑了这个问题，企图在自由论和主权论之间找到一个调和的折中方案，于是产生了空中有限自由论。福希叶

① 这是国际法协会1978年马尼拉年会通过的决议的措辞。该协会1968年布宜诺斯艾利斯年会通过的决议中规定：“1967年条约中所指‘外层空间’一词，应被理解为指1967年1月27日条约开放签字之日成功地进入轨道的任何人造地球卫星离地面最低点及以上的所有空间，但不妨碍今后是否可能把低于该近地点的任何部分的空间包括进去的问题。”

② 尼斯．航空器的法律制度．国际法学会年刊，1902.

③ 福希叶．空域和气球的法律制度．国际公法总览，1904：414.

主张，既要考虑空中航行自由，又要允许国家根据自保权，采取禁止在1 500米以下的空间飞行的措施，即在和平时期建立一个1 500米高度的“保护区”，以防范间谍和走私活动；又鉴于“空域”悬在一国之上，为了其国民的安全和国家的经济利益，国家甚至可以对在1 500米以上的空间飞行活动施行干预。福希叶的这种空中有限自由论曾于1906年为国际法学会所肯定，其表述是：“空气空间是自由的，国家无论在平时还是战时，对空气空间享有为了自保的必要权利。”①

（三）领土区域论

这种理论最早由里维埃（Rivier）于1896年提出②，其原则是建立完全在毗连国家主权支配下的领空区域，以限制在空气空间的完全自由，这个区域以大炮射程为限。可以说，这种理论是领空主权论的前身。

（四）国家警察论

这种理论承认国家的自保权，也要求尊重国际社会的权利，但反对主权学说。它认为空中和海洋一样是人类共同财富，应当自由航行，而国家为了安全、公共秩序、税收等项，则可以行使警察权。这种理论与领土区域论相同，区别在于不承认国家有完全的主权。③

（五）国际共管论

这种理论主张由国际共管，方便空中航行。④

以上列举了几种学说，只是想说明当时关于空气空间法律地位的激烈争论情况，的确为人关注，众说纷纭。最后，人们还是通过实践解决了这个问题。

1908年4~11月间，据统计，至少有10个德国气球飞越边界降落在法国，这些气球共载有25名飞行员，其中至少有一半是穿军装的；此外，德国齐柏林飞艇不经允许飞越瑞士；法国飞行员飞越英吉利海峡，也从未想到要取得许可方可进入英国。这种情形，自然引起了各国政府的关注。1910年召开的第一次国际空中航行会议，虽然未能就制定一个公约达成协议，但会议通过的决议已明确：“俯临领土和领海的大气当被视为是领土，受国家主权的支配。”然而，领空主权问题尚未得到解决，1911年3月，德国的飞艇飞越比利时领土，比利时议员向其外交部提出了主权问题；6月，荷兰国防部就德国气球在荷兰降落事件也向其内务部提出了类似问题。可是，1911年4月在马德里举行的国际法学会上，法国（以福希叶为代表）和德国（以冯·巴尔为代表）提出的案文仍旧是：“除毗连国拥有为其国家、人员、居民的安全可考虑采取一定措施的权利外，国际空中航行是自由的。”与此同时，英国则坚决主张领空主权原则，称“各国对其领土和领水之上的空间拥有绝对的主权权利。每个国家有权自行制定有关空中航行的警察、税务及其他事项的规章”。就在1911年，英国颁布了空中航行法令，授权国务秘书禁止在规定的区域上空飞行。英国的主张和实践广为传播，其他国家纷纷效

① 转引自勒·果夫. 航空法教程（公法）. 英文版，1980：71.
② 里维埃. 国际法：第1卷，1896：140.
③ 参见里特维纳. 航空法——比利时法和国际法的概念. 法文版，1970.
④ 参见卡斯特拉尼. 航空法，1912.

仿。法国1913年10月24日法令也明确规定："可以在整个领土上禁止航空器运行"，"在全面或部分动员的情况下，在整个领土上禁止空中航行。这种禁止自动员令发布起生效"。

1914~1918年第一次世界大战中，领空主权更成了一个大问题，涉及交战国航空器飞越中立国去轰炸敌国是否破坏中立国地位的问题。当时的中立国荷兰舆论哗然，主张禁止德国齐柏林飞艇飞越荷兰去轰炸伦敦；瑞士则抗议法国飞机飞越其领土去轰炸德国；英国因其航空器飞越瑞士领土去轰炸德国后，曾向瑞士公开道歉。

在上述情势下，领空主权论最终取得了胜利。1919年签订了《巴黎空中航行管理公约》，在第1条明确规定了每一国家"对其领土上空享有完全的和排他的主权"。《巴黎公约》是航空法第一个多边国际条约。从此以后，领空主权原则即成了航空法的基础。

三、领空主权的法律性质

1944年《国际民用航空公约》是国际社会广泛接受的、现行的航空法国际条约。该公约第1条明确规定："缔约各国承认每一国家对其领土之上的空气空间享有完全的和排他的主权。"

公约的这一规定具有极其重要的意义：（1）它明确宣告了领空主权原则。（2）领空主权是每一国家都享有的，无论是缔约国还是非缔约国。因此，领空主权原则不仅是国际条约法规则，而且是国际习惯法规则，具有普遍的法律约束力。（3）每一国家享有的领空主权是"完全的"和"排他的"。因此，每一国家对其领空享有充分的主权权利。

公约中规定的"完全的和排他的主权"主要体现在下列四个方面：

第一，自保权。一国领空不受侵犯。未经一国允许，任何外国的航空器不得进入该国领空。任何国家都有保卫其领空安全、不受外来侵犯的充分权利。

第二，管辖权。每一国家对其领空都享有管辖权。管辖权是国家主权最直接的体现。在国际法上，领空是一国领土不可分割的组成部分。国家行使领空管辖权，属于属地最高权的性质。当然，国家行使管辖权时，也应当履行所承担的国际义务，受所缔结或者加入的国际条约规定的限制。

第三，管理权。每一个国家都有权自行决定制定必要的法律和规章，以维护空中航行的正常秩序，保障空中交通安全，保护公众的合法权益，不受任何外国干涉。任何外国航空器在一国领土上空飞行或在该国领土内运转，都必须遵守当地关于航空器飞行和运转的现行法律和规章；航空器所载乘客、机组或货物进入或离开一国领土，都必须遵守该国关于入境、放行、移民、护照、海关及检疫等项的法律和规章。鉴于航空法具有国际性的特点，各国在制定本国法律和规章时，应当尽可能地与国际技术标准和国际法律规范取得一致；在执行这些法律和规章时，也应履行所承担的国际义务，不得实行歧视性的差别待遇。

第四，支配权。空气空间是航空活动赖以存在的场所。罗马法中早有格言："谁有土地，谁就有土地的上空。"根据国家领空主权原则，国家对其主权属下的空气空间拥有支配权。国家可以通过国内立法对领空实施支配权。国家可以规定公民有自由通行的权利，而对于外国通航则需要签订航空协定或通过批准，给予运营权。

四、在航空法中没有“无害通过权”

根据领空主权原则，外国航空器在一国领空中是没有“无害通过权”的。但是，1919 年《巴黎公约》曾对“无害通过”作了规定；1944 年《芝加哥公约》第 5 条的规定又似乎含有“无害通过权”的意义，因此引起了问题，需要予以澄清。

首先，我们应该明了什么是“无害通过”权，然后进一步认识清楚在国际空中航行中为何不能实行“无害通过”制度。

（一）“无害通过”

“无害通过”是海洋法中的概念①，根据 1982 年《联合国海洋法公约》第 17 条的规定，“无害通过”是指“所有国家，不论为沿海国或内陆国，其船舶均享有无害通过领海的权利”。

1. 所谓“通过”

所谓“通过”，是指为了下列目的，通过领海的航行：穿过领海但不进入内水或停靠内水以外的泊船处或港口设施；或驶往或驶出内水或停靠这种泊船处或港口设施。通过应继续不停和迅速进行，通过包括停船和下锚在内，但以通常航行所附带发生的或由于不可抗力或遇难所必要的或为救助遇险或遭难的人员、船舶或航空器的目的为限。

2. 何谓“无害”

所谓“无害”，是指“通过”只要不损害沿海国的和平、良好秩序或安全，就是无害的。如果外国船舶在领海内进行下列任何一种活动，其通过即应视为损害沿海国的和平、良好秩序或安全：（1）对沿海国的主权、领土完整或政治独立进行任何武力威胁或使用武力，或以任何其他违反《联合国宪章》所体现的国际法原则的方式进行武力威胁或使用武力；（2）以任何种类的武器进行任何操练或演习；（3）任何目的在于搜集情报使沿海国的防务或安全受到损害的行为；（4）任何目的在于影响沿海国防务或安全的宣传行为；（5）在船上起落或接载任何航空器；（6）在船上发射、降落或接载任何军事装置；（7）违反沿海国海关、财政、移民或卫生的法律和规章，上下任何商品、货币或人员；（8）违反《联合国海洋法公约》规定的任何故意和严重的污染行为；（9）任何捕鱼活动；（10）进行研究或测量活动；（11）任何目的在于干扰沿海国任何通讯系统或任何其他设施或设备的行为；（12）与通过没有直接关系的任何其他活动。

“无害通过”制度的意义在于，任何外国船舶无须事先经沿海国批准，即有权无害通过该国领海。“无害通过”通常只适用外国商船和从事商业目的的政府船舶，而对外国军舰是否适用并不明确。我国多次声明，关于领海内无害通过的规定，不妨碍沿海国有权按照本国法律和规章，要求外国军舰通过领海事先经该国批准或通知该国。1992

① 海洋法中的“无害通过”制度是早已形成的习惯法规则。1958 年日内瓦《领海及毗连区公约》就此作了规定，该公约于 1964 年 6 月 10 日起生效。1982 年 4 月 30 日在纽约通过的、并于同年 12 月 10 日在牙买加蒙特哥贝签字的《联合国海洋法公约》是对海洋法进行的全面编纂，该公约已于 1994 年 11 月 16 日起生效。

年2月25日通过颁行的《中华人民共和国领海及毗连区法》亦对此作了明确规定。

（二）1919年《巴黎空中航行管理公约》关于“无害通过”的规定

《巴黎空中航行管理公约》在第1条即明确规定每一国家“对其领土之上的空气空间享有完全的和排他的主权”之后，紧接着第2条第1款又规定“每一缔约国承允，只要本公约规定的条件得以遵守，在和平时期给予其他缔约国的航空器无害通过其领土上空的自由”。

公约对“无害通过”规定的条件是：（1）每一缔约国有权按照其立法规定的处罚，为军事需要和公共安全的利益，禁止其他缔约国的航空器飞越其领土的某些区域，但此等规定在其私用航空器和其他缔约国的航空器之间不得有任何差别。（第3条第1款）（2）每一缔约国保留在和平时期的特别情况下，临时地并立即生效地限制或禁止飞越其全部或某一部分领土的权利，但这种限制或禁止应不分国籍地对所有其他缔约国的航空器适用。（第3条第4款）（3）一缔约国的任何航空器有权不降停地飞越另一缔约国的空气空间，但须沿飞越国指定的航路飞行；因通常管理的需要，该航空器当接到按公约附件规定的信号指令时，得以降落（第15条第1款）；以及遵守飞越国制定的航行规章和载运限制规定（第五章和第六章）。（4）一缔约国凡可无人驾驶的任何航空器，非经特别许可，不得无人驾驶飞越另一缔约国的领土。（第15条第2款）（5）从一国飞往另一国的任何航空器，如果另一国的规章有所要求，必须在另一国指定的机场降落。（第15条第3款）（6）军用航空器以及警察和海关航空器不适用“无害通过”的规定，其飞越、降停或飞越边界必须经有关国家特许或有关国家之间作出特殊安排。（第32条和第33条）

从上述规定中我们不难看出：（1）“无害通过”与“完全的和排他的主权”之间本身就是不相容的，在理论上是相互矛盾的。（2）从实践看，领空与领海是不同的。领海对一个国家来说，可以作为国防安全的缓冲地带，而领空则没有这种作用。航空的机动性，决定了保卫领空不受侵犯对国防安全至关重要。因此，《巴黎公约》虽仿效海洋法规定了缔约国之间相互给予“无害通过”的自由，但不得不同时规定了很多限制条件。（3）《巴黎公约》既没有给“无害通过”下定义，又给飞经国规定限制条件以很大的任意性，因此，在实际中这种“无害通过”自由只是一句空话。

有鉴于此，1944年《芝加哥公约》取代1919年《巴黎公约》便完全抛弃了“无害通过”的概念，而采用“五种空中自由”的概念。这“五种空中自由”，是航空运输运营权利的概念，与“无害通过”是两码事，不能相提并论。

（三）1944年《芝加哥公约》第5条的规定

有的学者认为，1944年《芝加哥公约》第5条的规定实质上是“无害通过”权利。这是一种曲解，应予以澄清。

《芝加哥公约》第5条第1款的条文是：“缔约各国同意其他缔约国的一切不从事定期国际航班飞行的航空器，在遵守本公约规定的条件下，不需事先获准，有权飞入或飞经其领土而不降停，或作非商业性降停，但飞经国有权令其降落。为了飞行安全，当航空器所欲飞经的地区不得进入或缺乏适当航行设施时，缔约各国保留令其遵循规定航路或获得特准后方许飞行的权利。”

1969 年《维也纳条约法公约》虽然规定“条约应就其用语按照上下文并参照其目的和宗旨所具有的通常意义，善意地予以解释”，（第 31 条）但仍有不完善之处，而应该使用补充的解释资料，包括条约的准备资料和条约的缔约情况。① 因此，我们解释公约条文，不仅要从字面上，更重要的是应从实质内容、历史背景、实践情况和发展趋势各个方面综合分析，才能得出正确的结论。不能只看“不需事先获准”几个字，就武断地说即是“无害通过权”。

1.《芝加哥公约》第 5 条并没有否定领空主权原则

该公约第 5 条和第 6 条都是针对航空运输运营权利而言的，因而将航空运输划分为定期航班（即“定期航空运输”）和不定期飞行（即“不从事定期航班的飞行”，又即是“不定期航空运输”）。在国际上，国家之间交换航空运输运营权利，是在相互尊重主权的前提下进行的。在 1944 年芝加哥国际民用航空会议上，提出“天空开放”、“空中自由”，并没有否定领空主权原则，而是指“开放市场”，以得到充分的航空运输商业权利。

2.《芝加哥公约》第 5 条的产生是芝加哥会议激烈争议后的妥协结果

美国企图通过制定公约一揽子解决通航各国的权利问题，早在 1928 年《哈瓦那公约》中就有所反映。虽然《哈瓦那公约》第 21 条作出了有充分商业运输运营权利的规定，但拉美各国采取了保护本国利益的措施，美国并未能达到其预想的意图。在 1944 年芝加哥会议上，美国又提出“天空开放”的主张，再次遭到了以英国为首的各国的强烈反对和抵制。因此，《芝加哥公约》未能解决航空运输运营权利问题。② 但是，会议作为对美国的一种妥协，一是在《芝加哥公约》之外另签订了两种自由协定和五种自由协定；二是通过了《芝加哥公约》第 5 条的规定。该第 5 条之所以能得到通过，是因为当时的不定期运输飞行微不足道，而并未预见到会对航空小国带来威胁。

3. 对《芝加哥公约》第 5 条如何进行解释历来存在着分歧

1949 年，国际民用航空组织秘书处曾明确解释，称各缔约国无权对不定期飞行要求事先获得批准。③ 但这种解释不代表大多数国家以及国际民用航空组织大会的意见。④ 1952 年 5 月 10 日，理事会正式否决了上述秘书处的解释，只是说：“根据第 5 条第 2 款要事先允许的任何要求，不应致使这种航空运输方式（指不定期飞行）变得不可能或者无效。”在实际上，为了保护定期航班的正常经营，大多数国家都对不定期飞行规定了限制条件，在管理上只存在宽严不一的差别而已。

4. 关于《芝加哥公约》的修改

随着不定期飞行业务的发展，到 20 世纪 60 年代末 70 年代初，不定期飞行与定期航班展开了激烈的竞争，并使不定期飞行与定期航班的界限越来越模糊不清，国际上已出现了将定期航班和不定期飞行同时纳入双边航空协定轨道的趋势。因此，人们认为

---

① 李浩培．条约法概论．北京：法律出版社，1981：405-441.

② 出席芝加哥会议的美国代表团成员、国际民用航空组织理事会首任主席爱德华·瓦尔纳（Edward Warner）也不得不声称，这次会议未完成的主要议题是未解决进行贸易的权利问题。

③ 见国际民用航空组织 1949 年 8 月 26 日第 6894AT/G94 号文件。

④ 见国际民用航空组织第 7670 号文件，A2—17 号决议附件 1。

《芝加哥公约》第 5 条的规定已经过时。国际民用航空组织于 1977 年曾通过决议，要求研究修改《芝加哥公约》第 5 条、第 6 条和第 96 条第 1 项的可能性。经专家小组讨论后认为，目前情势下宜维持现状，因而将修改公约的这一议题搁置下来。

综上所述，航空法中没有“无害通过”制度是无疑的。这在航空法与海洋法之间是一个明显的不同点。

1974 年 2 月 15 日，中华人民共和国政府通知国际民用航空组织，决定承认《芝加哥公约》。在通知书中指出：根据公约第二章第 5 条（不定期飞行的权利）和第 9 条（禁区）的规定，为了飞行安全和公共安全的利益，外国民用航空器从事非定期航班飞入中国国境，需要事先向中国政府申请，在得到答复接受后方能进入，并应遵守关于遵循指定的航线和在指定的机场降落的规定。由此可见，我国政府对《芝加哥公约》第 5 条的立场是十分清楚的。1958 年 9 月 4 日，在《中华人民共和国关于领海的声明》中亦宣布：“一切外国飞机和军用船舶，未经中华人民共和国政府的许可，不得进入中国的领海和领海上空。”1992 年《中华人民共和国领海和毗连区法》第 12 条规定：“外国航空器只有根据该国政府与中华人民共和国政府签订的协定、协议，或者经中华人民共和国政府或者其授权的机关批准或者接受，方可进入中华人民共和国领海上空。”1995 年《中华人民共和国民用航空法》第 174 条第 1 款规定：“外国民用航空器根据其国籍登记国政府与中华人民共和国签订的协定、协议的规定，或者经中华人民共和国国务院民用航空主管部门批准或者接受，方可飞入、飞出中华人民共和国领空和在中华人民共和国境内飞行、降落。”

第二节　领空管理制度

航空器在一国领空内飞行，完全置于该国主权支配之下。国家为了保卫国防安全，维护空中交通的正常秩序，保障空中航行安全，保护国家和人民的利益，必须制定法律，形成完整而严密的管理制度。

领空管理，俗称空域管理，包括空域划分、飞行管理以及入境和放行的法律制度。空域的划设应当考虑国家安全、飞行需要、飞行管制能力和通信、导航、雷达设施建设以及机场分布、环境保护等因素。空域通常划分为机场飞行空域、航路、航线、空中禁区、空中限制区和空中危险区等。空域管理和飞行任务需要的，可以划设空中走廊、空中放油区和临时飞行空域。

我国《民用航空法》规定：“国家对空域实行统一管理。”（第 70 条）“划分空域，应当兼顾民用航空和国防安全的需要以及公众的利益，使空域得到合理、充分、有效的利用。”（第 71 条）“空域管理的具体办法，由国务院、中央军事委员会制定。”（第 72 条）

一、禁区、限制区、危险区和防空识别区

《国际民用航空公约》第 9 条规定：“缔约各国由于军事需要或公共安全的理由，可以一律限制或禁止其他国家的航空器在其领土内的某些地区上空飞行”，“在非常情

况下，或在紧急时期内，或为了公共安全，缔约各国也保留暂时限制或禁止航空器在其全部或部分领土上空飞行的权利并立即生效”。因此，各国普遍实行了设置禁区、限制区、危险区和防空识别区的制度。

（一）禁区

禁区是指在一个国家的陆地或领水上空，禁止航空器飞行的划定空域。国家重要的政治、经济、军事目标上空，可以划设空中禁区、临时空中禁区。未按照国家有关规定经特别批准，任何航空器不得飞入空中禁区和临时空中禁区。

任何航空器未经特许，都不得进入禁区。任何航空器非法进入禁区，都将承担严重的法律后果。例如，《法国民用航空法典》第 L131-3 条规定：“任何进入禁区上空的航空器，一经发觉，应当发出规定信号，并在禁区外最近机场降落”；“当一领土已宣布戒严并禁止任何航空器飞越时，任何航空器违反该项禁令，如果机长不能提供飞越该领土的正常理由，则该航空器在国内任何一地降落后即予扣留，并将航空器上人员以间谍罪移送军事法庭”；“如果航空器在飞行中被发现，在首次空炮弹射击警告后，即应在最近的机场降落。航空器接到降落命令，应立即减速并下降至低空，如不遵从，则用武力强制执行”。根据我国《民用航空法》第 78 条的规定，民用航空器除按照国家规定经特别批准外，不得飞入禁区。

（二）限制区

限制区是指在一国陆地或领水上空，根据某些规定的条件，限制航空器飞行的划定区域。

限制区与禁区一样，非经许可，任何航空器不得进入。但是，符合限制区规定的特定条件的航空器可以例外。一般来说，限制区是一个立体空间，同时还有时限要求，即在规定时限以外，符合条件的航空器是可以飞越的。

根据我国《民用航空法》第 78 条的规定，民用航空器除遵守规定的限制条件外，不得飞入限制区。在我国，位于航路、航线附近的军事要地、兵器试验场上空和航空兵部队、飞行院校等航空单位的机场飞行空域，可以划设空中限制区。根据需要还可以在其他地区上空划设临时空中限制区。在规定时限内，未经飞行管制部门许可的航空器，不得飞入空中限制区或者临时空中限制区。

（三）危险区

危险区是指在规定时间内存在对飞行有危险活动的划定空域。位于机场、航路、航线附近的对空射击场或者发射场等，根据其射向、射高、范围，可以在上空划设空中危险区或者临时空中危险区。在规定时限内，禁止无关航空器飞入空中危险区或者临时空中危险区。

需指出的是，一国划定禁区和限制区只能在其领空之内，而划定危险区则可以扩伸到临近的公海上空；危险区必须有时限要求。

国家设置禁区、限制区和危险区，应该遵循国际航空法规定的要求①：（1）此种禁区的范围和位置应当合理，以免空中航行受到不必要的阻碍。（2）此种禁区的说明及其

① 见《国际民用航空公约》第9条。

随后的任何变更，应当予以公布，尽速通知其他各缔约国及国际民用航空组织。（3）关于禁区的规定，对本国和外国从事同样性质的飞行的民用航空器不得有区别对待；在非常情况下或在紧急时期内，一国关于暂时限制或禁止航空器在其全部或部分领土上空飞行的禁令，应不分国籍适用于所有其他国家的航空器。

（四）防空识别区

防空识别区是指从地球陆地或水域的表面向上延伸的划定空域，在该空域内，为了国家安全，要求对航空器能立即识别、定位和管制。它是有关国家为了国防安全的需要而设置的。凡进入防空识别区的航空器，必须报告身份，以便地面国识别、定位和管制。

1950 年和 1951 年，美国和加拿大先后建立了防空识别区，向大西洋和太平洋延伸几百海里。现今许多国家或地区都建立了这类区域，所建立的防空识别区在杰普逊航图上都有标明。①

（五）空中走廊

空中走廊通常划设在机场密集的大、中城市附近地区上空。空中走廊的划设应当明确走向、宽度和飞行高度，并兼顾航空器进离场的便利。空中走廊的宽度通常为 10 公里，其中心线两侧各 5 公里。受条件限制的，其宽度不得小于 8 公里。

二、空中交通规则

（一）空中交通规则的概念

空中交通规则（Air Traffic Rules），国际民用航空组织的用语是“空中规则”（Rules of the Air），是组织实施航空器飞行、维护空中交通秩序、保障飞行安全的依据，是空中交通管制员和飞行人员组织实施民用航空活动的准则。通常又称为“飞行规则”（Flight Rules）。

在世界范围内统一的空中交通规则是指《国际民用航空公约》附件 2《空中规则》。然而就某一国家而言，其空中交通规则应当在本国的航空法中作出具体规定，并把本国的规定与《空中规则》的差异通知国际民用航空组织，以便其他国家的航空器飞入或飞越该国有关地区时予以遵照执行。

我国《民用航空法》第 76 条第 1 款明确规定：“在中华人民共和国境内飞行的航空器，必须遵守统一的飞行规则”。在中华人民共和国境内，按照飞行管制责任划分为：飞行管制区、飞行管制分区、机场飞行管制区。航路、航线地带和民用机场区域设置高空管制区、中低空管制区、终端（进近）管制区、机场塔台管制区。在中华人民共和国境内、毗连区、专属经济区及其毗连的公海的上空划分若干飞行情报区。

进行目视飞行的民用航空器，应遵守目视飞行规则，并与其他航空器、地面障碍物

---

① 现建立防空识别区的有澳大利亚、缅甸、加拿大、韩国、古巴、美国、芬兰、希腊、印度、冰岛、意大利、日本、利比亚、阿曼、巴拿马、菲律宾、德国、泰国、土耳其等国以及我国台湾地区。美国防空识别区最早由民用航空委员会根据 1950 年 12 月 22 日总统第 10197 号行政命令建立；加拿大防空识别区于 1951 年 5 月 12 日建立。我国大陆设置了跟踪监视区，其性质与防空识别区相同。

体保持安全距离。进行仪表飞行的民用航空器，应当遵守仪表飞行规则。飞行规则由国务院、中央军事委员会制定。

为加深对空中交通的了解，以下分别介绍《国际民用航空公约》附件2《空中规则》的一般规定、目视飞行规则和仪表飞行规则。

（二）《空中规则》的一般规定

1.《空中规则》的适用范围

《空中规则》必须同航空器飞经的空域相联系，而事实上空中规则正是基于这些划定的空域才制定的。因此，《国际民用航空公约》附件2首先规定了适用空中规则的领土范围。第2.2.1.1条规定："凡具有一缔约国国籍和登记标志的航空器，不论它在何地，只要与管辖该地的国家所颁布的规则不相抵触，均适用本空中规则。"第2.2.1.2条规定："一缔约国只要没有通知国际民用航空组织有关相反的决定，即认为该国，就其登记的航空器而言，已同意：为了在公海上某些区域飞行，而某一缔约国按照地区航行协议已接受对该区域提供空中交通服务的职责时，则本附件内的'有关空中交通服务当局'一语，系指负责提供这种服务的国家所指定的有关当局。"可见，具有国际民用航空组织缔约国国籍的任何航空器，不论飞到什么地方，只要该《空中规则》与航空器飞越地区的主权国家的空中规则没有矛盾或冲突，都要遵守该《空中规则》。

2.《空中规则》的遵守

附件2第2.2.2条规定："航空器在飞行中或在机场机动区的运行，均须遵守一般规则。此外，在飞行中必须遵守：a）目视飞行规则，或b）仪表飞行规则。"第2.2.3.1条规定："航空器机长，不论其是否操纵航空器，对航空器是否按照空中规则运行负责，只有为了绝对必要须背离规则的情况下，才可不遵守本规则。"第2.2.3.2条规定，飞行开始前，航空器机长须熟悉与此次飞行有关的全部现有资料，须仔细研究现有天气报告和预报，并考虑如不能按计划实施飞行时所需的油量和备用方案，并对航空器的处置有最后决定权。可见，《空中规则》的遵守是由航空器的机长负责的。

3.《空中规则》的一般规则

《空中规则》涉及航空器飞行的许多方面。对此，附件2第三章作了全面叙述。

（1）关于人员和财产的保护。任何人不得粗心或轻率地驾驶航空器，以致危及他人的生命或财产安全；除非因起飞、降落所必需或经有关当局允许，航空器不得飞越城市、集镇居民点人口稠密地区上空或露天群众集会上空，但同时又规定了例外情况，那就是如果航空器预定高度飞行发生紧急情况时，为能让其进行降落而不致危害地面人员和财产的安全时除外。规定了巡航高度（层）的使用，即一次飞行或一段飞行应飞的巡航高度层，须按以下规定表示：① 在最低可用飞行高度层（含）以上的飞行或适用时，在过渡高度以上的飞行用飞行高度层；② 在最低可用飞行高度层以下的飞行或适用时，在过渡高度（含）以下除在有关当局规定的条件下并经有关空中交通服务单位以有关的资料、通知或许可予以指示外，航空器不得飞越禁区和限制区（符合限制条件或经在其领土上划定此类区域的国家允许除外）。飞行间隔是为了防止飞行冲突、保证飞行安全、提高飞行空间和时间利用率所规定的航空器之间应当保持的最小安全距离。飞行间隔包括垂直间隔和水平间隔。水平间隔分为纵向间隔和横向间隔。为了与国际接轨，我国的《飞行基本规则》规定：航路、航线飞行或者转场飞行的垂直间隔，按照飞行高度层配备。飞行高度层按照以下标准划分：真航线角在 0 度至 179 度范围内，高度由 900 米至 8 100 米，每隔 600 米为一个高度层；高度由 8 900 米至 12 500 米，每隔 600 米为一个高度层；高度在 12 500 米以上，每隔 1 200 米为一个高度层。真航线角在 180 度至 359 度范围内，高度由 600 米至 8 400 米，每隔 600 米为一个高度层；高度由 9 200 米至 12 200 米，每隔 600 米为一个高度层；高度在 13 100 米以上，每隔 1 200 米为一个高度层。飞行高度层应当根据标准大气压条件下假定海平面计算。真航线角应当从航线起点和转弯点量取。

（2）避免碰撞。首先规定禁区危险接近，然后确定了各种不同情况下的避让原则。附件 2 第 2.3.2 条规定："任何人驾驶航空器不得过于靠近其他航空器，以免导致相撞危险；除非经过事先安排，航空器不得作编队飞行。"各种避让原则分述如下：

第一，迎面接近避让：当两架航空器迎面接近或几乎迎面接近而有相撞危险时，须各自向右改变其航向。我国的《飞行基本规则》规定，在同一高度上对头相遇，应当各自向右避让，并保持 500 米以上的间隔。

第二，交叉相遇避让：当两架航空器几乎在同一高度上交叉相遇时，看见对方在自己右边的航空器必须让路，但下列情况除外：① 有动力装置、重于空气的航空器必须给飞艇、滑翔机和气球让路；② 滑翔机必须给气球让路；③ 有动力装置的航空器必须给拖拽其他航空器或物件的航空器让路。我国的《飞行基本规则》规定：在同一高度上交叉相遇，飞行员从座舱左侧看到另一架航空器时应当下降高度，从座舱右侧看到另一架航空器时应当上升高度。单机应当主动避让编队或者拖曳飞机，有动力装置的航空器应当主动避让无动力装置的航空器，战斗机应当主动避让运输机。

第三，超越规则：从一航空器的后方与该航空器对称面小于 70 度夹角的线上向其接近的航空器为超越航空器；超越航空器此时所在位置，倘若在夜间不能看见前方航空器左侧或右侧的航行灯，被超越航空器享有航行优先权，而超越航空器，不论上升、下降或平飞，均应向右改变航向给对方让路，此后，二者相对位置的改变并不解除超越航空器所负的责任，直至完全飞越对方并有足够间隔为止。我国的《飞行基本规则》规定：在同一高度上超越前航空器，应当从前航空器右侧超越，并保持 500 米以上的间隔。

第四，降落时的避让：正在飞行中或在地面、水面运行的航空器，必须给正在降落或在第五边进入降落的航空器让路；当两架或两架以上重于空气的航空器为了降落而向同一机场进近时，高度较高者须给高度较低者让路，但后者不得利用本规则切入另一正在第五边降落的航空器的前方，或超越该航空器；有动力装置、重于空气的航空器须给滑翔机让路；一架航空器获悉另一架航空器紧急降落时，必须给该航空器让路。

第五，起飞时的避让：在机场机动区内滑行的航空器，必须给正在起飞和即将起飞的航空器让路；除此以外对航空器的地面滑行、航空器的灯光显示及水上运行等避让原则均作了具体规定。

我国的《飞行基本规则》对飞行员开车滑行作了如下具体规定：飞行员开车滑行，必须经空中交通管制员或者飞行指挥员许可。滑行或者牵引时，应当遵守下列规定：按照规定的或者空中交通管制员、飞行指挥员指定的路线滑行或者牵引。滑行速度应当按照相应航空器的飞行手册或者飞行员驾驶守则执行；在障碍物附近滑行，速度不得超过每小时15公里。航空器对头相遇，应当各自靠右侧滑行，并且保持必要的安全间隔；航空器交叉相遇，飞行员从座舱左侧看到另一架航空器时应当停止滑行，主动避让。两架以上航空器跟进滑行，后航空器不得超越前航空器，后航空器与前航空器的距离，不得小于50米。夜间滑行或者牵引，应当打开航空器上的航行灯。直升机可以用1米至10米高度的飞行代替滑行。水上航空器在滑行或者牵引中，与船只对头或者交叉相遇，应当按照航空器滑行或者牵引时相遇的避让方法避让。

我国的《飞行基本规则》还规定：航空器起飞后在机场区域内上升或者降落前在机场区域内下降，必须按照空中交通管制员或者飞行指挥员的指示进行。航空器飞离机场加入航路、航线和脱离航路、航线飞向机场，应当按照该机场使用细则或者进离场程序规定的航线和高度上升或者下降。

（3）飞行情报。《空中规则》的飞行情报主要由飞行计划构成，而飞行计划必须由有关空中交通服务当局认为合适的各项情报①所组成。

飞行计划的提交、飞行计划的填写、飞行计划的变更和终止都必须按照固定的格式和程序予以严格遵守。

（4）时间。《空中规则》的时间，在进行国际飞行时必须使用协调世界时（UTC），且必须以自午夜开始的一天24小时的时、分表示；在一次受管辖的飞行之前，以及在飞行中的其他时间，当有此需要时，必须校准时间。

（5）空中交通管制服务。《空中规则》从空中交通管制服务的观点来看，最重要的规则应是"空中交通管制放行许可"。实际上，它意味着：任何航空器如果没有得到负责管理该空域的空中交通管制当局发布的"放行许可"（指令），都不允许进入管制空域，因此附件2规定："在进行一次受管制的飞行或一段受管制的飞行之前，必须取得空中交通管制放行许可。此种放行许可，必须通过向空中交通管制单位提出飞行计划的方式申请。"

（6）对空中航行的信号、非法干扰和拦截的规定。附件2把空中航行的信号分为遇险信号、紧急信号、拦截信号、机场交通信号、警告目视信号、指挥信号等，且要求严格予以遵守。允许航空器受到非法干扰时背离飞行计划，但要通知有关空中交通服务单位；允许缔约国遵守《芝加哥公约》第3条第4款，发布有关规章和行政命令拦截民用航空器，并制定了拦截民用航空器各缔约国应该奉行的原则。如"拦截民用航空器仅作为一种最后手段"，"拦截目的限于识别航空器的身份"等。

（三）目视飞行规则（VFR）

目视飞行规则是指在目视情况下进行飞行所必须遵守的飞行规则。《芝加哥公约》附件2第四章对目视飞行规则是这样规定的：

---

① 这些情报是：（a）航空器识别标志；（b）飞行规则和飞行种类；（c）航空器架数、型别和按尾流的分类；（d）设备；（e）起飞机场；（f）预计取下轮档时间；（g）巡航速度；（h）所飞航路；（i）目的地机场和总的预计经达时间；（j）备降机场；（k）续航时间；（l）机上总人数；（m）紧急和救生设备；（n）其他事项等。

（1）除有关空中交通管制单位对管制地带内的目视飞行规则飞行另有批准外，目视飞行规则飞行必须按该章规定进行，以保障航空器是在等于或大于下表（表5.1）所列能见度和离云距离的条件下飞行。

表5.1　　能见度和离云距离的条件

		管制空域内		管制空域外	
		离平均海平面900米（3 000英尺）或离地面300米（1 000英尺）。取较大的一个数值①			
		在其上	处于或在其下	在其上	处于或在其下
飞行能见度		8公里	8公里（或5公里②）	8公里	1.5公里③
离云距离	水平	1.5公里	1.5公里	1.5公里	无云并能看到地面
	垂直	300米（1 000英尺）	300米（1 000英尺）	300米（1 000英尺）	

注：① 除非有关空中交通服务当局或根据地区航行协议，规定更高分界面者例外。

② 如有关空中交通服务当局有此规定。

③ 如直升机机动飞行速度能给予机长有充分时间来观察其他交通或任何障碍物而及时避免相撞，则在能见度小于1.5公里的条件下，直升机可在此空域内飞行。

（2）除非已获得空中交通管制单位的放行许可，在下列气象条件下，目视飞行不得在管制地带内的机场起飞或降落，也不得进入该机场交通地带或起落航线：① 当云幕高低于450米（1 500英尺）时；② 当地面能见度小于8公里或5公里时（如有关空中交通服务当局有此规定）。

（3）除非有关空中交通服务当局批准，目视飞行规则飞行不得：① 在日落和日出之间或在有关空中交通服务当局规定的日落至日出之间的其他时间飞行；② 在飞行高度层200（20 000英尺）以上飞行；③ 作跨音速或超音速飞行。

（4）除非为起落所需或经有关当局许可，目视飞行规则飞行不得：① 在其高离航空器半径600米（2 000英尺）范围内的最高障碍物小于300米（1 000英尺），飞越城市、集镇居民点的人口稠密地区或露天群众集会上空；② 或在上述地区以外，其高离地面或水面小于150米（500英尺）飞行。

（5）在地面或水面900米（3 000英尺）以上或有关空中交通服务当局规定的较高基准，目视飞行规则飞行水平巡航时，必须符合巡航高度层表规定的与航迹相适应的巡航高度。但有一例外，即飞行规则第二节第2条规定，选用仪表飞行规则飞行所采取的巡航高度层，但有关空中交通服务当局航行资料汇编另有规定或空中交通管制放行许可中另有说明，航迹与高度层的相互关系即不适用。

（6）在下列情况下，目视飞行规则飞行必须遵守空中交通管制服务的规定：① 成为管制机场的机场交通组成部分时；② 作为特殊目视飞行规则飞行时；③ 在管制空域（仪表/目视）飞行时。

（7）在管制空域（仪表/目视）外进行的目视飞行规则飞行，如系处于或进入有关空中交通服务当局按空中交通管制服务的有关规定，而指定的区域或沿按之指定的航路飞行时，必须在适当的空中交通服务无线电频率上保持长时间守听，并按需要向提供飞行情报服务的空中交通服务单位报告位置。

（8）按目视飞行规则飞行的航空器要改为按仪表飞行规则飞行时：① 如已提交飞行计划，必须通知现行飞行计划必要的更改；② 按提交飞行计划的要求，必须向有关空中交通服务单位提出飞行计划，并在管制空域进行仪表飞行规则飞行前取得放行许可。

（四）仪表飞行规则（IFR）

仪表飞行规则是借助于航空器的仪表和无线电导航设备进行飞行所必须遵守的飞行规则。《芝加哥公约》附件2第五章是关于仪表飞行规则的规定。

1. 适用于一切仪表飞行规则飞行的规则

（1）航空器必须装置适当的仪表和适宜于所飞航路的无线电导航设备。

（2）要有规定的最低高度（层）。除非为起飞、降落所必需或经有关当局特殊批准，仪表飞行规则飞行的高度（层），不得低于飞越国家所规定的最低飞行高度；在未规定最低飞行高度的地区，按下列规定执行：① 在高原和山区，其高度（层）至少高出在航空器预计位置半径8公里内的最高障碍物600米（2 000英尺）；② 在上述之外的地区，其高度（层）至少高出在航空器预计位置半径8公里内的最高障碍物300米（1 000英尺）。

（3）从仪表飞行规则飞行改为目视飞行规则飞行。① 按仪表飞行规则飞行的航空器拟改为按目视飞行规则飞行时，如已提交了飞行计划，必须通知有关空中交通服务单位说明取消仪表飞行规则飞行，并报告对现行飞行计划所要作的更改。② 按仪表飞行规则飞行的航空器进入或遇到目视飞行气象条件时，除非预计并打算进行相当长时间的、不间断的在目视气象条件下飞行外，不得取消仪表飞行规则飞行。

2. 适用于在管制空域内仪表飞行规则飞行的规则

（1）在管制空域内按仪表飞行规则飞行，必须遵守空中交通管制服务的规定。

（2）在管制空域内的仪表飞行规则飞行，巡航时必须沿一巡航高度层飞行；如经准许采用巡航爬高技术，则须在两个高度层之间或一个高度层之上飞行。

3. 适用于在管制空域外仪表飞行规则飞行的规则

（1）巡航高度层的规定。在管制空域外的仪表飞行规则飞行，水平巡航时，必须按下述规定，沿与磁航迹相适应的巡航高度层飞行：① 国际民航组织制定的巡航高度层表，但有关空中交通服务当局对在离海平面900米（3 000英尺）或以下飞行另有规定者除外；② 修订的巡航高度层表，如对飞行高度层290（29 000英尺）以上的飞行，规定要求按照国际民航组织的巡航高度层表执行。

（2）通信的规定。在管制空域外进行的仪表飞行规则飞行，如果处于或进入有关空中交通服务当局按照空中交通管制服务的有关规定而指定的区域或沿按之指定的航路飞行时，须在有关频率上保持守听，必要时与提供飞行情报服务的空中交通服务单位，建立双向通信。

（3）位置报告的规定。在管制空域外进行的仪表飞行规则飞行时，经有关空中交通服务当局要求：① 提交飞行计划；② 在有关频率上保持守听，必要时与提供飞行情报服务的单位建立双向通信；必须按空中交通管制服务关于对受管制飞行位置报告的规定，报告航空器飞行的位置。

（五）国内规则应尽可能地与国际规则相一致

空中交通如同陆上交通、水上交通一样，如果不实行统一的规则，其后果将不堪设想。根据领空主权原则，一国在其领空范围内，完全有权根据本国的具体情况，制定自己认为合适的规则。但是，国内规则如不尽可能地与国际规则一致，势必给国际飞行带来不必要的障碍，而且会给飞行安全造成潜在的危险。犹如大多数国家的陆上交通规则规定车辆和行人靠右行驶，而个别国家规定靠左行驶一样，自然会造成很大的麻烦。航空器飞行机动、快速，要求驾驶员反应灵敏地习惯两种以上的不同规则，即使不是不可能，至少也是很难办到的。因此，《国际民用航空公约》一方面规定："缔约各国承允采取措施以保证在其领土上空飞行或在其领土内运转的每一航空器及每一具有其国籍标志的航空器，不论在何地，应遵守当地关于航空器飞行和运转的现行规定和规章"，同时，"缔约各国承允对违反适用规章的一切人员起诉"；另一方面又规定："缔约各国承允使这方面的本国规章，在最大可能范围内，与根据本公约随时制定的规章相一致。"

当今，世界各国关于空中交通规则的规定已基本上取得了一致，这是值得庆幸的。少数国家还存在某些不一致的地方，应努力创造条件，尽快消除或尽可能地减少本国规章与国际标准之间存在的差异，以保障国际飞行的安全，促进本国民用航空事业的发展，方便本国和世界各国进行国际飞行。

（六）公海上空实行统一的国际规则

《国际民用航空公约》第 12 条已明确："在公海上空，有效的规则应为根据本公约制定的规则。"在这里，需进一步明确的是：

（1）在公海上空，除适用《国际民用航空公约》附件 2《空中规则》以外，是否还适用公约其他附件的规定？在此应理解为，在公海上空，凡国际民用航空组织根据公约制定的有关规则，都应是有效的规则。

（2）《国际民用航空公约》只明确了在公海上空的有效规则，并未明确在不属于任何国家领土的陆地和水域的上空适用何种规则。根据领空范围和领空主权原则，我们可以推论，这些不属于任何国家领土的地区上空，应该与公海上空处于同样的法律地位。在这些地区上空的有效规则，除非另有特殊规定，同样应为根据《国际民用航空公约》制定的规则。

（七）国家发布关于其国家航空器的规章应注意保障民用航空器的飞行安全

在平时，任何航空器都必须遵守统一的空中交通规则，这对保障飞行安全是必要的；在特殊情况下，为了作战或者国防上的紧急需要，军用航空器除有优先通行权外，还应有不受平时空中交通规则约束的权利，这对保卫国家领空不受侵犯，保卫国防安全同样是必要的。这就要求在制定空中交通规则时，要正确处理好一般和特殊的关系，既要切实保障飞行安全，有利于民用航空的发展，又要充分考虑国防的需要。对此，美国的例子可以作为借鉴。[①]《国际民用航空公约》第3条第4款亦规定："缔约各国承允在发布关于其国家航空器的规章时，对民用航空器的航行安全予以应有的注意。"

三、入境和放行的法律和规章

国家制定入境和放行的法律和规章，从航空法的角度说，是国家行使主权，管理领空的重要措施和法律保障，这包括航空器出入境的放行规定和航空器所载旅客、机组、货物和其他物件出入境的放行规定。

《国际民用航空公约》明确规定："在遵守本公约规定的条件下，一缔约国关于从事国际航行的航空器进入或离开其领土或关于此种航空器在其领土内操作或航行的法律和规章，应不分国籍适用于所有缔约国的航空器，此种航空器在进入或离开该国领土或在其领土时，都应该遵守此项法律和规章。"（第11条）"一缔约国关于航空器的旅客、机组或货物进入或离开其领土的法律和规章，如关于入境、放行、移民、护照、海关及检疫的规章，应由此种旅客、机组或货物在进入、离开或在该国领土内时遵照执行或其代表遵照执行。"（第13条）"缔约各国同意采取有效措施防止经由空中航行传播霍乱、斑疹伤寒（流行性）、天花、黄热病、鼠疫，以及缔约各国随时确定的其他传染病。"（第14条）

《国际民用航空公约》第16条还规定："缔约各国的有关当局有权对其他缔约国的航空器在降停或飞离时进行检查，并查验本公约规定的证件和其他文件，但应避免不合理的延误。"

（一）航空器出入境放行规定

我国《民用航空法》关于航空器出入境放行的规定有：

在中华人民共和国境内飞行的航空器，必须遵守统一的飞行规则。（第76条第1款）民用航空器未经批准不得飞出中华人民共和国领空；对未经批准正在飞离中华人民共和国领空的民用航空器，有关部门有权根据具体情况采取必要措施，予以制止。（第81条）

外国民用航空器根据其国籍登记国政府与中华人民共和国政府签订的协定、协议的规定，或者经中华人民共和国国务院民用航空主管部门批准或者接受，方可飞入、飞出中华人民共和国领空和在中华人民共和国境内飞行、降落。对不符合前款规定，擅自飞入、飞出中华人民共和国领空的外国民用航空器，中华人民共和国有关机关有权采取必要措施，令其在指定的机场降落；对虽然符合前款规定，但是有合理的根据认为需要对其进行检查的，有关机关有权令其在指定的机场降落。（第174条）

---

① 《美国联邦航空法》第307条C款规定："为了航空器的航行、保护和识别，为了保护地面的人身和财产，为了有效地利用可航空域，局长（指联邦航空局局长——下同）还有权受命制定管理航空器飞行的空中交通规则和规章，包括飞行安全高度的规则，防止航空器互撞、与舟车相撞、与空中其他物体相撞的规则。"F款规定："当由于军事紧急情况或军事上的急需对合众国的国防有此必要时，当有关军事当局作出如此之决定并于事先通知局长时，该军事当局得批准合众国国防部队的军用航空器不按根据本章规定所颁布的空中交通规则行事。此项事先通知应尽可能早地向局长提出，并应于时间和情况允许的条件下尽量与局长做到充分协商。在双方均能接受的基础上于事先安排其所要求的越例办法。"

除此之外，民用航空器还应遵守其他有关规定，主要包括下列各个方面的法律、行政法规和民用航空规章：(1) 空域管理规定；(2) 空中交通规则；(3) 空中交通管制规则；(4) 航空器安全飞行管理规则，包括航空器适航性、航空人员、机场、通信、导航、气象、航行资料服务等项管理规则；(5) 航空安全保卫规定；(6) 航空运输经济管理规定；(7) 航空器搜寻救援和事故调查规则；(8) 其他与航空器出入境和飞行有关的法律和规章。

(二) 旅客、机组、货物及其物件出入境放行规定

我国《民用航空法》关于旅客、机组、货物及其物件出入境的放行规定有：

公共航空运输企业从事国际航空运输的民用航空器及其所载人员、行李、货物应当接受边防、海关、检疫等主管部门的检查；但是，检查应当避免不必要的延误。(第103条) 外国民用航空器应当在中华人民共和国国务院民用航空主管部门指定的设关机场起飞或者降落。(第179条) 中华人民共和国国务院民用航空主管部门和其他主管机关，有权在外国民用航空器降落或者飞出时查验本法第90条规定的文件。外国民用航空器及其所载人员、行李、货物，应当接受中华人民共和国有关主管机关依法实施的入境出境、海关、检疫等检查。实施前两款规定的查验、检查，应当避免不必要的延误。(第180条)

在这一方面，我国已发布了一系列法律、法规和规章①，对其有关规定，都须遵照执行。在这里应指出的是，在严格执行入境和放行的法律和规章的同时，应尽可能地简化手续，以便利和加速空中航行。

第三节　国际空中航行

国际空中航行，是指航空器经过一个以上国家领土之上空气空间进行的飞行活动。

国际空中航行遵循的原则基本是两条：一是领空主权原则，外国航空器进入一国领空须经该国允许，并应遵守该国的法律和规章；二是在不属于任何国家领空的空气空间航行自由，遵守国际民用航空组织统一制定的空中航行规则。

一、国际空中航行的一般规则

根据《国际民用航空公约》的规定，航空器进行国际航行应当遵守下列规则：

(一) 展示识别标志

公约第20条规定："从事国际航行的每一航空器应载有适当的国籍标志和登记标志。"

① 主要有《中华人民共和国公民出境入境管理法》《中华人民共和国公民出境入境管理法实施细则》《中华人民共和国外国人入境出境管理法》《中华人民共和国外国人入境出境管理法实施细则》《中华人民共和国出境入境边防检查条例》《中华人民共和国海关法》《中华人民共和国进出口关税条例》《中华人民共和国国境卫生检疫法》《中华人民共和国进出口商品检验法》《进口商品质量监督管理办法》《中华人民共和国刑法》《中华人民共和国治安管理处罚条例》等以及上述法律、法规和规章的修正案和补充规定。

（二）遵守飞入国的法律和规章

这在本章第二节中已作了阐述（参见《国际民用航空公约》第8~10条及第12~14条的规定）。

（三）在设关机场降停接受降停国的检查

“除按照本公约的条款或经特许，航空器可以飞经一缔约国领土而不降停外，每一航空器进入一缔约国领土，如该国规章有规定时，应在该国指定的机场降停，以便进行海关和其他检查。当离开一缔约国领土时，此种航空器应从同样指定的设关机场离去。”（第10条）“缔约各国的有关当局有权对其他缔约国的航空器在降停或飞离时进行检查，并查验本公约规定的证件和其他文件，但应避免不合理的延误。”（第16条）

（四）应携带必备的文件

缔约国的每一航空器在从事国际航行时，应当按照本公约规定的条件携带下列文件：（1）航空器登记证；（2）航空器适航证；（3）每一机组成员的适当执照；（4）航空器航行记录簿；（5）航空器无线电台许可证，如该航空器装有无线电设备；（6）列有旅客姓名及其登机地与目的地的清单，如该航空器载有旅客；（7）货物仓单和详细的申报单，如该航空器载有货物。（第29条）

（五）遵守飞入国关于货物限制的规定

公约第35条规定：“从事国际航行的航空器，非经一国许可，在该国领土上空不得载运军火或作战物资。至于本条所指军火或作战物资的含义，各国应以规章自行确定，但为求得统一起见，应适当考虑国际民用航空组织随时所作的建议。”“缔约各国为了公共秩序和安全，除第一款所列物品外，保留管制或禁止在其领土内或领土上空载运其他物品的权利。但在这方面，对从事国际航行的本国航空器和从事同样航行的其他国家的航空器，不得有所区别，也不得对在航空器上为航空器操作或航行所必需的或为机组成员或乘客的安全而必要携带和使用的器械加任何限制。”

（六）不滥用民用航空

公约第4条规定：“缔约各国同意不将民用航空器用于和本公约的宗旨不相符的任何目的。”“本公约的宗旨”在于，使国际民用航空按照安全和有秩序的方式发展，并使国际航空运输业务建立在机会均等的基础上，健康地和经济地经营，以利于建立和保持世界各国之间和人民之间的友谊和了解，避免各国之间和人民之间的摩擦并促进其合作，保障世界和平。而滥用民用航空，则足以威胁普遍安全（《公约》“序言”）。①

对于上述国际航行的一般规则，《中华人民共和国民用航空法》在很大程度上都有相应的规定，以使国内法尽可能地与国际法规范相一致。

二、公海和专属经济区上空飞行自由

公海，在传统的国际法上，是指“不包括在一国领海或内水内的全部海域”。

① 关于不滥用民用航空，1944年制定《芝加哥公约》时，其目标是避免造成对国家安全的威胁，在“序言”中，只称“滥用民用航空，则足以威胁普遍安全”。今天，“滥用民用航空”的概念已经扩大。凡违反飞经国的法律或违背其公共利益，使用民用航空器进行有组织的犯罪或其他非法行为，都可归属为对民用航空的滥用。例如，使用民用航空器散布细菌感染、贩运毒品、走私武器、走私货物、组织偷渡等非法运输或其他非法民用航空活动。

（1958 年《公海公约》第 1 条）1982 年《联合国海洋法公约》确立了专属经济区和群岛水域的概念，因而公海的范围缩小到“适用于不包括在国家的专属经济区、领海或内水或群岛国的群岛水域的全部海域”。

专属经济区，是指沿海国在其领海以外邻接其领海的海域所设立的一种专属管辖区，其宽度从测算领海宽度的基线量起，不应超过 200 海里；它既不是公海，也不是领海，而是自成一类，具有特定的法律地位。

《联合国海洋法公约》规定，“任何国家不得有效地声称将公海的任何部分置于其主权之下”（第 89 条），“公海对所有国家开放，不论其为沿海国或内陆国”，其中包括航空器“飞越自由”（第 87 条）。公海自由是公海制度的法律基础，并早已形成为国际习惯法规则。对此，无须加以阐述。

《联合国海洋法公约》第 58 条第 1 款还规定，在专属经济区内，所有国家，不论为沿海国或内陆国，在本公约有关规定的限制下，享有第 87 条所指的航行和飞越的自由，铺设海底电缆和管道的自由，以及与这些自由有关的海洋其他国际合法用途，诸如同船舶和航空器的操作及海底电缆和管道的使用有关的并符合本公约其他规定的那些用途。

因此，航空器在专属经济区上空“飞越自由”，这是十分清楚的。然而，如何理解这种“飞越自由”，在认识上却是存在分歧的。

一种意见认为，在专属经济区上空的飞越自由，完全与公海上空的飞越自由一样。因为《联合国海洋法公约》第 58 条写得十分明白，是享有第 87 条（公海自由）所指的航行和飞越自由；另一种意见则认为，在专属经济区上空的飞越自由，不能与在公海上空的飞越自由相提并论，而是一种受更多条件限制的飞越自由。其理由是：（1）《联合国海洋法公约》明确规定，在专属经济区上空，是在公约有关规定的限制下，享有飞越自由的。（2）专属经济区是自成一类的特定法律制度，它既不是领海，也不是公海，沿海国在此区域内为勘探、开发、养护和管理海床和底土及其上覆水域的自然资源的目的，拥有主权权利；对在区域内的人工岛屿、设施和结构的建造和使用，对海洋科学研究和海洋环境保护等方面享有专属管辖权。

有鉴于此，有的著作作者认为，“专属经济区是国家管辖范围内的水域。所谓的‘自由’根本不可能是公海上的那种自由”。“在专属经济区的所谓自由，实际上是在区域特定法律地位上的一种自由，是其他国家在该区域所享有一种权利。而任何认为该区域的设立保留了公海地位上的自由的意见都是不切实际的。”① 这种意见无疑是正确的。

沿海国为了在本国的专属经济区内行使《联合国海洋法公约》规定的主权权利和专属管辖权，就有必要、也完全有权制定有关的法律和规章，以限制他国航空器在专属经济区上空的飞越自由。当然，沿海国滥用在专属经济区的权利，不恰当地妨碍甚至在实际上取消了别国航空器的飞越自由，违反了《联合国海洋法公约》的规定，亦是不正确的。

---

①　周忠海．国际海洋法．北京：中国政法大学出版社，1987：65.

三、航空器的“过境通行权”和“群岛海道通过权”

（一）过境通行权

过境通行权是《联合国海洋法公约》所设立的一种新的法律制度。这是因为新的海洋法规定，领海宽度不得超过12海里，因而领海宽度原只有3海里或6海里的国家可以扩展为12海里，使这些国家的海峡原本有一部分属于公海海域都成了领海之列，为了船舶的航行自由和航空器的飞越自由，故创设了“过境通行权”的概念，是一种介于“无害通过”和“自由过境”之间的新概念，即“过境通行”既不像“无害通过”那样严格控制，又不像“自由过境”那样自由，过境通行亦要受到一定条件的控制。

过境通行权适用于用于国际航行的海峡。这种海峡，首先是处于一国领海水域，其次必须是用于国际航行的。

所谓“用于国际航行的海峡”，是指“在公海或专属经济区的一部分和公海或专属经济区的另一部分之间的用于国际航行的海峡”。“但如果海峡是由海峡沿岸国的一个岛屿和该国大陆形成，而且该岛向海一面有航行和水文特征方面同样方便的一条穿过公海，或穿过专属经济区的航道，过境通行则不应适用”（第38条第1款）；“如果通过某一用于国际航行的海峡有在航行和水文特征方面同样方便的一条穿过公海和穿过专属经济区的航道”，也不适用“过境通行”（第36条）。因为公海和专属经济区实行航行自由和飞越自由，也就不需要过境通行权是显而易见的。

所有航空器在用于国际航行的海峡上空均享有过境通行权。所谓过境通行，是指在上述海峡上空，为“继续不停和迅速过境的目的”，行使飞越自由。（第38条第2款）这种过境通行不应受到阻碍。（第37条第1款前项）

行使过境通行权的航空器应履行下列义务：（1）毫不迟延地飞越海峡；（2）不对海峡沿岸国的主权、领土完整或政治独立进行任何武力威胁或使用武力，或以任何其他违反《联合国宪章》体现的国际法原则的方式进行武力威胁或使用武力；（3）除因不可抗力或遇难而有必要外，不从事其继续不停和迅速过境的通常方式所附带的活动以外的任何活动；（4）遵守国际民用航空组织制定的适用民用航空器的《空中规则》，国家航空器通常应遵守这种安全措施，并在操作时随时对航行安全予以应有的注意；（5）随时监听国际指定的主管空中交通管制机构所分配的频率或有关的国际呼救无线电频率。（第39条）

此外，上述关于继续不停和迅速过境的要求，并不排除为进入、离去或返回沿岸国而通过海峡时，受该沿岸国入境条件的约束。

（二）群岛海道通过权

群岛海道通过权，是指按照《联合国海洋法公约》的规定，专为在公海或专属经济区的一部分和公海或专属经济区的另一部分之间继续不停、迅速和无障碍地过境目的，行使正常方式的航行和飞越的权利。

群岛国可指定适当的海道和其上的空中航路，以便外国船舶和航空器继续不停和迅速通过或飞越其群岛水域和邻接的领海。所有船舶和航空器均享有这种海道和空中航路内的群岛海道通过权。这种海道和空中航路应以通道进出点之间的一系列连续不断的中心线划定，通过群岛海道的船舶和航空器在通过时不应偏离这种中心线 25 海里以上，但这种船舶和航空器在航行时与海岸的距离不应小于海道边缘各岛最近各点之间距离的 10%。如果群岛国没有指定海道或空中航路，可通过正常用于国际航行的航道，行使群岛海道通过权。航空器行使群岛海道通过权应尽的义务，比照行使用于国际航行的海峡过境通行权应尽的义务执行。

第四节 领空主权的保护

领空是一个国家领土的一部分。每一个国家对其领空享有完全的和排他的主权。完整性和排他性是主权最基本的属性；国家在其领空范围内行使自保权、管辖权、管理权和支配权是领空主权的具体体现。主权的完整性，决定了一国领空不容侵犯；当一个国家的领空主权受到侵犯时，主权的排他性，是采取一切必要措施保护主权最基本的法律根据。

我国《民用航空法》第 2 条庄严宣示“中华人民共和国对领空享有完全的、排他的主权”，同时明确授权有关部门对未经批准正在飞离中华人民共和国的民用航空器，根据具体情况采取必要措施予以制止；明确授权有关机关对擅自飞入、飞出中华人民共和国领空的外国民用航空器采取必要措施，令其在指定的机场降落；并规定此等飞入、飞出的外国民用航空器虽是根据协定、协议或者经批准或接受而进行的，但有关机关有合理的根据认为需要对其进行检查的，亦有权令其在指定的机场降落。

一、外国航空器的入侵

外国航空器的入侵，是指任何外国航空器未经一国准许，非法进入该国领空的行为。

国家领空不受侵犯，是国际法的一项基本准则。因此，任何外国航空器未经一国准许而进入该国领空，均应视为是对该国领空的侵犯。根据领空主权原则，被侵犯的国家对入侵的外国航空器采取一切必要措施，完全是一个国家捍卫自己的主权，保卫国防安全的正当权利。

然而，外国航空器侵入一国领空，往往呈现复杂的情形，有战时与平时之分，有民用航空器与国家航空器，特别是军用航空器之别。综观世界上发生的各种外国航空器飞入一国领空，有的是有意行为，例如，外国军用航空器施行间谍飞行或者进行其他军事目的的活动，同时不排除滥用民用航空器进行非法活动；但外国航空器，特别是民用航空器，飞入一国领空并非一切都是有意行为，例如，因天气原因或机械故障所造成，或许是被非法劫持不由自主地改变航线，或许是由于其他原因而迷航，等等。因此，对于外国航空器入侵，应该具体问题具体分析，予以正确处置。国家对入侵航空器行使主权，采取一切必要措施，应当符合国际法的规定。所采取的措施应当既是必要的，又是适当的。

二、拦截

拦截，是指一国的军用航空器受命对入侵本国领空的外国航空器，或进入一国防空识别区而不报明身份的航空器，或其他违法航空器采取强制手段，或将此等航空器驱逐出境，或迫令其在本国境内指定机场降落，予以检查处置的行动。

拦截是国家保卫国防安全的合法行为，但对拦截措施不得滥用。拦截航空器对飞行安全具有潜在的危险。① 因此，国际民用航空组织理事会于1966年6月22日同意，并于1973年6月5日敦请各缔约国，希望避免拦截民用航空器；如要拦截，仅作为最后手段而采用，以识别航空器为限，按照规定的拦截程序进行，并应提供为安全飞行所需要的任何航行上的引导。被拦截的航空器必须听从拦截航空器的指令，并尽可能地通知有关空中交通服务单位。

《国际民用航空公约》第3条第4款规定："缔约各国承允在发布关于其国家航空器的规章时，对民用航空器的航行安全予以应有的注意。"国际民用航空组织理事会为敦促各国遵守公约规定的义务，对关于民用航空器的拦截问题作出了下列具体建议②：

（1）为了避免或减少拦截民用航空器的必要，拦截控制单位应尽一切可能获得任意航空器（它可能是一架民用航空器）的识别信号，并且通过有关空中交通服务单位对该航空器发出任何必要的指示或建议。至关重要的是，在拦截控制单位与空中交通服务单位之间，要建立迅速可靠的通信手段，并且在这些单位之间应按照《国际民用航空公约》附件11《空中交通服务》的规定，订有交换民用航空器动态的协议。

（2）消除或减少作为最后手段采用的拦截所固有的危害性，要尽一切可能保证驾驶员和地面有关单位的协作，至关重要的是，缔约各国应采取下列步骤使之得到保障：① 一切民用航空器驾驶员对他们采取的行动以及对《国际民用航空公约》附件2《空中规则》所规定使用的目视信号有充分的了解；② 保证航空器经营人或民用航空器机长执行《国际民用航空公约》附件6《航空器的运行》关于航空器能力的规定；能用121.5兆赫频率通信，并在航空器上备有拦截程序和目视信号；③ 要使所有的空中交通服务人员充分了解按《航线服务程序——空中规则和空中交通服务》规定他们所应采取的行动；④ 保证所有拦截航空器机长了解航空器一般性能范围，并且认识到被拦截民用航空器由于技术困难或非法干扰所引起的紧急状况的可能性；⑤ 保证把清楚而不含糊的指示发到拦截控制单位以及可能的拦截航空器的机长。

三、应避免对民用航空器使用武器

在拦截中，若对民用航空器使用武器，必将殃及广大无辜旅客的生命和财产，将造成极其严重的后果。第二次世界大战之后，国际上发生了多起民用航空器被击落的严重事件。因此，对非法进入一国领空的外国民用航空器应否使用武器的问题，引起了国际

---

① 拦截一般分为四个阶段：拦截机靠近被拦截机，拦截机识别被拦截机，拦截机与被拦截机联络，拦截机向被拦截机下达指令。

② 参见《国际民用航空公约》附件2《空中规则》附录A。

社会的关注。人们认为，从人道主义考虑，从外国人在一国领域内应受到保护的精神出发，联系到国际关系中不使用武力解决争端的原则，禁止对民用航空器使用武器应早已是一项国际习惯法，然而在国际条约中并未有明文规定。1973 年，国际民用航空组织大会在罗马举行第 20 届（特别）大会，曾审议过修改《国际民用航空公约》，增加禁止对民用航空器使用武力的问题，但有关提案未被大会通过。

1983 年 9 月 1 日，一架大韩航空公司 KE007 号航班波音 747—200B 型客机，执行纽约至汉城定期航班任务，偏航飞入前苏联领空，在萨哈林岛（库页岛）附近被前苏联歼击机击落，造成旅客 240 名和机组成员 29 名共 269 人全部丧生的惨案，引起了国际社会的强烈反应。

1983 年 10 月 14 日，国际民用航空组织理事会第 110 届会议决定于 1984 年 4 月 24 日至 5 月 10 日召开国际民用航空组织大会第 25 届特别会议，会议通过激烈的争论，最后达成妥协，决定修改《国际民用航空公约》，增加第 3 条分条。① 其内容如下：

（1）缔约各国承认，每一国家必须避免对飞行中的民用航空器使用武器，如拦截，必须不危及航空器内人员的生命和航空器的安全，此一规定不应被解释为在任何方面修改了《联合国宪章》所规定的各国的权利和义务。

（2）缔约各国承认，每一国家在行使主权时，对未经允许而飞越其领土的民用航空器，或者有合理的根据认为该航空器被用于与本公约的宗旨不相符的目的，有权要求该航空器在指定的机场降落；该国也可以给该航空器任何其他的指令，以终止此类侵犯。为此目的，缔约各国可采取符合国际法的有关规则，包括本公约的有关规定，特别是本条第 1 款规定的任何适当手段。每一缔约国同意公布其关于拦截民用航空器的现行规章。

（3）任何民用航空器必须遵守根据本条第 2 款发出的命令。为此目的，每一缔约国应在本国法律或规章中作出一切必要的规定，以使在该国登记的、或者在该国有主营业所或永久居所的经营人所使用的任何航空器必须遵守上述命令。每一缔约国应使任何违反此类现行法律或规章的行为受到严厉惩罚，并根据本国法律将这一案件提交其主管当局。

（4）每一缔约国应采取适当措施，禁止将在该国登记的、或者在该国有主营业所或永久居所的经营人所使用的任何民用航空器肆意用于与本公约宗旨不相符的目的。这一规定不应影响本条第 1 款或者损抑本条第 2 款和第 3 款的规定。

《国际民用航空公约》修正案的通过和生效，在法律上具有重要意义。该第 3 条分条一方面明确规定了每一国家不得对飞行中的民用航空器使用武器，如采取拦截这样的强制手段，也必须不危及航空器内人员生命和航空器的安全；另一方面又重申了每一国家的主权和自卫的权利。第 3 条分条第 1 款所说的“此一规定不应解释为在任何方面修改了《联合国宪章》所规定的各国的权利和义务”，主要是指《联合国宪章》第 51 条的规定，即“联合国任何会员国受武力攻击时，在安全理事会采取必要办法，以维持国际和平及安全以前，本宪章不得认为禁止行使单独或集体自卫之自然权利”。但适用

① 自 1998 年 10 月 1 日起生效。

这一条规定时应作广义上的解释。上述规定的权利和义务指的是“每一国家”，也就决定了这不仅是国际条约法规则，而是对所有国家有约束力的习惯法规则，对民用航空器的飞行安全是重要的法律保障。

思考题

1. 简述领空制度和领空主权原则。
2. 领空管理制度的主要内容是什么？
3. 国际空中航行应遵守哪些规则？
4. 简述领空主权的保护。

第六章

公共航空运输企业的法律规定

第一节　公共航空运输企业概述

民用航空，由客运、货运、通用航空等组成，是交通运输这一独立的物质生产部门中的组成部分，它积极有效地参与社会财富创造，在国民经济中所占的比重越来越大。公共航空运输企业作为民用航空市场的主体之一，它的出现和发展与一国重视民用航空业密切相关，并且承担着旅客、货物和邮政运输的功能。

一、公共航空运输企业的概念

一国根据本国的领空主权，有权制定相关的法律来调整航空运输关系，作为航空运输关系一方当事人的公共航空运输企业，也受这些法律的约束。我国《民用航空法》第八章规定了公共航空运输企业的设立。根据该法第 91 条的规定，公共航空运输企业，是指以营利为目的，使用民用航空器运送旅客、行李、邮件或者货物的企业法人。美国将公共航空运输公司定义为“出于营利目的使用自己的运输工具而向社会公众提供货物或旅客运输服务的人”。公共航空运输企业必须依据一国法律的规定成立，在该国境内提供公共航空运输服务。如果在另一国境内提供此类服务，必须根据国际条约或者互惠原则取得他国的同意。因此，公共航空运输企业根据经营的航线不同，分为国内公共航空运输企业和国际公共航空运输企业。在《国际民用航空公约》中规定受本公约调整的空运企业为“提供或经营国际航班的任何航班的任何航空运输企业”。

二、公共航空运输企业的特征

（一）公共航空运输企业是独立的法人

法人是与自然人相对应的民事主体，法人是具有民事权利能力和民事行为能力，依法独立享有民事权利和承担民事义务的组织。为了规范经济秩序，企业法人的成立必须经过核准登记，公共航空运输企业是依法登记程序成立的法人。公共航空运输企业有独立的财产，独立于其出资者的其他财产，并且可以以自己的名义进行民事活动，如果违反民事义务，造成他人损害，由企业独立承担民事责任。按照我国《民法通则》和《民用航空法》的规定，公共航空运输企业应该办理法人登记，自领取企业法人营业执照之日起取得法人资格。

根据公共航空运输企业的财产来源和归属不同，可分为全民所有制企业法人、集体所有制法人、中外合资企业法人、中外合作企业法人等；按照公共航空运输企业的组合形式不同，将企业法人分为公司企业法人和非公司企业法人。公司企业法人根据公司法成立的有限责任公司和股份有限公司，其权力机构、执行机构、监督机构是彼此独立、相互制约的，非公司企业法人其权力机构、执行机构是合一的。我国在改革中，许多国有企业和集体所有制企业也通过"股份制"改造，转化成了由国有主体或者合作制或集体所有制的主体控制的公司企业。① 我国公共航空运输企业已经开始进行企业体制改革，基本实现了从企业型法人向公司型法人的转型过程。

（二）公共航空运输企业是提供旅客、行李、邮件或者货物公共航空运输服务的企业

航空运输业属于第三产业，是服务性行业，具有以下特点：（1）提供产品的特殊性。它提供空间移动反映服务的数量，决定了公共航空运输企业提供的产品是一种特殊形态的产品，改变航空运输对象的空间位置。（2）行业的国际性。航空运输有国内和国际之分，根据运输的始发地点、目的地点或约定的经停地点有一个处在外国就是国际运输，否则是国内运输。因此，国内航空承运人经营国内航班不仅应根据国内航空法与外国人签订国内航空运输合同，如果是国际联程旅客或国际联程货物，则在其办理的一段运输的范围内，作为国际航空运输合同的订约一方，亦受国际航空法有关规定的约束。（3）行业的自然垄断性。由于航空运输业投资巨大，资金、技术、风险高度密集，投资回收周期长，对航空运输主体资格限制较严，市场准入门槛高，加之历史的原因，使得航空运输业在发展过程中形成了自然垄断。

（三）公共航空运输企业是以民用航空器提供服务的企业

航空运输所使用的运输工具是民用航空器。"航空器"在1967年11月国际民航组织最终确定的定义是"大气层中靠空气的反作用力而不是靠空气对地（水）面的反作用力作支撑的任何器械"，不包括凭借气态发射物产生冲力的火箭，也不包括靠空气对地面的反作用在大气中获得支撑的气垫船（器）等。虽然这一定义只对《芝加哥公约》的参加国具有法律约束力，但它事实上已被公认为国际习惯法而得到世界各国的广泛承认。在我国法律中，民用航空器则是指根据《民用航空法》第5条的规定，除用于执行军事、海关、警察飞行任务以外的航空器，它只有在指定处所标明国籍标志和登记标志并具备航空器注册登记国颁发或核准的适航证、无线电台执照等相关必要文件后方可投入民用航空运输营运。

（四）公共航空运输企业是以营利为目的

现代企业的一项重要标志是营利性，强调资本的经营，是以资本增值为目标的管理

---

① 史际春，温烨，邓峰．企业和公司法．北京：中国人民大学出版社，2000：4.

方式。公共航空运输企业是以营利为目的的企业法人。公共航空运输企业通过产品使用人在航空运输市场购买服务的行为获得利益的实现，因此需要不断扩大运力满足社会对产品的需求。航空运输生产所创造的使用价值和交换价值是附加于航空运输对象身上的：表现在客运上，航空运输直接满足了旅客在尽可能短的时间内改变自己空间位置的需要，运输产品被旅客直接消费；表现在货运上，航空运输产品附加在所运输货物的成本上，在交换中列入流通所需的资金。这和其他运输产品的商品特性是一致的。营利性要求公共航空运输企业必须依法营业，应该在核准登记的范围内从事经营活动，只有合法的营业才能达到营利的目的。公共航空运输企业在市场竞争中应该保证营利，面对航空运输服务需求和供给的变化，及时调整企业发展的战略，通过营利获得发展和保持经营活动的连续性、固定性，并且将其获得利润分配给出资者。

第二节　公共航空运输企业的设立

由于航空运输业与一个国家的主权密切相关，作为国民经济的支柱产业，许多国家出于安全、政治、经济的考虑，基本上对航空业都实行严格的管制，包括对进入航空市场的企业进行审批。我国改革开放以后，面对航空运输市场的巨大需求和航空运输业发展的新机遇，地方、部门纷纷要求开办航空公司。原有的有关规定由于制定于 20 世纪 80 年代中期或 90 年代初期，已不能满足公共航空运输企业经营许可的需要。国务院于 1985 年 5 月发布了《国务院关于开办民用航空运输企业审批权限的暂行规定》，明确了设立公共航空运输企业的基本条件、审批权限和程序。1985 年 10 月，民航管理局与国家工商行政管理局联合发布了《关于开办民用航空运输企业审批程序的通知》，使设立公共航空运输企业的审批程序具体化。1993 年 1 月，民航管理局又发布了《开办航空运输企业审批基本条件和承办程序细则》，对开办公共航空运输企业审批的基本原则、应具备的条件、公共航空运输企业筹建、经营许可证颁发和管理等作出了更为明确的规定。上述相关规定为规范公共航空运输企业经营许可提供了基本依据，有力地促进了我国民航事业的发展。特别是随着社会主义市场经济的发展，我国加入 WTO，以及国内航空运输的长足进步，民航发展面临的内外环境发生了深刻变化。《民用航空法》《公司法》《行政许可法》以及有关行政法律法规相继颁布施行，政府管理航空运输业的方式需要变革。

一、公共航空运输企业设立的立法原则

公共航空运输企业的设立是指创办法人组织，使其具有民事权利主体资格而进行的多种连续行为。我国对公共航空运输企业的设立采取行政许可主义。行政许可主义又称“核准主义”、“审批主义”，是指设立企业，除了需要符合法律规定的条件外，还需个别报请主管行政机关审核批准，方能申请登记成立。依据我国《公司法》的规定，除法律、法规规定须经有关部门审批的以外，向公司登记机关申请设立登记。《民用航空法》第 92 条规定：“企业从事公共航空运输，应当向国务院民用航空主管部门申请领

取经营许可证。”因此设立公共航空运输企业必须获得国务院民用航空主管部门的审批，领取经营许可证，向登记主管机关申请登记，经登记机关审查合格后授予合法主体的资格。设立公共航空运输企业，应当具备下列条件：(1) 有符合国家规定的适应保证飞行安全要求的民用航空器；(2) 有必需的依法取得执照的航空人员；(3) 有不少于国务院规定的最低限额的注册资本；(4) 法律、行政法规规定的其他条件。

二、公共航空运输企业的投资主体

公共航空运输是关系国计民生的重要活动，设立和运作主要依据是法律、行政法规、行政命令和规章等。在发达国家和地区，通常由专门立法对其设立、组织、经营等作出规定。在投资主体方面除了由中央或联邦、地方政府以及国有企业拥有或参股外，还包括直接承担政策和法律规定的义务、具有一定的垄断性或非竞争性的为私人所有或控股的企业。随着航空自由化的发展，各国对投资设立公共航空运输的主体取消了一些限制的规定。2005年4月1日，我国民用航空管理局颁布了《国内投资民用航空业规定（试行）》将民用航空运输业的投资主体分为国内投资主体和国外投资主体，标志着我国公共航空运输企业的投资主体由单一向多元化发展的开始。

（一）国内投资主体

国内投资主体投资民用航空业，应当有利于巩固和发展公有制经济，有利于鼓励、支持和引导非公有制经济发展，有利于坚持和完善公有制经济为主体、多种所有制经济共同发展的基本经济制度。

国内投资主体包括国有投资主体和非国有投资主体。国有投资主体是指各级政府及其授权国有资产投资机构、国有或者国有控股企业、其他国有经济组织。非国有投资主体是指集体企业、私营企业、其他非国有经济组织和个人。

（二）外国投资主体

外国投资主体包括外国公司、企业及其他经济组织或个人。随着民航业对外开放的扩大，外商在我国参与投资公共航空运输企业会越来越多。为了更好地吸引外资发展我国民航业，需要对外商投资公共航空运输企业予以规范。有关我国航空运输业市场准入的立法主要有：1994年3月国务院发布的《90年代国家产业政策纲要》，1994年5月民航总局、外经贸部联合发布的《关于外商投资民用航空业有关政策的通知》，1994年10月民航总局发布的《关于外商投资民用航空业若干问题的解释》，1995年6月国家计划委员会发布的《指导外商投资方向暂行规定》和《外商投资产业指导目录》，2002年6月21日民航总局、外经贸部、国家计委颁发的《外商投资民用航空业规定》。这些立法规定了外商投资组建公共航空运输企业的条件，要求外商投资公共航空运输企业应当符合《外商投资民用航空业规定》所规定的投资比例及其他要求，明确了外国投资者参与投资国内公共航空运输企业应提交的文件和办理的手续，确立了我国鼓励外商投资现有公共航空运输企业的基本原则。

1. 采取灵活多样的投资方式

《90年代国家产业政策纲要》《关于外商投资民用航空业有关政策的通知》《关于外商投资民用航空业若干问题的解释》《指导外商投资方向暂行规定》和《外商投资产

业指导目录》规定，外商以合资、合作方式投资民用航空业。《外商投资民用航空业规定》扩大了投资方式，并且规定外国投资者开办公共航空运输企业的投资方式必须符合要求。投资方式包括：合资、合作经营；购买民航企业的股份，包括民航企业在境外发行的股票以及在境内发行的上市外资股；其他经批准的投资方式。这个规定为今后探索各种新的投资方式留有余地。

2. 出资比例的要求

《90 年代国家产业政策纲要》《关于外商投资民用航空业有关政策的通知》《关于外商投资民用航空业若干问题的解释》《指导外商投资方向暂行规定》和《外商投资产业指导目录》规定，公共航空运输企业外资股比例不得超过 35%，有表决权比例不得超过 25%。从我国东航、南航境外上市情况看，目前外资比例近 35%，并没影响到国家对航空公司的有效管理和控制。故提高比例有利于引导外资参与航空运输企业的改组改造，降低企业资产负债率。因此，《外商投资民用航空业规定》提高了比例。外商投资公共航空运输企业，应当由中方控股，一家外商（包括其关联企业）投资比例不得超过 25%，中方控股是指中方出资在企业的全部资本中所占比例大于 50%。在外商以合作经营方式投资公共航空运输必须取得中国法人资格。外商投资公共航空运输企业在同等条件下，对具有国际先进经营管理水平的外国同类企业予以优先考虑。

三、公共航空运输企业设立的条件

为了保证航空安全、提高服务质量，避免随意申办公共航空运输企业，应当对申请人提出较高的要求。公共航空运输企业的设立应该满足设立法人的一般条件，如必须有企业名称、经营场所和组织机构等，还应该符合特定的条件。我国《民用航空法》规定了设立公共航空运输企业所必须具备的条件。

（一）有符合国家规定的适应保证飞行安全要求的民用航空器和有必需的依法取得执照的航空人员

由于航空运输业是资本密集、科技密集的行业，利润率不高，又面临较大的安全风险，我国法律对公共航空运输企业设立航空器的数量、人员配备方面提出了要求：一方面，公共航空运输企业必须有不少于 3 架购买或者租赁并且符合相关要求的民用航空器。对新设公共航空运输企业航空器的最低数量要求，具有经济合理性，也有利于那些规模较小、专业化的公共航空运输企业得以设立，形成大、中、小合理配置的完善的航空运输企业体系，更好地满足社会公众的需要。另一方面，公共航空运输企业必须具有符合要求的专业人员，满足其合理安排运力、正常周转的需要。

为了提高空公共航空运输企业的准入门槛，防止申请人拼凑成立公共航空运输企业，并可能带来的随意中断经营情况的发生，在航空器的要求上，在设立条件中增加了不得湿租我国公共航空运输企业或者外国公共航空运输企业的民用航空器筹建公共航空运输企业的排他性内容。根据我国法律规定，湿租是指公共航空运输公司租赁其他公共民用航空运输企业带机组的民用航空器，从事旅客、货物、邮件航空运输的活动。虽然湿租成为公共航空运输企业的融资方式，但在企业设立时，采取湿租的方式不能表明该企业已经具备了承担公共航空运输的基本条件。我国法律不允许在设立公共航空运输企业时采取湿租的方式取得经营资格，是保证作为独立法人资格的公共航空运输企业能够正常运营的需要。

（二）有法律规定的最低限额的注册资本

注册资本是指在企业登记机关登记的全体投资者实缴的出资额或实收股本总额。资本是企业存在和运作的基础，企业注册资本最低限额的要求是企业准入市场的一个基本要求，并且不同行业的企业均有不同的注册资本要求。《民用航空法》第93条规定，设立公共航空运输企业，应当有“不少于国务院规定的最低限额的注册资本”。同时《公司法》也规定，特定行业的有限责任公司或股份有限公司高于《公司法》规定的注册资本的，“由法律、行政法规另行规定”。民航运输业是资金密集型产业，具有固定成本高的显性特征，直接关系人民群众生命财产安全，注册资本只能由法律或者国务院行政法规规定。但《民用航空法》和国务院有关法规尚未对设立公共航空运输企业的注册资本最低限额作出具体的数量规定，只是规定应当有“不少于国务院规定的最低限额的注册资本”，而在实践中，设立公共航空运输企业的最低限额不少于8 000万元人民币。

（三）公共航空运输企业必须取得民用航空主管部门的经营许可

公共航空运输企业必须遵守国家法律、行政法规和民用航空规章的规定，依法开展经营活动。在办理经营许可的过程中，民用航空管理部门必须遵循公开、透明的原则，我国民用航空管理局在审定经营许可时应根据以下原则决定是否予以批准：建立和完善统一、开放、竞争、有序的航空运输市场；符合国家航空运输发展和宏观调控政策；保障航空运输安全、提高运输服务质量和维护消费者合法权益；坚持公开、公平、公正的原则。

对符合条件的申请人应当签发许可证，允许从事公共航空运输经营。公共航空运输企业在取得经营许可证后，按规定完成运行合格审定，经审定合格后方可投入航线航班的运营。公共航空运输企业经营许可证应当载明下列内容：企业名称，企业地址，基地机场，企业类型，注册资本，法定代表人，经营范围，其他必要的内容。公共航空运输企业经营许可证的有效期限为3年。申请人持民航总局颁发的公共航空运输企业经营许可证，按规定向工商行政管理机关申请设立登记。申请人自领取企业法人营业执照之日起10个工作日内，将该执照复印件加盖公司印章报民航总局备案。

四、外国航空运输公司的认许和外国公司的分支机构

（一）外国航空运输公司的认许

1. 外国公司的认许

作为依照其他国家或地区的法律在中国境外登记成立的公司，关于其成立的有效或无效、能力和法律地位、公司的组织机构等适用外国法。因此，如果一个外国公司在中国境内从事持续性经营活动，首先必须确定其国籍及适用何国法律，并对其作为法律上权利义务主体或法人的资格予以承认或不予以承认。不予以承认的外国公司不得在中国境内营业。各国法律中一般都有关于外国公司认许的规定。

2. 外国航空运输公司的认许

外国航空运输公司进入中国从事持续性活动，可以采取在我国设立代表机构、中外

合资或中外合作经营等形式。无论采取何种形式都必须依法经我国政府的批准或许可。外国航空运输公司经许可在我国境内从事航空运输活动，必须遵守我国法律，不得损害我国的国家利益和社会公共利益，其合法权益受我国法律保护。

（二）外国航空运输企业的代表机构

代表机构，是指外国航空运输企业在中国境内获准设立并从事经营性活动的代表处。外国航空运输企业未经批准和登记不得在中华人民共和国境内设立代表机构，不得开展与航空运输业务有关的各项业务活动。2006 年 3 月 31 日中国民用航空总局通过了《外国航空运输企业常驻代表机构审批管理办法》，自 2006 年 5 月 3 日起施行。依该规定，外国航空运输企业申请在中华人民共和国境内设立代表机构，必须经中华人民共和国民用航空总局批准，并在中华人民共和国国家工商行政管理总局或其授权的各省、自治区、直辖市及计划单列市工商行政管理局办理登记手续。代表机构及其成员必须遵守中华人民共和国法律、法规和民航规章，不得损害中华人民共和国安全和社会公共利益。代表机构及其人员的合法权益受中国法律保护。代表机构的名称应以“国别+企业名称+城市名+代表处”的方式确定。外国航空运输企业应对其代表机构承担法律责任。

1. 外国航空运输企业在中国设立代表机构的条件

（1）根据该外国航空运输企业所在国政府与中华人民共和国政府签署的航空运输协定或有关协议，该外国航空运输企业获得从事两国间航空运输服务的指定资格。

（2）未获得从事两国间航空运输服务指定资格的外国航空运输企业设立代表机构，须经过民航总局的特别批准。

（3）该外国航空运输企业必须按照规定办理批准手续。

2. 代表机构的负责人

外国航空运输公司的负责人称为首席代表，其工作人员称为代表。首席代表及代表必须具备下列资格：持有效护照的外国公民（不含外国在中国的留学生）；在境外已经获得外国长期居住资格的中国公民；持有效证件的港澳居民、台湾居民；外国航空运输企业聘请中国公民任其代表机构的首席代表或代表，应根据中华人民共和国有关法律和法规办理批准手续。

第三节　公共航空运输企业的权利与义务

公共航空运输企业作为独立的法人，享有法律规定的权利和承担法律规定的义务。权利是指法律所赋予实现自己利益的法律手段，可以在法定范围内享有某种利益或实施一定的行为，可以请求义务人为一定的行为或不为一定的行为，以保证其享有或实现某种利益。权利人因他人的行为而使其利益受到侵害时，可以请求有关国家机关采取措施予以保护。义务是由法律规定的，或者是在不违反法律规定的前提下，由当事人协商，义务人为一定的行为或不行为，以满足权利人的利益的法律手段。公共航空运输企业的权利是指法律所赋予公共航空运输企业实现自己利益的法律手段。公共航空运输企业的义务是法律规定以满足权利人的利益而要求其为一定的行为或不行为的法律手段。我国《民用航空法》《公司法》以及《合同法》等法律中都涉及公共航空运输企业的权利与义务。

一、公共航空运输企业权利与义务产生的基础

按照法律规定，企业可以独立于投资者之外，以自己的名义发生一定的法律行为，享有权利，承担义务。

（一）企业的财产独立

所谓财产（即资产）是指主体在经济活动中所拥有并可实际支配的、能带来经济利益的资源。它可以表现为实物形式，也可表现为非实物形式，如能够给企业带来未来经济效益的各种权利。财产独立是指企业拥有相对独立于资产所有者产权以外的占有、使用、支配、享受其收益并进行处理的权利。

（二）企业的利益独立

作为独立法律实体和经济实体，企业拥有区别于业主、国家、其他经济实体或个人的经济利益。企业这种独立利益受到法律的保护。

（三）企业的责任独立

作为法律主体的公司，不但拥有独立的财产和独立利益的权利，而且还必须承担其经营活动的全部责任，包括法律责任和社会责任等。这些责任的独立，使投资者的个人经济责任与企业经济责任完全分开，减少了投资者的风险，增大了企业的经营灵活性。正是这种权利、责任和利益的有机结合，使公司拥有了自我发展、自我约束的经营机制。

二、公共航空运输企业的权利

（一）企业、公司的法人财产权

在党的十四大确立了建立市场经济体制的目标后，为理顺产权关系，建立现代企业制度，十四届三中全会明确提出了“法人财产权”概念，指出“企业中的国有资产所有权属于国家，企业拥有包括国家在内的出资者投资形成的全部法人财产权”。这一概念在我国《公司法》中得以体现。公司享有由股东投资形成的全部法人财产权，依法享有民事权利，承担民事责任。公司以其全部法人财产，依法自主经营，自负盈亏。

企业法人的出资者或股东可依所有者身份，对企业享有所有者权益，并对企业施加控制；国家授权的机构、部门或其他任何国有主体作为出资者或股东时，则具有所有者代表或代理人的身份，其投入的资本归国家所有。企业作为独立民事主体的法人，对法律上明确由企业法人支配的资产，享有占有、使用、处分的权利，并就其行为承担法律责任；出资者和股东作为所有者，不直接对企业法人的行为承担责任。财产的孳息或收益应归财产的所有者所有。

（二）航空运营权

1. 享有参加航空运输的权利

旅客和托运人有权选择运输方式，有权要求公共航空运输企业提供与该运输条件相

应的必要服务，将其安全及时运送到目的地，但是如果公共航空运输企业认为运输使用人有违反国家法律法规行为，不遵守运输规则，则有权拒绝承运。

2. 享有要求对方作为或不作为的权利

公共航空运输企业有权要求运输使用人为一定行为，即按照合同约定缴付运输费用，也有权要求运输使用人不为一定行为，即运输使用人不得有违反国家法律法规的行为和不遵守运输规则的行为。运输使用人则有权要求公共航空运输企业按照运输合同的约定提供航空运输工具和与该条件相应的必要服务，将其安全及时地运送到目的地。同时他也有权要求承运人不得违反约定的义务。

（三）当权利受到侵犯时有要求国家保护的权利

公共航空运输企业对在企业设立申请筹建认可和经营许可中民用航空管理部门工作人员违反法律规定的行为有申诉和控告的权利。在运输过程中，因承运人原因给旅客或托运人造成人身伤害或行李、货物丢失、毁损的，旅客或运输使用人有权要求承运人承担赔偿责任。反之，因运输使用人的过错致使承运人或承运人对之负责的任何他人遭受损害的，承运人也有权要求其承担相应责任。

三、公共航空运输企业的义务

（一）法人机关设置方面

公共航空运输企业的董事、监事有下列情形之一的，不得担任民用航空企业的董事、监事、高级经营管理人员：因犯有贪污、贿赂、侵占财产、挪用财产罪或者破坏社会经济秩序罪，被判处刑罚，执行期满未逾 5 年，或者因犯罪被剥夺政治权利，执行期满未逾 5 年；担任因经营不善而破产清算的企业的董事、监事或者经理，并对企业的破产负有个人责任的，自该企业破产清算完结之日起未逾 3 年；担任因违法被吊销营业执照的企业的法定代表人，并负有个人责任的，自该企业被吊销营业执照之日起未逾 3 年；个人所负数额较大的债务到期未清偿。如果违反规定选举、委派董事、监事或者聘任高级经营管理人员，该选举、委派或者聘任无效。公共航空运输企业的董事、高级经营管理人员不得在民用运输机场兼任高级经营管理人员，民用运输机场的董事、高级经营管理人员不得在公共航空运输企业兼任高级经营管理人员。

（二）企业经营方面

具有独立法人资格的公共航空运输企业不得混用企业名称、字号、二三字代码、客票、货运单、经营范围。未履行法定手续，公共航空运输企业之间不得混用服务标志。公共航空运输企业应当以保证飞行安全和航班正常、提供良好服务为准则，采取有效措施，提高运输服务质量。公共航空运输企业应当教育和要求本企业职工严格履行职责，以文明礼貌、热情周到的服务态度，认真做好旅客和货物运输的各项服务工作。公共航空运输企业应当在民航总局许可的企业经营许可证所载明的经营范围内开展经营活动，未经许可不得超越经核准的经营范围。公共航空运输企业经营许可证不得涂改、出借、买卖或者转让。公共航空运输企业经营许可证遗失、损毁或者灭失的，应当及时报告民航总局，并在公共媒体上发布遗失公告、声明作废后，向民航总局书面申请重新领取。公共航空运输企业应当保证其运营条件持续符合颁发公共航空运输企业经营许可证的条件。公共航空运输企业因运营条件发生变化，不具备从事经营许可证所载明的经营范围内的经营活动的，由民航总局暂停、变更、取消其经营许可证所载明的有关经营项目或经营范围，或者颁发临时经营许可证。临时经营许可的范围和期限由民航总局另行规定。公共航空运输企业之间联合、兼并、收购或变更投资人，涉及企业经营许可条件变化的，应当报民航总局许可。

（三）航空运输方面

1. 强制缔约义务

我国《合同法》第289条规定："从事公共运输的承运人不得拒绝旅客、托运人通常、合理的运输要求。"《合同法》奉行"合同自由"原则，但本条的强行性规定排除了这一原则适用，实际上是体现了一种社会责任。公共运输关涉社会生活甚巨，且该行业往往是垄断性行业，如果承运人拒绝与旅客、托运人订约，则他们就失去了实现其目的的机会，因此，法律给予从事公共运输的承运人这样一种社会性义务，只要是从事这一行业就必须负有这一义务。航空运输作为公共运输形式的一种，当然不能例外地负有此种义务。

2. 安全、正点运输义务

安全，就是承运人要把旅客或者货物安全运到旅客、托运人指定的地点。正点，就是按照规定的运输期限将旅客、货物运输至目的地。

3. 合理运输义务

我国《合同法》第291条规定："承运人应当按照约定的或者通常的运输路线将旅客、货物运输到约定地点。"在民航运输过程中，"通常的运输线路"是指由公共运输企业向国务院民航主管部门申请批准、在开放的空域内执行的定期或不定期航线，公共运输企业应当公布班期时刻，并尽可能地按照班期时刻履行航空运输合同。

第四节　运价和运力

为了维护本国的领空主权，一国政府对公共航空运输企业的经营权进行严格的监管。政府的管制措施包括市场准入、限制最高票价，或者限制最低票价及合理分配航线，以防止恶性竞争，维护消费者和国家的利益。但20世纪60年代，航空器的改进等一系列的技术革命推动了航运成本的降低，加上新竞争者的加入，对原有的航空公司形成压力，公共航空运输企业在运力和运价等方面展开了竞争，这就迫使公共航空运输企业要提高营运效率。于是政府逐渐放开公共航空运输经营，特别是在运价和运力方面，增加竞争，开放价格，降低票价可使无力购买机票的人有机会乘坐飞机，可刺激消费、提高航空运输的效率、增加利润，同时刺激飞机制造业的发展。

一、运价

从世界民航业发达国家的情况看，自20世纪70年代末期开始，美国、德国、日本等陆续放松了对民航运价的直接管制。在放松管制的同时，政府通过制定、完善相关法律法规，对民航运输市场加强监管，并设立了专门的监管机构。

（一）运费的概念

运费包含有飞机票价和货运价格，是十分复杂的问题，一般指运载旅客、行李与货物应付的价格和适用该价格的条件，其中包括代理或辅助性服务的价格与条件，但不包括邮运的价格与条件。

1. 货运价格

承运人为运输货物对规定的重量单位（或体积）收取的费用称为运价。运价指机场与机场间的空中费用，不包括承运人、代理人或机场收取的其他费用。主要的航空货物运价有四类：（1）一般货物运价；（2）特种货物运价或指定商品运价；（3）货物的等级运价；（4）集装箱货物运价。

2. 运输费用

这是指根据适用运价计得的发货人或收货人应当支付的每批货物的运输费用。航空公司按国际航空运输协会所制定的三个区划费率收取国际航空运费：一区主要指南北美洲、格陵兰等；二区主要指欧洲、非洲、伊朗等；三区主要指亚洲、澳大利亚。起码运费是航空公司办理一批货物所能接受的最低运费，不论货物的重量或体积大小，在两点之间运输一批货物应收取的最低金额。不同地区有不同的起码运费。

（二）民航运价监管

1. 国外的监管

自 20 世纪 90 年代起，开始逐步放松对民航运价的政府管制。放松管制一般经历了以下三个阶段：第一阶段，由各航空公司严格执行政府定价，改为允许航空公司在附加限制条件的情况下，对部分旅客实行优惠折扣票价，限制条件由政府规定或审批；第二阶段，过渡到不再规定限制条件，而由政府规定幅度范围，航空公司自主有限浮动的票价制度，并逐步扩大航空公司自主浮动范围；第三阶段，取消对航空公司自主定价的幅度限制。

目前，主要航空发达国家国内民航客运已基本实行市场调节价，允许航空运输企业根据市场供求状况和营销需要，自主制定价格，向政府申报或备案后执行。同时，各国政府机构中仍保留专门机构，根据法律的授权，对民航运价及航空运输市场实行必要的监管。监管的目的是防止票价过高损害消费者利益，或过度竞争损害行业利益，造成民航运输业萎缩。监管的重点包括国内重点城市之间及其他运量较大的重点航线、由航空公司独家经营的航线、航空公司不正当价格竞争行为以及航空公司不履行价格申报、备案程序等方面。对航空公司不合理的价格行为，由政府监管部门依法进行干预、处罚，具体措施有警告、停止航班飞行权、罚款、取消经营资格等。

2. 我国的监管

与世界其他国家一样，我国民航运价的管理经历了从政府严格管制到逐渐放松管制的反复探索过程。1992 年开始，对国内航线实行政府指导价，浮动幅度控制在 10% 以内；1997 年，将浮动幅度扩大到 40%，并开始试行以航班收益最大化为目标的多级票价制度。由于体制改革不到位，以及政府对经营者缺乏有效的监督激励机制等多方面的原因，放松管制后，各航空公司为抢占市场份额，纷纷实行了低于成本的低价竞销政策。1998年，民航首次出现了全行业亏损，当年亏损35亿元。为此，1999年出台了制止航空运输企业低价竞销的措施。2000年以后，根据航空运输企业适应形势变化、积极开拓市场的要求，又陆续放松了对部分旅游航线、独飞航线及支线飞机、团体旅客票价的限制。民航业是国民经济基础性、先导性产业，事关人民群众生命财产安全。民航业的健康、持续发展不仅可以拉动旅游业等相关产业，改善投资环境，而且对促进航空航天技术进步，加强国防建设作用重大。但政府应对监管的方式进行改革。特别是目前市场出现阶段性、结构性供大于求的情况下，对民航运价进行监管的重点：一是控制票价上涨幅度，保护消费者的合法权益；二是防止恶性价格竞争损害全行业利益，保护民航业的发展后劲和消费者的长远利益，实现社会福利最大化。

因此，对民航票价实行幅度管理，同时继续加大整顿市场秩序的工作力度的监管方式，符合当前我国民航市场现状和长远发展的要求。按我国法律的规定，公共航空运输企业的营业收费项目，由国务院民用航空主管部门确定。国内航空运输的运价管理办法，由国务院民用航空主管部门会同国务院物价主管部门制定，报国务院批准后执行。国际航空运输运价的制定按照中华人民共和国政府与外国政府签订的协定、协议的规定执行；没有协定、协议的，参照国际航空运输市场价格制定运价，报国务院民用航空主管部门批准后执行。

二、运力

结合放开票价管制，各国普遍取消了对国内航空市场准入和退出的限制。允许航空公司根据自身经营需要，自由进入或退出航线经营。对个别政府要求航空公司必须经营的客源较少、经营亏损航线，由政府通过在全部航线票价外加收普遍服务基金的方式筹集资金，给予适当补贴。因此，运力的管理体制也发生了变化。

（一）运力的概念

运力，即运输能力，一般指使用哪种型号的飞机（载客座位数或载货吨位），在一定期限（一月、一周、一天）的航班次数，但国外也有学者将运力只用于指一架飞机的能力。航班，是指空运企业按规定的航线、日期、时刻经营的定期飞行活动。

（二）运力的管理

我国在改革开放、经济快速发展的促进和带动下，民航发展的内外环境已经发生了深刻的变化。内部的变化主要体现在：民航体制改革，航空公司相对独立，民营航空公司开始涌现，机场移交地方管理，实行政企分开之后的民航主管当局和航空运输企业的相互关系发生了实质性的变化。外部的变化是：我国加入了世界贸易组织，确立了社会主义市场经济的方向，航空运输市场已由卖方市场转变为买方市场。国家、地方和社会对民用航空运输产品的需求和品质的标准提出了更高和更多的要求。1996年11月18日我国民用航空管理部门颁布了《中国民用航空国内航线和航班经营管理规定》，在2006年1月16日又颁布了《中国民用航空国内航线经营许可规定》，合理和有效地利用民用航空航线资源，维护国内民用航空运输市场秩序，保障航空运输持续、快速、协调、健康发展，确立了市场开放、鼓励竞争、规范有序和统筹兼顾的原则，围绕建立统一、开放、竞争、有序的航空运输市场，逐步放宽对国内航线经营许可管理。

1. 关于经营许可的基本原则

实施国内航线经营许可管理应当遵循以下六条基本原则：一是有利于建立和完善全国统一、开放、竞争、有序的航空运输市场体系；二是坚持公平、公正、公开；三是有利于保障航空运输安全，提高航班正常率和服务质量；四是鼓励诚实守信，惩戒弄虚作假等扰乱市场秩序行为；五是兼顾地方经济发展与空运企业利益；六是有利于优化航线资源配置，完善航空运输网络。

2. 申请条件

申请国内航线经营许可，应当具备下列基本条件：根据中华人民共和国法律设立的公共航空运输企业；符合民航总局安全管理的有关规定；符合航班正常、服务质量管理的有关规定；符合国家航空运输发展的宏观调控政策；符合法律、行政法规和民航总局规章规定的其他条件。空运企业从事国内航线经营，还应当按照相关规定经过补充安全运行合格审定；补充安全运行合格审定结论为不合格的，其相应的国内航线经营权丧失。

3. 经营许可的管理

根据《民用航空法》的规定，对航线经营均应实施许可管理。目前我国航线管理方式上采取核准制和登记制，放宽国内航线经营许可管理。依据《中国民用航空国内航线经营许可规定》第 9 条规定，空运企业申请的下列航线经营许可适用核准管理的方式：涉及民航总局核定的受综合保障能力及高峰小时飞机起降架次流量限制的机场的航线经营许可；涉及繁忙机场的航线和飞行流量大的航线经营许可；涉及在飞行安全方面有特殊要求的机场的航线经营许可。除此之外的航线，以及国内货运航线，民航总局或民航地区管理局划定的其他航线实行登记制。实行核准制的机场、航线范围，由民航总局确定，并提前 3 个月予以公告。

民航总局和民航地区管理局分别设立国内航线经营许可评审委员会。民航总局国内航线经营许可评审委员会负责划分核准、登记的航线经营许可管理范围，制定每航季航线经营许可评审规则，负责每年度两次区际航线经营换季申请的集中评审工作，审议决定国内航线航班经营许可管理中的其他重大事项。民航地区管理局国内航线经营许可评审委员会根据民航总局评审委员会制定的航线经营许可评审规则，制定适合区内特点的评审规定，划分区内核准、登记的航线航班经营许可管理范围，负责每年度两次区内航线经营换季申请的集中评审工作，审议决定区内航线航班经营许可管理中的其他重大事项。空运企业在航空安全、航班正常、服务质量、诚实信用方面的业绩优劣是核准该企业进入航线经营的条件。

4. 运力的管理

空运企业通过核准或登记获得航线经营许可时，应确定初始航班安排（包括日期、使用机型和班次）。空运企业通过核准或登记获得的航线经营许可，应在取得相应的起降时刻后方能运营。空运企业应当以适当方式公布班期时刻并坚持诚实信用的原则，按所取得的航线经营许可和公布的班期时刻执行。对已运营航班的调整，通常应当在航班换季时进行。空运企业经营的定期航班应以合理的载运比率提供足够的班次，以满足目前或合理预测到的旅客、货物和邮件运输的需求。一家空运企业取得经营许可航线的航班安排，由空运企业确定，报民航总局或民航地区管理局备案。两家以上空运企业取得经营许可航线的航班安排，由空运企业协商确定，报民航总局或民航地区管理局备案；或应空运企业要求，由民航总局或民航地区管理局依据航季评审规则进行评审确定。

空运企业可以根据市场需求在其所经营的航线上自行安排加班，但应提前一周报始发机场所在地民航地区管理局备案，并在取得相应的起降时刻后实施。空运企业加班不得冲击其他空运企业的定期航班经营。如因加班引起冲击其他空运企业定期航班的投诉，经民航总局或民航地区管理局调查确认，将追究该空运企业的责任。

民航总局或民航地区管理局可根据航空运输市场监管和宏观调控的需要，对空运企业航班安排实施总量管理。空运企业拟停止经营航季客座率达到50%以上的航线的，应当经民航总局或民航地区管理局评审核准；未经评审核准，不得停止经营。在航空市场出现运力急剧增减，并对行业市场造成重大混乱，或机场保障能力不能满足实际需求以及国家对相关空域另有使用要求的紧急情况下，民航总局或民航地区管理局可以在全国部分地区或者某些机场或航线上采取临时管理措施，对空运企业提出的加班申请实施核准，或发布在某一时段禁止经营加班往返至某一地区的决定。

第五节　航空运输自由化中的航空企业体制变革

航空运输出现虽晚，但却是一个严格管制的行业。许多国家出于安全、政治、经济方面的考虑，对航空运输业实行管制。故政府管制一直是整个航空市场的重要特征。政府控制着市场准入，批准或不允许航空公司成立，以及决定它们能够飞的航线。在过去的半个世纪中，无论是世界航空大国，还是发展中国家，纷纷调整本国的航空产业政策、改善管理、提高生产效率和服务水平，以适应变化多端的国际市场和经济全球化对航空运输业的需求。许多国家政府纷纷从宏观上调整航空运输产业政策。20世纪70年代以来，许多国家采取了放松管制、开放天空的政策，放宽甚至部分取消了进入航空市场的限制，放松了空运定价的管制，大大刺激了航空运输界的自由竞争。开放天空的政策给了民用航空运输企业宽松的业务权，为国际间，尤其是地区经济圈内国与国之间的航空运输提供了更加宽松自由的发展空间。各国政府航空产业政策的宽松，大大推动了航空企业管理运行体制的变革，随着许多国家政府从航空企业的经营活动中退出，形成了全球性航空企业“私有化”浪潮。不仅航空运输企业和许多机场管理经营企业进入私有化领地，在欧洲，甚至连空中交通管制这类纯粹的政府行为也开始尝试企业化经营。航空企业产权制度的变革，使企业摆脱了政策的严格控制，扩大了企业预算、劳动用工、经营决策的自主权，有力地促进了航空业的市场竞争。

一、航空自由化的概述

美国的航空自由化之所以发生在20世纪70年代，是与西方国家经济出现滞涨并合症、凯恩斯主义受到质疑、新自由主义派抬头分不开的；1976年，英国单方面宣布废止1946年英美“百幕大协定”，是美国采取措施的“催化剂”，而美国抓住经济全球化的趋势，及时调整其战略和策略，则是根本性原因。

（一）何谓航空自由化

所谓“航空自由化”，是指航空运输经济自由化，是一个经济学中的概念。“不管制”是航空自由化的一种表现形式。所谓“不管制”，是相对管制而言的，是一种“放任政策”，指取消政府对航空运输在经济上的管制，主要是实行进入市场和制定运价自由化，使其完全由市场机制来调节。这种经济思想认为，只有实行“放任政策”，由市场机制来调节，资源才能在航空运输与其他经济部门之间实现优化配置。同时，随着科学技术的进步，航空运输业已经成熟，人们不应再将航空运输列为公用事业，而应是一种竞争性行业，因此可以对航空运输业实行“不管制”。将“不管制”政策适用于国际航空运输，便形成了“开放天空”的概念。所谓“开放天空”，是航空运输中的概念，指在尊重各国主权的前提下，各国之间相互给予自由进入对方航空运输市场的权利，即是说，相互开放航空运输市场。

（二）航空自由化的内容

1994年11月23日~12月6日，在国际民用航空组织主持下，召开了第四届世界航空运输大会。国际民航组织秘书处为了统一航空运输中的术语和概念，以利于国际航空运输的发展，作为大会第五号工作文件的附件，以“试行本”的形式散发、并在会后正式出版了《航空运输管理手册》。该《航空运输管理手册》将运输权定义为一种标明在批准的航线或该航线的航段上，使用批准的航空器（或者替代的交通工具），可以被运送的是什么人或什么物，以协议的物质或地理规定，或者是两种规定的结合所表示出来的市场准入权。

航空运输市场是指任何两点之间，通过商业航空运输服务，移动或可能移动的现实的和潜在的客、货业务。航空运输市场准入权是指一国政府当局对另一国特定的航空承运人给予或批准的（附带某些条件或限制的）基本权利以及包括销售产品的辅助权利的性质和范围。因此，“运输权”包括“基本权利”和“辅助权利”。基本权利也称主要权利，在英文中又称为“硬权利”，包括航线权、业务权、经营权、运力权和定价权，是进入市场不可缺少的权利。辅助权利，亦称为“商务权”，在英文中又称为“软权利”，是航空承运人在国外经营业务，即销售产品所需要的权利，主要包括：建立办事处和雇佣外籍职员权；使用当地货币或可兑换外币销售权；使用航站地面服务选择权；兑换外币和结汇权；在一定情况下，机场起降停机位进入权；计算机定座系统（CRS）使用权；等等。

航空自由化要求：协议国之间取消通航地点、指定企业、运力、班次等方面的限制；取消对航空业务权利的限制；放松运价管理的限制；包机管理自由化；结汇自由化；代码共享不受限制；取消在地面服务代理公司使用、利用商业机会、使用和引入计算机定座系统等方面的保护性和歧视性规定。

二、各主要国家和地区进行航空运输自由化的实践

从20世纪70年代末以来，以美国为首的众多空运大国掀起了一股航空运输自由化

潮流，并迅速席卷全球，对国际航空运输体制产生了深刻影响，从而引发了欧洲、澳洲及美洲许多国家的放松管制浪潮。它标志着航空历史的又一个转折点，是传统的政府管制体系的第一个重要变化。

1. 美国

1978年10月24日，美国卡特政府出台《航空公司放松管制法》，用法律形式肯定了放松管制政策。美国率先实现国内航空运输放松管制。美国对外目标的一个很重要政策即哪里有市场，哪里就应当有美国的客货航班飞行。新政策的目标正如该法第102条宣称：鼓励发展并保持一种依靠由实际或潜在竞争产生的高效率、创新和低价格，以决定航空运输服务的品种、质量与价格的航空运输体制。美国政府在推行国内改革的同时迅速将自由化改革推向国际。于是1979年2月15日又推出《1979年国际航空运输竞争法》，将放松管制政策主张推向国际，强调应“使国内、国际航空运输一体化”和“最大限度地减少对经营业务与市场销售的限制”。

2. 欧洲

欧洲的自由化是一个渐进、缓慢的过程。欧洲的航空运输自由化起步要晚于美国，而且从某种程度上来讲是美国推动了欧洲的航空运输自由化。但当美国一开始把自由化理念推向欧洲国家时，并没有得到普遍性的响应，相反，却遭致英国、法国、意大利等国的积极抵制。

欧洲一级的自由化措施的宗旨在于，在欧盟内部创造一个统一的市场，促进竞争、发展以及稳定。欧洲的自由化竞争首先从支线航空公司开始，20世纪80年代中期才允许包机公司进入定期航空运输市场，1988年1月引入多级票价。1988年1月，在保护处于过渡期小交通量航线经营的前提之下，允许所有欧洲共同体的航空运输公司在成员国内进行第三、四、五、七种航空权经营，向各成员国航空公司开放了国内航行权。从1993年开始，在航空运输领域诸如认证、市场准入、定价、运力、竞争、CRS以及机场使用等方面的欧盟法令在各成员国适用。欧盟成员国航空公司在成员国之间的飞行不受任何限制，在其他成员国内飞行只是受到票价和运力方面的某些限制。1997年4月1日，欧经区（EEA）17个成员国内航空市场完全自由化。从1997年开始，欧盟成员国国内空运权对其他成员国全部开放，在欧盟内部无论国籍如何，只要是欧盟的自然人和法人，都可以在欧盟统一大市场设立航空运输企业，从事飞往欧盟内部任何地点的运输而不需要得到政府的许可。除了某些需要事先确定的情况外，对票价也不实行管制。另外，定期航班和不定期航班的区别也已经取消，这样航空公司就可以根据市场来提供相应的运输服务。自此，欧盟统一航空运输市场形成。

3. 亚洲

为了改变原国有航空公司无效率状态，大部分亚洲国家都对原国有挂国旗的航空公司进行了部分私有化，除对票价进行控制外，亚洲许多国家都在不同程度上放松管制，国家对航空公司的管理逐步从直接转为间接，而外资进入航空运输业也得到鼓励。日本一直就是美国在亚洲推行“开放天空”政策的主要目标，但是日本运输业明确表示“反对”开放天空，直到1996年日本才开始逐步放松对国内线的管制。韩国1988年成立了该国第一家航空公司（韩亚航空），对挂旗航——大韩航空公司造成了巨大冲击。

20世纪80年代初，印度尼西亚政府实行了开放政策，同时也把印尼鹰航空公司推上了改革的舞台。印度于1991年开始放松管制，允许成立私营公司飞国内航线。马来西亚政府于20世纪90年代初开始放松管制。

三、涉及航空自由化的国际条约

将服务贸易纳入多边贸易体制的谈判，是1986年推动"乌拉圭回合"后开始的。《服务贸易总协定》（即GATS）核心点是"自由化"（liberalization）。这一原则对所有服务贸易都是有影响的。而航空运输属于服务贸易，是否将航空运输从现行的双边管理体制摆脱出来并纳入多边贸易体制，促进航空运输自由化，这在国际上引起了极大的争论，尤其遭到了广大发展中国家的强烈反对。作为妥协的结果，就出现了现在的《服务贸易总协定》的航空运输服务附件的状况，即航空运输在整体上仍排除在WTO体制之外，仅将航空器修理和保养服务、航空运输销售和营销服务、计算机定座系统服务这三项纳入了世界贸易组织（WTO）的轨道。

（一）涉及航空自由化的贸易协定

1.《民用航空器贸易协议》

该协议是关贸总协定（GATT）的第七轮多边谈判——东京回合于1979年4月所达成的，其宗旨是，通过取消关税和尽最大可能减少或消除贸易性限制的破坏性影响，以实现民用航空器、零件及其有关设备的世界贸易最大限度的自由化。协议规定，技术贸易壁垒协议的各项规定适应于民用航空器贸易，且各签约国不得用与GATT规定相抵触的方式而使用数量限制（进口配额）或进口许可证要求，来限制民用航空器的进口（符合GATT的进口控制或许可证制度的除外）。反之，各签约国也不得以商业或竞争为由，用与GATT使用规定相抵触的方式而使用数量限制或出口许可证或其他类似要求，来限制民用航空器向其他签约国的出口。

东京回合达成的《民用航空器贸易协议》，在1994年4月15日摩洛哥的马拉喀什部长会议上由104个政府代表签署的《关于建立世界贸易组织协定》（由16条案文和4个附件组成）中，是附件4中的4个协议之一。但在WTO中，《民用航空器贸易协议》仅是一个次多边协议，并不是所有WTO成员必须参加的。迄今为止，已有美国、加拿大、法国、英国、德国、荷兰和其他欧共体国家等为数不多的发达国家签字和接受，它们对民用飞机及零配件实行零关税。而大部分的发展中国家均没有参加该协议，例如WTO的成员国印度对民用飞机所征进口关税一律为3%。

2.《服务贸易总协定》的航空运输服务附件

在乌拉圭回合谈判中最初并没有将航空运输单独分类列出，而是与海运和陆地运输放在一起的，分为"货运/客运/承租服务/辅助服务"，再下分为"航空/海运/铁路/公路/内河"。直到1990年才第一次考虑到航空运输分类的特殊性而单独分类，在1990年8月的会议上，决定在未来的多边协议即GATS中包含"软权利"，而将"硬权利"排除在外，但是接踵而来的困难又在于如何定义"软权利"和"硬权利"。最后决定避免采用如此的定义，而是列出独立的两张清单——国内经营权和国际经营权。后者包括的诸如"计算机订座系统"、"商务销售和分销"、"资金划转"和"飞机修理"在开始显然就应该写入多边协议中。在附录起草的过程中考虑过“控制权”、“地面服务”，甚至“部分交通权”。而1991年初步决定在最后文本中写入现在附录中的3项内容，直到1993年才最后确定出它们的定义。

航空运输服务附件只涉及到国际航空运输管理的一小部分内容，共有6条规定：一缔约方按服务贸易总协定所承担的义务和所作的特别承诺，都不能减少或影响它在WTO建立时业已存在的义务。服务贸易总协定，包括解决争端的程序不适用不论以何种方式给予的航空运输权，或直接与行使航空运输权有关的服务（航空运输权由《芝加哥公约》和双边或多边航空运输协定所规定），并免除对航空运输权援用最惠国待遇条款。服务贸易总协定适用于飞机维修与维护服务（Aircraft repair and maintenance services，不包括所谓的过站维护）、航空运输营销服务（Selling and marketing of air transport services，不包括对航空运输服务的定价，也不包括适用的条件）、计算机订座系统服务（Computer reservation system services）。只有在有关双边或多边争端解决机制无法找到解决途径时，才对所涉及的义务和承诺引用协议附件中的规定，由WTO处理各方因执行协议内容而发生的冲突。服务贸易理事会定期（至少每5年一次）审议航空运输业的发展状况以及本附件的运作情况，并考虑未来扩大适用服务贸易总协定的可能性。具体解释有关“飞机维修与维护服务”、“航空运输营销服务”、“计算机订座系统服务”和“航空运输权”等名词及包括的内容。各缔约方在航空运输服务附件下承担的义务内容包括：采取最惠国待遇例外；通过特别承诺开放市场准入和给予国民待遇；对特别承诺附加某些条件或限制。

服务贸易理事会对航空运输问题的评估，将先集中在现有三个服务（即飞机维修与维护服务、航空运输营销服务、计算机订座系统服务）项目上，改善目前的承诺水平，逐步减少成员国所作的条件限制，然后才考虑是否将其他航空运输问题扩大到服务贸易协定所包含的范围之中来。

（二）涉及航空自由化的双边航空协议与多边航空协议

1944年在芝加哥举行的国际航空会议上通过的最初文本包括两个多边文件，为国际民用航空建立了多种自由权。第一个文件《国际航空服务过境协议》，要求所有的成员给予其他成员：飞越东道国领土而不经停的权利；以非运输目的在东道国经停的权利。有115个成员国签署该文件，一直到目前仍然有效。而第二个文件《国际航空运输协议》只有19个成员签署，后来还有8个退出。它规定的5种自由权是：飞越他国领土而不经停的权利；以非运输目的在他国经停的权利；在他国进行旅客、邮件和货物卸离的权利，而这些旅客、邮件和货物是在飞机国籍所在国装载的；在他国装载旅客、邮件和货物前往飞机国籍所在国的权利；在他国装载旅客、邮件和货物前往任何其他成员国的权利以及在他国卸离来自任何其他领土旅客、邮件和货物的权利。后来为达成有关的多边协议又进行了努力，将多边协议中的市场准入限于运力和运价，并规定了4个月的通知时间，这就是“国际民用航空运输中商业权利的多边协议”草案。该部分后来也没有列入《芝加哥公约》，于是各成员转而寻求双边解决。

1946年，当时的两个主要航空大国美国和英国达成的被称为“百慕大1”的协议，成为后来所有双边协议的模式。这些协议都是建立在对三项主要内容的详细谈判上，即航线、运力和运价。

从1978年起美国政府按自由化政策理论对传统的双边航空协议进行修改，并将其作为自由化运动推向国际的最佳工具，涉及的内容包括：在通航地点、指定企业、运力、班次等方面不受限制；对航空业务权利不受限制，即可从本国任何地点飞对方任何地点，对中间点、以远点、改换机型、第五种自由业务权利不限；对运价管理采取“双不批准”方式；在以远航线上，可以有当地空运企业相同的定价自由；包机管理自由化，对待包机适用限制最少的国家的规定；结汇自由，不得拖延；代码共享不限；可自办地面服务，不得强制使用当地公司的服务；应有公平竞争规定，保障享有相同的商业机会，不得有歧视待遇；使用和引入计算机定座系统不受歧视。美国首先以荷兰为突破口，在1978年签署自由化型的双边协议，同年又与联邦德国、以色列签署内容基本相同而具体规则更加自由的自由化协议。在1997年4月1日开始，欧盟的航空运输市场完全自由化后，美国将重点转向亚洲，首先选择与其具有自由航空关系的国家和地区，如新加坡、文莱、中国台湾和香港等，最后是日本。在1998年1月美国终于与日本达成同意取消两国在航空交通方面大部分限制的协议。到2000年5月，美国已与60个国家达成自由化程度极高的“开放天空”协议，而对于加拿大、日本以及法国虽没有达成“开放天空”协议，但在自由化上也取得了重大进展。

多边体制最重要的形式是区域性协定。当前国际上一个最重要的区域性协定是在欧盟内部签订的多边航空运输协定。另一个典型就是美国与四个太平洋地区国家（新加坡、新西兰、智利和文莱）签署的航空运输自由化多边协定。多边体制的另一种重要形式是区域俱乐部协定。这种协定是由具有相同目的的俱乐部成员国之间达成的。

到目前为止，全世界已有许多地区实现航空运输自由化，除欧盟、南亚统一航空运输市场外，还有由美国、加拿大组成的北美运输一体化市场，由玻利维亚、哥伦比亚、厄瓜多尔、秘鲁、委内瑞拉等国组成的南美安第斯航空集团，由澳大利亚、新西兰组成的统一的航空运输市场等。

1999年9月12~13日，亚太经贸合作组织（APEC）领导人在新西兰的奥克兰举行非正式会议，发表《奥克兰挑战》声明，明确表示“支持为使航空运输服务更具竞争性所实施的8个步骤，并确认采取进一步的行动促进航空运输服务自由化以符合茂物目标的要求”。这8个自由化步骤涉及：航空承运人所有权和控制权；运价；商务权；航空货物运输；指定多家航空公司；包机服务；航空公司合作协议；市场准入权。APEC虽然规定了其开放和自由化程度的措施应与WTO要求相吻合的原则，但在实质上，上述8项内容已大大超出了WTO《服务贸易总协定》关于航空运输附件的范围，对亚太地区航空自由化的法律制度产生了深刻影响。

总的来讲，目前航空运输自由化实践主要在双边或区域协定框架下进行，WTO《服务贸易总协定》目前仅适用于飞机修理与维护，空运服务出售和营销以及计算机订座系统服务等极小部分，因此，国际航空运输的法律框架在形式上仍未发生根本性变化。当前在国际航空界积极推动航空自由化的主要是航空超级大国——美国。据国际民航组织统计资料，目前已签订的85个航空自由化意义的双边协定中，有2/3是由美国作为签约一方的。美国极力推行国际航空自由化，不仅是由于美国的航空运输企业在国际航空市场上具有寡头垄断的实力，而且还因为航空自由化能在航空器制造业以及航空相关产业方面给美国带来丰厚利润和就业机会。目前，由于美国所推行的航空自由化还没有把发达国家和发展中国家区别对待，以给予发展中国家优惠待遇作为普遍原则，因此，航空自由化还没有形成被普遍接受的多边协议文本。

四、我国航空企业体制的改革问题

航空运输自由化是整个世界经济自由化的一部分，其发展之势已不可逆转，同时，它也是建立市场经济体制的必由之路，所以对我国空运服务将不可避免地产生巨大影响，我国航空运输管理体制也将必然作出根本性革新。改革开放之前，中国民航一直是政企合一。党的十一届三中全会以后，民航业拉开了全面改革的序幕。1980 年 3 月 5 日，国务院、中央军委作出了改变民航领导关系决定，把中国民航局从隶属于军队建制改为国务院直属机构，实行企业化管理。经过二十多年的改革，中国航空运输业和民航体制发生了重大变化。从 1986 年开始，主要进行航空公司和机场分设的管理体制改革。对所属政企合一的北京、上海、广州、成都、沈阳、西安六大地区管理局进行一分为三的改革，先后成立西南、东方、国际、西北、北方和南方六大航空公司；组建了六大机场；成立华北、华东、中南、西南、西北、东北六个地区管理局。对原拥有飞机的民航省、自治区、直辖市管理局和航站进行了改革，把航空运输和通用航空业务从机场分离出来，成立航空公司分公司。此外，将民航原各级管理机构从事的围绕航空主业的服务性业务分离出来，组建了中国航空油料总公司等九家专业性的直属企业。为了充分发挥中央和地方两方面的积极性，从 20 世纪 90 年代开始，相继成立了上海、厦门、海南、四川、深圳等 16 家地方航空公司，作为六大航空公司的补充。

自由化意味着建立市场经济体制，这决定了我国应对民航管理体制与企业制度进行根本性改革。政企不分可以说是我国航空运输管理的最大弊病，作为代表政府行使行业管理职能的中国民航实质上又像是“中国航空运输总公司”，经常行使着民航企业的经营权，使民航业成为中国各种产业中市场化运作较低的部门。同时，管理观念上的落后也是为人诟病的一大弊端，其对行业行使简单的缺乏科学性的管理以及奉行对内严格保护的理念基本上使航空运输管理与对外开放滞于 20 世纪 80 年代水平，而加入 WTO 后，来自 GATS 协议的实施压力以及世界航空运输自由化的潮流将迫使我国航空运输管理体制进行重大改革，必须从传统计划经济管理模式过渡到市场经济管理模式，以制度创新来促使国内航空业第二次飞跃，从而改变以往发展单纯依赖国民经济高速增长而带来的市场自由扩大局面。航空运输自由化是整个世界经济自由化的一部分，是建立市场经济体制的必然要求，但由于世界经济发展的极不平衡，完全实行弱肉强食法则，只能获取适得其反的效果，所以我们应该因势利导，趋利避害，采取正确有效措施应对挑战。而正确有效的措施应体现在国内改革、双边谈判以及多边谈判等方面。

长期以来，我国计划经济体制和政企合一的管理，形成了许多与市场运行极不协调的歧视性规则，主要表现为在国际航线经营、航线使用、航班时刻占用、包机自由等运营权利方面，给予国有直属航空企业、地方航空企业和民营航空公司的待遇是不平等的。随着我国经济转轨和社会转型以及经济的多元化发展，民营航空运输企业必将在我国空运市场乃至国际空运市场的竞争中扮演重要角色。民航当局应当站在维护社会经济运行秩序的高度，消除歧视，为市场竞争创造公平的环境。民航企业重组后，作为国务院的直属部门，民航局不再行使国有资产管理职能，而是由国务院授权，单纯行使行业的宏观经济管理职能，这些职能主要包括安全管理、市场管理、空中交通管理、宏观调控、对外关系等。从形式上看，这些职能与以往民航总局的职能没有很大变化，但是在行使职能的手段上，以往那些以行政命令为纽带直接干预企业经营的管理方式已不适用。在市场经济运行模式下，政府经济管理部门的社会角色应当是游戏规则的裁判员。它在授权的管辖范围内，围绕国家制定的目标，通过宏观的监管和调控，实现国家管理经济的社会功能。

政府宏观政策的调整和企业微观运行体制的变革有力地推动了全球性航空自由化的进程。全球航空自由化的不断推进，进一步加剧了航空运输业的国际竞争。在中国经济融入经济全球化的进程中，航空自由化恐怕也是一种必然选择，但不一定是当前的唯一选择。从长远看，中国的航空市场发展潜力很大，但是，在当前，中国民航的管理体制改革尚未完成，航空市场不规范，市场体系不完备，市场机制在资源配置方面的作用薄弱，这是当前我国航空市场的基本特点。我国的航空运输企业规模普遍偏小，即使是民航企业改革重组后，企业规模也远不具备与国外大公司竞争的实力。国际航空业的自由化潮流，对中国民航的挑战是全方位的，除了企业的竞争实力以外，航空自由化对我国政府宏观管理能力也提出了严峻挑战。随着我国参与国际经济贸易程度的不断加深，未来我国在航空运输领域里的开放范围会越来越大，开放的程度也会越来越高。因此，在空运服务法律的调整问题上，应该本着积极参与、逐步开放的原则来进行。

思考题

1. 比较公共航空运输企业与其他企业的异同。
2. 我国法律规定设立公共航空运输企业有哪些条件？
3. 公共航空运输企业有哪些权利和义务？
4. 什么是航空自由化？对我国有何影响？
5. 涉及航空自由化的国际条约有哪些？

第七章

公共航空运输的法律制度

第一节　公共航空运输的一般规定

一、公共航空运输的概念和分类

（一）公共航空运输的概念

公共航空运输是指公共航空运输企业使用民用航空器经营的旅客、行李或者货物的运输，包括公共航空运输企业使用民用航空器办理的免费运输。它具有以下几个方面的含义：

1. 公共航空运输是使用民用航空器进行的运输

在航空法中，国际上为了统一运输规则，规定除执行军事、海关和警察任务外的航空器都是民用航空器，虽然国家航空器所进行的运输也是航空运输，国际航空法以及各国国内航空法都规定，国家航空器所进行的运输被排除出航空法的适用。

2. 公共航空运输的运输对象是旅客、行李以及货物

航空运输是一种运送行为，使其运送的对象，即标的物发生了实际位移，正如马克思所说"商品在空间上的流通，即实际的移动，就是商品的运输"。因此，标的物发生了实际位移是构成航空运输重要的前提条件。

3. 航空承运人必须是依法设立的企业法人

从国际航空公约和国内法的规定来看，从事公共航空运输的承运人必须是企业法人，这是公共航空运输中"公共"二字的题中应有之义，也是航空运输业安全第一的表现。

4. 公共航空运输的范围

公共航空运输不仅包括以取酬为目的的运输，而且包括使用民用航空器办理的免费运输。如航空运输企业签发免费机票，允许没有购买机票的人乘坐航空器等。

（二）公共航空运输的分类

航空运输分为民用航空运输和非民用航空运输，民用航空运输分为公共航空运输和通用航空运输。公共航空运输从其性质、对象、时间意义以及延伸服务出发，又可以划分为不同的运输类型。

1. 国内航空运输和国际航空运输

从航空运输的性质出发，可以把航空运输分为国内航空运输和国际航空运输两大类。国内航空运输，是指根据当事人订立的航空运输合同，运输的出发地点、约定的经停地点和目的地点均在一个国家境内的运输。国际航空运输，是指根据当事人订立的航空运输合同，无论运输有无间断或者有无转运，运输的出发地点、目的地点或者约定的经停地点之一不在一个国家境内的运输。

2. 航空旅客运输、航空行李运输和航空货物运输

从航空运输的对象出发，可分为航空旅客运输、航空行李运输和航空货物运输。航空旅客运输，是承运人与旅客关于承运人将旅客及其行李安全运输到目的地，旅客为此支付运费的运输。航空行李运输一般和航空旅客运输合为航空旅客及行李运输。航空货物运输是指承运人与托运人关于承运人将托运人托运货物安全运输到目的地，托运人为此支付运费的运输。

3. 定期航空运输和不定期航空运输

从时间意义上划分，航空运输有定期航空运输和不定期航空运输。定期航空运输是指按照公布的时刻由预定的飞行实施、对公众开放的收费运输。不定期航空运输是指飞行时间不固定、时刻不予公布、公众可以乘坐的收费航空运输。不定期航空运输主要指包机运输，所谓包机运输是指民用航空运输使用人为一定的目的包用公共航空运输企业的航空器进行载客或载货的一种运输形式，其特点是包机人需要和承运人签订书面的包机运输合同，并在合同有效期内按照包机合同自主使用民用航空器，包机人不一定直接参与航空运输活动。

4. 空海联运、空陆联运和空陆海联运

从延伸服务看，可以分为空海联运、空陆联运以及空陆海联运。

从法律适用的角度进行分析，公共航空运输的基本分类为国内航空运输和国际航空运输，二者均又包括航空旅客运输和航空货物运输。

二、国内航空运输和国际航空运输

（一）国内航空运输

1. 国内航空运输的概念

国内航空运输是指航空承运人使用民用航空器将旅客实现从运输的始发地、目的地或者约定的经停地全在一个国家境内的位移活动。如我国《民用航空法》第107条第1款规定：“本法所称国内航空运输，是指根据当事人订立的航空运输合同，运输的出发地点、约定的经停地点和目的地点均在中华人民共和国境内的运输。”一次运输是否是国内航空运输，要根据以下几个方面加以判断：

（1）决定航空运输性质的标准，是运输的“始发地点”、“目的地点”和“约定的经停地点”是否均在一国境内，而不是旅客、托运人或承运人的国籍。如上述三点均在一国境内，即为国内航空运输。

（2）确定“出发地点”、“目的地点”和“约定的经停地点”的依据是当事人双方订立的航空运输合同，即双方当事人的事先约定，一般不考虑在实际履行该运输合同过

程中是否因故而实际地改变了航路。

(3) 判断航空运输性质时，不考虑运输有无间断或有无转运。所谓运输间断是指旅客等因故中断运输，转运是指履行航空运输合同过程中承运人发生变换。如我国《民用航空法》第108条规定："航空运输合同各方认为几个连续的航空运输承运人办理的运输是一项单一业务活动的，无论其形式是以一个合同订立或者数个合同订立，应当视为一项不可分割的运输。"

2. 国内航空运输的适用范围

(1) 它适用于公共航空运输企业使用民用航空器所进行的运输活动，不适用于执行军事、海关和警察飞行任务的运输活动。

(2) 它适用于公共航空运输企业经营的航空旅客（含行李）运输、航空货物运输，而不适用于公共航空运输企业以外的任何单位或个人办理的航空运输。

(3) 它适用于公共航空运输企业办理的以取酬为目的的航空运输，即公共航空运输企业办理的商业性运输，不适用于公共航空运输企业所办理的非商业性运输。例如，公共航空运输企业为开辟定期航班的航线而进行的试飞性航空运输；公共航空运输企业在正常营业范围以外所进行的特殊情况下的航空运输，如某航空运输企业的一架飞机发生故障，该企业用另一架飞机为其运送零备件。

(4) 它适用于公共航空运输企业办理的免费航空运输。航空运输企业签发免费机票通常是以此种条件吸引乘客，其目的是为了赢得更大的利益，其实质仍是商业性质，因此，仍要受国内航空法的约束。

(5) 对于一部分使用航空运输方式、一部分使用陆路或水路等其他运输方式办理的多式联运，它仅适用于航空运输部分，不适用于以其他运输方式办理的部分。当然，这并不妨碍当事人各方在航空运输凭证上列入有关其他运输方式的条件。

(6) 它不适用于在没有符合要求的合同情况下办理的运输，包括当事人根本没有签订航空运输合同或者所签订的合同无效。如偷渡人乘机、当事人双方有一方不具有行为能力或者当事人双方对合同有重大误解等情况均属于没有符合要求的合同。

(7) 它不适用于使用民用航空器办理的邮件运输。因邮件运输产生的合同关系，应受有关邮件运输的法律、法规所调整。

(二) 国际航空运输

1. 国际航空运输的概念

国际航空运输根据划分标准不同，可分为公法意义上的国际航空运输和私法意义上的国际航空运输。在公法意义上，《国际民用航空公约》第96条称之为"国际航班"，指经过一个以上国家领土之上的空气空间的航班，可分为定期国际航班和不定期国际航班。私法意义上的国际航空运输是指航空承运人使用民用航空器将旅客实现从运输的始发地、目的地或者约定的经停地在两个以上国家的位移的活动①，又可以分为华沙体制下的国际航空运输和非华沙体制下的国际航空运输。

1929年《华沙公约》第1条规定："……二、本公约所指的'国际运输'的意义

---

① 贺富永．论航空运输中承运人的责任．江苏航空，2001（3）：31.

是：根据有关各方所订的合同，不论在运输中是否有间断或转运，其出发地和目的地是在两个缔约国或非缔约国的主权、宗主权、委任统治权或权力管辖下的领土内有一个约定的经停地点的任何运输。在同一缔约国的主权、宗主权、委任统治权或权力管辖下的领土间的运输，如果没有这种约定的经停地点，对本公约来说不作为国际运输。三、几个连续的航空承运人所办理的运输，如果被合同各方认为是一个单一的业务活动，则无论是以一个合同或一系列的合同的形式订立的，就本公约的适用来说，应作为一个单一的运输，并不因其中一个合同或一系列的合同完全在同一缔约国的主权、宗主权、委任统治权或权力管辖下的领土内履行而丧失其国际性质。”1955 年《海牙议定书》第 1 条规定：“……二、本公约所称‘国际运输’，是指根据各当事人所订的合同约定，不论运输中有无间断或转运，始发地点与目的地点是在两个缔约国的领土内，或者在一个缔约国领土内而在另一个缔约国，甚至非缔约国的领土内有一个约定的经停地点的任何运输。三、运输各方认为几个连续的航空承运人所履行的运输是一项单一的业务活动，无论其形式是以一个合同订立或者一系列合同的形式订立，就本公约的适用而言，应当视为一项不可分割的运输，并不因其中一个合同或一系列合同完全在一个国家的领土内履行而丧失其国际性质。”1999 年《蒙特利尔公约》第 2 条的规定与《海牙议定书》第 1 条的规定是一脉相承的。①

从华沙体制中对国际航空运输的规定来看，《华沙公约》对国际航空运输的规定带有浓厚的殖民主义色彩，《海牙议定书》修订了其带有殖民主义色彩的内容，《蒙特利尔公约》沿用了《海牙议定书》的规定。但是这三个公约对国际航空运输的规定在本质上是一致的。根据上述三个公约的表述，判断是否是华沙体制下的国际航空运输，要注意以下几个方面：

（1）判断国际航空运输的标准，是运输的“始发地点”和“目的地点”是否处于两个或两个以上的缔约国境内，则并兼顾运输的经停地点。如果运输的“始发地点”和“目的地点”处于两个以上的缔约国境内，则是国际航空运输；如果运输的“始发地点”和“目的地点”处于一个缔约国境内，而在另一个缔约国或非缔约国境内有一个“约定的经停地点”，则此次运输也是国际航空运输。

（2）无论此种运输有无间断和转运，只要是符合上述条件的运输，即为国际运输。所谓“间断”，是指在特殊情况下中断运输，如气候、机械故障、军事冲突、劫机等原因而改变事先约定的航程，甚至在非约定的地点降落或下航空器、卸货等情况；所谓“转运”，是指在上述特殊情况下变更航空承运人。在这些情况下，都不丧失其国际性。②

---

① 1999 年《蒙特利尔公约》第 2 条规定：“……二、就本公约而言，‘国际运输’系指根据当事人的约定，不论在运输中有无间断或者转运，其出发地点和目的地点是在两个当事国的领土内，或者在一个当事国的领土内，而在另一国的领土内有一个约定的经停地点的任何运输，即使该国为非当事国。就本公约而言，在一个当事国的领土内两个地点之间的运输，而在另一国的领土内没有约定的经停地点的，不是国际运输。三、运输合同各方认为几个连续的航空承运人所履行的运输是一项单一的业务活动，无论其形式是以一个合同订立或者一系列合同的形式订立，就本公约的适用而言，应当视为一项不可分割的运输，并不因其中一个合同或一系列合同完全在一个国家的领土内履行而丧失其国际性质。”

② 中国民用航空总局政策法规司 . 1999 年《统一国际航空运输某些规则的公约》精解 . 1999：31.

（3）在连续运输的情况下，如果航空运输合同双方当事人约定此次运输为一个单一且为不可分割的运输时，即使在运输过程中某一航段在一个缔约国领土内，仍然是“国际运输”。所谓连续运输，是指几个航空承运人共同办理的运输，一般分为几个航段，不同航段分别由不同航空承运人履行的运输。所谓单一不可分割的运输，其目的地点是指最终目的地点，而不考虑中途有几个经停地点。

无论是缔约国还是非缔约国，在对国际航空运输的界定上基本上都是以华沙体制为立法蓝本。非华沙体制下的国际航空运输，尽管在定义上和华沙体制差别较小，但法律适用却很复杂，可能不仅适用相关国家共同参加或缔结的国际条约，而且还可能适用国际私法的冲突规则来决定其法律适用。本章所指的国际航空运输在没有特别说明的情况下是指华沙体制下的国际航空运输。

2. 国际航空运输的适用范围

根据《华沙公约》《海牙议定书》及《蒙特利尔公约》的规定，国际航空运输的适用范围主要包括以下几个方面：

（1）它适用航空承运人使用民用航空器所进行的运输活动，包括国家直接经营或依法设立的公共机构所从事的国际航空运输。《华沙公约》第 2 条第 1 款规定：“本公约适用于国家或其他法律实体在第一条规定的条件下履行的运输。”《蒙特利尔公约》第 2 条第 1 款规定：“本公约适用于国家或依法成立的公共机构在符合第一条规定的条件下履行的运输。”

（2）此次运输要具有“国际性”。所谓航空运输的“国际性”，是指该次航空运输的始发地和目的地以及约定的经停地点位于两个或两个以上的国家境内。特别对旅客运输而言，关键要看作为运输凭证的客票上所载明的运输始发地、目的地和约定的经停地点。

（3）它适用于所有以航空器运送人员、行李或者货物而收取报酬的国际运输，同样适用于航空运输企业以航空器履行的免费运输。无论是取酬的运输，还是免费的运输，只要经过航空承运人的同意，实质上是和航空承运人之间形成了一种事实上的运输关系，对他们的损害航空承运人应当在国际航空公约的范围内承担赔偿责任。如《华沙公约》第 1 条第 1 款规定：“本公约适用于所有以航空器运送人员、行李或者货物而收取报酬的国际运输。本公约同样适用于航空运输企业使用航空器办理的免费运输。”1999 年《蒙特利尔公约》作了同样的规定。

（4）它不适用于航空承运人正常经营范围之外的在非常情况下进行的运输。一般指执行临时航空救援任务时的运输、为开辟航线而进行的试飞性的运输以及承运人接受其购租的航空器的“接机”运输。1929 年《华沙公约》第 34 条规定：“……不适用航空运输企业为开辟正式航线而进行的试飞性国际航空运输，也不适用于航空承运人正常经营范围之外的在非常情况下进行的运输。”《海牙议定书》第 34 条规定：“……不适用于航空承运人正常经营范围之外的在非常情况下进行的运输。”而《蒙特利尔公约》第 51 条却规定对此情况适用，但“第三条至第五条、第七条和第八条关于运输凭证的规定，不适用于承运人正常业务范围以外的在特殊情况下履行的运输”。

（5）不定期航空运输的适用。华沙体制主要适用的是定期国际航空运输，1929 年

《华沙公约》的规定是针对定期国际航空运输，其间经过了相关司法实践，逐渐形成了不定期航空运输也适用《华沙公约》的观点；1961年《瓜达拉哈拉公约》将其纳入适用范围，1999年《蒙特利尔公约》也明确规定了对不定期航空运输的适用，其第1条规定："本公约同样适用于第五章（非缔约承运人履行的航空运输）规定的运输，除非该章另有规定。"

（6）邮政运输的适用。一般而言，国际航空运输不适用于邮政运输，但是华沙体制下各航空公约的表述不尽相同。1929年《华沙公约》第2条规定："本公约不适用于按照国际邮政公约的规定而办理的运输。"1955年的《海牙议定书》第2条修订为"本公约不适用于邮件和邮包的运输"。1975年《蒙特利尔第四号议定书》对邮政运输的表述为："……二、在邮件运输中，承运人仅根据适用于承运人和邮政当局之间关系的规则，对有关的邮政当局承担责任。三、除本条第二款规定外，本公约的规定不适用于邮件运输。"1999年的《蒙特利尔公约》则与1975年的《蒙特利尔第四号议定书》是一脉相承的。

第二节　航空运输合同

民用航空运输是在航空承运人与消费者之间进行的一种商品交换活动。商品交换是这种运输的经济内容，而航空运输合同则是这类商品交换所必须采取的法律形式。在民用航空运输活动中，航空承运人向消费者提供并完成运送服务，而购买这种商品的消费者则向航空承运人支付相应的价款。

一、航空运输合同的概念及分类

（一）航空运输合同的概念

合同也称为契约，是反映交易的法律形式。我国《合同法》第2条第1款规定，合同是平等主体的自然人、法人及其他组织之间设立、变更、终止民事权利义务的协议。航空运输合同是合同的一种，反映了合同的双方当事人对航空运输产品交易的法律形式，它是指公共航空运输企业与消费者之间，依法就提供并完成以民用航空器运送服务达成的协议。

（二）航空运输合同的分类

航空运输合同依附于航空运输的分类而形成不同的合同形式，航空运输可以分为国内航空运输和国际航空运输，相应地，航空运输合同可以分为国内航空运输合同和国际航空运输合同；还有航空旅客运输合同和航空行李运输合同和航空货物运输合同等。一般把航空运输合同分为国内航空运输合同和国际航空运输合同，又将二者各分为旅客运输合同和货物运输合同。

二、航空运输合同适用的法律基础

在航空运输中，由于航空运输性质不同导致了其适用的法律基础也不同。国内航空运输适用国内法的规定。而就国际航空运输而言，又可以分为华沙体制下的国际航空运输和非华沙体制下的国际航空运输，二者又可以分为航空旅客运输和航空货物运输，它们所适用的法律基础显然不同，其对承运人责任的规定也不尽相同。华沙体制下的国际航空运输所适用的法律主要有国际航空条约、国内法以及航空公司协议；而非华沙体制下的国际航空运输所适用的法律比较复杂，要按照国际私法的一般冲突规则来确定其法律适用。

（一）国际航空条约

目前，调整国际航空运输的法律主要是华沙体制，华沙体制主要法律组成有1929年《华沙公约》及其修订文件，包括1955年《海牙议定书》、1961年《瓜达拉哈拉公约》、1971年《危地马拉城议定书》和1975年四个蒙特利尔附加议定书，还有被称为华沙体制一体化和现代化的1999年《蒙特利尔公约》。

（二）国内法

各国国内航空运输属于各国国内法的调整对象，各国国内法是调整航空运输合同的准据法。就大陆法系国家来看，华沙体制下的国际航空运输适用华沙体制的规定，对华沙体制未作出规定的，由其国内航空法进行调整，然后再由其民法典和商法典分别对国内航空法未予规定的事项进行调整。对于非华沙体制下的国际航空运输和国内航空运输，一般优先适用国内航空法，国内航空法没有规定的，再由国内其他法律进行调整。对于英美法系国家而言，在英国，对于华沙体制下的国际航空运输适用华沙体制和《就定期航班运输中拒绝登机旅客赔偿制度确立的原则》调整，然后适用判例法；对于非华沙体制下的国际航空运输则适用国内法以及冲突规范的规定；国内航空运输则适用本国国内法。在美国，华沙体制下的国际航空运输首先适用华沙体制，然后适用航空法、判例法、消费者权益保护法等；就非华沙体制下的国际航空运输和国内航空运输，则适用各洲的法律或判例法调整。

（三）航空公司协议

在国际航空运输协会的倡导之下，在其会员航空公司之间签署的一系列协议，主要是1966年《蒙特利尔协议》《华盛顿协议》、1995年《国际航空运输协会关于旅客责任的承运人间协议》（又称《吉隆坡协议》，英文简写IIA）和1996年《关于实施国际航空运输协会承运人间协议的措施的协议》（简写MIA）。这其中又以IIA和MIA最为重要。

三、航空运输合同的一般效力

航空运输合同的效力，即指航空运输合同关系中，基于当事人的权利和义务所产生的拘束力。因航空运输合同为双务合同，航空承运人义务即为旅客或托运人的权利，反之亦然。

（一）航空承运人的义务

在航空运输中，航空承运人的主要义务有在航空运输合同订立中的强制性承诺，在约定期间或者合理期间内将旅客、货物安全运到约定地点以及按照约定的航班运送旅客、货物。

1. 在航空运输合同订立中的强制性承诺

订立合同本应遵循自由意志原则，但为了衡平作为弱者的社会公众与往往处于垄断经营地位的公用单位的利益，各国法律常常对这类合同的自由订立方面进行干预。如我国《合同法》第289条规定："从事公共运输的承运人不得拒绝旅客、托运人通常、合理的运输要求。"承运人的强制性承诺义务也是公共航空运输中"公共"二字的题中应有之义。从实际情况看，只要消费者符合航空法中未被限制的情况，航空承运人不可以有自由承诺或不承诺的选择权利。

2. 在约定期间或者合理期间内将旅客、货物安全运到约定地点

航空运输期间是指将旅客或货物运送到目的地所需的时间；航空承运人在运输期间的适当履行，表现为其按照运输合同约定的期间履行其义务和在合理的期间履行运送义务两种情况。航空承运人不能在约定期间和合理期间履行运送义务的，将承担相应的违约责任。航空承运人还负有将客货安全运输到目的地的义务。如果非因法定的免责原因而造成客货损害的，航空承运人应承担相应责任。航空承运人不履行按约定地点运送客货义务，对客货造成损害的，应负担违约责任。同时，航空承运人将货物运送到约定地点后，还负有将货物交付给合同载明或指示交付收货人的义务。如果航空承运人交付对象错误，托运人运输目的落空，对造成的损失，承运人需承担相应的责任。

3. 按照约定的航班运送旅客、货物

所谓约定的航班，是指航空运输合同双方当事人在航空运输凭证上所规定的航班；航班是指飞机按规定的航线、日期、时刻的定期飞行。

（二）旅客、托运人或者收货人支付票款或运费的义务

旅客、托运人或者收货人应当按照约定支付票款或者运费。通常情况下，国内航空运输中，客货运输的票款和运费本身，国家在较长时期内均有稳定的价格，承运人对各种客票的价款应予公告，航空运输合同应当执行统一规定票价和运费，如我国《民用航空法》第97条和《民航国内航空运输价格改革方案》中的规定。① 另外，对客货运输中的杂费，也属于旅客、托运人或收货人应交付款额范围之列。航空承运人未按照通常的路线运输增加票款或者运费的，旅客、托运人或者收货人可以拒绝支付增加部分的票款或者运费。同样，航空承运人未按规定多收的杂费，旅客、托运人、收货人也有权拒付。

四、航空旅客运输合同

（一）航空旅客运输合同的概念和特征

航空旅客运输合同，是指承运人与旅客关于承运人将旅客及其行李安全运输到目的

---

① 我国《民用航空法》第97条规定："公共航空运输企业的营业收费项目，由国务院民用航空主管部门确定。国内航空运输的运价管理办法，由国务院民用航空主管部门会同国务院物价主管部门制定，报国务院批准后执行。国际航空运输运价的制定按照中华人民共和国政府与外国政府签订的协定、协议的规定执行；没有协定、协议的，参照国际航空运输市场价格确定。"中国国家发展和改革委员会与中国民用航空总局2004年联合发布的《民航国内航空运输价格改革方案》中规定，国内航空运价以政府指导价为主，政府价格主管部门由核定航线具体票价的直接管理改为对航空运输基准价和浮动幅度的间接管理。国家发改委会同民航总局，依据航空运输的社会平均成本、市场供求状况、社会承受能力，确定国内航空客货运输基准价和浮动幅度，航空承运人不得违反国家的规定收取票款或运费。

地，旅客为此支付运费的协议。航空旅客运输合同为运输合同的一种，具有如下法律特征：

1. 航空旅客运输合同的标的为运输旅客的行为

在航空运输中，航空承运人使用民用航空器实现旅客在空间上的位移，航空承运人和旅客所指向的共同对象是航空运输行为，故航空旅客运输合同的标的为运输旅客的行为。

2. 航空旅客运输合同为诺成性合同

航空旅客运输合同，其成立一般只须承运人与消费者就提供并完成特定运送服务达成合意，合同便得以成立，客票仅仅是证明合同的成立，双方当事人达成合意，随即就产生了承运人与特定消费者之间相应的法律关系，不需要以客票的交付作为合同成立或生效的条件。所以，航空运输合同为诺成性合同。但也有学者认为，航空运输旅客合同是实践性合同。①

当然，航空旅客运输合同还有其他特点，例如双务合同、有偿合同、格式合同和有名合同等。

（二）航空旅客运输合同的效力

航空旅客运输合同的效力，即指航空旅客运输合同关系中，基于当事人的权利和义务所产生的拘束力。

1. 旅客的义务

在航空旅客运输中，旅客的义务主要有出示有效客票和有效身份证件乘坐航空器，限量携带行李，不随身携带或者在行李中夹带违禁物品等。

（1）出示有效客票和有效身份证件乘坐航空器。我国《民用航空法》第 109 条规定，旅客乘坐民用航空器，应当交验有效客票。《中国民用航空旅客、行李国内运输规则》第 3 条对有效客票和有效身份证件进一步进行了规定。“有效客票”是指票面内容符合旅客乘坐的运送工具的运送时间、区间、班次、座别等情况的由航空运输部门统一规定制作的客票。在航空法中，由于客票只是航空旅客运输合同成立的初步证据，或称为表面证据，因此，旅客客票遗失，未能出示客票，或者客票不符合规定，航空旅客运输合同的存在和效力不受影响。“有效身份证件”指旅客购票和乘机时必须出示的由政府主管部门规定的证明其身份的证件。如居民身份证、按规定可使用的有效护照、军官证、警官证、士兵证、文职干部或离退休干部证明，16 周岁以下未成年人的学生证、户口簿等证件。

（2）限量携带行李。航空旅客运输合同不仅约定将旅客送达目的地，而且要约定将旅客行李随同旅客送达的内容；旅客在运输中应当按照约定的限量携带行李，超过限量携带行李的，应当办理托运手续。如《中国民用航空旅客、行李国内运输规则》第 38 条规定：“每位旅客的免费行李额（包括托运和自理行李）：持成人或儿童票的头等舱旅客为 40 公斤，公务舱旅客为 30 公斤，经济舱旅客为 20 公斤。持婴儿票的旅客，无免费行李额。搭乘同一航班前往同一目的地的两个以上的同行旅客，如在同一时间、

---

① 王利民．民法学．北京：法律出版社，2000：115.

同一地点办理行李托运手续，其免费行李额可以按照各自的客票价等级标准合并计算。构成国际运输的国内航段，每位旅客的免费行李额按适用的国际航线免费行李额计算。”

（3）不随身携带或者在行李中夹带违禁物品。乘机前，旅客及其行李必须经过安全检查。旅客不得随身携带或者在行李中夹带易燃、易爆、有毒、有腐蚀性、有放射性以及有可能危及运输工具上人身和财产安全的危险物品或者其他违禁物品。旅客违反规定的，航空承运人可以将违禁物品卸下、销毁或者送交有关部门。旅客坚持携带或者夹带违禁物品的，航空承运人应当拒绝运输。如我国《民用航空法》第101条第3款规定，禁止旅客随身携带危险品乘坐民用航空器；除因执行公务并按照国家规定经过批准外，禁止旅客携带枪支、管制刀具乘坐民用航空器。

2. 航空承运人的义务

在航空旅客运输中，承运人的义务主要有书面提示旅客、告知旅客、按照客票载明的时间和班次运输旅客、运输过程中对旅客的救助以及安全运送等。

（1）书面提示旅客。航空承运人应当采取必要措施，以书面形式向旅客提示有关运输条件内容的法律义务，包括可能限制承运人对死亡或者伤害，行李毁灭、遗失或者损坏，以及延误所承担的赔偿责任。由于航空运输合同是格式合同，旅客在合同中处于弱势地位，承运人应当向旅客提示有关运输条件内容，向旅客书面提示限制和免除其责任的条款，这也是格式合同的应有之义。如1929年《华沙公约》和1955年《海牙议定书》第3条是采取在运输凭证上列明的方式来提示旅客，1999年《蒙特利尔公约》第3条只规定了以书面形式提示，没有明确提示的具体方式，这主要是为适用运输凭证向多样化、简单化方向发展的客观情况，给承运人一个自由选择的余地。我国《合同法》第39条第1款规定：“采用格式条款订立合同的，提供格式条款的一方应当遵循公平原则确定当事人之间的权利和义务，并采取合理的方式提请对方注意免除或者限制其责任的条款，按照对方的要求，对该条款予以说明。”我国《民用航空法》中规定，国际航空运输客票记载事项中必须有一项声明，此声明就是书面提示。《中国民用航空旅客、行李国内运输规则》第8条和《中国民用航空旅客、行李国际运输规则》第6条中规定客票记载内容要有运输说明事项。

（2）告知义务。航空承运人应当向旅客及时告知有关不能正常运输的重要事由和安全运输应当注意的事项。从2005年2月17日起生效的《欧共体关于航班拒载、取消或延误时对旅客赔偿和帮助的一般规定》（简称欧盟261条例）第14条中对旅客的权利以及承运人的告知进行了详细的规定。① 我国航空法中对此也作出了较为详细的规

① 《欧共体关于航班拒载、取消或延误时对旅客赔偿和帮助的一般规定》规定：“告知旅客权利的义务：1. 运营承运人应保证在值机柜台展示包含如下内容的通知，该通知应是清晰易读的，并且以一种清晰显著的方式。通知内容是这样的：‘如果你被拒载或你的航班被取消或延误至少两小时，请在值机柜台或登机口索要你的权利书，特别是与赔偿（补偿）金和帮助有关的内容。’2. 运营承运人拒载或取消航班，应给受其影响的每位旅客提供一份包含本条例赔偿（补偿）金和帮助内容的书面通知。运营承运人也应向延误至少两小时的旅客提供同样内容的通知。以书面的形式向旅客提供第16条规定的国家指定的机构的联系资料。3. 对于盲人和视力受损的旅客，就本条的规定来说，以合理的备选方式来告知。”

定，如《中国民用航空旅客、行李国内运输规则》第59条规定，航班在经停地延误或取消，无论何种原因，承运人均应负责向经停旅客提供膳宿服务。第60条规定，航班延误或取消时，承运人应迅速及时将航班延误或取消等信息通知旅客，做好解释工作。

（3）按照客票载明的时间和班次运输旅客。对于航空承运人未按客票载明的时间和班次进行运输的，旅客有权要求安排改乘其他班次、变更运输路线以到达目的地或者退票。

（4）运输过程中对旅客的救助。航空承运人在运输过程中，应当尽力救助患有急病、分娩、遇险的旅客。如果航空承运人对患有急病、分娩、遇险的旅客不予救助，因其不作为即可要求其承担民事责任。如《中国民用航空旅客、行李国内运输规则》第55条规定："在航空运输过程中，旅客发生疾病时，承运人应积极采取措施，尽力救护。"

（5）安全运送。航空旅客运输合同生效后，航空承运人负有将旅客安全送达目的地的义务，即在运输中航空承运人应保证旅客的人身安全。如《中国民用航空旅客、行李国内运输规则》第53条和《中国民用航空旅客、行李国际运输规则》第56条对此作出了规定。

（三）航空旅客运输合同的变更和解除

1. 因旅客自身原因导致的变更或解除

航空旅客运输合同成立后，在合同履行之前，旅客因自己的原因不能按照客票记载的时间乘坐的，可以在法定或约定的时间内变更或解除合同，即变更客票记载或办理退票手续。此种变更或解除被称为自愿变更或解除。旅客因自己的原因不能按照客票记载的时间乘坐的，应当在约定的时间内办理退票或者变更手续。逾期办理的，航空承运人可以不退票款，并不再承担运输义务。

2. 因航空承运人的原因导致的变更或解除

因航空承运人的原因导致的客运合同变更或解除，称为非自愿的变更或解除，主要包括两种情况：（1）因航空承运人的迟延运输导致的变更或解除。航空承运人应当按照客票载明的时间和班次运输旅客。航空承运人迟延运输的，应当根据旅客的要求安排改乘其他班次、变更运输路线以到达目的地或者退票。（2）航空承运人擅自变更运输工具引起的合同变更。在客运合同订立后，航空承运人单方变更运输工具的，应视为一种违约行为。航空承运人擅自变更运输工具而降低服务标准的，旅客有权要求退票或者减收票款。航空承运人变更运输工具，提高服务标准的，无权向旅客加收票款。

五、航空货物运输合同

（一）航空货物运输合同的概念和特征

航空货物运输合同是指承运人将托运人交付运输的货物运送到约定地点，托运人支付运费的合同。航空货物运输合同为运输合同的一种，具有如下法律特征：

1. 航空货物运输合同往往涉及第三人

航空货物运输合同由托运人与承运人双方订立，托运人与承运人为合同的当事人，但托运人既可以为自己的利益托运货物，也可以为第三人的利益托运货物。收货人可以是托运人，也可以是第三人。在第三人为收货人的情况下，收货人虽不是订立合同的当事人，但却是合同的利害关系人。在此情况下航空货物运输合同即属为第三人利益订立的合同。

2. 航空货物运输合同以将货物交付给收货人为履行完毕

航空货物运输合同与航空旅客运输合同一样，均是以承运人的运输行为为标的。但是，航空旅客运输合同中承运人将旅客运输到目的地义务即履行完毕；而航空旅客运输合同中，承运人将货物运输到目的地，其义务并不能完结，只有将货物交付给收货人后，其义务才告履行完毕。

3. 航空货物运输合同为诺成性合同

航空货物运输合同，其成立一般只须承运人与托运人就提供并完成特定运送服务达成合意，随即产生承运人与特定托运人之间相应的法律关系，运输凭证仅仅是证明合同成立的一种证据。简言之，航空货物运输合同一般是以托运人交付货物作为承运人履行合同义务的条件而非合同成立的条件。所以，航空货物运输合同为诺成性合同。但也有学者认为，航空运输货物合同为实践性合同。

（二）航空货物运输合同的效力

航空货物运输合同的效力，即指航空货物运输合同关系中，基于当事人的权利和义务所产生的拘束力。

1. 托运人的义务

在航空货物运输合同中，托运人的义务有对货物如实申报，按规定向航空承运人提交审批、检验等文件，对货物或托运行李包装，支付运费、保管费以及其他运输费用以及托运危险品时的义务等。

（1）如实申报。托运人应当对其申报的货物的正确性负责，航空承运人没有检验货物的义务。对因托运人或者以其名义所提供的各项说明和陈述不符合规定、不正确或者不完全，给承运人或者承运人对之负责的任何其他人造成的一切损失，托运人应当对承运人承担赔偿责任，如1929年《华沙公约》第10条、1955年《海牙议定书》第8条的规定。但如果是因承运人或者以其名义在货物收据或者在所指其他方法所保存的记录上载入的各项说明和陈述不符合规定、不正确或者不完全，给托运人或者托运人对之负责的任何其他人造成的一切损失，承运人应当对托运人承担赔偿责任，如1999年《蒙特利尔公约》第10条中对此作出了规定。我国《民用航空法》第117条和1955年《海牙议定书》第8条的规定一致。

（2）按规定向航空承运人提交审批、检验等文件。在航空货物运输中，根据运输货物的种类、性质及国家的计划安排等，有的货物运输需要得到有关部门的批准，有的货物运输需要先经过有关机关的检验方可进行运输。托运人对需要办理审批、检验手续的货物运输，应将办完有关手续的文件提交航空承运人，1929年《华沙公约》第16条、1999年《蒙特利尔公约》第16条以及我国《民用航空法》第123条都有这样的规定。

（3）包装义务。标的物的包装方式与标的物的质量息息相关，如果没有适当的包装方式，即使在交付时符合质量要求的标的物，经过运输，也可能成为不符合质量要求的标的物，从而给买受人造成损失。法律中一般赋予托运人以包装的义务，航空运输中也不例外，航空法中规定托运人在托运过程中负有对货物或托运行李包装的义务，如果由于包装不善造成损失的，承运人不承担赔偿责任。如 1975 年《蒙特利尔第四号附加议定书》第 4 条规定，货物是由于承运人或者其受雇人、代理人以外的人包装货物的，货物包装不良造成的损失，承运人不承担赔偿责任。1999 年《蒙特利尔公约》第 18 条和我国《民用航空法》第 125 条对此也作出了相同的规定。《中国民用航空货物国内运输规则》对此作出了更为详细的规定。

（4）支付运费、保管费以及其他运输费用。在航空承运人全部、正确履行运输义务的情况下，托运人或者收货人有按照规定支付运费、保管费以及其他运输费用的义务。托运人或者收货人不支付运费、保管费以及其他运输费用的，航空承运人对相应的运输货物享有留置权，但当事人另有约定的除外。货物在运输过程中因不可抗力灭失，未收取运费的，航空承运人不得要求支付运费；已收取运费的，托运人可以要求返还。

（5）托运危险物品时的义务。托运人托运易燃、易爆、有毒、有腐蚀性、有放射性等危险物品的，应当按照国家有关危险物品运输的规定对危险物品妥善包装，作出危险物标志和标签，并将有关危险物品的名称、性质和防范措施的书面材料提交航空承运人。托运人违反规定的，航空承运人可以拒绝运输，也可以采取相应措施以避免损失的发生，因此产生的费用由托运人承担。

2. 航空承运人的义务

在航空货物运输中，承运人的义务主要有安全运输、通知以及受托运人的指示处置货物等。

（1）安全运输。航空承运人应依照合同约定，将托运人交付的货物安全运输至约定地点。运输过程中，货物毁损、灭失的，航空承运人应承担损害赔偿责任。如 1929 年《华沙公约》第 18 条规定：“对于任何已登记的行李或货物因毁灭、遗失或损坏而产生的损失，如果造成这种损失的事故是发生在航空运输期间，承运人应负责任。”1971 年《危地马拉城议定书》第 5 条、1975 年《蒙特利尔第四号附加议定书》第 4 条、1999 年《蒙特利尔公约》第 18 条以及我国《民用航空法》第 124 条都作出了类似的规定。

（2）通知义务。货物运输到达后，航空承运人负有及时通知收货人的义务。如 1929 年《华沙公约》第 13 条规定：“除另有约定外，承运人应该在货物到达后立即通知收货人。”1999 年《蒙特利尔公约》第 13 条和我国《民用航空法》第 120 条都规定：“除另有约定外，承运人应当在货物到达后立即通知收货人。”当然，航空承运人只有在知道或应当知道收货人的通讯地址或联系方法的情况下，方负有上述通知义务，如果因为托运人或收货人的原因，如托运人在运单上填写的收货人名称、地址不准确，或者收货人更换了填写地址或联系方式而未告知航空承运人的，航空承运人免除上述通知义务。对于无法交付货物的处理结果，航空承运人应当通知托运人。

（3）接受托运人指示处置货物。托运人在履行航空货物运输合同规定的义务的条件下，有权在出发地机场或者目的地机场将货物提回，或者在途中经停时中止运输，或者在目的地点或者途中要求将货物交给非航空货运单上指定的收货人，或者要求将货物运回出发地机场；但是，托运人不得因行使此种权利而使承运人或者其他托运人遭受损失，并应当偿付由此产生的费用。托运人的指示不能执行的，承运人应当立即通知托运人。承运人按照托运人的指示处理货物，没有要求托运人出示其所收执的航空货运单，给该航空货运单的合法持有人造成损失的，承运人应当承担责任，但是不妨碍承运人向托运人追偿。收货人的权利开始时，托运人的权利即告终止；但是，收货人拒绝接受航空货运单或者货物，或者承运人无法同收货人联系的，托运人恢复其对货物的处置权。1929 年《华沙公约》第 12 条、1999 年《蒙特利尔公约》第 12 条以及我国《民用航空法》第 119 条中都有相同或类似的规定。

3. 收货人的义务

收货人的义务主要有及时提货、支付托运人未付或者少付的运费以及其他费用以及在一定期限内检验货物等。

（1）及时提货。收货人虽然没有直接参与货物运输合同的签订，但受航空承运人、托运方双方签订货物运输合同的约束，收货人应当及时提货，收货人逾期提货的，应当向承运人支付保管费等费用。货物被检查机关扣留或因违章等待处理存放在承运人仓库内，由收货人或托运人承担保管费和其他有关费用。动物、鲜活易腐物品及其他指定日期和航班运输的货物，托运人应当负责通知收货人在到达站机场等候提取。

（2）支付托运人未付或者少付的运费以及其他费用。一般情况下，运费由托运人在发站向航空承运人支付，但如果合同约定由收货人在到站支付或者托运人未支付的，收货人应支付。收货人接收货运单或者货物，应当承担与运输有关所有未付费用的支付责任。除非另有约定，收货人不得被解除支付这些费用的责任，并与收货人承担连带责任。承运人可根据支付费用的情况有条件地移交货运单或者交付货物。

（3）在一定期限内检验货物。货物运交收货人后，收货人负有对货物及时进行验收的义务。收货人提货时，对货物外包装状态或重量如有异议，应当场提出查验或者重新过秤核对。收货人提取货物后并在货运单上签收而未提出异议，则视为货物已经完好交付。检验货物的期限，依据所适用的法律进行，1929 年《华沙公约》第 26 条、1955 年《海牙议定书》第 15 条、1999 年《蒙特利尔公约》第 31 条以及我国《民用航空法》第 134 条中都有对货物检验期限的规定。①

（三）航空货物运输合同的变更和解除

在航空货物运输中，托运人可以按照有关规定要求变更合同，主要是变更到站和收货人或者运回原发站。对托运人的变更要求，只要是符合条件的，航空承运人都应及时

---

① 1929 年《华沙公约》第 26 条规定："一、除非有相反的证据，如果收件人在收受行李或货物时没有异议，就被认为行李或货物已经完好地交付，并和运输凭证相符。二、如果有损坏情况，收件人应该在发现损坏后，立即向承运人提出异议，如果是行李，最迟应该在行李收到后三天内提出，如果是货物，最迟应该在货物收到后七天提出。如果有延误，最迟应该在行李或货物交由收件人支配之日起十四天内提出异议。三、任何异议应该在规定期限内写在运输凭证上或另以书面提出。四、除非承运人方面有欺诈行为，如果在规定期限内没有提出异议，就不能向承运人起诉。"1955 年《海牙议定书》第 15 条对《华沙公约》第 26 条第 2 款进行了修订，修订为："二、发生损失的，收件人应该在发现后立即向承运人提出异议。如果是行李，最迟应该在行李收到后七日内提出；如果是货物，最迟应该在货物收到后十四日提出。发生延误，最迟应该在行李或货物交由收件人支配之日起二十一日内提出异议。"1999 年《蒙特利尔公约》第 31 条和我国《民用航空法》第 134 条所规定的货物检验期间和华沙/海牙体系所规定的一致。

处理，但这种变更要求不得违反国家法律、法规和运输规定，否则航空承运人有权拒绝。同时托运人变更合同时不得使航空承运人或者其他托运人遭受损失，并应当偿付由此产生的费用。对托运人的指示不能执行的，航空承运人应当立即通知托运人，并说明不能执行的理由。

六、航空运输合同的解释

航空运输合同为格式合同，一经消费者承诺与承运人合意，合同即告成立，没有个别磋商的余地。此外，航空运输合同在形式上分离存在，其内容又仅以合同条件的方式予以抽象列举，一般消费者难以得到全面清晰的理解。为了维护消费者权益，在对航空运输合同的条款进行解释时，各国司法审判机关均遵循以下两类原则，即一般解释原则和特殊解释原则。

（一）合同解释的一般原则

这类原则包括探求当事人真意原则、整体解释原则以及参酌交易惯例原则。

1. 探求当事人真意原则

所谓真意，即消费者所认定的承运人内心真实意思的外部表示。探求当事人真意，就是研析承运人意思的客观表示价值。

2. 整体解释原则

整体解释，即不拘泥于航空运输合同的个别文句，而是着眼于合同订立的全过程，结合合同的全部条款对争议点作出解释。在航空条款前后矛盾时，还应参照其目的及经济价值作出解释。

3. 参酌交易惯例原则

交易惯例是在交易过程中形成的、为人们主观上普遍认同、客观上广为遵行的交易规则。交易惯例一经形成，就应成为一种基本理念。参酌交易惯例，即参考航空运输的国际惯例、区域惯例以及行业惯例，解除航空运输合同理解中的歧义。航空运输的国际惯例与区域惯例有国际民航组织“建议采取的措施”、各国法院的司法判例等。航空运输的行业惯例则多见于国际航空运输协会“建议采取的措施”，以及其他国际、区域行业组织及多数承运人制定的规则、规章、运价以及运输条件等。

（二）合同解释的特殊原则

这类原则尤其用于解释格式合同，主要有客观解释原则、限制解释原则以及维护相对人利益解释原则。

1. 客观解释原则

客观解释，即排除承运人以个案的特殊性为依据所作的主观解释，以交易中常人对争议问题所能了解的客观上可能性作为标准，对争议问题作出解释。

2. 限制解释原则

所谓限制解释，就是对航空运输合同中的任意性条款、免责条款，作出有利于消费者的解释。

3. 维护相对人利益解释原则

尤其是在对航空运输合同的内容存在多种解释的可能性时，令制定合同内容的承运人承担由此导致的风险，并采用其中最有利于消费者利益的解释，以消除歧义。我国《合同法》第41条规定："对格式条款的理解发生争议的，应当按照通常理解予以解释。对格式条款有两种以上解释的，应当作出不利于提供格式条款的一方的解释。格式条款和非格式条款不一致的，应当采用非格式条款。"

第三节 运输凭证

运输凭证是指与从事民用航空运输活动相关的凭据，包括客票及行李票、电子客票①、航空货运单、逾重行李票、航空邮运结算单以及退票、误机、变更收费单和旅费证等用于航空运输的凭证。在航空法中，一般将运输凭证分为航空客票、航空行李票以及航空货运单。

一、客票

客票是指由承运人或其代理人填开的被称为"客票及行李票"的凭证，包括运输合同条件、声明、通知以及乘机联和旅客联等内容。客票在航空旅客运输中居于重要地位，无论航空旅客运输合同的成立、生效抑或履行，客票都在其中扮演重要的证据角色。客票可以分为联程客票、来回程客票、定期客票和不定期客票。② 航空客票是记名式的，由会计联、出票人联、乘机联和旅客联组成。③

1929年《华沙公约》和1955年《海牙议定书》均有关于客票的直接规定，并将客票视为运输凭证的一种，我国《民用航空法》也采用该种体例；发展至1971年《危地马拉城议定书》和1999年《蒙特利尔公约》时，"客票"的概念已经消失，取而代之的是

---

① 电子客票是普通纸质机票的一种电子替代产品，换句话说，是一种通过纸票来实现客票销售、旅客乘机以及相关服务的客票方式。电子客票是将客票信息存储在计算机系统的电子客票数据库内，通过对数据库相关信息的全过程处理，实现传统纸制机票的功能（客票发放、管理、销售、使用和结算等）。电子客票并不是"无票"。电子客票实现无纸化、电子化的订票、结算和办理乘机手续等全过程，给旅客带来诸多便利并为航空公司降低成本。对于旅客来讲，它的使用与传统纸质机票并无差别。

民航总局及国家税务局发布的自2006年6月1日起实施的《〈航空运输电子客票行程单〉管理规定》规定："民航电子客票试行使用《航空运输电子客票行程单》（简称《行程单》）作为旅客购买电子客票的付款凭证或报销凭证，同时具备提示旅客行程的作用。试行期为二年。《行程单》采用一人一票，不作为机场办理乘机手续和安全检查的必要凭证使用。"

② 联程客票是指列明有两个（含）以上航班的客票。来回程客票是指从出发地至目的地并按原航程返回原出发地的客票。定期客票是指列明航班、乘机日期和定妥座位的客票。不定期客票是指未列明航班、乘机日期和未定妥座位的客票。

③ 会计联由航空公司的销售部门或销售代理人保存，作为内部业务处理的票证。出票人联由出票人留存。乘机联指客票中标明"适用于运输"的部分，表示该乘机联适用于指定的两个地点之间的运输；乘机联是旅客办理乘机手续的凭证，旅客必须出示具有乘机联和旅客联的机票才为有效机票。乘机联由承运人保存，是承运人和销售代理人之间进行财务结算的凭证。旅客联指客票中标明"旅客联"的部分，旅客联始终由旅客持有，是旅客完成旅行后报销费用的凭证。

"个人的或者集体的运输凭证"，并规定"任何保存其内容的其他方法都可以用来代替出具该款中所指的运输凭证"。由此可见，客票和运输凭证之间已经不再齿唇相依，而逐渐呈分离之势。客票只是运输凭证之一，除此之外，运输凭证还包括行李票、货运单以及任何可保存其内容的其他方法。

（一）客票记载事项

1. 华沙体制的规定

在华沙体制下的各航空条约中，对客票记载事项的规定不尽相同，且有逐渐简化趋势。

1929 年《华沙公约》第二章"运输凭证"第一节"客票"第 3 条规定客票记载事项有五项：（1）出票地点和日期；（2）出发地和目的地；（3）约定的经停地点，但承运人保留在必要时变更经停地点的权利，承运人行使这种权利时，不应使运输由于这种变更而丧失其国际性质；（4）承运人的名称和地址；（5）声明运输应受公约所规定责任制的约束。

1955 年《海牙议定书》对 1929 年《华沙公约》客票记载事项进行了简化，简化后的客票上应载有三项内容：（1）出发地点和目的地点的注明；（2）如出发地点和目的地点均在同一缔约国领土内，而在另一个国家领土内有一个或数个约定的经停地点时，注明至少一个此种经停地点；（3）声明如旅客航程最终目的地点或经停地点不在出发地点所在国家内，华沙公约可以适用于该项运输，且该公约规定在一般情况下限制承运人对旅客伤亡以及行李遗失或损坏所负的责任。

1971 年《危地马拉城议定书》取消了对客票的称谓，取而代之是"个人或集体的运输凭证"和"任何其他方法都可用以代替出具该款中所指的运输凭证"，并规定该运输凭证上应载有：（1）始发地点和目的地点；（2）始发地点和目的地点是在同一缔约国领土内，而在另一国领土内有一个或几个约定的经停地点时，至少载有其中一个此种经停地点。

1999 年《蒙特利尔公约》秉承了 1971 年《危地马拉城议定书》中的规定，增加了替代运输凭证的方法，但"承运人应当提出向旅客出具一份以此种方法保存的内容的书面陈述"。

2. 我国航空法的规定

我国《民用航空法》第 110 条规定，客票应当包括的内容由国务院民用航空主管部门规定，至少应当包括以下内容：（1）出发地点和目的地点；（2）出发地点和目的地点均在中华人民共和国境内，而在境外有一个或者数个约定的经停地点的，至少注明一个经停地点；（3）旅客航程的最终目的地点、出发地点或者约定的经停地点之一不在中华人民共和国境内，依照所适用的国际航空运输公约的规定，应当在客票上声明此项运输适用该公约的，客票上应当载有该项声明。

《中国民用航空旅客、行李国内运输规则》第 8 条第 2 款规定，客票应当至少包括下列内容：（1）承运人名称；（2）出票人名称、时间和地点；（3）旅客姓名；（4）航班始发地点、经停地点和目的地点；（5）航班号、舱位等级、日期和离站时间；（6）票价和付款方式；（7）票号；（8）运输说明事项。

《中国民用航空旅客、行李国际运输规则》第6条规定，客票至少应当包括下列内容：（1）旅客姓名；（2）出票人名称、出票时间和地点；（3）出发地点和目的地点；（4）出发地点和目的地点均在中华人民共和国境内，而在境外有一个或者数个约定经停地点的，至少注明一个约定经停地点；（5）旅客航程的最终目的地点、出发地点或者约定的经停地点之一不在中华人民共和国境内，依照所适用的国际航空运输公约的规定，应当在客票上声明此项运输适用该公约的，客票上应当载有该项声明。

（二）客票变更、退票和客票遗失

1. 客票变更

客票变更是指改变航班、日期、舱位等级等的客票改变。客票变更的原因主要有旅客原因导致的客票变更以及承运人原因导致的客票变更。

根据《中国民用航空旅客、行李国内运输规则》的规定，客票变更的情形及处理措施主要包括以下两个方面：

（1）由旅客原因所导致的客票变更。旅客购票后，如要求改变航班、日期、舱位等级，承运人及其销售代理人应根据实际可能积极办理。由旅客原因所导致的客票变更主要有：① 改变承运人。旅客要求改变承运人，应征得原承运人或出票人的同意，并在新的承运人航班座位允许的条件下予以签转。② 旅客误机。旅客如发生误机，应到乘机机场或原购票地点办理改乘航班、退票手续。旅客误机后，如要求改乘后续航班，在后续航班有空余座位的情况下，承运人应积极予以安排，不收误机费。③ 旅客错乘。旅客错乘飞机，承运人应安排错乘旅客搭乘最早的航班飞往旅客客票上的目的地，票款不补不退。

（2）由于承运人原因导致的客票变更。航班取消、提前、延误、航程改变或不能提供原定座位时，承运人应优先安排旅客乘坐后续航班或签转其他承运人的航班。因承运人的原因，旅客的舱位等级变更时，票款的差额多退少不补。由于承运人原因导致客票变更的情况主要有：① 变更承运人。航班取消、提前、延误、航程改变或不能提供原定座位时，要求旅客变更承运人时，应征得旅客及被签转承运人的同意后，方可签转。② 旅客漏乘。由于承运人原因旅客漏乘，承运人应尽早安排旅客乘坐后续航班成行。③ 旅客错乘。由于承运人原因旅客错乘，承运人应尽早安排旅客乘坐后续航班成行。

《中国民用航空旅客、行李国际运输规则》将变更分为自愿变更和非自愿变更。

（1）自愿变更。自愿变更是指旅客已开始旅行但未到达目的地点前要求改变客票中未使用部分载明的航程、目的地点、承运人、座位等级、航班或者客票有效期。

自愿改变航程，按下列规定办理：① 旅客应当在未到达客票载明的目的地点前提出；② 改变航程后，应当适用原客票第一张乘机联载明的运输开始之日所适用的票价和各项费用；③ 改变航程后的票价和各项费用与原票价和各项费用的差额，应当由旅客支付或者由承运人退还；④ 改变航程后填开新客票的有效期应当与原客票所适用的有效期相同，并从原客票第一张乘机联载明的运输开始之次日零时起计算。

（2）非自愿变更。非自愿变更是指承运人取消旅客已定妥座位的航班，或者取消航班在旅客的目的地点或者中途分程地点降停，或者未能合理地按照班期飞行，或者未能提供事先定妥的座位造成旅客改变航程。

造成旅客非自愿改变航程的原因主要有两个方面，一是根据该规则第 57 条的规定："有下列情况之一的，承运人可以不经事先通知，取消、中断、变更、延期或者推迟航班飞行，并按照本规则第六十条规定办理：① 为了遵守中华人民共和国或者运输过程中有关国家的法律及其他有关规定；② 为了保证飞行安全；③ 承运人无法控制或者不能预见的其他原因。"二是由于承运人的原因造成的，主要有：① 承运人造成旅客已定妥座位的航班取消；② 承运人的航班未在旅客目的地点或者中途分程地点降停；③ 承运人未合理地安排班期时刻飞行；④ 承运人未提供旅客事先已定妥的座位；⑤ 承运人造成旅客错失已定妥座位的衔接航班。

非承运人的原因造成承运人非自愿改变航程变更的处理：① 为旅客安排第一个能够定妥座位的航班或者签转给其他承运人；② 改变原客票载明的航程，安排承运人的航班或者签转给其他承运人，将旅客运送到目的地点或者中途分程地点；③ 可以按规定办理退票；④ 协助旅客安排膳宿、地面交通等服务；⑤ 始发地旅客费用由旅客自理。

由于承运人原因造成的变更的处理：① 为旅客安排第一个能够定妥座位的航班或者签转给其他承运人；② 改变原客票载明的航程，安排承运人的航班或者签转给其他承运人，将旅客运送到目的地点或者中途分程地点；③ 可以按规定办理退票；④ 应当按照承运人规定免费为旅客提供休息场所、饮料、食品、膳宿或者其他承运人认为必要的服务。

2. 退票

由于承运人或旅客原因，旅客不能在客票有效期内完成部分或全部航程，可以在客票有效期内要求退票。

旅客要求退票，应凭客票或客票未使用部分的"乘机联"和"旅客联"办理。退票只限在出票地、航班始发地、终止旅行地的承运人或其销售代理人售票处办理。票款只能退给客票上列明的旅客本人或客票的付款人。

（1）由于旅客原因所导致的退票。由于旅客原因所导致的退票，根据《中国民用航空旅客、行李国内运输规则》的规定主要有免收退票费和收取退票费两种情况。

① 免收退票费。享受免收退票费的旅客主要有：革命残废军人要求退票，免收退票费；持婴儿客票的旅客要求退票，免收退票费；旅客因病要求退票，需提供医疗单位的证明，始发地应退还全部票款，经停地应退还未使用航段的全部票款，均不收取退票费。患病旅客的陪伴人员要求退票，免收退票费。

② 收取退票费。持不定期客票的旅客要求退票，应在客票的有效期内到原购票地点办理退票手续。旅客在航班的经停地自动终止旅行，该航班未使用航段的票款不退。根据国家有关规定不能乘机的旅客，承运人有权拒绝其乘机，已购客票按自愿退票处理。旅客如发生误机，应到乘机机场或原购票地点办理改乘航班、退票手续。旅客误机后，如要求退票，承运人可以收取适当的误机费。由于旅客原因发生漏乘，旅客要求退票，收取退票费。

（2）由于承运人原因所导致的退票。由于承运人原因导致旅客退票主要有三个方面：旅客被强行拒载（指的是航班超售）、航班被取消以及航班被延误。根据《欧共体关于航班拒载、取消或延误时对旅客赔偿和帮助的一般规定》充分考虑保护旅客权利，规定在旅客被强行拒载、航班被取消以及航班被延误时，不仅可以退票，而且还可以获得赔偿和享有受关怀的权利。美国航空法中也有类似规定。《中国民用航空旅客、行李国内运输规则》规定，航班取消、提前、延误、航程改变或承运人不能提供原定座位时，旅客要求退票，始发站应退还全部票款，经停地应退还未使用航段的全部票款，均不收取退票费。由于承运人原因旅客漏乘或错乘，承运人应尽早安排旅客乘坐后续航班成行，如旅客要求退票，不收取退票费。《中国民用航空旅客、行李国际运输规则》第 68 条第 2 款规定，非自愿退票，按下列规定办理：① 客票全部未使用，退还全部已付票款；② 客票已部分使用，从已付票款中扣除已使用航段票款，其余额与从旅行中断地点至目的地点或者下一个中途分程地点并扣除适用的折扣和费用的单程票价相比较，取其高者退还旅客，但所退票款不得超过已付票款的总额。

3. 客票遗失

《中国民用航空旅客、行李国内运输规则》规定，旅客遗失客票，应以书面形式向承运人或其销售代理人申请挂失。在旅客申请挂失前，客票如已被冒用或冒退，承运人不承担责任。定期客票遗失，旅客应在所乘航班规定离站时间一小时前向承运人提供证明后，承运人可以补发原定航班的新客票。补开的客票不能办理退票。不定期客票遗失，旅客应及时向原购票的售票地点提供证明后申请挂失，该售票点应及时通告各有关承运人。经查证客票未被冒用、冒退，待客票有效期满后的 30 天内，办理退款手续。

（三）其他规定

《中国民用航空旅客、行李国内运输规则》规定，客票为记名式，只限客票上所列姓名的旅客本人使用，不得转让①和涂改，否则客票无效，票款不退。

客票的有效期为客票自旅行开始之日起，一年内运输有效。如果客票全部未使用，则从填开客票之日起，一年内运输有效。有效期的计算，从旅行开始或填开客票之日的次日零时起至有效期满之日的次日零时为止。承运人及其代理人售票时应该认真负责。特种票价的客票有效期，按该客票适用票价的有效期计算。由于承运人的原因，造成旅客未能在客票有效期内旅行，其客票有效期将延长到承运人能够安排旅客乘机为止。《中国民用航空旅客、行李国际运输规则》更加详细地对客票有效期延长作出了规定。②

---

① 《中国民用航空旅客、行李国际运输规则》第 8 条规定："客票不得转让。客票不是由有权乘机或者退票的人出示的，承运人可依规定向出示该客票的人提供运输或者退款。承运人对原客票有权乘机或者退票的人，不承担责任。"

② 《中国民用航空旅客、行李国际运输规则》第 11 条规定："因下列原因之一，造成旅客未能在客票有效期内旅行的，承运人应当按规定延长旅客的客票有效期：（一）承运人取消旅客已定妥座位的航班；（二）承运人未在航班经停地点降停，而该经停地点是旅客的出发地点、目的地点或者中途分程地点；（三）承运人未合理地按照班期时刻进行航班飞行；（四）承运人造成旅客错失衔接航班；（五）承运人替换了不同的座位等级；（六）承运人未提供事先已确认的座位。"第 12 条规定："旅客定座时，由于承运人未提供该航班座位，使持有正常票价客票的旅客不能在客票有效期内旅行，承运人应当按规定延长该旅客的客票有效期。"第 13 条规定："旅客在旅途中患病，不能如期完成预定旅行的，承运人应当按规定延长该旅客及其陪同人员的客票有效期。旅客在旅途中死亡，承运人应当按规定延长该旅客陪同人员的客票有效期。"

（四）客票的法律性质

有人认为，客票的法律功能有实体功能和程序功能两个方面。实体功能有：客票是客运合同成立的前提条件；客票是航空运输性质的判断依据；客票是维护交易安全的必要手段。程序功能有：客票是客运合同订立的初步证据；客票是客运合同条件的初步证据。[①] 在航空法中，客票具有初步证据的作用。

1. 客票是旅客与承运人订立航空合同的初步证据

初步证据表达了对事物证据价值的基本肯定，即该事物作为证据的充分性与有效性已达到法院可以据以确认事实并进行裁决的程度。但是，如果对方能提出更为确凿的相反证据，也可将它否定。经过多年的实践，法院在使用客票作证据上很少发生异议的情况。在航空失事机毁人亡而旅客手中的客票灭失时，航空公司都有存根可查。个别情况也有诉讼中客票存根超过 3 年保存期而被销毁时，则只有靠人证来证明合同的存在了。所以，1929 年《华沙公约》第 3 条规定："客票缺如、不符合规定或者遗失，不影响运输合同的存在或者有效，该运输合同仍应受本公约规则的约束。"1955 年《海牙议定书》第 3 条将其修订为："在无相反的证明时，客票应作为载运契约的缔结及载运条件的证据。客票的缺如、不合规定或遗失并不影响载运契约的存在或有效，载运契约仍受本公约规定的约束。"赵维田教授推断认为华沙/海牙第 3 条第 2 款暗示了一个规则，即"客票是构成航空运输合同订立与条件的初步证据"，因为"第 11 条已经有'航空货运单是订立合同、接受货物和承运条件的初步证据'的表述"。[②] 1971 年《危地马拉城议定书》第 3 条规定："凡能记载第一款第（一）、（二）项内容（即客票记载事项）的任何其他方法都可用以代替出具该款中所指的运输凭证；不按照前几款规定办理，不影响运输合同的存在和效力，并仍受本公约规则的约束，包括有关责任限制的规定。"1999 年《蒙特利尔公约》第 3 条第（5）项规定："未遵守前几款（即客票记载事项）的规定，不影响运输合同的存在或者有效，该运输合同仍应当受本公约规则的约束，包括有关责任限制规则的约束。"

我国《民用航空法》第 111 条第 1 款和第 2 款规定："客票是航空旅客运输合同订立和运输合同条件的初步证据。旅客未能出示客票、客票不符合规定或者客票遗失，不影响运输合同的存在或者有效。"

2. 客票还对合同"条件"或"运输条件"具有证据价值

运输合同是一种附和合同，这项合同的条款不是由当事双方谈定或协议的产物，而是由承运人一方拟定标准条款或共同条件，听任用户在订立与否上作出抉择。因此，作为合同"条件"的"共同条件"是一个关键因素，它决定着合同双方的权利与义务。鉴于附和合同这种一方制定合同条件的特征，西方学者常将该合同当事双方地位说成是不平等的，承运人一方常在资源、手段与法律知识等方面居于优势地位，很容易将不公平条款强加给用户。为避免"共同条件"不公平情况，除各国法院用"违反公共政策"的理由宣布其无效外，国际上亦日益采用以立法加以规定的办法。

---

① 孟庆芬．航空客票的法律性质探微．中国民用航空，2006（3）：74-75.

② 赵维田．国际航空法．北京：社会科学文献出版社，2000：308.

作为一种法定“共同条件”，还有另一重重要法律含义，即不论该运输合同当事双方是否知道、同意与接受，都要受它的强制约束。

（五）制裁规则

制裁规则又称惩罚规则，是对某些违背法律强制性规定而加重的负担，使其免除或限制责任的理由消失。航空旅客运输中对承运人的制裁规则经历了从 1929 年《华沙公约》确定到 1971 年《危地马拉城议定书》取消的过程。但我国《民用航空法》中仍然坚持制裁规则。

1929 年《华沙公约》第 3 条规定，在旅客运输中，承运人必须出具客票，承运人接受旅客而不出具客票的，承运人无权援用公约关于免除或者限制承运人责任的规定。

1955 年《海牙议定书》第 3 条将制裁的规定变成了两项：一是承运人同意旅客不经其出票而登机的；二是客票上未规定一项声明，即“旅客航程最终目的地点不在出发地点所在的国家内的，该运输可受华沙公约的约束，在一般情况下，该公约限制承运人对旅客死亡或人身伤害以及行李灭失或损坏所承担的责任”，承运人无权援用责任限额的规定。

1971 年《危地马拉城议定书》又恢复了客票作为运输凭证的“证据”本质，取消了制裁规则；1999 年《蒙特利尔公约》秉承了 1971 年《危地马拉城议定书》的规定，正本清源恢复了客票的“证据”作用，取消了制裁规则。

我国《民用航空法》中仍然坚持着制裁规则，其第 111 条规定的制裁规则根据运输的性质不同而不同。在国内航空运输中，承运人同意旅客不经其出票而乘坐民用航空器的，无权援用国际航空承运人赔偿责任限额的规定；在国际航空运输中制裁规则有两个，一是承运人同意旅客不经其出票而乘坐民用航空器，二是客票上未规定声明的，即“旅客航程的最终目的地点、出发地点或者约定的经停地点之一不在中华人民共和国境内，依照所适用的国际航空运输公约的规定，应当在客票上声明此项运输适用该公约的，客票上应当载有该项声明”，承运人若无记载此项声明，无权援用国际航空运输承运人赔偿责任限制的规定。

二、行李票

行李是指旅客在旅行中为了穿着、使用、舒适或方便的需要而携带的物品和其他个人财物。1929 年《华沙公约》和 1955 年《海牙议定书》将行李分为托运行李和由旅客自行保管的小件个人用品，二者适用不同的责任制度。1971 年《危地马拉城议定书》和 1975 年《蒙特利尔第四号议定书》将行李分为托运行李和旅客随身携带的物品，二者适用同样的法律制度。1999 年《蒙特利尔公约》将行李分为托运行李和非托运行李，二者又适用不同的法律制度。我国航空法中将行李分为托运行李和自理行李。① 另外，还包括旅客随身携带的物品，随身携带物品是指经承运人同意由旅客自行携带乘机的零星小件物品。

① 托运行李是指旅客交由承运人负责照管和运输并填开行李票的行李。自理行李是指经承运人同意由旅客自行负责照管的行李。

从1929年《华沙公约》到1999年《蒙特利尔公约》，行李票经历了一个由有到无的过程，在1999年《蒙特利尔公约》中，行李票已和客票合二为一，简化了运输凭证。我国航空法对行李票的规定也有逐渐取消之势，并规定可以用其他方法取代行李票，如行李牌，行李牌是指识别行李的标志和旅客领取托运行李的凭证。1929年《华沙公约》规定，行李票应备一式两份，一份交旅客，一份归承运人。

（一）行李票记载的事项

1. 华沙体制的规定

1929年《华沙公约》第4条规定行李票应当记载的事项有八个方面：（1）出票地点和日期；（2）出发地点和目的地点；（3）承运人的名称和地址；（4）客票的号码；（5）一项将行李交给行李票持有人的声明；（6）行李件数和重量；（7）根据声明价值的金额；（8）声明运输应受公约规定的责任制度约束。

1955年《海牙议定书》进行了简化，其第4条修订为三个方面：（1）出发地点和目的地点；（2）出发地点和目的地点是在一个缔约国的领土内，而在另一国的领土内有一个或者几个约定的经停地点的，至少注明其中一个此种经停地点；（3）一项声明：航程最终目的地点或经停地点不在出发地点所在国家内，《华沙公约》可以适用于该项运输，且该公约规定在一般情况下限制承运人对行李灭失或损坏所负的责任。

1971年《危地马拉城议定书》又对《海牙议定书》的规定进行了简化，为两项：（1）出发地点和目的地点；（2）出发地点和目的地点是在一个缔约国的领土内，而在另一国的领土内有一个或者几个约定的经停地点的，至少对其中一个此种经停地点的标示。

1999年《蒙特利尔公约》中，取消了对行李票的规定，被客票所吸收，取而代之是行李识别标签。这是由行李本身的人身依附关系性质所决定的，但是取消行李票，并不等于取消了行李运输及相应的赔偿规则，对于托运行李毁灭、遗失或者损坏而产生的损失，还是按照公约的规定进行赔偿。

2. 我国航空法的规定

我国《民用航空法》第112条第1款规定："……除本法第一百一十条的规定外（即客票记载事项），行李票还应当包括下列内容：（一）托运行李的件数和重量；（二）需要声明托运行李在目的地点交付时的利益的，注明声明金额。"

（二）制裁规则

1929年《华沙公约》第3条"承运人无权援用公约关于免除或者限制承运人责任的规定"的内容有四项：承运人接受行李而不出具行李票的；行李票上未载有客票的号码；行李票上未载有行李件数和重量；行李票上未载有声明运输应受本公约规定的责任制度约束。

1955年《海牙议定书》将制裁规则简化为三项：承运人接受行李而不出具行李票的；行李票上未结合或未包括一项声明，即"航程最终目的地点或经停地点不在出发地点所在国家内，《华沙公约》可以适用于该项运输，且该公约规定在一般情况下限制承运人对旅客伤亡以及行李遗失或损坏所负的责任"；未依照"一项声明：航程最终目的地点或经停地点不在出发地点所在国家内，《华沙公约》可以适用于该项运输，且该公约规定在一般情况下限制承运人对行李灭失或损坏所负的责任”的规定，承运人无权援用公约限制承运人对行李赔偿限额的规定。

1971年《危地马拉城议定书》和1999年《蒙特利尔公约》取消行李票制裁规则。

我国《民用航空法》仍然有制裁规则的规定，在国内航空运输中，承运人载运托运行李而不出具行李票的，承运人无权援用国内航空运输有关托运行李赔偿责任限制的规定；在国际航空运输中，承运人载运托运行李而不出具行李票的，或者行李票上未依照“旅客航程的最终目的地点、出发地点或者约定的经停地点之一不在中华人民共和国境内，依照所适用的国际航空运输公约的规定，应当在客票上声明此项运输适用该公约的，客票上应当载有该项声明”的规定声明的，承运人无权援用国际航空运输承运人有关赔偿责任限制的规定。

另外，行李票同样具有初步证据的作用。

三、航空货运单

航空货运单是指托运人或者托运人委托承运人填制的，是托运人和承运人之间为在承运人的航线上承运货物所订立合同的证据。1929年《华沙公约》首次对航空货运单进行规定，1975年《蒙特利尔第四号议定书》第3条修改为航空货运单或者货物收据，1999年《蒙特利尔公约》第4条秉承了《蒙特利尔第四号议定书》的规定。我国航空法中称为“航空货运单”。

（一）航空货运单记载事项

1. 华沙体制的规定

1929年《华沙公约》第8条规定航空货运单的记载事项为17个：（1）货运单的填写地点和日期；（2）起运地和目的地；（3）约定的经停地点，但承运人保留在必要时变更经停地点的权利，承运人行使这种权利时，不应使运输由于这种变更而丧失其国际性质；（4）托运人的名称和地址；（5）第一承运人的名称和地址；（6）必要时应写明收货人的名称和地址；（7）货物的性质；（8）包装件数、包装方式、特殊标志或号数；（9）货物的重量、数量、体积或尺寸；（10）货物和包装的外表情况；（11）如果运费已经议定，应写明运费金额、付费日期和地点以及付费人；（12）如果是货到付款，应写明货物的价格，必要时还应写明应付的费用；（13）声明的价值；（14）航空货运单的份数；（15）随同航空货运单交给承运人的凭证；（16）如果经过约定，应写明运输期限，并概要说明经过的路线；（17）声明运输应受公约所规定责任制度的约束。

1955年《海牙议定书》第6条进行了简化，将航空货运单的内容改为三项：（1）始发地点和目的地点；（2）如始发地点和目的地点在同一缔约国领土内，而在另一国家领土内有一个或者多个经停地点时，至少载有一个此种经停地点；（3）一项声明“如始发地点和目的地点或者经停地点不在始发地点所在的国家内，该项运输有可能受《华沙公约》的约束，一般情况下，该公约限制承运人对货物灭失或者损坏所承担的责任”。

1971年《危地马拉城议定书》对此规定没有作出改动。1975年《蒙特利尔第四号议定书》对航空货运单所载的内容进行了修改，其第3条规定为三项，即航空货运单和货物收据上应当载明：（1）出发地点和目的地点；（2）如出发地点和目的地点在同一缔约国领土内，而在另一国家领土内有一个或者多个经停地点时，至少载有一个此种经停地点；（3）货物重量。

1999 年《蒙特利尔公约》第 5 条的规定为三项，即航空货运单或者货物收据中应当包括：（1）对出发地点和目的地点的标示；（2）出发地点和目的地点是在一个当事国的领土内，而在另一国的领土内有一个或者几个约定的经停地点的，至少对其中一个此种经停地点的标示；（3）对货物重量的标示。

2. 我国航空法的规定

我国《民用航空法》第 115 条规定航空货运单应当记载的事项为三项：（1）出发地点和目的地点；（2）出发地点和目的地点均在中华人民共和国境内，而在境外有一个或者数个约定的经停地点的，至少注明一个经停地点；（3）货物运输的最终目的地点、出发地点或者约定的经停地点之一不在中华人民共和国境内，依照所适用的国际航空运输公约的规定，应当在货运单上声明此项运输适用该公约的，货运单上应当载有该项声明。

《中国民用航空货物国内运输规则》第 11 条规定货运单的基本内容包括 11 项内容，《中国民用航空货物国际运输规则》第 9 条规定货运单的基本内容包括 17 项内容。

（二）航空货运单份数

1929 年《华沙公约》第 6 条规定，托运人应填写航空货运单正张一式 3 份，连同货物交给承运人。第一份注明“交承运人”，由托运人签字；第二份注明“交收货人”，由托运人和承运人签字，并附在货物上；第三份由承运人在接受货物后签字，交给托运人。1955 年《海牙议定书》、1971 年《危地马拉城议定书》、1975 年《蒙特利尔第四号议定书》和 1999 年《蒙特利尔公约》对航空货运单份数的规定和 1929 年《华沙公约》的规定完全一样。

我国《民用航空法》第 114 条规定，托运人应当填写航空货运单正本一式 3 份，连同货物①交给承运人。航空货运单第一份注明“交承运人”，由托运人签字、盖章；第二份注明“交收货人”，由托运人和承运人签字、盖章；第三份由承运人在接受货物后签字、盖章，交给托运人。该三份具有同等法律效力。货运单的副本根据业务需要增减，目前我国国内航空运输暂定附本为 5 份。

（三）航空货运单或货物收据的法律性质

1929 年《华沙公约》第 11 条规定，在无相反证据的情况下，航空货运单是托运人、承运人订立运输合同，接受货物和运输条件的证明；在没有相反的证据时，航空货运单中关于货物重量、尺寸和包装以及件数的说明，都应该被当作是确实的。除非经过承运人和托运人当面查对并在航空货运单中注明经过查对，或者是关于货物外表情况的说明外，关于货物的数量、体积及情况的说明不能构成不利于承运人的证据。1955 年《海牙议定书》加入一款，即“本公约不妨碍签发可转让的航空货运单”。1971 年《危

① 1929 年《华沙公约》第 6 条规定了航空货运单要“连同货物交给承运人”。1975 年《蒙特利尔第四号议定书》和 1999 年《蒙特利尔公约》取消了“连同货物交给承运人”的规定。

地马拉城议定书》未作修改，1975 年《蒙特利尔第四号议定书》第 3 条的规定与 1929 年《华沙公约》第 11 条的规定一样，1999 年《蒙特利尔公约》也没作任何改动。我国《民用航空法》第 118 条对航空货运单证据价值的规定和 1929 年《华沙公约》的规定也完全一样。

上述规定，除了 1955 年《海牙议定书》规定签发可转让的航空货运单外，其他国际公约和国内法的规定都清楚地界定了航空货运单的法律性质，主要有以下几个方面：

1. 航空货运单不是航空货物运输合同

航空货物运输合同是格式合同，其表现形式具有一定的特殊性，采取了分离的书面形式，航空货运单的存在与否，并不影响航空运输合同的实质内容，它只起到初步证据的作用。首先，从航空运输合同的订立过程来看，航空货运单是在运输合同订立以后才签发的。根据我国民用航空总局颁发的《中国民用航空货物国内运输规则》的规定，托运人欲与承运人订立航空货物运输合同，须事先填写“航空运输货物托运书”，承运人在接受了“托运书”及货物后，才填发航空货运单。可见根据我国航空运输实践，“托运书”是托运人向承运人所发出的要约，而接受“托运书”则是承运人的承诺。所以，航空货运单是在航空运输合同订立以后才填发的。如果将航空货运单视为合同，托运人向承运人提交货物的行为便会因意思表示的欠缺而变得毫无意义。因此，航空货运单是在履行航空运输合同中所产生的，旨在证明运输合同及货物接管、承运条件的一种证据。其次，航空货运单对合同的证明只能是一种初步的证明，如果当事人间另有约定，则航空货运单会丧失其对航空运输合同的证明作用。

2. 航空货运单不是在运货物的物权凭证

航空货运单是承运人在接受货物后填写的，证明货物已由承运人接管的证明。航空货运单和提单的法律性质是不同的，提单是一种物权凭证，可以转让、买卖；而航空货运单则不是物权凭证，虽然 1955 年《海牙议定书》规定签发可转让的航空货运单，但在实践中从来没有实行过，航空运输速度快的特点使其丧失了作为物权凭证的意义。有学者认为，现行航空货运单有诸多弊端，主张航空货运单的物权凭证化。①

3. 航空货运单是接受货物和运输条件的证明

在航空运输中，航空货运单正本一式 3 份，第三份由承运人签字，交给托运人。在没有相反证据的情况下，证明承运人已经接受了货物；但是承运人如果有证据证明的确没有收到货物，则可以推翻航空货运单的证明力，所以，航空货运单只是“初步证据”，而非最终证据。

航空货运单也是运输条件的证明。航空货运单所证明的承运条件包括了明示的承运条件及默示的承运条件两部分。明示的承运条件包括了记载于航空货运单上的条件，如双方约定的经停地点、运费等内容。而默示的承运条件则非常广泛，它包括了承运人所保留的、在紧急情况下改变经停地点的权利，托运人不得在普通货物中夹带危险品的承诺等。

---

① 黄力华教授认为现行航空货运单有诸多弊端，体现在：妨碍了空运单的流通转让，不便于国际贸易的发展，对买方的保护不力，空运单与国际贸易结算间存在冲突；并主张将空运单物权凭证化。详见黄力华．空运单法律问题研究．西南民族学院学报：哲学社会科学版，2000（10）：123-125.

4. 在没有相反的证据时，航空货运单中关于货物重量、尺寸和包装以及件数的说明都应该被当作是确实的

如前所述，航空货运单是由托运人填写，或者即使由承运人填写，也是根据托运人或其受雇人或代理人所提供的资料，以托运人的名义填写并要求其签字确认，应该说是托运人的单方行为，不能构成与所述事实相符的最终证据，而只能是初步证据。除非经过承运人和托运人当面查对并在航空货运单中注明经过查对，或者是关于货物外表情况的说明外，关于货物的数量、体积及情况的说明不能构成不利于承运人的证据。对货物的说明和陈述是托运人的单方行为，不能构成与所述事实的最终证据，否则对于承运人是不公平、不合理的，因而此种证据的证据力是初步的。

（四）制裁规则

1929 年《华沙公约》第 9 条规定："如果承运人接受货物而没有填写航空货运单，或航空货运单没有包括第八条（一）至（九）和（十七）各项，承运人就无权引用本公约关于免除或限制承运人责任的规定。"

1955 年《海牙议定书》第 7 条规定的制裁规则有两个方面：一是承运人同意未经填具航空货运单而将货物装上航空器的；二是航空货运单未依照"对托运人的声明：始发地点和目的地点或者经停地点不在始发地点所在的国家内，该项运输有可能受华沙公约的约束，一般情况下，该公约限制承运人对货物灭失或者损坏所承担的责任"声明的，承运人无权援用对货物赔偿限制的规定。

1971 年《危地马拉城议定书》、1975 年《蒙特利尔第四号议定书》和 1999 年《蒙特利尔公约》取消了制裁规则。

我国《民用航空法》中仍然坚持着制裁规则，在国内航空运输中，承运人同意未经填具航空货运单而载运货物的，承运人无权援用国内航空运输有关赔偿责任限制的规定；在国际航空运输中，承运人同意未经填具航空货运单而载运货物的，或者航空货运单上未依照"货物运输的最终目的地点、出发地点或者约定的经停地点之一不在中华人民共和国境内，依照所适用的国际航空运输公约的规定，应当在货运单上声明此项运输适用该公约的，货运单上应当载有该项声明"规定声明的，承运人无权援用国际航空运输有关赔偿责任限制的规定。

第四节 承运人的责任

在航空运输中，一旦发生事故，造成旅客的人身伤亡或者行李、货物的灭失损坏，其民事责任如何解决，是人们最为关心的问题。民事责任制度在航空运输领域就体现为航空运输承运人的责任制度。1919 年《巴黎航空管理公约》缔结后不久，1925 年在法国政府倡议下，在巴黎召开了第一次航空私法国际会议，讨论统一国际航空运输的民事规则问题。由此次会议产生的航空法专家国际技术委员会花了三四年的工夫，集中精力议定一部国际统一的航空民事责任法典。终于于 1929 年在华沙第二次航空私法国际会议上通过缔结了《华沙公约》。七十多年过去了，1929 年《华沙公约》所确立的规则

在当今依然盛行于世。究其原因就是其近乎完美的制度设计，特别是关于承运人的责任制度。之后经历了数次补充与修订，不断地完善和发展，其核心主要是围绕着承运人的责任来进行，特别是承运人赔偿责任的数额。被称为华沙体制现代化和一体化的1999年《蒙特利尔公约》，对承运人责任制度进行了全面规定，也是对1929年《华沙公约》关于承运人责任制度的延续和刷新。可见，航空运输承运人的责任制度是航空私法的核心内容。

一、国际航空旅客运输中承运人的责任

（一）承运人对旅客损害赔偿的范围

1. 一般规定

1929年《华沙公约》第17条规定："对于旅客因死亡、受伤或身体上的任何其他损害而产生的损害，如果造成这种损害的事故是发生在航空器上或上、下航空器过程中，承运人应负责任。"1971年《危地马拉城议定书》第4条规定："一、因发生在航空器上或者旅客上、下航空器过程的事件，造成旅客死亡或者人身伤害的，承运人应当承担责任。……"1999年《蒙特利尔公约》第17条规定："旅客死亡和伤害-行李损失：一、对于因旅客死亡或者身体伤害而产生的损失，只要造成死亡或者伤害的事故是在航空器上或者在上、下航空器的任何操作过程中发生的，承运人就应当承担责任。……关于非托运行李，包括个人物件，承运人对因其过错或者其受雇人或者代理人的过错造成的损失承担责任。……"我国《民用航空法》第124条的规定主要是参照1971年《危地马拉城议定书》第4条的规定所制定的。

根据上述规定，可以看出，在国际航空旅客运输中，承运人对旅客损害赔偿的范围包括：旅客的死亡所造成的损害，旅客的受伤所造成的损害，非托运行李所造成的损失以及延误所造成的损失。但是，旅客的损害中是否包括精神损害呢？这是学者们对华沙体制下旅客损害构成争议最大的一个问题。

2. 精神损害

在1929年《华沙公约》签订时，"精神损害"这一概念尚未得到世界各国的认可，得到当时法学家们所认可的只是身体上的、肉体上的伤害。从当时对精神损害问题有规定的1896年《德国民法典》和《瑞士民法典》中的规定来看，也基本上是对侵权行为所产生的非物质损害的赔偿。① 自20世纪50年代以来，随着精神损害问题逐渐受到重

---

① 《德国民法典》第823条规定："因故意或过失不法侵害他人的生命、身体、健康、自由、所有权或其他权利者，对被害人负损害赔偿的义务。"第847条规定："1. 不法侵害他人的身体或健康，或侵夺他人自由者，被害人所受侵害虽非财产上的损失，亦得因受损害，请求赔偿相当的金额。2. 前项请求权不得让与或继承，但请求权已以契约承认或已发生诉讼拘束者不在此限。""对妇女犯有违反不道德的罪行或不法行为，或以诈欺、威胁或滥用从属关系，诱使妇女允诺婚姻以外的同居者，该妇女享有与前项相同的请求权。"上述规定，包括了侵害人身权的财产损害和无形损害的两项赔偿制度。

《瑞士民法典》对人格权的保护作了原则性的规定，新《债法》第55条规定："由他人之侵权行为，于人格关系上受到严重损害者，纵无财产损害之证明，裁判官亦得判定相当金额之赔偿。"第49条第2款规定："人格关系受到侵害时，对其侵害情节及加害人过失重大者，得请求抚慰金。"瑞士民法对精神损害赔偿制度的规定，明确包括两部分，即精神利益的损害赔偿制度和精神创伤的抚慰金赔偿制度，对物质性人格权侵害的抚慰金赔偿制度，包括在后者之中。

视，有些学者和法官开始对《华沙公约》第 17 条所规定的损害提出质疑，希望通过各种方式来证明《华沙公约》所规定的旅客的损害包括精神损害。

循着学者们对“精神损害”赔偿问题争论的轨迹，大致可以将此争论划分为三个阶段，第一阶段：从 1929 年《华沙公约》的签订到 1971 年《危地马拉城议定书》的签订，其争论焦点是《华沙公约》第 17 条的旅客的损害是否包括精神损害？第二阶段：从 1971 年《危地马拉城议定书》的签订到 1999 年《蒙特利尔公约》的签订，争论的焦点是什么样的精神损害应当是《华沙公约》第 17 条的旅客的损害并应当获得赔偿？第三阶段，从 1999 年《蒙特利尔公约》签订到现在，争论的焦点是单纯的精神损害是否应当获得赔偿？

（1）第一阶段：从 1929 年《华沙公约》的签订到 1971 年《危地马拉城议定书》的签订。在这一阶段，对精神损害是否包括在《华沙公约》第 17 条中旅客的损害的争论只是理论上的争论。该公约签订以后，在对旅客的赔偿方面，其第 17 条中除“旅客死亡、受伤”外还加上了“其他人身伤害”，那么“其他人身伤害”是否包括精神伤害？“人身伤害”在《华沙公约》唯一正式文本中为法文“Lesion Corporelle”；在法文中，找不到这个词的确切解释，而且在法国的相关司法判决中，也没有准确地界定其包括精神伤害。于是，围绕着法文版的“人身伤害”就展开了激烈的争论。有人认为此处的损害不包括精神损害，有人持对立观点认为包括精神损害。

大多数学者认同第一种观点，他们之所以这样认识《华沙公约》第 17 条的规定，是基于如下的理由：首先，从条文本身看，《华沙公约》第 17 条的损害只能是身体上或肉体上的损害，不能对此作人为的扩大解释；其次，从《华沙公约》当时所订立的历史环境来看，对第 17 条的解释也只能是身体伤害，因为在当时，无论大陆法系国家还是英美法系国家均没有对“精神伤害”作过任何规定，立法者们所认可的只是身体上的、肉体上的伤害。

自 20 世纪 50 年代以来，随着“精神损害”问题在发达国家逐渐受到重视，世界上部分学者和法官也开始提出：《华沙公约》中的损害不仅仅只包含身体上、肉体上的伤害，而且还应当包括精神损害。首先，《华沙公约》是历史的产物，虽然当时由于大陆法系国家还是英美法系国家均没有对“精神伤害”作过任何规定，但是“伤害”一词本身就应当包括精神损害的。其次，《华沙公约》是一个开放的法律体系，并没有禁止、也没有排除后人对其进行修改和修订，允许各国法院对此作扩大的解释。将精神损害也视为一种损害，才是符合《华沙公约》立法者的立法宗旨的。最后，在个别航空旅客运输案件的审理中，法官对《华沙公约》第 17 条中的身体伤害一词作了新的解释，将其解释成“法律所认可的伤害”。精神损害虽然在 20 世纪 50 年代不是一种为法律所确认的伤害，但 20 世纪 50 年代以后又演变成一种法律所认可的伤害，因此《华沙公约》中的损害是包括了精神损害的。①

以上两种对立观点的争论都有其一定的合理性，它们都触及了国际航空运输中的一

① 黄力华．国际航空旅客运输中旅客的“损害”．中国航空法学研究，2002（1）：2.

个敏感的问题，这个问题直接关系到旅客的切身利益和承运人的经济效益。① 在后来的司法实践中，法官们创造性地对《华沙公约》第 17 条中的“其他人身伤害”进行了诠释。

（2）第二阶段：从 1971 年《危地马拉城议定书》的签订到 1999 年《蒙特利尔公约》的签订。第一阶段的争论为第二阶段的争论提供了理论上的基础，而且在这一时期，精神损害赔偿问题得到了普遍的确认，并且航空运输的风险已经减少。1971 年《危地马拉城议定书》签订，将“身体伤害”改为“人身伤害”，从国际航空法的发展进程和各国司法实践来看，“人身伤害”一词应当包括精神伤害在内。从理论上说，它不仅包括与身体伤害相关联的精神损害，而且还包括由身体伤害所导致的精神伤害，甚至还可能延伸至单纯的恐惧、害怕、惊恐、歧视、诽谤和诋毁等。这一阶段，从学者们的观点和司法实践来看，普遍认为旅客的损害应当包括由身体伤害所导致的精神损害，但也有学者和司法判决认为，应当包括单纯的精神损害，而不需要以身体伤害作为前提。

由身体伤害所导致的精神损害应当包括在《华沙公约》的旅客损害构成中。这从相关国家司法实践中可以看出。1973 年著名的罗斯曼诉泛美航空公司案，罗斯曼在诉讼中指出：首先，由于自己是犹太人，因此在整个被扣为人质期间她都异常紧张，担心由于身份暴露而危及自己和两个孩子的安全，她事后患上了抑郁症，并因此接受了心理治疗，她的两个孩子也因过度紧张而出现了睡眠障碍等不正常情况。其次，由于长期处于高温状态，加之饮水和食物供应不足，她和两个孩子都出现了严重失水现象。最后，由于缺乏必要的清洁条件，她和两个孩子都出现了皮肤瘙痒等不良状况。美国法院审理该案后认为：《华沙公约》所规定的损害应当是一种可触摸到的（palpable）、可探知的（tangible）伤害。法官甚至还提出：假如罗斯曼女士因瘙痒而抓挠皮肤导致皮肤受伤的话，罗斯曼所主张的精神损害就能得到支持。

在 1993 年的东方航空公司诉弗洛依德案中，飞行中飞机 4 台发动机有 3 台停车，机长通知全体旅客做好迫降准备，后又有 2 台发动机恢复工作，飞机安全地迫降在迈阿密机场。事后，弗洛依德等人以自己精神受到极度惊吓（panic，trauma）为由起诉东方航空公司，要求其承担赔偿责任，在案件的一、二审判决中，法官均判决东方航空公司承担赔偿责任，东方航空公司上诉至美国联邦最高法院，法官马歇尔最终得出结论：“单纯的精神损害赔偿不属于《华沙公约》第十七条所规定的伤害。”这从实证主义角度发展和解释了《华沙公约》。澳大利亚、以色列、英国和新西兰等国法院的司法判决也基本上遵循这一原则。

这一时期的航空法学界和各国的司法判决中，基本上都达成了一个共识，即单纯的精神损害赔偿不属于《华沙公约》第 17 条中所述的伤害。由于人身伤害所导致的精神伤害，应当获得赔偿，但也并不是所有身体伤害都会必然造成精神损害。如 1989 年的洛克比空难中，专家的证词表明：爆炸发生时，飞机正处于接近 1 万米的巡航高度，炸

① Anthony Mercer. Liability of Air Carriers for Mental Injury under the Warsaw Convention. AIR & SPACE LAW, 2003-06, XXVIII/3: 149.

弹爆炸使得飞机在瞬间解体，在1万米的高空，气温已低于摄氏零下50度，而空气也异常稀薄，在这种环境中，缺乏保护装备的人员几乎会立即丧失意识并死亡，后泛美航空公司没有对旅客的精神损害承担赔偿责任。对于医学证据所证明的单纯精神伤害，譬如大脑损害、中枢神经系统等的单纯损害，是不赔偿的。① 但对在飞机坠毁时旅客死亡前所遭受的精神极大痛苦（pre-death suffering）也应当赔偿。②

（3）第三阶段：从1999年《蒙特利尔公约》签订到现在。由于1999年《蒙特利尔公约》的签订，人们对身体伤害中是否包括精神伤害的争论应当告一个段落，因为单纯的精神损害不适用于《蒙特利尔公约》的规定。但人们为了使旅客单纯的精神损害获得赔偿还在寻找着证据，持“希望”的观点，即希望单纯的精神损害进入公约的调整。

到目前为止，对于精神损害问题，普遍形成的观点是：第一，旅客的损害应当是能够明显观察到的、可触摸的伤害，这种损害所引起的精神损害应当也是损害的范围，事故或事件而导致的精神损害是人身伤害的一部分，由于它是人身伤害所导致的，应当获得赔偿。第二，由于精神损害导致了人体某些器官的失调，如呕吐、脑组织被破坏、中枢神经系统的被破坏等，目前还找不到赔偿的依据。第三，非旅客由于飞行中的事故或事件受到的精神损害是否赔偿？非旅客由于飞行中的事故或事件受到的精神损害主要包括两个方面：一是和飞行中的事故或事件没有任何直接关系的第三人，例如，某人看见飞机坠毁，以至于在以后的生活中导致了严重的精神伤害；二是旅客的近亲属，听到或看到旅客在事故或事件中死亡而遭受的精神痛苦所导致的严重的精神伤害。对于第一种情形，根据现有的司法判决和学者们的观点，是不予赔偿的。对于第二种情况，法院的判决和学者们的意见是，应当给予赔偿。但对近亲属的范围作了界定，即“这些伤害能够被合理地预见；而且在死亡者和代理人之间必须是最接近的；这个接近的联系的基础是由于爱情和感情，在一个人的受伤或死亡和次要的牺牲者之间的联系必须是要被证明的（并不限于丈夫妻子和父母子女之间的联系）；而且原告必须是直接目睹了事件，而不是从第三者处听说的”。③ 在2003年英国的一个的司法判决中，法官也承认了这一点。④ 第四，对于医学上能够证明的精神损害持“希望”的观点，即希望医学上证明的单纯的精神损害能够获得赔偿。

---

① 如有的法官认为：单纯的大脑损害、中枢神经系统的伤害以及随后的痛苦所造成的失调（Post Traumatic Stress Disorder，缩写为PTSD），是看不见的、不可触摸的，因此，它不是人身伤害。

② 大韩航空KE007号航班中，死者家属向美国法院提起的诉讼中要求航空公司对旅客死亡前所蒙受的痛苦承担责任，法院支持了这一要求。2001年发生的9·11恐怖袭击事件中，被劫持的客机分别撞上世界贸易中心和五角大楼，造成旅客全部死亡，旅客死亡前也蒙受了濒临死亡前的痛苦，承运人在赔偿其因死亡而造成的损害的同时，还要对旅客们濒临死亡前所蒙受的痛苦承担赔偿责任。

③ Anthony Mercer. Liability of Air Carriers for Mental Injury under the Warsaw Convention. AIR & SPACE LAW, 2003-06, XXVIII/3: 155.

④ 2003年3月28日，英国高院裁决13名当地的Hertfordshire villiage of Great Hallingbury居民由于目睹了1999年12月的一架韩国航空公司的货运飞机在从Stanstead机场起飞不久发生了坠毁，导致居民心理伤害和痛苦的主张是在英国1982年《民用航空法》范围内的。西蒙法官认为关于本案对“物质损失或物质损坏”没有限制于肉体损失或损害。

我国司法判决也承认由身体伤害造成的精神损害应当给予赔偿。陆红诉美国联合航空公司国际航空旅客运输损害赔偿纠纷案中，上海市静安区人民法院于2001年11月26日判决：人身伤害的损害赔偿，应以实际造成的损失为依据。由于美联航的行为给陆红造成了一定的身体与精神上的痛苦，陆红请求美联航赔偿精神抚慰金，亦应允许。被告美联航于该判决生效之日起10日内，赔偿原告陆红的护理费人民币7 000元、误工费人民币105 877.50元、伤残补偿费人民币18.6万元、精神抚慰金人民币5万元。

（二）承运人的责任期间

1. 一般规定

在航空运输中，承运人对旅客的责任期间一般被规定为三个方面，即旅客在航空器上、旅客上航空器的过程中和旅客下航空器的过程中。如1929年《华沙公约》第17条将承运人的责任期间规定为“旅客在航空器上，或上、下航空器的操作过程中”。1999年《蒙特利尔公约》第17条规定：“对于因旅客死亡或者身体伤害而产生的损失，只要造成死亡或者伤害的事故是在航空器上或者在上、下航空器的任何操作过程中发生的，承运人就应当承担责任。”

2. 责任期间的标准

对于“在航空器上”人们的理解是没有什么差异的，而对于什么是上、下航空器的操作过程，及该过程开始于何时、终结于何时人们的认识则有很大的差异。在原来提交给1929年华沙会议讨论的公约草案中，也曾借鉴了海商法在划清责任范围上的“门到门”标准，即“从……进入始发地机场起，到离开抵达地机场止”。这个案文虽界限分明，但范围太宽。巴西代表指出，机场是个公共场所，有人在餐厅吃饭，有人散步等，怎么让承运人对这些活动都承担责任呢？英国代表丹尼斯指出：“这是一个责任从何时开始，运输合同从何时开始履行的实体法规则问题，不是简单的措辞问题。”会议争论很久，拿不出个好办法。例如，若从窄定义，如巴西方案以登上与走出飞机为准，有人就反对说，当旅客在登机舷梯上受到伤害又当如何？“舷梯并不是飞机的一部分。”连足智多谋的法国代表里佩尔也认为，旅客不同于货物，他是自主行动的，“可能出现各种情况，要拟出一个概括各种情况的准确模式是不可能的”。最后决定采取现有的条文，所说“任何一个阶段”正是将类似发生在舷梯上的情况考虑进去的措辞。后来实践证明，《华沙公约》第17条对承运人责任范围的含糊措辞有一个好处，即为后来适应机场结构变化情况，提供了灵活解释的可能性。① 在司法实践和学者们的解释中，争议较多是对登机过程。随着司法实践的发展和学者们的解释的不断深入，对“上、下航空器的任何操作过程中”的标准逐渐形成了以下这几个标准，即活动性质、控制、位置等标准。

（1）活动性质。即旅客是否属于登机性质，要看旅客是否正在登机，并且旅客应处于动态的行为过程中，不能是静态的事实和状态。② 旅客办理好登机手续而在候机楼等候登机不属于旅客上航空器的过程。

---

① 赵维田．国际航空法．北京：社会科学文献出版社，2000：322.

② 中国民用航空总局政策法规司．1999年《统一国际航空运输某些规则的公约》精解．1999：121.

（2）位置。一般把这种以受伤旅客当时所处地点或位置来划分上下机过程的主张理解为，事故发生的区域应当是在该承运人为旅客登机或下机的目的而专门使用的特定化的区域，不包括当时供其他承运人或其他单位使用的公用区域或公共场所。但在司法判决中各国法院对位置标准解释不一，如法国法院从窄解释①；德国法院认为，当要求旅客从候机厅去登机时，承运人的责任就开始了，主张从宽；美国法院倾向于承运人对候机楼发生的事故不承担责任，除非旅客在承运人的控制之下，当旅客在候机楼受到伤害时，承运人不承担责任。但在具体的司法实践中，法院的解释也不一。②

（3）控制。在判断旅客是否是“上、下航空器的任何操作过程中”，控制因素具有决定性作用。即旅客是否处于承运人的指导、照料或控制之下，如果旅客处于承运人的指导、照料或控制之下，这时承运人的航空运输义务已经开始履行，承运人就应当承担责任。

对于下机过程的判断，一般认为是旅客从飞机上下来，脱离承运人的控制，到达机场的安全地带。如在1971年麦克唐娜案中，美国法院就认为“下机阶段似乎结束于从飞机上下来并进入航空站建筑的安全地带”。

另外，对于“在航空器上”的期间应包括在出发地登机到预定目的地下机的全过程。如在劫机中旅客被扣做人质，并被转移到飞机以外其他场所，司法判决中也将其视为“发生在航空器上”。

（三）事故

华沙体制下的各国际航空公约规定，因发生在航空器上或旅客上、下航空器过程的事故/事件，造成旅客损害的，承运人应当承担责任。

除了1971年《危地马拉城议定书》使用“事件”一词外，华沙体制下的其他公约均使用“事故”一词。“事故”与“事件”，内涵和外延都不同，在决定承运人是否负责的问题上有着重要的意义。一般而言，“事件”的范围要比“事故”宽泛得多。

---

① 在Bibabcea诉Air France案中，旅客已经经过了海关，在国际隔离厅候机时跌倒。法国法院审理认为，当跌倒发生时，还没有开始登机，旅客不在承运人的控制之下，运输合同还没有开始，承运人不承担责任。法国著名判例马赫诉法航案中，原告下机后，由乘务员领路步行穿越停机坪。在走进候机楼的时候，恰逢那儿正在修理工程，只好绕道而行。在绕道行走中不慎跌进地下管道坑口而受伤。几经反复之后，法院认为，《华沙公约》仅适用于会遭受航空风险的区域，而该旅客致伤的位置已无航空风险，不属于“下机过程的任何一个阶段”范围。

② 代伊诉环球航空公司案特别具有代表性，主张从宽。在该案中，代伊准备搭乘环球航空公司的飞机从希腊的雅典飞往美国。代伊在环球航空公司柜台办完换票及行李托运手续后，便在候机厅等待登机。稍后，环球航空公司广播通知全体旅客在环球航空公司登机口外分男女排成两队，以便接受希腊警方的安全检查。但就在部分旅客接受了安检并开始登机时，恐怖分子向排队等待安检的人们投掷手榴弹并开枪扫射。恐怖袭击使正在等待安检的代伊等人死亡。事后代伊的亲属向法院提起诉讼，要求环球航空公司承担责任。在诉讼中，环球航空公司以恐怖袭击事件发生在候机厅这样一个“公共区域”为由，认为恐怖袭击事件不是发生在“上、下航空器的操作过程中”，因此主张自己不承担责任。代伊案中纽约南区联邦法院与第二巡回上诉法院认为，现代航空固有风险已扩大，应将“恐怖分子袭击航空站”包括在内。“《华沙公约》制定者们希望创制的是一种能包括全部航空风险的责任规则体制”，而“自1929年以来，航空风险已以他们所未料到的方式大大变化了。航空旅行风险一度只限于空难，现在不幸要包括雅典袭击这类恐怖行为在内。这次事件说明，这种新风险常常扩散到候机大厅以内”。此案也催生了“三重标准说”，即活动性质、控制和位置。

美国纽约南区曾有个案子，主张从窄。有个旅客没有看见“系紧安全带”的信号灯，想走出机舱向家人挥手告别，她没有注意到此时登机舷梯正在移走，结果一脚踩空跌下，脚部受伤。对此案，法院认为承运人没有责任。

关于“事故”，各国法院历来都很重视对这个词的解释。如果造成旅客伤亡的原因不构成“事故”，则承运人就可以不承担责任。哪些情况构成“事故”呢？这需要对其下个定义。而华沙体制下的各项条约都未作明确的定义。因此，如何理解“事故”一词，依赖于各国的司法实践。最早对航空领域的“事故”下定义的是美国法院。在1977年的德马林诉荷兰航空公司（KLM）案中，法院判决认为，“给事故下的定义是，一种未预料到的、不希望发生而突然发生的事件”。航空领域的事故是“指一种未料到的，不按事物常规发生的事件或外部事实情况。在航空器上正常情况下经常发生的事情，不是事故。航空器上发生的事故，必须是异常的、意外的、不期望发生的、少见的事情。凡纯属旅客健康情况引起的，或者与飞行无关的事情或事件，都不是事故”。在1977年沃肖诉环球航空公司案中，旅客在机舱加压减压时耳朵受伤变聋，法院裁决认为，“机组人员以通常谨慎的方式改变机舱压力时，由这种正常的、预期的和必要的作业所引起的损害，不在对该案有效的、经‘蒙特利尔协议’修订的《华沙公约》条文规定的事故之内”。

在20世纪80年代初的一起塞克斯诉法航案（机舱减压导致旅客失聪）中，美国法院曾试图扩大解释，将机舱正常压力的变化当作“事故”。但后来美国联邦最高法院推翻了这一判决，该法院认为：“对第十七条的解释已宽到足以将其他旅客的侵权行为包括在内……当确认该伤害是由于旅客对常见、正常并可预料到的航空器运行的体内反应引起的时候，就不是由事故造成，《华沙公约》第十七条不予适用。”这里的“预料”，应是指对造成伤亡或者损害的事故（行为或事实）的预料，而不是指对伤亡或者损害本身的预料。

从司法实践中可以看出，构成航空器上的“事故”，必须有两个要件，一是事故的发生是意外的、不可预见的、航空器的正常运行之外的；二是与航空器运行有一定的关联。另外，航空法中还有事故调查中事故，此处的事故一般是指航空技术方面的事故，不能作为旅客或托运人进行索赔的证据，这在国际航空条约和国内法中都有规定。因此，二者是区别的。①

1971年《危地马拉城议定书》将“事故”改作“事件”，意图扩大承运人承担责任的范围。“事件”一词不问其发生是否是意外的、不可预见的、航空器的正常运行之外的，只要造成损失都可以构成事件，它几乎涵盖了造成伤亡或损害的任何事情。比如，上面谈到的减压导致失聪的案例，即可以构成事件。

在1999年《蒙特利尔公约》的起草、审议过程中，部分国家要求保留1971年

① 航空私法中的“事故”与航空器事故调查及其他技术语境下使用的“事故”一词不完全相同。航空私法中“事故”的外延要宽得多，它强调的是事件的意外性、不可预见性、非正常性，而不问其结果是否足以严重到构成技术上的“事故”。因此在这里没有“事故”与“事故征候”的区分。事故征候只要是意外的、不可预料的，也构成公约中的“事故”。如果旅客的伤亡是由承运人以外的第三人（如另一名旅客）造成的，是否构成“事故”？从其意外性、不可预见性和非正常性来看，是满足“事故”的第一个构成要件的。但是，这种事情是否应看作与航空器的运行有一定的关联呢？在此点上，各国法院的判决并不尽相同，但通行的看法是，旅客在航空器上处于承运人的照管之下，并且航空器在运行过程中必须是封闭的，旅客在遇到此种事情时，不可能逃离航空器以避免伤害的发生，并且承运人对航空器上的秩序负有维护义务。因此，旅客的伤亡是与航空器的运行相关联的，应当看作是由航空器上的事故造成的。在美国的赫塞尔诉瑞士航空公司案中，法院就把劫机看作事故。

《危地马拉城议定书》中的“事件”一词，但遭到大多数国家尤其是广大发展中国家的反对，它们认为公约中承运人的责任已经经过提高责任限额和第二梯度下的无限额责任制而大幅度提高，出于旅客与承运人之间的利益平衡，不应再在“事故”和“事件”这一问题上扩大承运人的责任范围。1999 年《蒙特利尔公约》采用了“事故”一词。

（四）承运人的责任构成：从一元归责到二元归责

归责原则与责任限额制度缠绕在一起，成为华沙体制发展的一条主线。1929 年《华沙公约》所确立的推定过失责任原则与赔偿责任限额制度形成了一对对应平衡的关系，随着赔偿限额的标准以及赔偿限额制度本身不断受到质疑和挑战，归责原则也相应发生变化，从推定过失责任原则逐渐向严格责任原则过渡，最终形成了 1999 年《蒙特利尔公约》所确定的双梯度归责原则这样独特的架构。

1. 推定过失责任

1929 年的《华沙公约》深受欧洲大陆法系的影响，其中法国法的影响最为突出，《法国民法典》及其司法判例所确立推定过失责任原则被《华沙公约》第 17～19 条所引用。1955 年的《海牙议定书》推定过失责任原则没有修改。

（1）推定过失责任原则在航空运输中的适用。航空运输承运人责任问题上之所以确认为推定过失归责原则，这是因为航空运输不同于地面和海上运输，飞机一旦失事造成的后果经常是机毁人亡，并且多涉及高科技，专业性很强。如果要求旅客个人来承担举证责任，以证明承运人过失的存在，这显然是不公平的。因为旅客不仅无法入手，而且收集证据所要付出的成本十分高昂，会在已经遭受损失之外，继续承担额外的取证成本，而且诉讼的胜负难料，这样的做法是对一种平衡的破坏，出现法律对于强者一方事实上的偏袒。

而对于航空运输承运人而言，航空事故的发生是在航空承运人控制之下，对于事故发生前后的事实了解甚多，航空承运人相对于消费者而言，其财力、物力以及所具有的专业知识，显然优胜于旅客或者托运人，即使航空公司与旅客均无过失，航空公司也可以通过增加运费和保险费的方法，将损害转嫁出去。因此，在法律上先推定承运人有过失，必须承担赔偿责任；然后，再由承运人承担举证责任进行反驳，对于旅客和托运人来说，这是比较公平的。1929 年《华沙公约》接受了这种法律构造，先推定承运人有过失，承运人如果认为自己没有过失，要证明引起事故的原因是不可抗力或者其他免责事由，只要证据确凿，承运人就可以摆脱责任。有的学者将承运人承担举证责任这种举证责任倒置的设置与对承运人责任的限制视为一对相对应的关系，从而取得一种平衡的效果。

虽然 1929 年《华沙公约》是在大陆法系的基础上形成的，但是在归责问题上又有英美普通法的影子。追本溯源，在 1925 年的巴黎第一次航空私法国际会议上，各国就对国际航空运输应该采取何种归责原则产生过激烈争论。当时，正值海商法 1924 年“海牙规则”形成之际，海商法对 1929 年《华沙公约》的制定产生了先导和范本的影响，而“海牙规则”恰恰又是采用了普通法的基本原则。因此，在英国代表坚持“应有谨慎”原则的情况下，会议确立了这样的立法原则：让承运人承担绝对责任是不公平的，因为任何使用飞机的人，都不能忽视这种运输工具的固有风险，它还未达到铁路运输花费100年才达到的那种完善程度，而当承运人为避免损害已经采取了合理和必要的措施的情况下，免除承运人的责任才是公平的。[①] 这突出地表现在《华沙公约》第20条的规定上。[②] 因此，可以认为1929年《华沙公约》采用推定过失责任原则，是英美普通法和法国为代表的大陆法系相结合的产物。

通过推定过失归责原则，导致过失的客观化表现更为突出，淡化了传统个人主义的过失责任，不再强调行为人道德的非难性，着重于强调社会活动所应有的客观的规范准则。举证责任的倒置在某种程度上修正了过失责任，使法院基于社会需要，衡量当事人的利益，合理地分配损害。[③] 实际上，在举证责任倒置的情况下，航空承运人试图证明自己具备法定免责事由的可能性越来越小。从华沙体制的发展来看，对于承运人责任的合法免责事由的限制也越来越窄。因此，可以认为推定过失责任是由传统的过错责任向严格责任转变的一种过渡形态，在航空承运人制度上表现更为明显和突出。

（2）推定过失责任与“事实本身证明”。英美普通法中的格言“事实本身证明”也是属于推定过失责任范畴之内。关于“事实本身说明问题”，根据英国的普通法，“事实本身证明”必须具备三个要件：① 按照事故的常规，如果没有过失的存在，原告所受的损害就不会发生；② 已经被证实的事实必须指向被告的过失；③ 在运用“事实本身证明”规则前，法院根据已有事实尚不能决定过失问题。就航空运输来看，英国的法官将“事实本身证明”这个格言引入航空运输责任，认为：“对过失必须有合理的证据。但是，凡经证明某件物体处于被告或者其雇员驾驭控制之下，只要谨慎控制在正常情况下就不至于发生事故，则在被告无法作出说明时，该事故就是由缺乏照料而引起的。”[④] 这也突出地表现在《华沙公约》中。因此，尽管推定过失责任原则与“事实本身证明”的表述不尽相同，但是二者在适用中的效果却是相似的。

于是，在过错责任的范围之内，有推定过失的广泛运用，在过错责任的范围之外，则有无过错责任的大力推行。二者都是以造成损害的事实作为确定责任的逻辑前提，而将主观上的过错作为附加限制条件或者干脆置之度外。这就是归责方式的客观化。[⑤] 随着这种归责方式客观化的进一步发展，与责任限额的不断提高以及责任限额制度的趋于终结，归责方式也逐渐由过错责任范畴之内的推定过失责任原则过渡到严格责任原则，这在航空领域中表现得极为明显。

2. 严格责任原则

严格责任是英美侵权行为法中的概念，与之相近的是无过错责任这个概念。作为一种归责原则，严格责任是相对于过错责任而言的，即不论违约方主观上有无过错，只要其不履行合同债务给对方当事人造成了损害，就应当承担合同责任。但是，严格责任并

① 赵维田．国际航空法．北京：社会科学文献出版社，2000：252-253.

② 1929年《华沙公约》第20条规定：“一、承运人如果证明自己和他的代理人为了避免损失的发生，已经采取一切必要的措施，或不可能采取这种措施时，就不负责任。二、在运输货物和行李时，如果承运人证明损失的发生是由于驾驶上、航空器的操作上或领航上的过失，而在其他一切方面承运人和他的代理人已经采取一切必要的措施以避免损失时，就不负责任。”

③ 王泽鉴．侵权行为法．北京：中国政法大学出版社，2001：15.

④ 赵维田．国际航空法．北京：社会科学文献出版社，2000：254.

⑤ 王卫国．过错责任原则：第三次勃兴．北京：中国法制出版社，2000：84.

非绝对不考虑过错，而只是在违约发生后，确定违约当事人的责任，主要考虑违约的结果是否因违约当事人的行为的造成，而不是其故意或过失。学者围绕严格责任与过错责任之间的关系，存在较大的分歧，一种观点认为严格责任更接近于推定过失①，另一种观点认为严格责任与无过错责任的含义基本相同。② 实际上，在英美法中，严格责任作为侵权行为法的一个术语，指的是一种比没有尽到合理的注意而应负责的一般责任标准更为严格的责任标准。但是，严格责任不同于绝对责任，绝对责任通常是由制定法规定的标准，如果应该避免的伤害事故发生，则当事人必须负责，而不论其是否尽到了怎样的注意义务和采取了怎样的预防措施。严格责任仍然有一些抗辩事由可以援引，但是当事人已经尽到注意义务这一点不能作为抗辩的事由。从航空运输承运人制度的角度来看，英美侵权行为法中严格责任原则的适用范围大致等于大陆法系的无过错责任原则。

1929 年《华沙公约》在确立国际航空运输适用推定过失责任和限额赔偿制度之初，对航空运输事业的发展起到了极其重要的保护作用，使得航空事业在其发展初期不致为高额损害赔偿所累，而且能保持一个较为健康稳定的发展态势。1929 年《华沙公约》所定的赔偿限额也是从成员国订约时的平均经济水平出发，在一定程度上有利于成员国航空运输业的发展。但随着时间的推移和世界经济的不断发展，越来越多的国家，尤其是发达国家开始注意到，1929 年《华沙公约》已失去了其经济目标。到了 20 世纪 60 年代，以当时的货币标准和当时的航空市场来衡量，华沙体制确立的赔偿限额实在太低了，即使经过了 1955 年《海牙议定书》的修订。受害人或其继承人往往寻求突破这一限额的办法，而唯一的可能是证明承运人构成“有意的不良行为”。但是，这存在着不可避免的弊端。“这种为了突破现行限额的证明义务，对于旅客和承运人来说，都意味着漫长的诉讼历程和高额的诉讼费用。通常承运人将不得不承受由此造成的经营成本的增加。原则上，这对航空运输不利。”因而修改国际航空旅客责任制度，进而提高赔偿限额，势在必行。

另外，从当时的航空运输实践来看，在客观上也为严格责任原则的适用提供了一系列前提条件。其理由是：第一，航空公司是航空器的所有人或者经营者，就在其履行航空运输的过程中出现了事故危险，因此，可以认定是航空公司及其受雇人制造了危险的来源，即制造了发生航空事故的可能性。第二，在航空运输飞行过程中，只有航空公司及其受雇人才有可能控制飞行的过程，避免事故的发生，旅客或者托运人在此过程中根本无法参与控制。第三，航空公司在执行航空运输任务过程中，获得了相应报酬，自然也需要对航空运输过程中出现的事故和造成的损失承担相应责任。第四，随着责任保险的发展，航空公司完全可以通过责任保险方式，将承担责任的风险和成本通过保险机制加以转移。第五，航空公司还有可能通过调整票价等方式，将因事故成本造成的损失转移到旅客或者托运人身上。③

美国对华沙体制的责任限额尤为不满，因为它的国内航空运输的赔偿和国际航空运

① 王利明．民法学．北京：中国财政经济出版社，2003：651.

② 李仁玉．比较侵权法．北京：北京大学出版社，1996：152.

③ 唐明毅，陈宇．国际航空私法．北京：法律出版社，2004：138-139.

输的赔偿有天壤之别，美国民众强烈要求退出《华沙公约》。在此情况下，诞生了世界上少有的一个协议——1966年《蒙特利尔（暂时）协议》（即《蒙特利尔协议》）这样的怪胎。因为它是以美国民用航空委员会为一方、以进出美国的各国航空公司为另一方签订的。

1966年《蒙特利尔协议》将归责原则改为严格责任制度。《蒙特利尔协议》明确规定："对于因旅客死亡、受伤或其他身体伤害提出的任何赔偿要求，承运人不得援引该公约或上述议定书修正的该公约第20条第1款规定的任何抗辩。对于故意造成伤害致使了此刻死亡、受伤或者其他身体伤害的任何人提出的赔偿要求，或者是以该人名义或关于该人提出的赔偿要求，本协议的任何规定均不影响承运人的权利和义务。"

1971年《危地马拉城议定书》确立了承运人对旅客严格责任制度。尽管《危地马拉城议定书》尚未生效实施，但从总的发展趋势看，1929年《华沙公约》所确立的推定过失责任制已逐渐被严格责任制所取代。相对于推定过失责任制而言，许多国家认为严格责任制更实际可行。其中的基本原因在于，对旅客来说，可以及时得到赔偿，而不必等待查明事故原因，对承运人来说，虽然推定过失责任制可能使承运人因"已采取一切必要措施或不可能采取这种措施"而免责，但承运人担负举证的责任，实际上承运人很难运用这一辩护理由来免除自己的责任。此外，严格责任制也有利于鼓励法庭外解决索赔问题，无须经历漫长、昂贵、结果难卜的诉讼。这对旅客和承运人都有好处。

3. 双梯度归责原则

1999年《蒙特利尔公约》将严格责任原则在航空运输承运人责任问题上全面加以适用，并且确立了关于旅客运输责任的双梯度归责原则。1999年《蒙特利尔公约》第21条第1款和第2款之规定："不超过100 000特别提款权的损害赔偿，承运人不得免除或者限制其责任"，这就是第一梯度，承运人承担的是严格责任制；"超过100 000特别提款权的部分，承运人证明有下列情形的，不应当承担责任：（1）损失不是由于承运人或者其受雇人、代理人的过失或者其他不当作为、不作为造成的，或者（2）损失完全是由第三人的过失或者其他不当作为、不作为造成的"，这是第二梯度，采取以承运人的推定过失为依据。需要说明的是，所谓"无限额赔偿"并非是指赔偿毫无限制。损害赔偿的基本理论依据仍是在恢复原状理论的基础上提供赔偿，旅客伤亡赔偿限额的计算要以旅客若干年收入的总和为基础。因此，即使在该制度下赔偿，仍是限于实际损失，只是不限于一个基本的数字而已。"赔偿限额"也并不意味着自动赔偿这个限额数，这个限额数只是一个最高的限制，实际赔偿额仍应在此之下。

实际上，1987年在葡萄牙阿尔沃召开的第四届伦敦劳埃国际航空法研讨会上，在著名航空法学家郑斌教授和彼得·马丁先生提议的基础上所形成的《阿尔沃国际航空运输公约草案》中规定，对旅客人身伤亡采用"双梯度制度"，1992年日本航空承运人联合向华沙体制这辆老牛破车发起冲击，对旅客的赔偿采用了"双梯度制度"，1995年在吉隆坡召开的航空公司责任会议上通过的《国际航空运输协会关于旅客责任的承运人间协议》在取消最高责任限额和确立严格责任制的同时正式引入了"双梯度制度"，1996年国际航协通过的《关于实施国际航空运输协会承运人间协议的措施的协议》，对《国际航空运输协会关于旅客责任的承运人间协议》作了进一步的修改和完善。

1999年《蒙特利尔公约》已于2003年11月3日生效，我国已于2005年2月28日批准加入。这并不意味着原有的华沙体制的全部文件即行废止，而是在缔约国之间仍然有效。所以，尽管1999年《蒙特利尔公约》第55条规定其优先于其他华沙体制文件，但只要不是所有国家都批准参加1999年《蒙特利尔公约》，则多个华沙体制文件并存并适用于国际航空旅客运输的局面将依然存在。

4. 行李损失归责

在航空旅客运输中，承运人对非托运行李并没有掌管义务，也不可能实施掌管行李的行为，因此对非托运行李造成的损失，1929年《华沙公约》和1999年《蒙特利尔公约》规定承运人只承担过错责任制。但1971年《危地马拉城议定书》和1975年《蒙特利尔第四号议定书》则是严格责任制。

1929年的《华沙公约》第17条："……关于非托运行李，包括个人物件，承运人对因其过错或者其受雇人或者代理人的过错造成的损失承担责任。"可见，1929年《华沙公约》对非托运行李的损失，承运人的归责是过错责任制。1971年《危地马拉城议定书》和1975年《蒙特利尔第四号议定书》没有将行李进行具体分类，它们适用同样的法律制度，即严格责任制。① 1999年《蒙特利尔公约》第17条规定："关于非托运行李，包括个人物件，承运人对因其过错或者其受雇人或者代理人的过错造成的损失承担责任。"很明显，1999年《蒙特利尔公约》对旅客非托运行李的损失，承运人的归责是过错责任制。

（五）承运人对旅客的赔偿数额及免责事由

1. 对旅客的赔偿数额

从1929年《华沙公约》的签订到1999年《蒙特利尔公约》的订立，承运人的赔偿责任问题是公约的核心，其总的趋势是不断提高对旅客及非托运行李的赔偿数额。其间，航空承运人为了更好地吸引消费者，也对旅客的赔偿数额进行了规定。见表7.1和7.2。

表7.1 国际航空旅客运输中承运人对旅客及非托运行李的赔偿规定

赔偿对象 / 公约名称	旅客	非托运行李
1929年《华沙公约》	125 000普安卡法郎（当时折合8 300美元）	5 000法郎
1955年《海牙议定书》	25万法郎	5 000法郎
1971年《危地马拉城议定书》	150万法郎	15 000法郎
1975年《蒙特利尔第一号议定书》	8 300特别提款权	332特别提款权
1975年《蒙特利尔第二号议定书》	16 600特别提款权	332特别提款权
1975年《蒙特利尔第三号议定书》	10万特别提款权	1 000特别提款权
1999年《蒙特利尔公约》	10万特别提款权	1 000特别提款权

注：（1）上述金额的法郎，是指含有900%成色的65.5毫克黄金的法国法郎。

（2）上述金额的特别提款权，是指国际货币基金组织规定的特别提款权。

① 见1971年《危地马拉城议定书》第4条和1975年《蒙特利尔第四号议定书》第6条。

表 7.2 承运人间的协议对旅客的赔偿规定

公约名称＼赔偿对象	旅客
1966年《蒙特利尔协议》	75 000美元（包括法律费用） 58 000美元（不包括法律费用）
《华盛顿协议》	382 000美元
1995年《吉隆坡协议》	以旅客的住所地法确定
1996年《关于实施国际航空运输协会承运人间协议的措施的协议》	100 000特别提款权

2. 承运人的免责事由

华沙体制下，承运人对旅客的免责事由在不同的航空条约中也有不同的表述。

（1）1929年《华沙公约》中承运人对旅客的免责事由。《华沙公约》中承运人对旅客的免责事由主要包括：受害人的过失；承运人采取一切必要措施或者不可能采取此种措施；诉讼期间的终止。① 受害人的过失。《华沙公约》第21条规定："凡承运人证明，该损失是由受害人的过失引起或促成者，法院可依其本国法的规定，全部或部分地免除他的责任。""受害人过失"是全部免除承运人责任的一种法律理由，承运人可据此完全不予赔偿。在法理上说，这并不表明被告对原告受到的伤害没有任何责任；而是说，被告即使有过失（这种过失在另一种情况下，原要承担责任的），但是由于原告的行为使他丧失了获得赔偿资格和诉讼能力。然而，两大法系对"受害人过失"有不同的论述，据美国《侵权行为法重述》（1965年本），它指一个人（原告）的行为不符合保护自身所应遵循的最低标准，并作为法律原因，与被告一起促成了他所受到的伤害。而按大陆法系传统，要根据当事双方各自过失的程度，按比例地减免承运人责任。从20世纪90年代中期开始，普通法系"受害人过失"传统规则遇到了一系列难题，逐渐向"比较过失"方向蜕化，出现了与大陆法系按比例说合流的趋势。为弥补这种分歧，作为妥协，第21条作出了"法院依其本国法的规定，全部或部分地免除他的责任"的表述，把具体处理转致给各国国内法。各国国内法在适用"受害人的过失"的解释虽有不同，但从美国两起常见案件的解释来看，差别不大。[①] ② 承运人采取一切必要措施或者不可能采取此种措施。《华沙公约》第20条规定："承运人证明本人及其受雇人为了避免损失的发生，已经采取一切必要措施，或者不可能采取此种措施的，不承担责

① 1955年纽约南区联邦法院曾判处过一个著名案例即丘特诉荷兰皇家航空公司案。原告于登机后，又返回机舱口挥手向送行的女儿告别，适值舷梯移走，她一脚踩空而摔伤。在另一个法国案件中，原告下机时，因急于会见迎接他的人，没有走专供旅客下机用的机舱后部门，而跑到前舱门，结果被螺旋桨击伤而死。在1978年美国的邓恩诉环球案中，被告律师提出：原告受伤是因她未系紧安全带的过失造成的。第九巡回上诉法院法官认为："证据表明：在发生颠簸时，通知旅客系紧安全带的信号灯并未闪亮"，而且，时值夜间，航位空着许多，环球服务人员曾鼓励旅客卧下休息。因此，不存在原告有"受害人过失"问题。对于旅客在登机或下机过程中自己不慎滑跌倒而致伤的情况，在此两案中被告均援引第21条胜诉。

任。”“一切必要措施”源于普通法的“应有谨慎”（due diligence）原则。就是要判断承运人或者其受雇人、代理人是否尽了“应有谨慎”之义务，如果承运人或者其受雇人、代理人尽了“应有谨慎”之义务，就不承担损失。但是“一切必要措施”是一个伸缩性很大的灵活标准，如何证明承运人或者其受雇人、代理人采取了“一切必要措施”，各国法院有着不同的解释。尽管普通法系各国和大陆法系各国之间的解释不尽相同，但各国学者、法院在解释“一切必要措施”上，最起码有两点达成共识：第一，承运人不仅要对飞机起飞前确保适航，检查好机器，配备合格的机组人员，而且还要对航行中出现的各种情况迅速作出反应，采取相应行动；第二，因其他原因造成延误的情况下，是否合理妥善地对旅客、行李或者货物作出了合理安排。[①] ③ 诉讼期间的终止。《华沙公约》第29条规定：“诉讼应该在航空器到达目的地之日起，或应该到达之日起，或从运输停止之日起两年内提出，否则就丧失追诉权。诉讼期限的计算方法根据受理法院的法律决定。”

另外，赵维田教授认为，1929年《华沙公约》第20条第1款的表述暗示了遇有不可抗力和意外危险时，免除承运人责任的意思。同时根据法院的司法解释，劫机事件是属于不可抗力。[②]

（2）1971年《危地马拉城议定书》中承运人对旅客的免责事由。《危地马拉城议定书》对《华沙公约》中承运人免责事由的修订主要有：① 旅客的受伤或者伤害完全是由于旅客本人的健康状况造成的，承运人不承担责任；② 经承运人证明，损失是由索赔人或者索赔人从其取得权利的人的过失或者其他不当作为、不作为造成或者促成的，应当根据造成或者促成此种损失的过失或者其他不当作为、不作为的程度，相应全部或者部分免除承运人对索赔人的责任。旅客以外的其他人就旅客死亡或者伤害提出赔偿请求的，经承运人证明，损失是旅客本人的过失或者其他不当作为、不作为造成或者促成的，同样应当根据造成或者促成此种损失的过失或者其他不当作为、不作为的程度，相应全部或者部分免除承运人的责任。其他方面未作修订。

（3）1999年《蒙特利尔公约》中承运人对旅客的免责事由。《蒙特利尔公约》规定承运人的免责事由主要表现在第20条的表述中，经承运人证明，损失是由索赔人或者索赔人从其取得权利的人的过失或者其他不当作为、不作为造成或者促成的，应当根据造成或者促成此种损失的过失或者其他不当作为、不作为的程度，相应全部或者部分免除承运人对索赔人的责任。旅客以外的其他人就旅客死亡或者伤害提出赔偿请求的，经承运人证明，损失是旅客本人的过失或者其他不当作为、不作为造成或者促成的，同样应当根据造成或者促成此种损失的过失或者其他不当作为、不作为的程度，相应全部或者部分免除承运人的责任。因此，1929年《华沙公约》的一切必要措施、不可能、领航过失、不可抗力和认知状态的抗辩，将不适用1999年《蒙特利尔公约》参加国的承运人。

对于第二梯度的赔偿，承运人免责事由是：损失不是由于承运人或者其受雇人、代

---

① 赵维田．国际航空法．北京：社会科学文献出版社，2000：264-265.

② 赵维田．国际航空法．北京：社会科学文献出版社，2000：265-266.

理人的过失或者其他不当作为、不作为造成的；或者损失完全是由第三人的过失或者其他不当作为、不作为造成的。

另外，1999年《蒙特利尔公约》第35条还规定了一个诉讼时效灭失的免责，即自航空器到达目的地点之日、应当到达目的地点之日或者运输终止之日起2年期间内未提起诉讼的，丧失对损害赔偿的权利。上述期间的计算方法，依照案件受理法院的法律确定。

另外，在诉讼时效的规定方面，华沙体制将诉讼时效等同于除斥期间，都规定，索赔主体在2年内未提起索赔，“丧失了对损害赔偿的权利”。

（六）管辖法院

1. 索赔根据

在航空运输中，承运人对旅客责任是以运输合同的存在为前提条件的，故人们一般将现代航空运输称之为“航空运输合同法”。但在航空运输中发生的事故既可以引起合同上的责任，也可引起侵权行为上的责任，尤其对旅客的伤亡而言。所以，有些国家称之为“航空侵权行为法”。

在索赔的根据上各国之间的规定可能不同，但为了保护国际公约的统一适用，1929年《华沙公约》第24条规定：“一、如果遇到第十八、十九两条所规定的情况，不论其根据如何，一切有关责任的诉讼只能按照本公约所列条件和限额提出。二、如果遇到第十七条所规定的情况，也适用上项规定，但不妨碍确定谁有权提出诉讼以及他们各自的权利。”1971年《危地马拉城议定书》第9条规定：“在旅客、行李运输中，任何赔偿的诉讼，不论其根据如何，不论是根据本公约、根据合同，还是由于侵权行为或其他任何原因，只能依照本公约规定的条件和责任限额提出，但是不妨碍确定谁有权提起诉讼以及他们各自的权利。此责任限额为最高额，无论产生责任的情势如何，均不得超过这一限额。”1975年《蒙特利尔第四号附加议定书》第8条规定：“在旅客、行李运输中，任何损害赔偿的诉讼，不论其根据如何，是根据本公约、根据合同、根据侵权，还是根据其他任何理由，只能依照本公约规定的条件和责任限额提出，但是不妨碍确定谁有权提起诉讼以及他们各自的权利。”1999年《蒙特利尔公约》第29条将原来华沙体制下对旅客、货物的索赔根据合在了一起，规定：“在旅客、行李和货物运输中，有关损害赔偿的诉讼，不论其根据如何，是根据本公约、根据合同、根据侵权，还是根据其他任何理由，只能依照本公约规定的条件和责任限额提起，但是不妨碍确定谁有权提起诉讼以及他们各自的权利。在任何此类诉讼中，均不得判给惩罚性、惩戒性或者任何其他非补偿性的损害赔偿。”

我国《民用航空法》第131条也规定：“有关航空运输中发生的损失的诉讼，不论其根据如何，只能依照本法规定的条件和赔偿责任限额提出，但是不妨碍谁有权提起诉讼以及他们各自的权利。”

因此，在国际航空运输中，无论索赔的根据是什么，意义并不大，因为“只能依照本公约（本法）规定的条件和责任限额提起”。

2. 管辖法院

1929年《华沙公约》第28条规定的管辖法院有四个：承运人住所地法院、承运人总管理处（总机构）所在地法院、签订契约的机构所在地法院和目的地法院。

1971 年《危地马拉城议定书》第 12 条增加了一个可诉法院：“在旅客有住所或永久居所的缔约国内，向在其辖区内承运人设有机构的法院提起。”

1999 年《蒙特利尔公约》第 33 条增加了一个新的管辖法院，即第五管辖权，是指：“对于因旅客死亡或者伤害而产生的损失，诉讼可以向本条第一款所述的法院之一提起，或者在这样一个当事国领土内提起，即在发生事故时旅客的主要且永久居所在该国领土内，并且承运人使用自己的航空器或者根据商务协议使用另一承运人的航空器经营到达该国领土或者从该国领土始发的旅客航空运输业务，并且在该国领土内该承运人通过其本人或者与其有商务协议的另一承运人租赁或者所有的处所从事其旅客航空运输经营。”另根据公约规定，此处的“商务协议”系指承运人之间就其提供联营旅客航空运输业务而订立的协议，但代理协议除外；“主要且永久居所”系指事故发生时旅客的固定和永久的居住地。在此方面，旅客的国籍不得作为决定性的因素。

二、国际货物运输中承运人的责任

在草拟《华沙公约》的过程中，最早的草案是想分别制定客运和货运两个公约。后来，航空法专家国际技术委员会经过反复讨论，才将两个草案合并成一个。合并后，在公约结构上表现为其基本原则和模式对客、货运同样适用。例如，在运输凭证方面，飞机票与运货单的基本规则相同，经 1955 年《海牙议定书》修订后，尤其如此。在推定过失责任、责任限制方面，也基本相同。因此，从表面上看，似乎“大同小异”，仅在具体规则上有所差异。

与这种表面现象相反，在实践中客运与货运的责任规则却是“貌合神离”。同样一条原则，在其实际运用中却有很大差异。客货运输规则的异同，客运与货运因各国法律传统的巨大影响，又基本不同。①

（一）托运行李或货物的损失

1929 年《华沙公约》第 18 条规定：“因发生在航空运输期间的事故，造成托运的行李或货物的毁灭、遗失或损害的承运人应当承担责任。”1999 年《蒙特利尔公约》第 18 条规定：“对于因货物毁灭、遗失或者损坏而产生的损失，只要造成损失的事件是在航空运输期间发生的，承运人就应当承担责任。”我国《民用航空法》125 条也规定：“因发生在航空运输期间的事件，造成货物毁灭、遗失或者损坏的，承运人应当承担责任。”

从以上规定可以看出：承运人对因货物毁灭、遗失或者损坏而产生的损失承担责任。承运人承担责任的范围是货物毁灭、遗失或者损坏而产生的“损失”，而不是对“毁灭、遗失或者损坏本身”。这一表述界定了承运人承担责任的方式，即赔偿损失。其他承担民事责任的方式则不属于公约的调整范围，如恢复原状，修理、重作、更换，支付违约金，排除妨碍，停止侵害，消除危险，赔礼道歉，等等。这里的损失，一般也应以财产（金钱）作为判断损失是否存在的标准，即损失系指经济损失，非物质性的

① 赵维田．国际航空法．北京：社会科学文献出版社，2000：329.

损失都不在其内。①

毁灭不仅是指货物在物质上的灭失，还指货物原有性质的全部或者部分改变，这种改变使该货物丧失其原有的用途，如食物的腐烂变质、艺术品的粉碎、动物的死亡等等。

遗失是指货物被盗、被抢、被错误交付给其他人等任何原因而导致的丢失。在什么情况下可以认定货物遗失，华沙体制规定为："承运人承认货物已经遗失，或者货物在应当到达之日起七日后仍未到达的，收货人有权向承运人行使运输合同所赋予的权利。"②

损坏包括物质上的毁坏和变质。损坏与毁灭的区别在于毁坏程度的差异。损坏是指可恢复的毁坏，经修理、修补后货物能够恢复到原来的状况，或者恢复原有的用途和经济价值；毁灭是不可恢复的毁坏，或者即使可以修复，但是修复的费用相当高昂，使得修复失去意义的，则为推定毁灭。有些毁灭的货物能够修复，但修复后其功能和经济价值有严重的减损，则也应认定为毁灭。区分毁灭、遗失或者损坏，在于赔偿数额的不同。在毁灭、遗失的情况下，承运人赔偿的数额是货物的全部价值，而在损坏的情况下，承运人只赔偿损坏的那部分的价值。在未确认遗失的情况下，托运人还可以先按照延误的规定向承运人请求延误赔偿。

造成货物损失的事件。按照《华沙公约》的逻辑，这里的"事故"或"事件"分别与公约中第 17 条所描述的"事故"或"事件"含义相同，不仅包括意外的、不可预料的偶发情况，还包括可以预料的、非偶然性的、非意外的情况，如承运人或者其受雇人、代理人的不适当行为。

（二）承运人的责任期间

国际航空承运人的责任期间，是航空运输期间。华沙体制下各航空公约的表述不尽相同，下面分别加以介绍：

1929 年《华沙公约》第 18 条规定："本法所指航空运输的意义，包括行李或货物在承运人保管下的期间，不论是在航空站内、在航空器上或在航空站外降落的任何地点。航空运输的期间不包括在航空站以外的任何陆运、海运或河运。但是如果这种运输是为了履行空运合同，是为了装货、交货或转运，任何损失应该被认为是在航空运输期间发生事故的结果，除非有相反证据。"

1971 年《危地马拉城议定书》和 1975 年《蒙特利尔第四号议定书》对以上的期间进行了修订，表述为："航空运输期间，系指在机场内、航空器上或者机场外降落的任

① 此损失均指实际的损害数额，不包括惩罚性赔偿，所谓惩罚性赔偿是英美法系中的一项制度，是由法院所作出的赔偿数额超出实际的损害数额的赔偿。在国际航空运输承运人赔偿责任问题上，惩罚性赔偿是禁止的，这一点得到了各国司法实践的遵守，即使是不断以判例变更《华沙公约》的美国，在这个问题上也一直严格遵守。从《华沙公约》的规定来看，其对旅客和托运人的赔偿是提供补偿，而不是惩罚性的赔偿。这在 1999 年《蒙特利尔公约》第 29 条中得到了明示。1999 年《蒙特利尔公约》第 29 条规定："在旅客、行李和货物运输中，有关损害赔偿的诉讼，不论其根据如何，是根据本公约、根据合同、根据侵权，还是根据其他任何理由，只能依照本公约规定的条件和责任限额提起，但是不妨碍确定谁有权提起诉讼以及他们各自的权利。在任何此类诉讼中，均不得判给惩罚性、惩戒性或者任何其他非补偿性的损害赔偿。"

② 1929 年《华沙公约》第 3 条第 3 款和 1999 年《蒙特利尔公约》第 3 条第 3 款的规定。

何地点，托运行李或者货物处于承运人掌管之下的期间。”

1999 年《蒙特利尔公约》第 18 条的规定更为清楚，具体为：“航空运输期间，不包括机场外履行的任何陆路、海上或者内水运输过程。但是，此种运输是在履行航空运输合同时为了装载、交付或者转运而办理的，在没有相反证明的情况下，所发生的任何损失推定为在航空运输期间发生的事件造成的损失。承运人未经托运人同意，以其他运输方式代替当事人各方在合同中约定采用航空运输方式的全部或者部分运输的，此项以其他方式履行的运输视为在航空运输期间。”

我国《民用航空法》第 125 条的规定是：“……航空运输期间，不包括机场外的任何陆路运输、海上运输、内河运输过程；但是，此种陆路运输、海上运输、内河运输是为了履行航空运输合同而装载、交付或者转运，在没有相反证据的情况下，所发生的损失视为在航空运输期间发生的损失。”

结合以上规定，我们认为航空承运人的责任期间是航空运输期间。判断航空运输期间，应当从以下几个方面着手：

1. “货物处于承运人掌管之下”是判断货物是否处于承运人责任期间的唯一要素

“掌管”是指承运人直接或者间接（如通过其代理人）对货物实施保管和控制。掌管货物并不要求承运人在物质上占据和控制货物，而只要求货物处于承运人的控制范围之内，以便承运人履行保管货物并防止货物遭受损失的义务。

承运人掌管货物的期间一般是自承运人接受货物时起，至其将货物交付给收货人时止的全部期间。航空货运单或者货物收据是接受货物的初步证据。在没有相反证明的情况下，承运人在航空货运单或者货物收据上签字、盖章并将该份航空货运单交给托运人的时间，就是承运人接受货物的时间。自该时间起，航空运输期间开始起算。如承运人在其机场外的货场内接受货物办妥航空货运单有关的手续，即开始起算航空运输期间。如果这些手续是货运销售代理人办理的，亦同。

通常来讲，货物交付给收货人时，承运人就履行完其在航空运输合同中的义务，航空运输期间自此终止。但对如何判定货物是否交付给收货人，各国法院有着不同解释。法国法院认为：“如果说交货本身是一种法律行为，并据此将风险和货物掌管从承运人转移给收货人的话，它必然伴以具体行为，即由收货人具体占有货物。”也就是说，承运人抽象地将货物交付给收货人，如存放于仓库以便收货人提取还不能算作交付，收货人提取货物并实际占据货物后才构成完全的交付，此时航空运输期间才终止。在相关判例中，货物在海关监管期间发生的损失，法院判决由承运人承担责任。普通法系法院虽未明确采用法国法院的观点，但从宽解释的趋势甚为明显。在一个案例中，25 万美钞包件实际存放于纽约机场的美国航空公司仓库中，法院仍判决处于承运人（日本航空公司）掌管之下。

2. 如果航空器因意外在机场外降落，货物仍然处于承运人掌管之下，应认为是在航空运输期间

航空运输期间，不包括机场外履行的任何陆路、海上或者内水运输过程。但是，此种运输是在履行航空运输合同时为了装载、交付或者转运而办理的，在没有相反证明的情况下，所发生的任何损失推定为在航空运输期间发生的事件造成的损失。这一规定主要是解决在多式联运的情况下如何确定航空运输期间的问题。根据 1999 年《蒙特利尔

公约》第38条第1款，公约仅适用于多式联运的航空运输部分，而不适用于其他运输方式，因此，航空运输期间理应排除机场外的地（水）面运输。陆路运输，是指公路、铁路及其他地面交通工具办理的运输。海上运输是指海运，包括远洋运输和领海港口之间的运输。内水运输，包括内河运输、国内湖泊运输。当掺杂有机场外的非航空运输因素时，原告（收货人）常常无法确定损失发生在哪段期间。为了给原告提供方便，先推定为发生在航空运输期间；但是承运人可以举出反证来推翻这种推定。同时，这种在机场外履行的运输，必须“是在履行航空运输合同时为了装载、交付或者转运而办理的”，即必须是附属或辅助于航空运输的运输，不是独立的运输，否则应由原告来证明。

“相反证明”，是指损失不是发生在这个过程中的证明。这个证明（反证）是由承运人来提供的。需注意的是，这一句针对的是“机场外”履行的辅助运输，在机场内用车辆将货物从仓库运往停机坪装机，不属于本款规定时情形，不适用本款规定，而应适用1999年《蒙特利尔公约》第38条第3款的规定。

这里的装载，主要是指从机场外将货物运送到机场内适当地点以便装载。交付，是指从机场内或者别的地点将货物送到约定的交付地点。转运，是指需要两个航班来运输货物的情况，在航班衔接时所需要的从一个机场到另一机场的运输。

3. 替代运输

考虑到承运人可能以其他运输方式代替航空运输，1999年《蒙特利尔公约》在第18条第4款中增加了一句规定：承运人未经托运人同意，以其他运输方式代替当事人各方在合同中约定采用航空运输方式的全部或者部分运输的，此项以其他方式履行的运输视为在航空运输期间。使用航空器运送货物，是航空货物运输合同的基本内容之一。承运人未经托运人的同意，擅自改用公路、铁路或者水运等其他运输方式来办理运输，与托运人采用航空运输所要达到的快捷方便的愿望不符。在此种运输过程中造成的损失，应推定为是在航空运输期间发生的损失，承运人应按照本公约承担责任。

（三）承运人的责任性质：从推定过失到严格责任

1929年《华沙公约》对承运人承担责任的归责原则是推定过错责任制。《华沙公约》第20条在推定过错责任中是具有关键性的条款，具有排除承运人对由不可抗力等原因引起损害的责任的效力。对于客运来说，引用这个条款免责受到十分严格的限制，它比“无过失”还要严。但在货运中则要宽许多。第一，《海牙议定书》在取消该条第2款的同时，又在其他免责条款即低于公约限额无效的第23条中增加了一个第2款：“对于规定由所运货物的固有缺陷、品质或瑕疵所引起的遗失或损坏的条款，该条第一款不予适用。”这款是专门针对货运的免责条款。第二，《华沙公约》第26条还有一个专门针对货物运输间接免责的条款。①

① 1929年《华沙公约》第26条规定：“一、除非有相反的证据，如果收件人在收受行李或货物时没有异议，就被认为行李或货物已经完好地交付，并和运输凭证相符。二、如果有损坏情况，收件人应该在发现损坏后，立即向承运人提出异议，如果是行李，最迟应该在行李收到后三天内提出；如果是货物，最迟应该在货物收到后七天提出。如果有延误，最迟应该在行李或货物交由收件人支配之日起十四天内提出异议。三、任何异议应该在规定期限内写在运输凭证上或另以书面提出。四、除非承运人方面有欺诈行为，如果在规定期限内没有提出异议，就不能向承运人起诉。”

在航空运输责任根据已日益趋向于用严格责任取代原《华沙公约》的推定过错责任的20世纪60到70年代，在客运方面取消《华沙公约》第20条的效力，几乎没有遇到多大的阻力，1966年《蒙特利尔协议》就是例证；但在货运方面却遇到了强大的抵制和反对力量，这迫使1971年《危地马拉城议定书》只限于修改客运规则，这主要是由于通行于货运中的商业惯例有它存在的客观需要。在国际民航组织法律委员会经过多年反复争论、仔细斟酌后，才在1975年《蒙特利尔第四号议定书》中作出向严格责任制方向的转变。1999年《蒙特利尔公约》所规定的归责原则是严格责任制。我国《民用航空法》中也是规定了严格责任。

（四）承运人的免责事由

华沙体制下的各国际航空公约对承运人免责事由的规定不尽相同，下面分而述之。

1. 1929年《华沙公约》和1955年《海牙议定书》

1929年《华沙公约》以第20、21条和第26条三个条文来论述承运人的免责事由。

（1）承运人证明本人及其受雇人为了避免损失的发生，已经采取一切必要措施，或者不可能采取此种措施的，不承担责任。

（2）在货物和行李运输中，承运人证明损失的发生是由于领航上、航空器的操作上或导航上的过失，而在其他一切方面本人及其受雇人已经采取一切必要措施以避免损失的，不承担责任。

（3）承运人证明损失是由于受害人的过错造成或者促成的，法院可以按照它的法律规定，免除或者减轻承运人的责任。

（4）除承运人有欺诈行为外，未在规定期间内提出异议的，则不能向承运人提起诉讼。收件人在收受行李或货物时未提出异议，发生损失的，收件人应当在发现损失后立即向承运人提出异议。如果是行李，至迟应当在行李收到后3日内提出；如是货物，至迟应当在货物收到后7日内提出。如果有延误，至迟应当在行李或货物交付收件人自行处置之日起提出异议；任何异议均应当在规定期间内写在运输凭证上或者另以书面提出。

1955年《海牙议定书》在此基础上作了修改，修改的有：将1929年《华沙公约》第23条原文改为第1款，并增加第2款为“二、该条第一款的规定不适用关于所载货物由于其属性或本身缺陷而引起的灭失或损坏的条款”；在1929年《华沙公约》的第26条内，删去第2款，改用下文：“发生损失的，收件人应当在发现损失后立即向承运人提出异议。如果是行李，至迟应当在行李收到后七日内提出；如是货物，至迟应当在货物收到后十四日内提出。如果有延误，至迟应当在行李或货物交付收件人自行处置之日二十一日内提出异议。”

（5）除斥期间的终止。《华沙公约》第29条规定：“诉讼应该在航空器到达目的地之日起，或应该到达之日起，或从运输停止之日起两年内提出，否则就丧失追诉权。诉讼期限的计算方法根据受理法院的法律决定。”

2. 1971年《危地马拉城议定书》

1971年《危地马拉城议定书》对此进行了修订，修订后的免责事由主要体现在其第6条和第7条中。“在货物运输中造成毁灭、遗失、损坏或者延误而造成的损失，承运人证明本人及其受雇人、代理人为了避免损失的发生，已经采取了一切必要措施或者不可能采取此种措施的，不承担责任。”（第6条）“经承运人证明，损失是由索赔人的过失造成或者促成的，应当根据造成或者促成此种损失的过错的程度，相应全部或者部分免除承运人对索赔人的责任。旅客以外的其他人就旅客死亡或者伤害提出赔偿请求的，经承运人证明，死亡或者伤害是旅客本人的过错造成或者促成的，同样应当根据造成或者促成此种损失的过错程度，相应全部或者部分免除承运人的责任。”（第7条）

3. 1975年《蒙特利尔第四号附加议定书》

1975年《蒙特利尔第四号附加议定书》对修订后的免责事由主要有四个方面：凡承运人证明，该货物的毁灭、遗失或损坏，单独地由下列一个或几个原因引起者，他就没有责任：（1）该货物的固有缺陷、品质或瑕疵；（2）不由承运人或者其受雇人或代理人包装时，包装上的缺陷；（3）战争或武装冲突行为；（4）公共当局对货物进出口或过境所实施的行为。另外，还规定“经承运人证明，损失是由索赔人或者代行权利的人的过错造成或者促成的，应当根据造成或者促成此种损失的过错的程度，相应地免除或者减轻承运人的责任”。

4. 1999年《蒙特利尔公约》

《蒙特利尔公约》第18条规定，承运人证明货物的毁灭、遗失或者损坏是由于下列一个或者几个原因造成的，在此范围内承运人不承担责任：（1）货物的固有缺陷、质量或者瑕疵；（2）承运人或者其受雇人、代理人以外的人包装货物的，货物包装不良；（3）战争行为或者武装冲突；（4）公共当局实施的与货物入境、出境或者过境有关的行为；（5）经承运人证明，损失是由索赔人或者索赔人从其取得权利的人的过失或者其他不当作为、不作为造成或者促成的，应当根据造成或者促成此种损失的过失或者其他不当作为、不作为的程度，相应全部或者部分免除承运人对索赔人的责任。旅客以外的其他人就旅客死亡或者伤害提出赔偿请求的，经承运人证明，损失是旅客本人的过失或者其他不当作为、不作为造成或者促成的，同样应当根据造成或者促成此种损失的过失或者其他不当作为、不作为的程度，相应全部或者部分免除承运人的责任。此规定适用于《蒙特利尔公约》所有责任条款。

我国《民用航空法》中的规定，将在后面论述。

（五）赔偿数额及异议期限

1. 国际航空运输中承运人赔偿责任的规定

华沙体制下的各国际航空公约对承运人赔偿责任的规定见表7.3。

表7.3 国际航空运输中承运人赔偿责任的规定

公约名称 \ 赔偿对象	托运行李	货　物
1929年《华沙公约》	250法郎/每公斤	250法郎/每公斤
1955年《海牙议定书》	250法郎/每公斤	250法郎/每公斤
1971年《危地马拉城议定书》	15 000法郎/人	250法郎/每公斤

续表

赔偿对象 公约名称	托运行李	货　　物
1975 年《蒙特利尔第一号议定书》	17 特别提款权/公斤	17 特别提款权/公斤
1975 年《蒙特利尔第二号议定书》	17 特别提款权/公斤	17 特别提款权/公斤
1975 年《蒙特利尔第三号议定书》	1 000 特别提款权/人	17 特别提款权/公斤
1999 年《蒙特利尔公约》	1 000 特别提款权/人	17 特别提款权/公斤

对图表的几点说明：

（1）声明价值。如果旅客或托运人在交运包件时特别声明在目的地点交付时的利益，并在必要时支付附加费，承运人应当偿付到声明的金额，除非承运人证明声明的金额高于在目的地点交付时旅客或托运人的实际利益。

（2）托运行李或货物重量的确定。增加了托运行李或者货物的一部分或者托运行李、货物中的任何物件灭失、损坏或者延误的，用以确定承运人赔偿责任限额的重量，仅为该一包件或者数包件的总重量；但是，因托运行李或者货物的一部分或者托运行李、货物中的任何物件的毁灭、遗失、损坏或者延误，影响同一份行李票或者同一份航空货运单所列其他包件的价值的，确定承运人的赔偿责任限额时，此种包件的总重量也应当考虑在内。

（3）法院的自由裁量权。不妨碍法院按照其法律另外加判全部或者一部分法院费用及原告所产生的其他诉讼费用，包括利息。判给的赔偿金额，不含法院费用及其他诉讼费用，不超过承运人在造成损失的事情发生后 6 个月内或者已过 6 个月而在起诉以前已书面向原告提出的金额的，不适用上述规定。

2. 索赔期限

国际航空运输中，托运人或收货人或者旅客对承运人的索赔期限的规定见表 7.4。

表 7.4　　国际航空货物运输中托运人的索赔期限

赔偿对象 公约名称	托运行李	货　物	延　误
1929 年《华沙公约》	3 日	7 日	14 日
1955 年《海牙议定书》	7 日	14 日	21 日
1999 年《蒙特利尔公约》	7 日	14 日	21 日

对图表的几点说明：

（1）所称“日”，系指日历日，而非工作日。

（2）有权提取托运行李或者货物的人收受托运行李或者货物而未提出异议，为托运行李或者货物已经在良好状况下并在与运输凭证或者所指其他方法保存的记录相符的情况下交付的初步证据。

（3）任何异议均必须在前款规定的期间内以书面形式提出或者发出。

（4）除承运人一方有欺诈外，在规定的期间内未提出异议的，不得向承运人提起诉讼。

（六）管辖法院

在索赔根据上，同旅客索赔根据相同，在管辖法院上，有四个可诉法院：即承运人住所地法院、承运人总管理处（总机构）所在地法院、签订契约的机构所在地法院和目的地法院。

（七）仲裁

1999 年《蒙特利尔公约》第 34 条增加了一个对航空货物运输合同进行仲裁的规定，对仲裁的适用范围、管辖区、公约在仲裁中的强制适用性和仲裁协议的效力进行了规定。该公约第 34 条规定："一、在符合本条规定的条件下，货物运输合同的当事人可以约定，有关本公约中的承运人责任所发生的任何争议应当通过仲裁解决。此协议应当以书面形式订立。二、仲裁程序应当按照索赔人的选择，在第三十三条所指的其中一个管辖区内进行。三、仲裁员或者仲裁庭应当适用本公约的规定。四、本条第二款和第三款的规定应当视为每一仲裁条款或者仲裁协议的一部分，此种条款或者协议中与上述规定不一致的任何条款均属无效。"

三、延误

（一）延误的概念

对航空运输延误的界定，主要是对 1929 年《华沙公约》第 19 条规定的延误的争论。学者们从理论上对此曾作出三种不同的界定：第一，指仅限于飞机在空中飞行中未能按约定时间将旅客、行李或货物运抵目的地；第二，指航空运输未能按约定时间将货物运抵目的地；第三，指整个航空运输未能按约定时间将旅客、行李或货物运抵目的地。① 在这三种界定中，第一种关于延误的界定很明显地就可以排除，因为飞行中只包括门到门即航空器装载完毕后，其外部各门均已关闭时起到为卸载而打开任何一扇门时止的任何时间，排除了旅客下航空器到机场安全地带的时间，也排除了行李或货物从航空器卸载后至交付给旅客或收货人这一段时间，不能全部涵盖整个航空运输期间的延误；有人认为，第二种界定是合理的，即在航空运输中的延误应指在航空运输期间的延误②；有人认为应当是第三种界定，原因是第三种界定在时间上涵盖了承运人应该照料或掌管旅客、行李或货物的全部期间，同时在航空运输对象上涵盖了旅客、行李或货物等全部对象，所以航空运输上所指的延误应该是第三种。③ 但是，在一般的司法实践中，法院判决是按第三种界定处理，同时在必要时兼用第二种部分论点，目的是排除在机场外的陆、海、水运引起的延误因素。

（二）延误的判断

由于延误引起的责任，情况相当复杂，要根据具体情况作出合理的判断。

---

① 赵维田．国际航空法．北京：社会科学文献出版社，2000：349.

② 穆书芹．浅谈航空承运人延误之法律责任．武汉科技大学学报：社会科学版，2002（6）：64.

③ 贺元骅．论航空运输不合理延误及其责任．中国民航飞行学院学报，2002（1）：17.

1. 延误不是指航班的具体始发或抵达目的地时间上的“误点”

航空法中的延误，不是指航班的具体始发或抵达目的地时间上的“误点”，而是指旅客或托运人选择空运这种快速运输方式所合理期望的期限。因为客票和托运单本身并不是合同，它所起到的只是一种初步证据作用。虽然有学者持不同的看法，但是用客票或托运单上的时间作为合同本身所确定的期限来推断所谓的延误，是没有法律依据的。

2. 索赔根据是不合理延误

要想对延误引起的损失提出索赔，通常要证明它是一种不合理的延误。尽管普通法系和大陆法系对何谓“不合理延误”的理论根据与说法不同，但就其表现的标准而言，基本相同。普通法系国家认为：延误是指未能在合理的时间内完成运输；大陆法系国家认为：只要未发现承运人有重大过失，稍有延误，也以合理延误论处。

3. 合理延误和不合理延误的判断

界定合理延误和不合理延误的范围，对于航空公司提高服务质量，维护消费者的合法权益，具有非常重要的意义。对合理延误和不合理延误的范围应当作以下界定：

（1）从时间上看，承运人完成该运输所花费的时间是否是合同约定的时间，在无约定时间的情况下，要看其所花费的时间是否超过一般情况下完成该运输所需要的合理时间。这种情况比较复杂，具体案例的适用，一般由国内法加以确认。虽然国际航协在1972年第2756号决议（《客票—合同条件》）第9条和1979年第6006号决议（《航空货运单—合同条件》）第5条中都有关于“合理时间”的论述，但是由于客票、航空货运单的性质只是证明合同的存在，本身并不是合同；因此，关于“合理时间”的争论一直未停止过，各国的判决也不尽相同。如1962年海牙法院的黑菲尔诉荷兰皇家航空公司案①，判决航空公司不承担责任。瑞典和美国法院也有过类似的判决。而1974年热奥菲西基诉伊朗航空公司案②中，法院却作出了相反的判决。

（2）承运人或者其受雇人、代理人已经采取了一切必要措施避免损失的发生，或者不可能采取此种措施。前面已经论述，此处不再赘述。

（3）延误是否是由于不可抗力造成的。各国学者、法院已经达成两点共识：一是如果是不可抗力造成的，就属于合理延误，否则，就属于不合理延误。目前认为这些原因包括天气条件、航空器的机械故障、机组人员和机械人员的罢工、航空器的操作等。天气原因、流量控制、自然灾难和军管等，是航空公司所决定不了的，如果出现此情况，应当认为是合理延误。二是机务原因、机场原因、联检原因、航行保障等造成的延误，不应当归纳到合理延误中。

（三）归责原则

从1929年《华沙公约》第19条的规定来看，对延误实行推定过错责任制度，1955年《海牙议定书》未作修订，1971年《危地马拉城议定书》和1999年的《蒙特利尔

---

① 此案中，由于运输上的延误，托运人托运的货物（活水貂）运抵目的地时，动物已半死不活。荷兰最高法院引用了被告荷兰皇家航空公司货运单背面印的“合同条件”说，并未约定运抵时间，不发生《华沙公约》第19条意义上的延误。

② 此案中，被告伊朗航空公司知道原告热奥菲西基托运的是易腐食品，而从巴黎到德黑兰有几条直达或间接运抵的航班可供选择，却延误了7天之久，无视运输合同规定的义务，因此应当赔偿损失。

公约》仍然实行推定过错责任制。我国《民用航空法》和国际条约的规定一致，对延误造成损失实行推定过错责任制度。

（四）赔偿责任

关于延误所造成的损失，承运人不能证明是合理延误，就应当承担赔偿责任。华沙体制下的各航空公约对承运人赔偿数额的规定见表 7.5。

表 7.5　国际航空运输中承运人延误的赔偿责任

赔偿对象 公约名称	旅客	非托运行李	托运行李	货物
1929 年《华沙公约》	125 000 法郎	5 000 法郎	250 法郎	250 法郎
1955 年《海牙议定书》	25 万法郎	5 000 法郎	250 法郎	250 法郎
1971 年《危地马拉城议定书》	62 500 法郎	15 000 法郎	15 000 法郎	250 法郎
1975 年《蒙特利尔第一号议定书》	8 300 特别提款权	332 特别提款权	17 特别提款权	17 特别提款权
1975 年《蒙特利尔第二号议定书》	16 600 特别提款权	332 特别提款权	17 特别提款权	17 特别提款权
1975 年《蒙特利尔第三号议定书》	4 150 特别提款权	1 000 特别提款权	1 000 特别提款权	17 特别提款权
1999 年《蒙特利尔公约》	4 150 特别提款权	1 000 特别提款权	1 000 特别提款权	17 特别提款权

注：从 1929 年《华沙公约》到 1975 年《蒙特利尔第二号议定书》所规定的延误造成的损失，包括在因旅客伤亡和行李损失和货物损失的总额之中。

四、我国航空法的规定

我国是《华沙公约》《海牙议定书》和《蒙特利尔公约》的加入国。对于《华沙公约》意义上的国际航空运输合同，由于国际航空公约的强制适用性，应分别适用它们的规定。对于非《华沙公约》意义上的国际航空运输合同适用于我国和相关国家共同参加或缔结的国际条约的相关规定，我国《民用航空法》第 188 规定："民用航空运输合同当事人可以选择合同适用的法律，但是法律另有规定的除外；合同当事人没有选择的，适用与合同有最密切联系的国家的法律。"我国《民用航空法》第九章"公共航空运输"中专辟第三节"承运人的责任"进行论述。另外，还有《中国民用航空旅客、行李国内运输规则》和《中国民用航空旅客、行李国际运输规则》对此进行了细化。

我国航空运输中承运人责任构成的内容包括承运人责任的法理基础、责任期间、赔偿责任限额以及索赔时限、诉讼时效等。

（一）承运人承担责任的法理基础

航空运输业是高度危险作业，高度危险作业是指在人类现有技术条件下，即使予以注意或谨慎经营仍有可能致人损害的危险性作业。该项责任是一种典型的无过错责任。对高度危险作业致人损害适用无过错责任，主要是为了加强对受害人的法律保护，同时也是为了促使从事高度危险作业的组织和个人提高责任心和改进技术安全措施。《民法通则》第123条规定："从事高空、高压、易燃、易爆、剧毒、放射性、高速运输工具等对周围环境有高度危险的作业造成他人损害的，应当承担民事责任；如果能够证明损害是由受害人故意造成的，不承担民事责任。"关于承运人责任的责任基础，我国民用航空法根据《民法通则》第123条对高速运输工具等高度危险作业所确立的责任制度和我国目前航空运输实践中所执行的承运人责任制度，在对现有的责任制度进行了综合比较研究的基础上，规定了承运人对旅客人身伤亡、行李或者货物的毁灭、遗失、损坏的严格责任制和承运人对旅客、行李或者货物延误造成损失的推定过错责任制。这样规定，不仅与国际通行的在航空运输及其他高风险作业领域实行严格责任制度的做法相一致，也将有利于促进我国航空运输企业加强经营管理，提高服务质量。

（二）承运人承担责任期间

我国《民用航空法》第124条规定："因发生在民用航空器上或者在旅客上、下民用航空器过程中的事件，造成旅客人身伤亡的，承运人应当承担责任……"第125条规定："因发生在民用航空器上或者在旅客上、下民用航空器过程中的事件，造成旅客随身携带物品毁灭、遗失或者损坏的，承运人应当承担责任。因发生在航空运输期间的事件，造成旅客的托运行李毁灭、遗失或者损坏的，承运人应当承担责任……因发生在航空运输期间的事件，造成货物毁灭、遗失或者损坏的，承运人应当承担责任……"第124条对旅客责任期间的规定和1971年《危地马拉城议定书》第4条第1款的规定完全一样；第125条对旅客随身携带物品、自理行李以及货物的责任期间的规定主要参照了1971年《危地马拉城议定书》第4条第2款和1975年《蒙特利尔第四号议定书》第4条的规定。

1. 承运人对旅客、随身携带物品及其自理行李承担责任的期间

承运人对旅客、随身携带物品及其自理行李的责任期间是"在民用航空器上或者旅客上、下民用航空器的过程中"。承运人仅对因发生在该期间的事件所造成的旅客人身伤亡、随身携带物品及其自理行李的毁灭、遗失或者损坏承担责任；因发生在该期间以外的事件所造成的上述三个损害的，承运人不承担责任。

（1）在民用航空器上是承运人责任的主要期间。旅客在民用航空器上的全部期间为承运人责任期间的主要构成部分。承运人责任期间是以是否存在航空风险为标准来确定的。旅客登机后直至其下了飞机，一般来说，该航空器即处于飞行中，旅客即面临着各种各样的与航空活动（或者称飞行活动）有关的风险，如航空器与航空器相撞、航空器与地面障碍物相撞、航空器出现机械故障而导致坠毁以及航空器在空中发生剧烈颠簸等，比较容易受伤或者死亡。因此，旅客在民用航空器上的全部期间为承运人的责任期间。航空器迫降，旅客也应当被认为是在航空器上。前面已经论述，此处不再加以赘述。

（2）旅客上、下航空器的过程中也是承运人责任期间的组成部分。在国际航空运输中，对旅客上、下航空器过程中的理解一般采用的是三重标准说，即活动性质、位置标准和控制因素。由于我国《民用航空法》中对此的规定比较模糊，同时尚缺乏相关的司法判例加以参照，对旅客上、下航空器过程中的理解，学者们普遍认为，由于我国《民用航空法》的制定是参照国际航空公约而进行的，因此三重标准说同样适用于"旅客上、下航空器过程中"的判断，同时又结合我国的实际情况，有学者采用了四要素

说，即时间因素、活动性质、控制因素和位置因素。①

旅客上航空器的过程中，即是旅客的登机过程，是指旅客办理登机手续后至进入民用航空器之前因登机活动而处于承运人照管之下的期间。登机过程有四个要件：① 时间因素。从时间上看，登机过程是旅客已经办理登机手续但尚未进入民用航空器的一段时间。② 活动性质。从旅客所从事的活动看，旅客正在进行登机活动。③ 控制因素。从旅客与承运人的关系看，旅客正处于承运人的照管之下。④ 位置因素。从旅客所处的地点看，旅客正处于登机区域，即从候机地点到民用航空器的地段，一般包括运输区域（飞机运行区域）、停机坪和飞机的停放地点。判断旅客是否在"上民用航空器的过程中"，应同时着眼于上述四个因素。旅客办理登机手续后坐在候机楼候机的期间不是登机过程，因为旅客并未开始登机活动，也未处于承运人照管之下，其所处的地点也不是登机途中。相反，旅客走上舷梯至进入民用航空器的过程则是登机过程。因为，无论是从时间、地点看，还是从旅客所从事的活动以及旅客与承运人的关系看，这个过程都符合登机过程的要件。

旅客下航空器的过程中，即旅客的下机过程，是指旅客走出民用航空器后到达民用机场建筑的安全地带前因下机活动而处于承运人照管之下的期间。下机过程也具有四大要件：① 时间因素。从时间上看，下机过程是指旅客从飞机上下来走进机场建筑安全地带的一段时间。② 活动性质。从旅客所从事的活动看，旅客正在进行下机活动。③ 控制因素。从旅客与承运人的关系看，旅客正处于承运人的照管之下。④ 位置因素。从旅客所处的地点看，旅客处于下机区域，即从民用航空器到机场建筑安全地带的地段。一般来讲，下机区域也是指飞机的运行区域、停机坪或飞机的停放地点。判断旅客是否处于"下民用航空器的过程中"，也必须同时着眼于上述四大要件。下列期间不属于"下民用航空器过程中"的阶段：旅客结束下机后发现将手提行李遗忘在民用航空器上而返回到民用航空器上寻取行李的过程；旅客自候机楼走廊走向中转手续办理点的途中；旅客办理海关、边防手续后等候提取行李的过程中；旅客到达机场建筑某一安全地带后，自该安全地带到托运行李提取处的途中。

2. 承运人对托运行李和货物的责任期间

根据我国《民用航空法》第125条的规定，承运人对托运行李和货物的责任期间是航空运输期间，航空运输期间"不包括机场外的任何陆路运输、海上运输、内河运输过程；但是，此种陆路运输、海上运输、内河运输是为了履行航空运输合同而装载、交付或者转运，在没有相反证据的情况下，所发生的损失视为在航空运输期间发生的损失"。其规定和华沙体制的规定没有多大区别，主要有两个方面：（1）货物或者托运行李处于承运人的掌管之下。（2）货物处于机场内、民用航空器上或者机场外民用航空器降落的任何地点。

（三）承运人赔偿责任的范围

1. 旅客的人身伤亡所造成的损失

我国《民用航空法》第124条规定，承运人对旅客承担民事责任的范围仅限于旅客的人身伤亡所造成的，即旅客的死亡或者肉体上的伤害，不包括旅客精神上的痛苦，

① 曹三明，夏兴华．民用航空法释义．沈阳：辽宁教育出版社，1996：280.

也不包括因旅客的死亡或受伤给他人造成的精神痛苦。对于因旅客的人身伤亡所导致的精神损害是否应当赔偿的问题，从我国航空法的内容来看，没有采用华沙体制中的“死亡、受伤或身体上的任何其他损害”，立法本意是排除精神损害，但是《民用航空法》第 131 条又规定：“有关航空运输中发生的损失的诉讼，不论其根据如何，只能依照本法规定的条件和赔偿责任限额提出，但是不妨碍谁有权提起诉讼以及他们各自的权利。”这并没有禁止旅客以侵权作为诉讼依据，既然可以以侵权作为诉讼依据，当然可以请求精神损害赔偿。但是国内航空运输中尚无相关关于精神损害赔偿的案例。

2. 旅客随身携带的行李损失

承运人承担民事责任的范围是因旅客随身携带物品的毁灭、遗失或者损坏所造成的损失，即旅客随身携带物品的直接损失，不包括间接损失。毁灭、遗失或者损坏是旅客随身携带物品蒙受损失的三种情况。旅客随身携带物品的毁灭、遗失或者损坏完全是由于行李本身的自然属性、质量或者缺陷造成的，承运人不承担责任。行李本身自然属性是指行李的性质，即其本质特性。如荔枝具有易腐烂变质的属性，酒精具有易燃、易挥发的属性等。质量是指物品的内在品质，质量的好坏就是品质的优劣。缺陷是指物品本身的潜在瑕疵，某件物品可能是符合该物品的产品质量要求的，但也可能存在某种缺陷。因旅客随身携带物品本身的自然属性、质量或者缺陷造成的该物品的毁灭、遗失或者损失，一方面与航空器的航行活动无关，另一方面是承运人无法预料、无法防范的，因此承运人可以不承担责任。对部分因旅客随身携带物品的自然属性、质量缺陷造成的该物品的毁灭、遗失或者损坏，承运人仍应承担责任。

3. 托运行李和货物的损失

因发生在航空运输期间的事件，造成托运行李或货物毁灭、遗失或者损坏的，承运人应当承担责任。托运行李的毁灭、遗失或者损坏完全是由于托运行李本身的自然属性、质量或者缺陷造成的，承运人不承担责任。如果托运行李的毁灭、遗失或者损坏部分是由于托运行李本身的自然属性、质量或者缺陷造成的，承运人仍要承担责任。

完全是由于下列原因之造成的货物的毁灭、遗失或者损坏，承运人不承担责任：货物本身的自然属性、质量或者缺陷；承运人或者其受雇人、代理人以外的人包装货物的情况下，货物包装不良；战争或者武装冲突；政府有关部门，如海关、商检、卫生检疫等部门实施的与货物入境、出境或者过境有关的行为。

（四）承运人责任的归责原则及免责事由

1. 承运人责任的归责原则

根据我国《民用航空法》第 124 条和第 125 条的规定，承运人对旅客损害的归责原则均为一元归责。即对旅客人身伤害、自理行李和随身携带的物品以及对托运行李和货物归责原则仍然是一元归责原则，即严格责任制。此外根据该法第 126 条的规定①，在对延误的归责方面则采用的是推定过错责任制。

① 我国《民用航空法》第 126 条规定：“旅客、行李或者货物在航空运输中因延误造成的损失，承运人应当承担责任；但是，承运人证明本人或者其受雇人、代理人为了避免损失的发生，已经采取一切必要措施或者不可能采取此种措施的，不承担责任。”

2. 承运人的免责事由

承运人对旅客的免责事由主要包括以下几个方面：（1）旅客的人身伤亡完全是由于旅客本人的健康状况造成的，承运人不承担责任。（2）旅客的人身伤亡不是与飞行有关的事件造成。如果承运人能够证明造成旅客人身伤亡的事件与飞行无关，即与航空运输操作或航空运输服务无关，承运人就不承担责任。一般来说，劫机和破坏民用航空器的行为都被认为是与航空运输操作无关的事件。（3）因延误造成的损失，承运人证明本人或者其受雇人、代理人为了避免损失的发生，已经采取一切必要措施或者不可能采取此种措施的，不承担责任。（4）经承运人证明，损失是由索赔人的过错造成或者促成的，应当根据造成或者促成此种损失的过错的程度，相应免除或者减轻承运人的责任。旅客以外的其他人就旅客死亡或者受伤提出赔偿请求时，经承运人证明，死亡或者受伤是旅客本人的过错造成或者促成的，同样应当根据造成或者促成此种损失的过错的程度，相应免除或者减轻承运人的责任。

承运人对旅客的自理行李和随身携带的物品免责事由主要包括以下几个方面：（1）旅客随身携带物品的毁灭、遗失或者损坏完全是由于行李本身的自然属性、质量或者缺陷造成的，承运人不承担责任。（2）因延误造成的损失，承运人证明本人或者其受雇人、代理人为了避免损失的发生，已经采取一切必要措施或者不可能采取此种措施的，不承担责任。（3）损失是由索赔人的过错造成或者促成的，应当根据造成或者促成此种损失的过错的程度，相应免除或者减轻承运人的责任。

承运人对旅客的托运行李免责事由主要包括以下几个方面：（1）托运行李的毁灭、遗失或者损坏完全是由于行李本身的自然属性、质量或者缺陷造成的，承运人不承担责任。（2）因延误造成的损失，承运人证明本人或者其受雇人、代理人为了避免损失的发生，已经采取一切必要措施或者不可能采取此种措施的，不承担责任。（3）承运人证明，损失是由索赔人的过错造成或者促成的，应当根据造成或者促成此种损失的过错的程度，相应免除或者减轻承运人的责任。（4）未在法定期间提出异议。旅客收受托运行李而未提出异议，为托运行李已经完好交付并与运输凭证相符的初步证据。托运行李发生损失的，旅客应当在发现损失后向承运人提出异议。托运行李发生损失的，至迟应当自收到托运行李之日起7日内提出。托运行李发生延误的，至迟应当自托运行李交付旅客处置之日起21日内提出。任何异议均应当在前面规定的期间内写在运输凭证上或者另以书面提出。除承运人有欺诈行为外，旅客未在上述规定的期间内提出异议的，不能向承运人提出索赔诉讼。

承运人对货物的免责事由主要包括以下几个方面：（1）承运人证明货物的毁灭、遗失或者损坏完全是由于下列原因之一造成的，不承担责任：货物本身的自然属性、质量或者缺陷；承运人或者其受雇人、代理人以外的人包装货物的，货物包装不良；战争或者武装冲突；政府有关部门实施的与货物入境、出境或者过境有关的行为。（2）因延误造成的损失，承运人证明本人或者其受雇人、代理人为了避免损失的发生，已经采取一切必要措施或者不可能采取此种措施的，不承担责任。（3）在货物运输中，经承运人证明，损失是由索赔人或者代行权利人的过错造成或者促成的，应当根据造成或者促成此种损失的过错的程度，相应免除或者减轻承运人的责任。（4）未在法定期间提出异议。收货人收受货物而未提出异议，为货物已经完好交付并与运输凭证相符的初步证据。货物发生损失的，收货人应当在发现损失后向承运人提出异议。货物发生损失的，至迟应当自收到货物之日起 14 日内提出。货物发生延误的，至迟应当自货物交付收货人处置之日起 21 日内提出。任何异议均应当在前述规定的期间内写在运输凭证上或者另以书面提出。除承运人有欺诈行为外，收货人未在上述规定的期间内提出异议的，不能向承运人提出索赔诉讼。

（五）承运人的赔偿限额及例外

1. 承运人的赔偿限额

（1）国内航空运输承运人的赔偿责任限额。国内航空运输承运人的赔偿责任限额由国务院民用航空主管部门制定，报国务院批准后公布执行。2006 年 3 月 28 日起施行《国内航空运输承运人赔偿责任限额规定》规定，国内航空运输旅客的人身伤亡赔偿标准最高限额是 40 万元人民币，如旅客自行向保险公司投保航空旅客人身意外保险的，此项保险金额的给付，不免除或者减少承运人应当承担的赔偿责任；对每名旅客随身携带物品的赔偿责任限额为人民币 3 000 元；对旅客托运的行李和对运输的货物的赔偿责任限额，为每公斤人民币 100 元。

（2）国际航空运输承运人的赔偿责任限额。我国《民用航空法》第 184 条规定："中华人民共和国缔结或者参加的国际条约同本法有不同规定的，适用国际条约的规定；但是，中华人民共和国声明保留的条款除外。中华人民共和国法律和中华人民共和国缔结或者参加的国际条约没有规定的，可以适用国际惯例。"

我国《民用航空法》第 129 条所规定的国际航空运输承运人的赔偿责任限额为：对每名旅客的赔偿责任限额为 16 600 计算单位，但旅客可以同承运人书面约定高于本项规定的赔偿责任限额；对托运行李或者货物的赔偿责任限额，每公斤为 17 计算单位；对每名旅客随身携带的物品的赔偿责任限额为 332 计算单位。

另外，我国《民用航空法》第 130 条还规定："任何旨在免除本法规定的承运人责任或者降低本法规定的赔偿责任限额的条款，均属无效；但是，此种条款的无效，不影响整个航空运输合同的效力。"

2. 赔偿的例外

（1）约定赔偿责任限额。旅客可以就旅客的人身伤亡及延误事先与承运人书面约定高于行政法规规定的赔偿责任限额。旅客如与承运人事先就旅客的人身伤亡及延误书面约定了高于法定责任限额的赔偿责任限额，发生旅客人身伤亡或延误时，承运人即应在约定的赔偿责任限额内承担责任。

（2）声明价值。在托运行李和货物的运输中，旅客或者托运人如认为法定的责任限额过低，可以在交运托运行李或者货物时向承运人特别声明在目的地点交付时的利益（即行李或货物的价值与行李或货物到达目的地点的预期利益），即在行李票上和航空货运单上注明托运行李和货物的声明金额。

旅客或者托运人就托运行李或货物特别声明在目的地点交付时的利益的，发生行李或货物毁灭、遗失、损坏或因延误造成损失时，承运人也应在声明金额的范围内承担责任。但是，如果承运人能够证明旅客或者托运人声明的金额高于托运行李或者货物在目的地点交付时的实际利益，即旅客或托运人在声明特别利益时存在过失或欺诈，该声明金额无效。承运人仍在法定的赔偿责任限额范围内承担责任。

（3）承运人接受旅客而未出具客票、承运人载运托运行李而不出具行李票的以及承运人同意未经填具航空货运单而载运货物的，承运人无权援引《民用航空法》中的责任限制。

3. 赔偿数额的确定

旅客与承运人可约定高于法定的赔偿责任限额，除此以外，我国目前对于旅客的人身伤亡损害赔偿的计算更多考虑的是伤残或死亡补助、误工损失、医疗费、护理费、交通费等，且很难计算到很高的金额，虽然各方面一直在呼吁国家应尽早出台，包括引入余生收入计算①内容在内合理的损害赔偿方法。

我国《民用航空法》对托运行李或货物的赔偿数额确定依据和华沙体制的规定相同：（1）托运行李或者货物的一部分毁灭、遗失、损坏或者延误的，或者托运行李、货物中的任何物件毁灭、遗失、损坏或者延误的，不影响同一份行李票或航空货运单所列其他包件行李或货物的价值时，用以确定承运人赔偿责任限额的重量，仅为发生毁灭、遗失、损坏或者延误的托运行李或者货物包件的总重量。（2）托运行李或者货物的一部分毁灭、遗失、损坏或者延误，或者托运行李或者货物中的任何物件的毁灭、遗失、损坏或者延误，影响同一份行李票或者同一份航空货运单所列其他包件行李或货物的价值的，确定承运人的赔偿责任限额的重量时，不仅要考虑发生毁灭、遗失、损坏或者延误的包件的重量，还要考虑同一份行李票或同一份航空货运单中价值受到影响的包件的总重量。

（六）异议期限、管辖法院和诉讼时效

1. 异议期限

我国《民用航空法》中对旅客或者收货人对托运行李或者货物的异议期间的规定和国际航空公约的规定相同。《民用航空法》第134条规定："旅客或者收货人收受托运行李或者货物而未提出异议，为托运行李或者货物已经完好交付并与运输凭证相符的初步证据。托运行李或者货物发生损失的，旅客或者收货人应当在发现损失后向承运人提出异议。托运行李发生损失的，至迟应当自收到托运行李之日起七日内提出；货物发生损失的，至迟应当自收到货物之日起十四日内提出。托运行李或者货物发生延误的，至迟应当自托运行李或者货物交付旅客或者收货人处置之日起二十一日内提出。任何异议均应当在前款规定的期间内写在运输凭证上或者另以书面提出。除承运人有欺诈行为外，旅客或者收货人未在该条第二款规定的期间内提出异议的，不能向承运人提出索赔诉讼。"

2. 管辖法院

（1）索赔依据

我国《民用航空法》第131条规定，原告提起诉讼的根据可以是航空运输合同，也可以是侵权行为，还可以根据《民用航空法》本身及有关国际公约提起诉讼。从法

---

① 例如美国、日本等国家，其空难赔偿一般都按余生收入法来计算。美国的空难赔偿是按受害者本人一生中可能挣到的收入来赔付。因此不同申请者得到的赔偿非常悬殊，从几十万到几千万美元不等。而日本对赔偿金额的计算同时考虑受害者的损伤程度、年龄、职业、正常收入情况、家庭负担及余生收入上涨等综合因素。

律的规定来看，索赔根据的意义不大，因为“不论其根据如何，只能依照本法规定的条件和赔偿责任限额提出”。

（2）诉讼当事人

在航空运输中，起诉根据的不同，有权提起诉讼的人也有所不同。在旅客运输中，主要有旅客，如果旅客死亡，旅客的继承人有权提起诉讼；在航空货物运输中，托运人和收货人有权提起诉讼；如果货物已经投保且保险公司已经赔付货主，根据有关保险方面的法律规定，保险公司取得代位追偿权而有权提起诉讼。

提起诉讼的人的权利包括实体法规定的各项实体权利和程序法规定的在诉讼过程中的各项诉讼权利。如果提起诉讼的人是托运人的代理人，其实体权利就是有关代理法律规定的代理人的权利，其程序权利就是有关民事诉讼方面的法律所规定的各项权利。

根据《民用航空法》的规定，被诉主体主要有航空承运人、航空承运人的受雇人、代理人。当航空承运人的受雇人、代理人作为被告的时候，该受雇人、代理人证明他是在受雇、代理范围内行事的，有权援引有关赔偿责任限制的规定。在前述情形下，承运人及其受雇人、代理人的赔偿总额不得超过法定赔偿责任限额。

原被告举证责任的分担不同。原告承担的举证责任主要有证明受到了损失及损失的数额，证明所受到的损失是航空运输中所发生的事件造成的。要想取得责任限额的突破，原告还需证明：“航空运输中的损失是由于承运人或者其受雇人、代理人的故意或者明知可能造成损失而轻率地作为或者不作为造成的，……证明承运人的受雇人、代理人有此种作为或者不作为的，还应当证明该受雇人、代理人是在受雇、代理范围内行事。”被告主要举证证明其减轻或者免除责任的事由。

（3）管辖法院

就国内航空运输而言，我国《民事诉讼法》第 27 条规定：“因铁路、公路、水上、航空运输和联合运输合同纠纷提起的诉讼，由运输始发地、目的地或者被告住所地人民法院管辖。”

就国际航空运输而言，我国《民事诉讼法》第 265 条规定：“因合同纠纷或者其他财产权益纠纷，对在中华人民共和国领域内没有住所的被告提起的诉讼，如果合同在中华人民共和国领域内签订或者履行，或者诉讼标的物在中华人民共和国领域内，或者被告在中华人民共和国领域内有可供扣押的财产，或者被告在中华人民共和国领域内设有代表机构，可以由合同签订地、合同履行地、诉讼标的物所在地、可供扣押财产所在地、侵权行为地或者代表机构住所地人民法院管辖。”

3. 诉讼时效

我国《民用航空法》第 135 条规定：“航空运输的诉讼时效期间为二年，自民用航空器到达目的地点、应当到达目的地点或者运输终止之日起计算。”

这里需要强调人身伤害的诉讼时效问题。我国《民法通则》第 136 条规定，身体受伤害要求赔偿的，诉讼时效为 1 年，这是对特别诉讼时效的规定，但《民用航空法》和《民法通则》的关系是特殊与一般的关系，因此，在航空运输中旅客人身伤害的诉讼时效应当为 2 年，适用《民用航空法》的规定。

第五节 实际承运人履行航空运输的特别规定

《华沙公约》制定之时，航空运输中的法律关系比较简单，包机、租赁飞机的情况非常少见，航空承运人基本都是与旅客或托运人签订运输合同并使用自己的航空器进行运输，因此《华沙公约》中并没有对非缔约承运人（实际承运人）履行运输时的责任进行规定。但随着世界经济的发展，航空运输的不断进步，航空运输过程中的法律关系日趋复杂。特别在第二次世界大战以后，包机和租赁飞机的现象不断涌现，特别是航空公司之间的委托运输或通过“湿租飞机”进行运输的情况日益增加，使得在有些情况下，实际与消费者签订合同的人不进行运输或不进行全部运输活动，而由其他非签订合同的人来进行全部或部分运输，进而在航空运输过程出现了两个或两个以上的运输主体，但《华沙公约》对非缔约承运人履行运输时的责任并未作出规定，从而导致在航空运输中产生了诸多法律问题。1955年《海牙议定书》签订以后，国际民用航空组织法律委员会在1957年和1960年拟定了两个公约草案，1961年于墨西哥第二大城市瓜达拉哈拉召开了外交会议，签署《统一非缔约承运人所作国际航空运输的某些规则以补充〈华沙公约〉的公约》（简称1961年《瓜达拉哈拉公约》），1961年《瓜达拉哈拉公约》几乎全文被纳入1999年《蒙特利尔公约》，该公约专辟一章即第五章“非缔约承运人履行的航空运输”；我国《民用航空法》也在第九章“公共航空运输”中专辟一节即第四节“对实际承运人履行航空运输的特别规定”。但是随着航空战略联盟的兴起，航空公司之间代码共享的实行，又对航空法提出了挑战。①

一、实际承运人的概念

1961年《瓜达拉哈拉公约》第1条对实际承运人的定义是：“是指缔约承运人以外

① 代码共享实践包含了两个主要的变化。一个变化是它涉及两个承运人，旅客必须在中途停留转乘另一航班；另一个变化是在旅客受伤，航空托运行李损坏，甚至遗失，旅客在连接点误机，或因超售、改变机型等原因被拒绝登机时，哪一承运人将对此承担责任？因为向旅客发售客票的缔约承运人并非实际承运人，所使用的责任制度又是指向哪一方？这些责任在实践中是不清楚的。有人认为，由于缔约承运人只是出售机票，没有参与实际运营，不能承担任何责任；有人认为，可采用适用的国内法，决定缔约承运人对旅客损失的责任和义务；还有人认为，在《华沙法典》里，已经包含了实际承运人和缔约承运人的责任和义务，应用《华沙法典》的第一章和第三十章中的接续承运人规则来处理。到底哪种说法正确，至今仍无统一的认识，因为在一些法律体系中，《华沙法典》和国内法以及IATA协议是不一致的。这增加了代码共享协议下事故处理的难度。另外，在参与代码共享协议的航空公司中，有些国际航空公司，尤其是美国所有的航空公司都已放弃了《华沙法典》的有限索赔条例，签订了IATA和ATA的协议，该协议条款规定缔约承运人和实际承运人对财产的损伤、生命的受伤负有相同的责任。还有很多公司没有签订这一协议，适用的仍是《华沙法典》里的有限索赔条例，由它们之间的代码共享所引起的责任问题又将如何解决？管理中国民航的法律是《民用航空法》，这个法律包含了1929年制定和1955年修订的《华沙法典》，以此为依据来确定承运人对旅客、行李和货物的责任。因此可以看到，在代码共享时期，产生了许多复杂的有关损失索赔问题，这要求各共享合作伙伴要明确商定，而且国家立法机关也应关注这些问题，需要用法律明确承运人的责任。——引自王新安，杨秀云．航空公司之间的代码共享及其对民航业的影响．兰州大学学报：社会科学版，2005（1）：102.

的，根据缔约承运人的授权，履行第二款全部或部分运输的人，但对该运输此人并非《华沙公约》规定的连续承运人。在没有相反证明的情况时，此种授权被推定是存在的。”1999 年《蒙特利尔公约》第 39 条对缔约承运人和实际承运人界定沿袭了 1961 年《瓜达拉哈拉公约》第 1 条的规定；我国《民用航空法》第 137 条的规定和 1961 年《瓜达拉哈拉公约》第 1 条的规定完全相同。可见，法律中对实际承运人的定义是和缔约承运人紧密联系的，二者就像一对孪生姊妹一样，没有缔约承运人也就无所谓实际承运人，反之亦然。因此，1961 年《瓜达拉哈拉公约》第 1 条对缔约承运人也作出了界定，缔约承运人是指本人与旅客、托运人，或者与以旅客或者托运人名义行事的人订立《华沙公约》调整的运输合同的人。1999 年《蒙特利尔公约》第 39 条和我国《民用航空法》第 137 条对缔约承运人的规定秉承了此规定。

（一）缔约承运人和实际承运人

缔约承运人和实际承运人之间在法律上是怎样的一种关系，从 1961 年《瓜达拉哈拉公约》的规定来看，公约所涉及的在很大程度上是“代理”关系问题，在制定条文的讨论中，瓜达拉哈拉会议上强调了缔约承运人与航空运输中各种代理人在法律地位上的不同，力求将之区别清楚。尤其是缔约承运人与客运中的旅行社，货运中的“航空货运代理人”之间的区分。一般认为：实际承运人是缔约承运人的代理人。① 但是，也有学者认为，实际承运人虽然是根据缔约承运人的授权履行全部或部分运输，但他不同于代理人。②

在航空运输中，如果承运人既出具运输凭证，自己又负责运输，这时法律关系非常简单。但事实情况并非如此，诸如包机运输和旅行社介入的情况在现实的航空运输中已经非常普遍，准确界定航空承运人，需要具体情况具体分析。

1. 包机运输

由于大陆法系和普通法系的传统差异，在确定包机者法律地位的时候比较困难。在早期的法国和瑞士等国的案例中，常常把包机人当作缔约承运人，而把实际承担包机运输的航空公司视为承运人的代理人。而普通法系的传统正好相反，是把航空公司视为缔约承运人，而把包机人当作是旅客或托运人的代理人。我国对此的规定比较模糊。

判断包机运输中的缔约承运人和实际承运人，关键要看谁出具运输凭证并交付或者承运人栏中写谁的名字。如果包机人以自己的名义向旅客或者托运人出具并签发运输凭证，那么包机人就是缔约承运人，航空公司就是实际承运人。如果运输凭证不是以包机人自己的名义出具并签发，而是由实际履行航空运输合同的航空公司出具并签发给旅客或者托运人，包机人只是航空公司的代理人。如果包机人仅仅是为运输本单位的人员，无需签发客票，那么包机人仅仅是航空器的承租人，航空公司作为承运人对旅客负责。可见，包机人的身份是根据合同双方当事人的行为确定的，在特定条件下，包机人可以成为缔约承运人。

---

① 刘伟民．航空法教程．北京：中国法制出版社，2001：352.

② 曹三明，夏兴华．民用航空法释义．沈阳：辽宁教育出版社，1996：320.

2. 旅行社

在旅行社介入的航空运输中，判断旅行社是缔约承运人还是实际承运人，要根据旅行社扮演的角色进行界定。如果旅行社仅扮演发售并交给机票的角色时，其发售的机票上都载明承运人的名字。旅行社是航空公司的代理人，航空公司是承运人。当旅行社作为旅游组织者销售“一揽子旅游”或“包价旅游”时，其中就航空运输那一段而言，旅行社作为“中间人”。在这种情况下，承运人仍然是机票上载明的航空公司，旅行社不是缔约承运人。另外，还有一种情况，如果该旅行社以旅游组织者的面貌出售包价旅游，旅客在登机时才知道是哪家航空公司的飞机，在大陆法系各国一般将这种包价旅游合同视为一种运输合同，将旅行社当作“缔约承运人”，而将实际承运的航空公司当作该旅行社的“受雇人或代理人”，这在《瓜达拉哈拉公约》的意义上为实际承运人。

3. 航空货运代理人

航空货运代理人，是指以托运人的名义或者以自己的名义，为托运人办理与航空运输业务相关的业务的人，其身份也要根据不同情况进行确定。当货运代理人以自己名义从不同客户手中接受零散货物，并将这些零散货物集中起来以自己名义与航空公司签订运输合同时，相对于其客户而言，他是居间人，相对航空运输合同对方当事人而言，他是托运人，航空公司是承运人。同样在目的地点，他还可以以自己的名义接收这些散货，他同样可以成为收货人。当货运代理人从不同托运人手中接受货物，以托运人的名义与航空公司签订运输合同时，货运代理人是托运人的代理人，航空公司是承运人。当货运代理人以自己的名义与托运人签订运输合同并向托运人签发航空货运单，然后再委托航空公司运送货物时，货运代理人是缔约承运人，航空公司是实际承运人。

（二）实际承运人与连续承运人

在航空运输中，国际航空公约和国内法规定实际承运人不是连续承运人，如 1961 年《瓜达拉哈拉公约》第 1 条规定“实际承运人并非《华沙公约》规定的连续承运人”，1999 年《蒙特利尔公约》第 39 条和我国《民用航空法》第 137 条也都规定，实际承运人不是“本公约”/“本章”规定的连续承运人。对于连续承运人的定义，早在 1929 年《华沙公约》第 1 条中就进行了规定：由几个连续航空承运人所作运输，凡符合合同当事各方当作单一运输过程者，则不论它以一个合同的方式或者几个合同的方式相互联系的合同方式订立的，为本公约的目的，都当作一项不可分割的运输，并不仅仅因为一个合同或几个相互联系的合同全都要在同一国家境内履行，和丧失其国际性质。该公约第 30 条又规定：几个连续承运人承担的运输，接纳旅客、行李或货物的各个承运人，均受本公约所订规则的约束，并在合同约定归他办理的那段运输范围内，被视为运输合同的立约一方。1999 年《蒙特利尔公约》对此规定和 1929 年《华沙公约》的规定一样。我国《民用航空法》第 136 条规定：“由几个航空承运人办理的连续运输，接受旅客、行李或者货物的每一个承运人应当受本法规定的约束，并就其根据合同办理的运输区段作为运输合同的订约一方。对前款规定的连续运输，除合同明文约定第一承运人应当对全程运输承担责任外，旅客或者其继承人只能对发生事故或者延误的运输区段的承运人提起诉讼。托运行李或者货物的毁灭、遗失、损坏或者延误，旅客或者托运人有权对第一承运人提起诉讼，旅客或者收货人有权对最后承运人提起诉讼，旅客、托运人和收货人均可以对发生毁灭、遗失、损坏或者延误的运输区段的承运人提起诉讼。上述承运人应当对旅客、托运人或者收货人承担连带责任。”

可见，实际承运人不是连续承运人，连续承运人是航空运输合同的缔约一方，其履行航空运输的资格是基于本人的合同当事人身份，而不是基于他人的授权，是合同的独立主体；而实际承运人并不参与航空运输合同的订立，虽不是独立主体，但又类似于独立主体。①

二、实际承运人履行航空运输的法律规定

1961年《瓜达拉哈拉公约》、1999年《蒙特利尔公约》和我国民用航空法对实际承运人履行航空运输的责任、缔约承运人和实际承运人的法律关系以及诉讼上的规定等内容进行了详细的规定。

（一）实际承运人的责任

1. 实际承运人只对其履行的运输负责

在航空运输合同中，缔约承运人是合同的一方当事人，其对合同的全部负责；而实际承运人并不是合同当事人，只对自己履行的那一部分运输负责。如1961年《瓜达拉哈拉公约》第2条、1999年《蒙特利尔公约》第40条和我国《民用航空法》第138条都作出了这样的规定。②

2. 实际承运人与缔约承运人的相互责任

在航空运输中，实际承运人是由缔约承运人的授权从事全部或部分运输的，实际承运人只应当对自己履行的那一部分运输负责。但考虑到缔约承运人作为合同当事人，对全部运输负责，因此在航空法中，将实际承运人的作为或者不作为也视为是缔约承运人的作为或者不作为；另外，与旅客及托运人联系最密切的仍然是实际承运人，旅客和托运人也有理由相信缔约承运人的行为就是实际承运人的行为。实际承运人和缔约承运人的代理人、受雇人在代理权限范围内的行为视为是实际承运人的行为和缔约承运人的行为。所以，实际承运人的代理人、受雇人在代理权限范围内的行为涉及到实际承运人运输的部分，视为缔约承运人的行为。缔约承运人的代理人、受雇人在代理权限范围内的行为，关系到实际承运人运输的，也视为是实际承运人的行为。

但为了保护实际承运人的利益，因其毕竟不是合同当事人，法律规定实际承运人承担的责任不因此种作为或者不作为而超过法律所规定的赔偿数额。任何有关缔约承运人承担法律未规定的义务或者放弃法律赋予的权利或者抗辩理由的特别协议，或者任何有关赔偿考虑到的在目的地点交付时利益的特别声明，除经过实际承运人同意外，均不得

① 贺富永．航空运输中承运人的界定及法律责任．江苏社会科学，2004（1）：40.

② 1961年《瓜达拉哈拉公约》第2条规定：“除《华沙公约》另有规定外，实际承运人履行第一条第二款所指合同约定受《华沙公约》约束的全部或者部分运输的，缔约承运人和实际承运人都应当受《华沙公约》规则的约束，缔约承运人应当对合同约定的全部运输负责，实际承运人只对其履行的运输负责。”1999年《蒙特利尔公约》第40条规定：“除本章另有规定外，实际承运人履行全部或者部分运输，而根据第三十九条所指的合同，该运输是受本公约调整的，缔约承运人和实际承运人都应当受本公约规则的约束，缔约承运人对合同涉及的全部运输负责，实际承运人只对其履行的运输负责。”我国《民用航空法》第138条规定：“除本节另有规定外，缔约承运人和实际承运人都应当受本章规定的约束。缔约承运人应当对合同约定的全部运输负责。实际承运人应当对其履行的运输负责。”

影响实际承运人。1961年《瓜达拉哈拉公约》第3条、1999年《蒙特利尔公约》第41条和我国《民用航空法》第139条都作出了这样的规定。①

可见，在航空法中将二者的责任涉及实际承运人运输的部分时进行了相互归因，其主要目的是为了保护旅客和托运人的合法利益。

3. 受雇人和代理人

在航空运输中，无论是实际承运人或缔约承运人的代理人、受雇人，在代理权限范围内的行为都应当视为是实际承运人或缔约承运人的行为。如果按照代理或雇佣关系的一般规则，他们作为被诉主体是不适格的；但法律为了保护旅客和托运人的合法权益，在航空法中没有禁止实际承运人或缔约承运人的代理人、受雇人在代理权限范围内的行为，他们也可以成为被诉的对象。实际承运人或缔约承运人的代理人、受雇人的抗辩权利等同于实际承运人或缔约承运人的。虽然他们有权援用法律规定的适用于雇佣他们的或者被代理的承运人的条件和责任限额，但是经证明其行为不能援用责任限额的除外。1961年《瓜达拉哈拉公约》第5条、1999年《蒙特利尔公约》第43条和我国《民用航空法》第141、142条对此作出了规定。②

（二）异议和指示的对象

由于缔约承运人和实际承运人在涉及实际承运人的运输部分，二者责任的相互归因，因此，权利人无论是向缔约承运人发出异议和指示，还是向实际承运人发出，均具有同等的效力。但是实际承运人毕竟不是合同的当事人，因此，在法律上为了缔约承运人的合法权利，规定了处置货物的权利，必须向缔约承运人发出。1961年《瓜达拉哈拉公约》第4条、1999年《蒙特利尔公约》第42条和我国《民用航空法》第140条对此作出了相同的规定。

（三）诉讼上的规定

1. 诉讼主体资格

有权提起诉讼的人，前面第三节已经进行了论述，此处不再赘述。对于被诉对象主

---

① 1961年《瓜达拉哈拉公约》第3条规定："一、实际承运人的作为和不作为，实际承运人的受雇人、代理人在受雇、代理范围内的作为和不作为，关系到实际承运人履行的运输的，也应当视为缔约承运人的作为和不作为。二、缔约承运人的作为和不作为，缔约承运人的受雇人、代理人在受雇、代理范围内的作为和不作为，关系到实际承运人履行的运输的，应当视为实际承运人的作为和不作为。但是，实际承运人承担的责任不因此种作为或者不作为而超过《华沙公约》第二十二条所规定的责任数额。任何有关缔约承运人承担《华沙公约》未规定的义务或者放弃本公约赋予的权利或者抗辩理由的特别协议，或者任何有关依照该公约第二十二条考虑到的在目的地点交付时利益的特别声明，除经过实际承运人同意外，均不得影响实际承运人。"1999年《蒙特利尔公约》第41条和我国《民用航空法》第139条的规定与此一致。

② 1961年《瓜达拉哈拉公约》第5条和1999年《蒙特利尔公约》第43条规定："实际承运人的受雇人、代理人或者缔约承运人的受雇人、代理人，证明其是在受雇、代理范围内行事的，就实际承运人履行的运输而言，有权援用本公约规定的适用于雇佣该人的或者被代理的承运人的条件和责任限额，但是经证明依照本公约其行为不能援用该责任限额的除外。"我国《民用航空法》第141条规定："实际承运人的受雇人、代理人或者缔约承运人的受雇人、代理人，证明他是在受雇、代理范围内行事的，就实际承运人履行的运输而言，有权援用本法第一百二十八条、第一百二十九条有关赔偿责任限制的规定，但是依照本法规定不得援用赔偿责任限制规定的除外。"我国《民用航空法》第142条规定："对于实际承运人履行的运输，实际承运人、缔约承运人以及他们的在受雇、代理范围内行事的受雇人、代理人的赔偿总额不得超过依照本法得以从缔约承运人或者实际承运人获得赔偿的最高数额；但是，其中任何人都不承担超过对他适用的赔偿责任限额。"

要有三个：实际承运人、缔约承运人以及他们的受雇人、代理人。法律规定，对实际承运人履行运输提起的诉讼，可以分别对实际承运人或者缔约承运人提起，也可以同时对实际承运人和缔约承运人提起；被提起诉讼的承运人有权要求另一承运人参加应诉。诉讼程序及其效力适用案件受理法院的法律。

2. 管辖法院

依 1929 年《华沙公约》第 28 条的规定，损害赔偿诉讼必须在一个当事国的领土内，由原告选择，向承运人住所地、主要营业地或者订立合同的营业地法院，或者向目的地点法院提起。1961 年《瓜达拉哈拉公约》第 8 条规定："本公约第七条所指的赔偿诉讼，应由原告选择，按照《华沙公约》第二十八条的规定向可以对缔约承运人提起诉讼的法院提起，或者向实际承运人住所地或者其主要营业地有管辖权的法院提起。"也就是说，原告对缔约承运人提起诉讼，管辖法院是《华沙公约》第 28 条规定中的四个法院，如对实际承运人提起诉讼，管辖法院只有两个，即实际承运人的住所地或者其主要营业地法院。1999 年《蒙特利尔公约》第 46 条的规定与《瓜达拉哈拉公约》第 8 条的规定一样，只不过给该条文取了一个名称叫"附加管辖权"。因为实际承运人毕竟不是合同的订立人，不能适用 1999 年《蒙特利尔公约》第 33 条关于管辖权（相对于《华沙公约》关于管辖权的规定，《蒙特利尔公约》第 33 条增加了一个管辖法院，即符合该公约规定条件的旅客主要且永久居所地的法院依照公约具有管辖权）的规定；为了和第 33 条的第五管辖权区别，故称之为"附加管辖权"。我国《民用航空法》对此没有明确规定。

3. 赔偿总额的限制

对于实际承运人履行的运输，实际承运人和缔约承运人以及他们的在受雇、代理范围内行事的受雇人和代理人的赔偿总额不得超过依照法律得以从缔约承运人或者实际承运人获得赔偿的最高数额，但是上述任何人都不承担超过对其适用的责任限额。1961 年《瓜达拉哈拉公约》第 6 条、1999 年《蒙特利尔公约》第 44 条以及我国《民用航空法》第 142 条的规定和上述规定一样。

4. 追偿权和求偿权的行使

由于实际承运人与缔约承运人都可以单独或共同被旅客、托运人及收货人进行索赔，因此他们之间承担责任的方式是连带责任，而不是共同责任。但是，无论缔约承运人还是实际承运人同旅客或托运人、收货人之间的关系，不影响他们相互之间的权利、义务关系，例如追偿权和求偿权的行使。所谓追偿权，是指实际承运人或者缔约承运人依据法律规定，先行向原告支付赔偿金，然后再向有责任的一方追回相应的赔偿金；所谓求偿权，是指实际承运人或者缔约承运人因对方或对方的受雇人、代理人在受雇、代理范围内的行为给其造成损失，要求对方赔偿给其造成的损失。如 1961 年《瓜达拉哈拉公约》第 11 条规定："除第七条规定以外，本公约不影响两个承运人之间的权利和义务。"1999 年《蒙特利尔公约》第 48 条规定："除第四十五条规定外，本章的规定不影响承运人之间的权利和义务，包括任何追偿权或者求偿权。"我国《民用航空法》第 144 条规定："除本法第一百四十三条规定外，本节规定不影响实际承运人和缔约承运人之间的权利、义务。"

（四）其他规定

1961年《瓜达拉哈拉公约》第9条第1款和1999年《蒙特利尔公约》第47条对缔约承运人或者实际承运人合同条款的无效作出了规定："任何旨在免除本公约中规定的缔约承运人或者实际承运人责任或者降低适用于本公约中规定的责任限额的合同条款，均属无效，但是，此种条款的无效，不影响整个合同的效力，该合同仍受航空法规定的约束。"我国《民用航空法》对此没有规定。

另外，1961年《瓜达拉哈拉公约》第9条第3款还规定："运输合同的任何条款和在损失发生以前达成的任何特别协议，如果当事人借以违背本公约的规则，无论是选择所适用的法律还是变更管辖权的规定，均属无效。但是，如果仲裁在第八条规定的法院管辖地区进行，货物运输可以在本公约范围内采用仲裁条款。"

思考题

1. 简述公共航空运输的概念、分类及适用范围。
2. 试论航空运输合同的一般效力。
3. 简述航空旅客运输合同和航空货物运输合同的概念及其效力。
4. 什么是航空运输凭证？论述航空运输的作用。
5. 论述国际航空运输承运人的责任。
6. 论述国内航空运输承运人的责任。
7. 试述航空法中对实际承运人的特别规定。

第八章

通用航空的法律制度

第一节　通用航空概述

一、通用航空的概念

通用航空，是指使用民用航空器从事公共航空运输以外的民用航空活动，包括从事工业、农业、林业、渔业和建筑业的作业飞行以及医疗卫生、抢险救灾、气象探测、海洋监测、科学实验、教育训练、文化体育等方面的飞行活动。一般而言，除固定商业航班以外的所有航空活动和业务都纳入到通用航空的范畴。例如，农业上采用飞机播种、施肥、除草、喷洒农药；工业上的作业项目有陆海石油服务、航空摄影、航空测量、航空探矿、航空遥感等；经营性的通用航空有公务飞行、空中游览、短途客货邮运输等；非经营性通用航空作为社会公益事业，可以用于大气、海洋监测、公安缉私、医疗救护、抢险救灾等。

虽然与运输航空同属于民用航空活动，但是通用航空具有航空器品种繁杂，飞行有高空、低空、超低空，使用空域随意性大，飞行作业项目多样化，使用机型多，飞行时间不确定等基本特征。这就决定了通用航空在飞机适航、飞机认证、飞行员执照、航空商业法规、空中交通管制与空域等方面，与高空高速的运输航空有较大的区别。所以不能完全用运输航空的法规和标准来管理通用航空。因此，通用航空活动应该成为航空法的又一个调整对象。

二、通用航空的作用

1994 年 8 月 12 日美国出台的“通用航空复兴法”，使通用航空产品和服务市场得以扩张，成为健康发展的产业。目前，美国有 20.5 万架通用航空飞机，每年产生达 1 000 亿美元的经济效益。通用航空是民用航空的重要组成部分。通用航空在国民经济发展和社会公益事业中具有独特的不可替代的作用。

首先，通用航空的发展能促进飞行科学、航空技术不断发展。公众的飞行参与会增大通用飞行设备的销售量，从而又为飞机制造业提供巨大的商机，促进飞机制造水平的提高，进而带动诸如新材料、电子、通信、能源、精密制造等一系列相关的高新技术产业的发展。

其次，通用航空的发展为民用航空创造了鼓励竞争和发展的宽松条件，促进了空中管制、机场建设、机务维修、民航教育培训、航空邮件、气象信息和其他服务等航空事业的全面发展。

最后，通用航空作业具备机动灵活、快速高效的特点，在工农业生产和其他领域中有着地面机械和人工作业无法比拟的优越性和不可替代的作用。

另外，发展通用航空对促进投资和消费增长具有重要作用，可以推动经济增长和带动相关产业发展。

三、我国通用航空的概况

新中国通用航空业组建于1951年，曾经有过较快的发展。1979年通用航空飞机作业39 739小时。我国于1992年确定了要建立社会主义市场经济体制，计划体制向市场体制转变，通用航空企业生产经营环境已有所改善，但因历史原因，通用航空企业仍处于困境。到2000年，全行业通用航空飞机仅400余架，能生产作业的飞机约300架，年总飞行作业48 707小时。通用航空的机龄老化、布局不合理，再加上法律政策等因素，导致其发展远远滞后于运输航空。1996年，民航总局作出的《关于发展通用航空若干问题的决定》明确指出：按照建立社会主义市场经济的原则，继续深化体制改革，转换经营机制，通用航空企业从运输航空企业分离，成为独立核算、自负盈亏的经济实体，建立现代企业制度；鼓励和支持农林、地矿、航空工业等部门的国有、集体单位开办通用航空企业。这一措施使通用航空企业由计划体制向市场体制的转换基本完成，制约通用航空企业适应市场的体制问题基本解决。但是，低空领域开放问题一直影响着我国通用航空的发展，这制约了通用航空灵活、快速、高效的特点，丧失了许多市场机会。私人飞行也很难获准，制约了飞行作业量增长。因此，科学、充分、合理地开发和使用我国的空域资源，成为通用航空业得以顺利发展的关键。①

根据中国民航局2014年统计数据，我国有164家商业运行中的通用及小型运输航空公司拥有从业飞行人员2191名、航空器1177架。另外，飞行学院、救捞局、校飞中心拥有从业飞行人员452名、航空器248架。由于作业飞行逐渐被无人机所取代，传统通航作业逐渐萎缩。

第二节　通用航空企业

一、通用航空企业的概念和开办原则

通用航空企业是指使用民用航空器从事经营性通用航空活动的企业。依据我国《通用航空企业审批管理规定》，从事经营性通用航空活动的，应当向民用航空主管部

---

① 吴桐水．中国通用航空发展展望．航空知识，2003（1）．

门办理登记。中国民用航空总局及其设立的民航地区管理局是通用航空活动的主管部门。未经民航总局或民航地区管理局批准，任何单位和个人不得擅自筹建通用航空企业、购租民用航空器、从事通用航空经营活动。经批准设立的通用航空企业，必须遵守国家法律、行政法规和民用航空规章的规定，在批准的经营范围内依法开展经营活动。通用航空的经营项目划分为以下三类：（1）甲类：陆上石油服务、海上石油服务、直升机外挂载重、人工降水、医疗救护、航空探矿、空中游览、公务飞行；（2）乙类：航空摄影、空中广告、海洋监测、渔业飞行、气象探测、科学实验、城市消防、空中巡查；（3）丙类：飞机播种、空中施肥、空中喷洒植物生长调节剂、空中除草、防治农林业病虫害、草原灭鼠、防治卫生害虫、航空护林、空中拍照。上述三类未包含的经营项目的类别，由民航总局确定。抢险救灾，不受上述三类项目的划分限制。

开办通用航空企业应当遵循下列主要原则：（1）有利于促进国民经济的发展和保护生态环境，有利于维护公共利益，确保飞行安全；（2）符合国家法律、行政法规和民用航空规章的规定以及发展通用航空政策的要求；（3）符合通用航空统一规划、合理布局、协调发展的原则；（4）适应社会需求，具有良好的市场环境和条件。

二、通用航空企业设立条件和审批程序

设立通用航空企业，应当具备下列基本条件：

（1）企业的法定代表人为中国公民。

（2）企业的主要负责人应当具备相应的航空专业知识。主管飞行和作业技术质量的负责人除具备相应的航空专业知识外，还应当在航空部门或专业领域工作3年以上，具有一定的组织管理经验。

（3）经营甲类通用航空项目的企业，注册资本不少于2 000万元，其中从事公务飞行经营项目的企业注册资本应不少于5 000万元；经营乙类通用航空项目的企业，注册资本不少于1 000万元；经营丙类通用航空项目的企业，注册资本不少于500万元。外商投资的通用航空企业的最低注册资本由民航总局确定。

（4）具有在中华人民共和国登记、符合适航标准的两架（含）以上民用航空器。

（5）有与民用航空器相适应，经过专业训练，取得执照，并具备规定条件的空勤人员，民用航空器与机组的比率应达到1∶1.5（含）以上。

（6）有与民用航空器相适应、符合标准、取得执照或证书的维修、作业技术、签派、通信和其他勤务保障人员。

（7）有与民用航空器相适应的基地机场及其相应的基础设施。

（8）有使用民用航空器的维修条件和能够保证飞行安全、与所申报经营项目作业质量相适应的其他设施、设备。

（9）民航总局认为必要的其他条件。

通用航空企业的审批程序如下：

申请筹建甲类经营项目的通用航空企业，由所在地民航地区管理局初审提出意见，报民航总局审批。申请筹建乙类经营项目的通用航空企业，由所在地民航地区管理局审批，报民航总局备案。其中，跨民航地区管理局管辖范围筹建乙类经营项目的通用航空

企业，由民航总局审批。申请筹建丙类经营项目的通用航空企业，由所在地民航地区管理局审批，报民航总局备案。其中，跨民航地区管理局管辖范围筹建丙类经营项目的通用航空企业，由所在地民航地区管理局审批，但应当征得其他有关民航地区管理局的同意。

申请筹建通用航空企业时，申请人应当首先了解国家通用航空发展情况和开办通用航空企业的有关政策规定，以及申请开办通用航空企业的具体程序和要求。申请人经调查研究和论证后，申请筹建乙、丙类经营项目的通用航空企业，报经所属地级市人民政府或其所属国家主管部门同意；申请筹建甲类经营项目的通用航空企业，报经所在省、自治区、直辖市人民政府或其所属国家主管部门同意。

申请筹建通用航空企业，应当提交下列文件资料：

（1）筹建申请报告。

（2）申请人所属地方人民政府或其所属国家主管部门同意筹建的批准文件。

（3）筹建通用航空企业的可行性研究报告，其内容包括：① 所在地区通用航空市场的需求情况和开办通用航空企业的必要性；② 拟经营的项目和与其相适应的机型、作业区域、基地机场和其他设施、设备的可行性；③ 空勤人员、机务人员及飞行签派、通信导航、经营管理和其他勤务保障人员的来源及培训渠道；④ 作业技术质量保证的可靠性；⑤ 经济效益预测分析。

（4）具有法定资格的验资机构出具的验资证明。

（5）筹建负责人的任职批件、资历表及其是否具备筹建通用航空企业的组织能力评价；主管飞行和作业技术质量的负责人的资历表和组织领导能力评价。

（6）两家以上投资筹建通用航空企业，应当提供各股东所签订的协议、合同。其中投资方为企业的，还应当提供营业执照副本。

（7）其他需要提供的文件资料。

申请筹建乙、丙类经营项目通用航空企业的，向所在地民航地区管理局报送上述文件资料一式 8 份。申请筹建甲类经营项目通用航空企业的，向所在地民航地区管理局报送上述文件资料一式 8 份，经民航地区管理局初审后，报民航总局。民航总局、民航地区管理局接到申请人的筹建申请后，按设立通用航空企业的基本条件和有关政策规定进行审核，于 90 天内对申请人作出是否同意筹建的批复。

申请人在筹建通用航空企业期间，必须严格遵守国家有关的法律、行政法规和民用航空规章的有关规定，凭民航总局或民航地区管理局的筹建批件，开展以下工作：

（1）办理购置民用航空器申报手续。

（2）申办民用航空器国籍登记证、适航证、维修许可证、维修人员执照和通用航空企业标志。

（3）申办空勤人员体检合格证、空勤人员执照及飞行签派人员执照。

（4）申办地面和机载无线电电台执照。

（5）申办自建基地机场的机场使用许可证或者与所使用机场签订机场场道保障协议书。

（6）与有关单位签订通信、气象、航行情报服务保障协议和拟委托的飞行签派代理意向书。

（7）按照民航总局和民航地区管理局的有关规定制定下列适合企业实际的手册：① 企业运营手册；② 企业质量手册；③ 飞行签派手册；④ 民用航空器最低设备清单；⑤ 快速检查单；⑥ 民用航空器维修工程手册以及维修规划；⑦ 通用航空飞行工作手册；⑧ 机场场道保障工作手册；⑨ 航空安全管理手册；⑩ 安全保卫方案；⑪ 其他必要的有关文件和手册。

筹建工作完毕，申请人向民航总局或所在地民航地区管理局申请通用航空企业经营许可证（简称经营许可证）。申请经营许可证，申请人应当报送下列文件资料：

（1）筹建工作情况和设立通用航空企业的申请书。

（2）企业所在地工商行政管理机关核发的企业名称预先核准通知书副本及经民航总局核准的企业标志、批准文件。

（3）企业章程。

（4）经核准的购机批准文件。

（5）民用航空器国籍登记证、适航证、维修许可证以及批准的维修规划。

（6）地面和机载无线电电台执照。

（7）空勤人员、维修人员、飞行签派人员的技术状况登记表及飞行人员当年的体检合格有效证明。

（8）自建基地机场的机场使用许可证或者与所使用机场签订的机场场道保障协议书。

（9）企业法定代表人及主管飞行和作业技术质量的负责人的任职文件、资历表及其身份证明。

（10）具有法定资格的验资机构出具的验资证明。

（11）属于有限责任公司或股份有限责任公司的，还应当提交载明公司董事、监事、经理的姓名、住所的文件以及委派、选举或者聘用的证明。

（12）企业投保地面第三人责任险的证明。

（13）经批准或认可的企业运营手册、企业质量手册、飞行手册、快速检查单、飞行签派手册、民用航空器最低设备清单、民用航空器维修工程手册、通用航空飞行工作手册、机场场道保障工作手册、航空安全管理手册、安全保卫方案。

民航总局或民航地区管理局对申请人的申请报告、资料、证照及筹建情况进行审核检查后，对具备颁发经营许可证条件的，由民航总局或民航地区管理局颁发经营许可证。通用航空企业为其他单位或个人执管公务飞机，从事被执管单位或个人自用公务飞行业务，需向所在地区管理局提出申请，经地区管理局审核同意后，报民航总局审批。申请人持民航总局或民航地区管理局颁发的经营许可证向所在地工商行政管理机关申请注册登记，取得企业法人营业执照后，方可开展经营活动，并将执照复印件送民航总局和民航地区管理局备案。申请人自获准筹建之日起，两年内未能如期取得经营许可证的，即丧失筹建资格。丧失筹建资格的，民航总局或民航地区管理局两年内不再受理原申请人的申请。

通用航空企业未经批准不得超越经营许可证中载明的经营范围进行经营活动。通用航空企业从事通用航空经营活动，应当与用户订立书面合同。通用航空企业在组织实施作业飞行时，应当按照国家和民航总局有关规定的安全、技术标准和作业质量的要求，采取有效措施，保证飞行安全、保护环境和生态平衡，防止对环境、居民、作物或牲畜等造成损害，为用户提供良好服务。通用航空企业应当按照有关规定向民航总局和民航地区管理局报送企业有关安全生产经营的情况和统计数据。通用航空企业应当接受民航总局和民航地区管理局的监督管理，并完成国家下达的抢险救灾任务。

三、通用航空企业的变更、终止和经营许可证管理

通用航空企业的名称、地址、法定代表人、注册资本、基地机场和经营范围等事项变更时，应当及时向民航总局或民航地区管理局提出变更申请。经民航总局或民航地区管理局审核同意后，按国家工商行政管理规定，办理相应的变更登记手续。

经所在地民航地区管理局批准经营丙类通用航空项目的企业，增加乙类通用航空经营项目的，应当向所在地民航地区管理局提出书面申请。具体申请手续和条件按照民航地区管理局的有关要求执行。民航地区管理局，应当对通用航空企业的申请按本规定进行全面审查。经所在地民航地区管理局批准经营乙、丙类通用航空项目的企业，增加甲类通用航空经营项目的，应当向所在地民航地区管理局提出书面申请，经所在地民航地区管理局审查提出意见后，报民航总局审批。

申请临时性跨地区乙类通用航空经营活动的，应当向所在地民航地区管理局提出书面申请，由民航地区管理局初审后，报民航总局批准。

申请临时性跨地区乙类通用航空活动的企业，应当报送下列文件：（1）企业经营许可证和法人营业执照副本；（2）与用户签订的意向书；（3）与所使用机场签订的机场场道保障协议书副本；（4）民用航空器有效适航证副本；（5）其他必要的文件。

通用航空企业的经营许可证有效期为3年。通用航空企业应于经营许可证期满前3个月，以书面形式向民航总局或民航地区管理局提出换证申请。通用航空企业申请换发经营许可证，应当根据其原批准的经营许可范围，按有关规定的要求，提供有关文件资料，经民航总局或民航地区管理局审查后，换发新的经营许可证，并交回原经营许可证。通用航空企业在不具备条件从事经营许可证所载明的经营项目时，由民航总局或民航地区管理局撤销该经营项目。经营许可证不得涂改、出借、买卖或者转让。如遗失，应当及时报告民航总局或民航地区管理局，并在有关报刊发布遗失公告后，重新申请领取。通用航空企业因经营不善破产、因故停业或者被撤销，应当立即向发证机关交回经营许可证，并到原工商登记机关按规定办理注销登记手续。民航总局或民航地区管理局颁发、换发经营许可证时，申请人应当按有关收费办法交纳成本费用。

四、通用航空企业的法律责任

未经民航总局或民航地区管理局批准，任何单位和个人不得擅自筹建通用航空企业、购租民用航空器、从事通用航空经营活动。对于未经批准，擅自筹建通用航空企业、购租民用航空器、从事通用航空经营活动的，由民航总局或民航地区管理局责令其停止违法活动，没收违法所得，并处以违法所得1倍以上3倍以下的罚款；没有违法所

得的，处以 1 万元以上 3 万元以下的罚款。

通用航空企业未经批准不得超越经营许可证中载明的经营范围进行经营活动。对于未经批准，超越经营许可证载明的经营范围进行经营活动的，由民航总局或民航地区管理局责令其停止违法活动，没收违法所得，并处以违法所得 1 倍以上 3 倍以下的罚款；没有违法所得的，处以 1 万元以上 3 万元以下的罚款。

通用航空企业在组织实施作业飞行时，应当按照国家和民航总局有关规定的安全、技术标准和作业质量的要求，采取有效措施，保证飞行安全、保护环境和生态平衡，防止对环境、居民、作物或牲畜等造成损害，为用户提供良好服务。对于违反规定的，由民航总局或民航地区管理局给予警告、停业整顿，并可处以 1 万元以上 3 万元以下罚款。

经营许可证不得涂改、出借、买卖或者转让。如遗失，应当及时报告民航总局或民航地区管理局，并在有关报刊发布遗失公告后，重新申请领取。擅自涂改、出借、买卖或转让经营许可证的，由民航总局或民航地区管理局给予警告，并可处以 1 万元以上 3 万元以下的罚款。

通用航空企业违反通用航空企业审批管理规定，情节严重的，除按该规定给予处罚外，由民航总局或民航地区管理局吊销其经营许可证；构成犯罪的，由司法机关依法追究其刑事责任。

第三节　非经营性通用航空

一、非经营性通用航空概述

非经营性通用航空活动，是指中华人民共和国境内的中国公民、法人或其他组织使用民用航空器开展的不以营利为目的的通用航空飞行活动。为了维护通用航空活动的正常秩序，加强对非经营性通用航空活动的管理，中国民用航空总局负责汇总全国非经营性通用航空登记情况。民航地区管理局负责本辖区内非经营性通用航空登记和管理工作。

非经营性通用航空活动项目包括：不以营利为目的的人工降水、医疗救护、自用公务飞行、搜索救援飞行、海洋监测、渔业飞行、气象探测、科学实验、城市消防、空中巡查、飞机播种、空中施肥、空中喷洒植物生长调节剂、空中除草、防治农林业病虫害、草原灭鼠、防治卫生害虫、航空护林、空中拍照、航空运动训练飞行、个人飞行与娱乐飞行活动。上述未包含的非经营性通用航空活动项目，由民航总局确定。

已经取得通用航空经营许可证的通用航空单位，从事非经营性通用航空活动或以代管航空器方式从事非经营性通用航空活动的，不再另行办理非经营性通用航空登记手续。

关于从事非经营性通用航空活动的单位和个人的禁止性规定有：（1）从事非经营性通用航空活动的单位和个人必须遵守法律、法规和规章的规定，不得损害国家、社会、集体的利益和其他公民的合法权益，不得从事取酬的和以营利为目的的通用航空经营活动。（2）严禁利用非经营性通用航空活动，从事危害国家安全和公共安全的活动。

（3）任何组织和个人不得侵犯非经营性通用航空活动单位和个人的合法权益。

二、登记管理

（一）申请登记及登记证的颁发

申请非经营性通用航空活动登记应当具备下列条件：（1）有与所从事的非经营性通用航空活动相适应、符合保证飞行安全要求、具有国籍登记证和适航证的民用航空器；（2）有依法取得执照的航空人员；（3）有可使用的机场、空域和地面保障的设施设备；（4）符合法律、行政法规规定的其他条件。

对于使用民航规章《一般运行和飞行规则》中规定的超轻型飞行器的，不要求其具有国籍登记证和适航证，航空人员也无执照要求。

申请非经营性通用航空登记的单位或个人，由所在地民航地区管理局审核登记，报民航总局备案。

单位申请登记的，应当向民航地区管理局提交下列材料一式3份：（1）单位负责人签署的登记申请书；（2）单位设立的证明文件；（3）单位章程和办事机构地址或者联络地址；（4）负责人和拟从事非经营性通用航空活动的主管人员的姓名、年龄、住址、职业及简历；（5）拟从事非经营性通用航空活动的目的、宗旨和其活动与本单位业务的关系；（6）拟从事非经营性通用航空活动的经费来源和支付方式，以及投保的地面第三者责任险证明复印件；（7）拥有民用航空器的国籍登记证、适航证和机载无线电台执照，但民航规章《一般运行和飞行规则》中规定的超轻型飞行器除外；（8）拟从事非经营性通用航空活动飞行人员的体检合格证、飞行驾驶执照，但民航规章《一般运行和飞行规则》中规定的超轻型飞行器除外；（9）拟使用机场的情况；（10）拟从事非经营性通用航空活动的项目范围和期限以及其他必要事项。

个人申请登记的，应当向民航地区管理局提交下列材料一式3份：（1）本人签署的登记申请书；（2）本人的身份证明文件；（3）居住地址、联络地址；（4）本人简历和无犯罪记录的证明；（5）本人拟从事非经营性通用航空活动的目的和经费来源，以及投保的地面第三者责任险证明复印件；（6）拥有民用航空器的国籍登记证、适航证和机载无线电台执照，但民航规章《一般运行和飞行规则》中规定的超轻型飞行器除外；（7）本人拟从事非经营性通用航空活动，应具有的飞行人员体检合格证、飞行驾驶执照（复印件），但民航规章《一般运行和飞行规则》中规定的超轻型飞行器除外；（8）拟使用机场的情况；（9）本人拟从事非经营性通用航空活动时委托保障机构情况和协议、活动的项目范围和期限以及其他必要事项。

申请人应按规定的格式向民航地区管理局提交申请材料，书面声明保证其材料的真实有效性，并承担相应的法律责任。

对于申请人已购置民用航空器，但尚未办理国籍登记证、适航证和机载无线电台执照的申请，民航地区管理局应当出具补正登记材料通知书，明确告知申请人待其办理民用航空器国籍登记证、适航证和机载无线电台执照后，予以正式受理。

经核准符合非经营性通用航空登记条件的申请，民航地区管理局应当在受理申请后20日内作出核准登记的决定，并向申请人颁发非经营性通用航空登记证。非经营性通用航空登记证应载明下列内容：（1）单位名称或个人姓名；（2）住所；（3）使用的基地机场；（4）使用的航空器型别；（5）单位负责人或个人姓名及身份证件号码；（6）活动范围和项目；（7）登记编号；（8）登记类别；（9）活动期限；（10）登记机关和登记日期。经核准不符合非经营性通用航空登记条件的申请，民航地区管理局应当在受理申请后20日内作出不予登记的决定，并以书面形式答复申请人。

（二）登记证的补发和换发

非经营性通用航空登记证书不得涂改、出借、转让。非经营性通用航空登记证书损毁、灭失的，应当通过相关传媒声明作废，并向民航地区管理局申请补发。

非经营性通用航空登记证书有效期为3年。有效期满未申请换证和延期的，登记证书自动失效。已登记的单位或个人应于登记证书有效期届满前30日内，以书面形式向民航地区管理局提出换证申请。申请换发登记证书，应当根据原登记证书载明的活动项目和范围，按本规定第10条和第11条及其他有关规定的要求，提供有关文件资料，经民航地区管理局审查后，换发新的登记证书，并交回原登记证书。

（三）变更登记

从事非经营性通用航空活动的单位或个人有下列情形之一的，应当向受理登记的民航地区管理局申请办理变更登记：（1）单位名称或个人姓名改变的；（2）航空器所有权发生变更的；（3）单位法定代表人或者负责人变更的；（4）单位或个人办事机构地址或者联络地址变更的；（5）活动项目或范围变更的；（6）使用的基地机场或航空器变更的。

变更登记的申请应自相关事项变更之日起20日内，向原受理登记的民航地区管理局提出。办理变更登记，须提交单位法定代表人（负责人）或个人签署的变更登记申请书、变更理由和变更事项的有关证明文件，由受理登记的民航地区管理局核准后予以变更。

（四）注销登记

从事非经营性通用航空活动单位或个人有下列情形之一的，民航地区管理局应当依法办理非经营性通用航空登记的注销手续：（1）登记证书有效期届满未延续的；（2）法定代表人死亡或者丧失行为能力，未申请变更的；（3）单位因经营不善破产、因故停业、被撤销法人或者被其他组织依法终止的；（4）个人死亡或者丧失行为能力的；（5）因航空器损坏、消失等不可抗力导致登记的许可事项无法实施的；（6）法律、法规规定的应当注销登记的其他情形。

民航地区管理局应在办理完非经营性通用航空登记、变更、注销登记后20日内，将登记的申请材料和登记证书复印件报送民航总局备案。非经营性通用航空登记证的颁发、换发、变更、注销等情况，由受理登记的民航地区管理局通过相关传媒予以公告。

三、监督检查

已登记的单位或个人从事非经营性通用航空活动的，应当履行下列义务：（1）在核准的活动项目和范围内开展活动；（2）妥善保存非经营性通用航空登记证，并在有关部门依法检查时予以提供；（3）在活动期限内保持投保的地面第三者责任险的有效性；（4）按规定交纳因飞行发生的起降服务费、航空油料费等有关费用；（5）记录有关非经营性通用航空活动信息，记录应当保存 180 日，并在有关部门依法查询时予以提供；（6）落实航空安全管理措施和空防安全保卫方案；（7）其飞行活动应遵守并执行民航现行的各种飞行规则、规定和标准；（8）遵守民航有关统计管理的规定，报送有关统计信息资料；（9）制止、举报利用其航空器从事法律、行政法规明令禁止的行为；（10）其他义务。

民航地区管理局应每年不少于一次对已登记的单位和个人的非经营性通用航空活动情况依法进行检查。检查时，应依法查阅或者要求被检查人报送有关材料，被检查人应当如实提供有关情况和材料，民航地区管理局应将检查结果书面告知被检查人。对于需要整改的，被检查人应按相关意见进行整改，并将整改情况向民航地区管理局反馈。已登记的单位和个人在受理登记的民航地区管理局管辖区外违法违规从事非经营性通用航空活动的，违法行为发生地的民航地区管理局应当依法处理，并将违法事实、处理结果抄告核准登记的民航地区管理局和民航总局。民航地区管理局实施监督检查时，不得妨碍被检查人正常的非经营性通用航空活动，不得索取或者收受被检查人的财物，不得谋取其他利益。

四、法律责任

未经核准登记擅自从事非经营性通用航空活动的，由民航地区管理局责令其停止活动，并处以 1 000 元以下的罚款。

已核准登记从事非经营性通用航空活动的单位和个人，从事取酬和以营利为目的的通用航空经营活动的，由民航地区管理局责令其停止活动，并视情节处以 1 万元以上 3 万元以下的罚款。

隐瞒真实情况，弄虚作假，骗取登记的，由民航地区管理局撤销登记，并处以 1 000 元以下的罚款。情节严重的，由民航地区管理局依据《中华人民共和国行政许可法》第 79 条的规定予以处罚，并在 3 年内不受理该申请人的登记申请。

擅自涂改、出借、转让非经营性通用航空登记证书的，或者不按规定补发、换发登记证书、办理变更登记的，由民航地区管理局责令其暂停非经营性通用航空活动，限期整改，并处以 1 000 元以下的罚款。对情节严重或拒不整改的，责令其停止其活动，注销登记。

已登记的单位和个人不履行规定义务的，由民航地区管理局责令其暂停活动，限期整改，并处以 1 000 元以下的罚款。被责令暂停非经营性通用航空活动的单位或个人，应当在规定的期限内将整改情况向民航地区管理局报告，经检查达到整改要求的，方可恢复活动。期满后未达到整改要求的，由民航地区管理局注销其登记。

已登记的单位和个人擅自出租、转让航空器和有关证照、从事通用航空经营活动、不按规定办理非经营性通用航空活动备案手续或者在涉外活动中违反有关涉外规定的，由民航地区管理局予以警告，限期改正；情节严重或拒不改正的，由民航地区管理局责令其暂停活动，并处以 5 000 元以上 1 万元以下的罚款。

从事非经营性通用航空活动，违反国家其他有关规定的，有关行政管理部门可以按照法律、法规、规章的规定和各自的职责依法予以处理。

民航总局和民航地区管理局工作人员应当遵纪守法，秉公执法。对在非经营性通用航空登记管理中徇私舞弊、索贿受贿的，由有关行政主管部门给予行政处分；构成犯罪的，由司法机关依法追究刑事责任。

第四节　通用航空的飞行管制

一、通用航空飞行管制的法律依据

除军事、警务、海关缉私飞行和公共航空运输飞行以外的航空活动，包括从事工业、农业、林业、渔业、矿业、建筑业的作业飞行和医疗卫生、抢险救灾、气象探测、海洋监测、科学实验、遥感测绘、教育训练、文化体育、旅游观光等方面的飞行活动，都可划入通用航空的范畴。根据《中华人民共和国民用航空法》和《中华人民共和国飞行基本规则》制定的《通用航空飞行管制条例》，其目的是为了促进通用航空事业的发展，规范通用航空飞行活动，保证飞行安全。在中华人民共和国境内从事通用航空飞行活动，包括在中华人民共和国境内从事升放无人驾驶自由气球和系留气球活动，必须遵守该条例。

从事通用航空飞行活动的单位、个人，必须按照《中华人民共和国民用航空法》的规定取得从事通用航空活动的资格，并遵守国家有关法律、行政法规的规定。

飞行管制部门按照职责分工，负责对通用航空飞行活动实施管理，提供空中交通管制服务。相关飞行保障单位应当积极协调配合，做好有关服务保障工作，为通用航空飞行活动创造便利条件。

二、飞行空域的划设与使用

从事通用航空飞行活动的单位、个人使用机场飞行空域、航路、航线，应当按照国家有关规定向飞行管制部门提出申请，经批准后方可实施。从事通用航空飞行活动的单位、个人，根据飞行活动要求，需要划设临时飞行空域的，应当向有关飞行管制部门提出划设临时飞行空域的申请。

划设临时飞行空域的申请应当包括下列内容：（1）临时飞行空域的水平范围、高度；（2）飞入和飞出临时飞行空域的方法；（3）使用临时飞行空域的时间；（4）飞行活动性质；（5）其他有关事项。

划设临时飞行空域，按照下列规定的权限批准：（1）在机场区域内划设的，由负责该机场飞行管制的部门批准；（2）超出机场区域在飞行管制分区内划设的，由负责该分区飞行管制的部门批准；（3）超出飞行管制分区在飞行管制区内划设的，由负责该管制区飞行管制的部门批准；（4）在飞行管制区间划设的，由中国人民解放军空军批准。

划设临时飞行空域的申请，应当在拟使用临时飞行空域 7 个工作日前向有关飞行管制部门提出；负责批准该临时飞行空域的飞行管制部门应当在拟使用临时飞行空域 3 个工作日前作出批准或者不予批准的决定，并通知申请人。批准划设临时飞行空域的部门应当将划设的临时飞行空域报上一级飞行管制部门备案，并通报有关单位。

临时飞行空域的使用期限应当根据通用航空飞行的性质和需要确定，通常不得超过12个月。因飞行任务的要求，需要延长临时飞行空域使用期限的，应当报经批准该临时飞行空域的飞行管制部门同意。通用航空飞行任务完成后，从事通用航空飞行活动的单位、个人应当及时报告有关飞行管制部门，其申请划设的临时飞行空域即行撤销。已划设的临时飞行空域，从事通用航空飞行活动的其他单位、个人因飞行需要，经批准划设该临时飞行空域的飞行管制部门同意，也可以使用。

三、飞行活动的管理

从事通用航空飞行活动的单位、个人实施飞行前，应当向当地飞行管制部门提出飞行计划申请，按照批准权限，经批准后方可实施。

飞行计划申请应当包括下列内容：（1）飞行单位；（2）飞行任务性质；（3）机长（飞行员）姓名、代号（呼号）和空勤组人数；（4）航空器型别和架数；（5）通信联络方法和二次雷达应答机代码；（6）起飞、降落机场和备降场；（7）预计飞行开始、结束时间；（8）飞行气象条件；（9）航线、飞行高度和飞行范围；（10）其他特殊保障需求。

从事通用航空飞行活动的单位、个人有下列情形之一的，必须在提出飞行计划申请时，提交有效的任务批准文件：（1）飞出或者飞入我国领空的（公务飞行除外）；（2）进入空中禁区或者国（边）界线至我方一侧10公里之间地带上空飞行的；（3）在我国境内进行航空物探或者航空摄影活动的；（4）超出领海（海岸）线飞行的；（5）外国航空器或者外国人使用我国航空器在我国境内进行通用航空飞行活动的。

使用机场飞行空域、航路、航线进行通用航空飞行活动，其飞行计划申请由当地飞行管制部门批准或者由当地飞行管制部门报经上级飞行管制部门批准。

使用临时飞行空域、临时航线进行通用航空飞行活动，其飞行计划申请按照下列规定的权限批准：（1）在机场区域内的，由负责该机场飞行管制的部门批准；（2）超出机场区域在飞行管制分区内的，由负责该分区飞行管制的部门批准；（3）超出飞行管制分区在飞行管制区内的，由负责该区域飞行管制的部门批准；（4）超出飞行管制区的，由中国人民解放军空军批准。

飞行计划申请应当在拟飞行前1天15时前提出；飞行管制部门应当在拟飞行前1天21时前作出批准或者不予批准的决定，并通知申请人。

执行紧急救护、抢险救灾、人工影响天气或者其他紧急任务的，可以提出临时飞行计划申请。临时飞行计划申请最迟应当在拟飞行1小时前提出；飞行管制部门应当在拟起飞时刻15分钟前作出批准或者不予批准的决定，并通知申请人。在划设的临时飞行空域内实施通用航空飞行活动的，可以在申请划设临时飞行空域时一并提出15天以内的短期飞行计划申请，不再逐日申请；但是每日飞行开始前和结束后，应当及时报告飞行管制部门。使用临时航线转场飞行的，其飞行计划申请应当在拟飞行2天前向当地飞行管制部门提出；飞行管制部门应当在拟飞行前1天18时前作出批准或者不予批准的决定，并通知申请人，同时按照规定通报有关单位。飞行管制部门对违反飞行管制规定的航空器，可以根据情况责令改正或者停止其飞行。

四、飞行保障

通信、导航、雷达、气象、航行情报和其他飞行保障部门应当认真履行职责，密切协同，统筹兼顾，合理安排，提高飞行空域和时间的利用率，保障通用航空飞行顺利实施。通信、导航、雷达、气象、航行情报和其他飞行保障部门对于紧急救护、抢险救灾、人工影响天气等突发性任务的飞行，应当优先安排。

从事通用航空飞行活动的单位、个人组织各类飞行活动，应当制定安全保障措施，严格按照批准的飞行计划组织实施，并按照要求报告飞行动态。从事通用航空飞行活动的单位、个人，应当与有关飞行管制部门建立可靠的通信联络。在划设的临时飞行空域内从事通用航空飞行活动时，应当保持空地联络畅通。在临时飞行空域内进行通用航空飞行活动，通常由从事通用航空飞行活动的单位、个人负责组织实施，并对其安全负责。飞行管制部门应当按照职责分工或者协议，为通用航空飞行活动提供空中交通管制服务。

从事通用航空飞行活动需要使用军用机场的，应当将使用军用机场的申请和飞行计划申请一并向有关部队司令机关提出，由有关部队司令机关作出批准或者不予批准的决定，并通知申请人。从事通用航空飞行活动的航空器转场飞行，需要使用军用或者民用机场的，由该机场管理机构按照规定或者协议提供保障；使用军民合用机场的，由从事通用航空飞行活动的单位、个人与机场有关部门协商确定保障事宜。在临时机场或者起降点飞行的组织指挥，通常由从事通用航空飞行活动的单位、个人负责。从事通用航空飞行活动的民用航空器能否起飞、着陆和飞行，由机长（飞行员）根据适航标准和气象条件等最终确定，并对此决定负责。通用航空飞行保障收费标准，按照国家有关国内机场收费标准执行。

五、升放和系留气球的规定

无人驾驶自由气球，是指无动力驱动、无人操纵、轻于空气、总质量大于 4 千克自由飘移的充气物体。系留气球，是指系留于地面物体上、直径大于 1.8 米或者体积容量大于 3.2 立方米、轻于空气的充气物体。

升放无人驾驶自由气球或者系留气球，不得影响飞行安全。无人驾驶自由气球和系留气球的分类、识别标志和升放条件等，应当符合国家有关规定。进行升放无人驾驶自由气球或者系留气球活动，必须经设区的市级以上气象主管机构会同有关部门批准。具体办法由国务院气象主管机构制定。

升放无人驾驶自由气球，应当在拟升放 2 天前持必须经设区的市级以上气象主管机构会同有关部门批准的文件向当地飞行管制部门提出升放申请；飞行管制部门应当在拟升放 1 天前作出批准或者不予批准的决定，并通知申请人。

升放无人驾驶自由气球的申请，通常应当包括下列内容：（1）升放的单位、个人和联系方法；（2）气球的类型、数量、用途和识别标志；（3）升放地点和计划回收区；

（4）预计升放和回收（结束）的时间；（5）预计飘移方向、上升的速度和最大高度。

升放无人驾驶自由气球，应当按照批准的申请升放，并及时向有关飞行管制部门报告升放动态；取消升放时，应当及时报告有关飞行管制部门。升放系留气球，应当确保系留牢固，不得擅自释放。系留气球升放的高度不得高于地面150米，但是低于距其水平距离50米范围内建筑物顶部的除外。系留气球升放的高度超过地面50米的，必须加装快速放气装置，并设置识别标志。

升放的无人驾驶自由气球或者系留气球中发生下列可能危及飞行安全的情况时，升放单位、个人应当及时报告有关飞行管制部门和当地气象主管机构：（1）无人驾驶自由气球非正常运行的；（2）系留气球意外脱离系留的；（3）其他可能影响飞行安全的异常情况。加装快速放气装置的系留气球意外脱离系留时，升放系留气球的单位、个人应当在保证地面人员、财产安全的条件下，快速启动放气装置。

禁止在依法划设的机场范围内和机场净空保护区域内升放无人驾驶自由气球或者系留气球，但是国家另有规定的除外。

六、法律责任

《中华人民共和国民用航空法》《中华人民共和国飞行基本规则》及有关行政法规对通用航空违法行为的处罚有规定的，从其规定；没有规定的，适用《通用航空飞行管制条例》的规定。

从事通用航空飞行活动的单位、个人有下列情形之一的，由有关部门按照职责分工责令改正，给予警告；情节严重的，处2万元以上10万元以下罚款，并可给予责令停飞1~3个月、暂扣直至吊销经营许可证、飞行执照的处罚；造成重大事故或者严重后果的，依照《刑法》关于重大飞行事故罪或者其他罪的规定，依法追究刑事责任：（1）未经批准擅自飞行的；（2）未按批准的飞行计划飞行的；（3）不及时报告或者漏报飞行动态的；（4）未经批准飞入空中限制区、空中危险区的。而未经批准飞入空中禁区的，由有关部门按照国家有关规定处置。

升放无人驾驶自由气球或者系留气球，有下列情形之一的，由气象主管机构或者有关部门按照职责分工责令改正，给予警告；情节严重的，处1万元以上5万元以下罚款；造成重大事故或者严重后果的，依照《刑法》关于重大责任事故罪或者其他罪的规定，依法追究刑事责任：（1）未经批准擅自升放的；（2）未按照批准的申请升放的；（3）未按照规定设置识别标志的；（4）未及时报告升放动态或者系留气球意外脱离时未按照规定及时报告的；（5）在规定的禁止区域内升放的。

思考题

1. 简述通用航空的概念和作用。
2. 简述通用航空企业的设立条件。
3. 结合我国实际，试论述非经营性通用航空的发展前景。
4. 论述如何协调飞行管制与通用航空的发展。

第九章

民用航空不安全事件的调查和处置

安全是民航永恒的主题，是民用航空赖以生存和发展的基础。保证民航运输安全、健康、有序地进行是航空法的主旨。随着航空科技的发展与运用，现代航空器的可靠性已在很大程度上消除了航空器引发事故的可能性，民航运输安全系数已越来越高。但是由于多种原因，民航不安全事件仍然存在，航空事故时有发生。为了消除民航不安全事故隐患，将事故率降到最低点，最大限度地减少民航不安全事故造成的损失，必须规范民用航空不安全事件的调查和处置工作，防止类似事故的再度发生。本章以国际民用航空公约和国内航空法为依据，阐述民用航空不安全事件调查和处置的相关问题。

第一节　民用航空不安全事件概述

民用航空不安全事件通常是指与民用航空器运行相关的不安全事件，包括民用航空器飞行事故、民用航空地面事故、民用航空器飞行事故征候以及其他不安全事件。①

一、民用航空器飞行事故

（一）民用航空器飞行事故的定义

民用航空器飞行事故是指民用航空器在运行过程中发生人员伤亡、航空器损坏的事件。航空器运行是指自任何人登上航空器准备飞行直至这类人员下了航空器为止的时间内所完成的飞行活动。飞行事故的时间界限是从任何人登上航空器准备飞行直至所有这类人员下了航空器为止的时间内。在规定的时间界限内，所发生的人员伤亡或航空器损坏，必须与航空器运行有关，才能定为航空器飞行事故。

（二）民用航空器飞行事故的等级

《中华人民共和国国家标准民用航空器飞行事故等级》将飞行事故分为特别重大飞

① 《民用航空不安全事件的处置程序》（MD-AS-2004-01）。

行事故、重大飞行事故和一般飞行事故三个等级。

1. 特别重大飞行事故

凡属下列情况之一者为特别重大飞行事故：（1）人员死亡，死亡人数在40人及其以上者；（2）航空器失踪，机上人员在40人及其以上者。

2. 重大飞行事故

凡属下列情况之一者为重大飞行事故：（1）人员死亡，死亡人数在39人及其以下者；（2）航空器严重损坏或迫降在无法运出的地方（最大起飞重量5.7吨及其以下的航空器除外）；（3）航空器失踪，机上人员在39人及其以下者。

3. 一般飞行事故

凡属下列情况之一者为一般飞行事故：（1）人员重伤，重伤人数在10人及其以上者；（2）最大起飞重量5.7吨（含）以下的航空器严重损坏，或迫降在无法运出的地方；（3）最大起飞重量5.7~50吨（含）的航空器一般损坏，其修复费用超过事故当时同型或同类可比新航空器价格的10%（含）者；（4）最大起飞重量50吨以上的航空器一般损坏，其修复费用超过事故当时同型或同类可比新航空器价格的5%（含）者。

应当注意，航空器运行过程中发生相撞，不论损失架数多少，一律按一次飞行事故计算，事故等级按人员伤亡总数和航空器损坏最严重者确定。

以上飞行事故等级是根据人员伤亡情况以及对航空器损坏程度确定的，而由于各种原因，自己或他人造成的伤亡或藏在通常供旅客和机组使用范围之外偷乘航空器而造成的伤亡除外。

（三）航空器事故

1944年《芝加哥公约》附件13规定，航空器事故是指在登上航空器准备飞行直至所有这类人员下了航空器为止的时间内发生的与该航空器运行有关的下列之一的事件：（1）凡任何人在航空器内伤亡，或者与航空器或者其部件直接接触时伤亡，或者直接受航空器尾流影响而伤亡；（2）航空器本身受到重大损坏或者结构性破坏；（3）航空器失踪或处于完全不能接近的地方。《芝加哥公约》附件13规定的“航空器事故”实际上是指民用航空器飞行事故。

《中华人民共和国国家标准民用航空器飞行事故等级》是参考《国际民用航空公约》附件13《国际标准和建议措施航空器失事调查》和美国国家运输安全委员会程序性法规、《联邦法规全书》第49篇制定的，因此，其规定与国际民航公约的规定基本一致。

二、民用航空地面事故

（一）民用航空地面事故的概念

民用航空地面事故是指在中华人民共和国境内民用机场、军民合用机场及在我国注册登记或由中国法人经营的航空器在境外机场内从事民用航空活动时所发生的航空器、车辆、设备、设施损坏，造成直接经济损失人民币30万元（含）以上或导致人员重伤、死亡的事件。

这些事件多种多样，包括以下各种情形：航空器与航空器、车辆、设备、设施碰撞造成航空器及车辆、设备、设施损坏或导致人员重伤、死亡；航空器不依靠自身动力而移动造成航空器及车辆、设备、设施损坏或导致人员重伤、死亡；航空器在牵引过程中、航空器在检查和操纵过程中、航空器在维护和维修过程中造成航空器及车辆、设备、设施损坏或导致人员重伤、死亡；航空器在发动机开车、试车、滑行过程中造成航空器及车辆、设备、设施损坏或导致人员重伤、死亡；航空器失火、爆炸造成航空器及车辆、设备、设施损坏或导致人员重伤、死亡；航空器在移动过程中撞障碍物，造成航空器损坏或导致人员重伤、死亡；人为原因、意外原因造成航空器及车辆、设备、设施损坏或导致人员重伤、死亡；车辆与设备在运行过程中造成航空器及车辆、设备、设施损坏或导致人员重伤、死亡；在装卸货物、行李、邮件和机上供应品等物品过程中造成航空器及车辆、设备、设施损坏或导致人员重伤、死亡；旅客在登、离机过程中或在机上造成航空器及车辆、设备、设施损坏或导致人员重伤、死亡；加油设备、设施失火、爆炸造成航空器及车辆、设备、设施损坏或导致人员重伤、死亡；在加油、抽油过程中或因航油溢出引起失火、爆炸造成航空器及车辆、设备、设施损坏或导致人员重伤、死亡；车辆、设备、设施失火、爆炸造成航空器及车辆、设备、设施损坏或导致人员重伤、死亡；载运的物品失火、爆炸、发生外溢、泄漏和活体动物逃逸造成航空器及车辆、设备、设施损坏或导致人员重伤、死亡；飞机尾喷流、直升机涡流造成航空器及车辆、设备、设施损坏或导致人员重伤、死亡；车辆与车辆、设备、设施相撞造成车辆、设备、设施损坏或导致人员重伤、死亡；外来物致使航空器损坏等。

（二）民用航空地面事故的等级

民用航空地面事故根据《中华人民共和国国家标准民用航空器地面事故等级》的规定，按照事故造成的人员伤亡和直接经济损失程度划分为以下三个等级：

1. 一般航空地面事故

凡属下列情况之一者为一般航空地面事故：（1）造成人员重伤①；（2）直接经济损失② 30 万元（含）~100 万元人民币。

2. 重大航空地面事故

凡属下列情况之一者为重大航空地面事故：（1）死亡③人数 3 人（含）以下；（2）直接经济损失 100 万元（含）~500 万元人民币。

3. 特别重大航空地面事故

凡属下列情况之一者为特别重大航空地面事故：（1）死亡人数 4 人（含）以上；（2）直接经济损失 500 万元人民币（含）以上。

（三）机坪事故

机坪事故是指发生在机坪④的航空地面事故。机坪事故是影响民航安全的主要问题

---

① 人员重伤（serious injury）指某一人员在航空地面事故中受伤，经医师鉴定符合下列情况之一者：自受伤之日起 7 日内需要住院 48 小时以上；造成骨折（手指、足趾或鼻部单纯折断除外）；引起严重出血的裂口，神经、肌肉或腱的损坏；涉及内脏器官受伤；有二度或三度的或超过全身面积 5% 以上的烧伤；已证实暴露于传染物质或有伤害性辐射。

② 直接经济损失（direct pecuniary loss）指航空器、车辆、设备及设施修复费用，包括器材费、工时费、运输费。

③ 人员死亡（fatal）指自航空地面事故发生之日起 30 日内，由本次事故导致的死亡。

④ 机坪是指飞行区供飞机上下旅客、装卸货物或邮件、加油、停放或维修使用的特定场地。

之一，“停机坪撞飞机”等机坪事故是影响民航安全四大问题之一。

1. 机坪事故种类

国际机场间协会（ACI）对机坪事故发生情况非常重视，要求其成员机场每月将机坪事故按事故种类用报表方式报该协会。

国际机场协会将机坪事故分为以下七类：（1）机坪主要设备因操作不当对停放航空器造成的事故；（2）机坪设备操作不当对移动中的航空器造成的事故；（3）飞机尾气喷流对机坪设施设备造成的损坏事故；（4）机坪设备对机坪设备造成的事故；（5）机坪设备对机场设施造成的事故；（6）机坪飞机或设备因油料泄漏造成的事故；（7）以上事故和其他事故对机坪人员造成伤亡的事故。

航空地面事故主要是机坪事故。我国对预防机坪事故高度重视，制定了一些防治机坪事故的规章、标准。例如，2000年7月民航总局发布了《民用运输机场应急救援规则》，2001年9月国家颁布了《中华人民共和国国家标准民用航空地面事故等级》。《民用航空地面事故等级》将民用航空地面事故分为21种，其范围和分类都比国际机场协会的机坪事故统计报表更为详细具体。

2. 造成机坪事故的原因

造成机坪事故的原因有很多，如地面指挥不当、机组判断不当、飞机停放不当、机组观察不周、机务操作不当①、飞机尾喷流影响等多种原因都可能造成机坪航空器与航空器相撞。机坪车辆与飞机相撞是机坪事故中发生最多的事故，其主要原因有车辆停放不当、车辆故障、车辆操作不当②等。机坪事故还有因自然原因③造成的或自然原因与人为因素共同造成的等情况。

根据国际机场协会的统计数据，国际上每万架次飞机的机坪事故发生率为3.27次。其中由地面设备对停放飞机造成损害的事故发生率为每万架次0.9次，对移动中的飞机造成损害的事故发生率为每万架次飞机0.33次，由飞机尾喷流造成损害的事故发生率为每万架次0.07次。机坪设备对机坪设备造成损害的事故发生率为每万架次飞机1.49次，机坪设备对机坪设施造成损害的事故率为每万架次飞机0.48次。

我国对机坪安全十分重视。我国机场一直将杜绝航空地面事故作为最基本的安全目标之一。从近年来的资料看，我国机场发生的机坪事故的万架次率低于国际机场协会公布的数据。

三、民用航空器飞行事故征候

（一）民用航空器飞行事故征候的概念

民用航空器飞行事故征候是指从事民用航空飞行活动的飞机、直升机在飞行实施过程中发生的未构成飞行事故或航空地面事故但与航空器操作使用有关，影响或可能影响

---

① 1995年5月，在我国南方某机场，因地面机务指挥人员看错飞机的停机线，使一地面滑行的飞机与另一架停放飞机机翼相撞。

② 2003年10月，中南某机场因食品车刹车故障，操作人员临时处置不当，造成食品车撞飞机事件。

③ 2002年8月，北方某机场发生突发性强暴雨，造成飞机移位与廊桥相撞事故。

飞行安全的事件。① 飞行实施过程是指航空器为准备起飞而起动动力装置直至到达停机地点关停动力装置的过程。

（二）民用航空器飞行事故征候的种类

民用航空器飞行事故征候包括严重飞行事故征候、一般飞行事故征候和飞行训练事故征候三种。

1. 严重飞行事故征候

严重飞行事故征候是指航空器飞行实施过程中几乎发生事故情况的飞行事故征候。飞行实施过程中发生的事件，凡有《民用航空器飞行事故征候》3.1~3.25 所列情形之一的，构成严重飞行事故征候。例如，在飞行中，为避免相撞，必须作出规避动作或本应作出规避动作的危险接近事件，或航空器之间的纵向间隔、横向间隔、垂直间隔同时小于规定距离的危险接近；几乎发生的可控飞行撞地或飞行中挂、碰障碍物；在被关闭或占用的跑道上起飞或中断起飞；因跑道上有障碍物，导致飞机与障碍物间隔微小的起飞、中断起飞或在决断高/决断高度、最低下降高度以下复飞；在被关闭或占用的跑道上落地；落错机场、跑道；飞行实施过程中，客舱和货舱起火冒烟或发动机起火（即使这些火灾被灭火剂扑灭）；飞行中飞行机组必需成员在岗位上失去操作能力；燃油储量不足，飞行员宣布紧急状态；飞机场外迫降；等等。

2. 一般飞行事故征候

一般飞行事故征候是指除严重飞行事故征候和训练飞行事故征候外的其他飞行事故征候。飞行实施过程中发生的事件，凡有《民用航空器飞行事故征候》4.1~4.6 所列情形之一的，应判定为一般飞行事故征候。例如，飞行中未经许可进入（误入）禁区、危险区、限制区、正在射击的炮射区或误出国境；飞行中进入前方飞机的尾流区，造成飞行操纵困难；飞行实施过程中，外来物或航空器部件脱落造成航空器受损；误收、夹带危险品或以非危险品品名收运的危险品，装上航空器起飞；未按规定执行适航指令，航空器起飞；飞错规定的飞行航路或航线；航空器超低空飞行机轮或任何部位触地；直升机机外载荷飞行，空中吊挂物撞障碍物等。

3. 训练飞行事故征候

训练飞行事故征候是指培养飞行学生的院校或被局方批准的训练机构，使用最大起飞重量 5 700kg 以下（含）的航空器和 3 125kg 以下（含）的直升机，从事训练飞行时发生的飞行事故征候。训练飞行实施过程中发生的事件，凡符合《民用航空器飞行事故征候》5.1~5.36 所列条款的，应判定为训练飞行事故征候。例如，在训练飞行实施过程中航空器机翼（旋翼）、尾翼（尾桨）、螺旋桨或操纵面及其活动关节带有冰、雪、霜，超过该机型手册规定的标准起飞，未达到预定的起飞性能；加注规格错误的燃油、滑油、液压油起飞；未按规定执行适航指令起飞；在被关闭或占用的跑道上起飞；训练飞行实施中，航空器的任何部位失火；训练飞行实施中，航空器的主操纵系统出现卡阻或完全失效；训练飞行实施中遇颠簸或飞机姿态剧烈改变，导致人员重伤或航空器损坏；训练飞行实施过程中空中发动机停车、飞行机组必需成员在岗位上失去操作能力、

① 中华人民共和国民用航空行业标准《民用航空器飞行事故征候》。

超低空训练飞行实施中碰撞障碍物、场外迫降；直升机训练飞行实施中发生该机型飞行手册规定必须立即着陆的故障等。

四、其他民用航空不安全事件

其他民用航空不安全事件是指航空器运行过程中发生的影响或可能影响航空安全，但其程度未构成航空器飞行事故、航空器飞行事故征候和航空地面事故的事件。

其他民用航空不安全事件①包括：天气原因除外的返航、备降；飞机中断起飞；危险或有潜在危险情形导致的复飞；航空器滑行偏出跑道和滑行道；飞错进、离场程序；高度100米以下出现失速警告；航空器部件空中脱落，或其他原因造成的航空器受损；飞机起动、滑行、试车时发动机尾气流损坏停放在地面的其他飞机或地面设施、设备；静止状态的航空器发生非正常位移；飞行活动区内，地面设施、设备、货物等失火；航空器内冒烟、失火；因操作错误，损坏机上设备，严重影响安全；空中餐车、储物柜滑出，损坏机上设备或导致人员受伤；航空器紧急滑梯非正常放出；航空器重心超过规定范围起飞，空中未造成航空器操纵困难；航空器维修、维护工作中，造成人员受伤；航空器维修中造成航空器及部件损坏；航空器在起降或滑行过程中，外来物被吸进发动机或因道面不洁致使轮胎损坏，需更换；无证车辆和人员进入机场隔离内；人员、车辆、动物等进入飞行区影响航空器正常运行；陆空通讯中断，影响空管指挥；通信导航设备故障，影响航空器正常飞行；提供错误的航行资料、航行通告；航空器受到非法干扰影响正常运行等等三十余种情况。

在前述四种民用航空不安全事件中，一般而言，民用航空器飞行事故的后果比民用航空地面事故的后果严重得多，航空地面事故的后果比民用航空器飞行事故征候严重，航空器飞行事故征候的性质与影响比其他民用航空不安全事件严重。

第二节　民用航空不安全事件的处置概述

国际民用航空公约和中国国内民航法律、法规、规章以及其他规范性文件，对航空不安全事件的处置程序、内容作了明确规定，对于不同种类的事件或者处于不同阶段的同一种类事件其调查与处置程序有所不同。

按照民用航空不安全事件的性质，民用航空不安全事件的处置大体上可以分为飞行不安全事件处置和航空地面事故处置两大类。本节仅对此作概括性介绍。关于航空器搜寻援救和航空器飞行事故调查将在第三、五节中详细阐述。

一、民用航空飞行不安全事件处置

飞行不安全事件处置包括飞行事故处置和飞行事故以外的飞行不安全事件处置两种

① 民航总局咨询通告《航空其他不安全事件主要样例》（附录一）。

情况。

（一）飞行事故的处置

飞行事故的处置程序按照《国际民用航空公约》及其附件12《搜寻与援救》、附件13《航空器事故和事故征候调查》《中华人民共和国民用航空法》《国家突发公共事件总体应急预案》《民用航空器飞行事故调查规定》（CCAR-395部）、《国家处置民用航空器飞行事故应急预案》① 等国际、国内法律、法规、规章、标准进行。以发生在中国负责区域内的飞行事故为例，飞行事故的处置程序大体如下：

1. 初始信息报告

（1）发生飞行事故后，事发指挥区域内的空管部门应立即报告事发地的民航管理机构（安监办或地区管理局）和总局空管局运控中心，总局空管局运控中心立即报告总局航安办和局领导。在起飞或目的地机场及其周边发生的飞行事故，空管部门还要立即通知机场当局启动应急救援程序，实施救援。

（2）飞行事故的当事机组（如有行为能力），要利用一切可用的通讯手段向所在航空公司、当地管理局或安监办报告事发地的准确位置、人员伤亡情况，以及事发地的地理、气候、环境等情况。

（3）飞行事故发生后，事发单位应立即向民航总局和事故发生所在地民航地区管理局报告，并于12小时内填报《民用航空飞行不安全事件初始报告表》，报送事发地管理局。事发地管理局应尽快向总局报告初始信息，并于事发后24小时内向总局提交经过审核的《民用航空飞行不安全事件初始报告表》。②

2. 搜寻援救

飞行事故发生地的民航地区管理局要立即协调机场、地方政府、军队等组织救援（详见本章第三节）。

3. 事故调查

飞行事故发生后应按《民用航空器飞行事故调查程序》（MD-AS-2001-001）实施调查（详见本章第五节）。

4. 最终报告

由地区管理机构组织事故调查的，应当由地区管理机构在事故发生后90天内向民航总局提交事故调查报告和《民用航空飞行不安全事件最终报告表》。由民航总局组织事故调查的，应当在事故发生后120天内由民航总局向国务院或者国务院事故调查主管部门提交事故调查报告。不能按期提交事故调查报告的，应当向接受报告的部门提交书

---

① 为了建立健全民用航空器飞行事故应急机制，提高政府应对突发危机事件的能力，保证民用航空器飞行事故应急工作协调、有序和高效进行，最大程度地减少人员伤亡，保护国家和公众财产安全，维护社会稳定，促进航空安全，国务院于2006年1月22日发布了《国家处置民用航空器飞行事故应急预案》。该预案用于民用航空器特别重大飞行事故；民用航空器执行专机任务发生飞行事故；民用航空器飞行事故死亡人员中有国际、国内重要旅客；军用航空器与民用航空器发生空中相撞；外国民用航空器在中华人民共和国境内发生飞行事故，并造成人员死亡；由中国运营人使用的民用航空器在中华人民共和国境外发生飞行事故，并造成人员死亡；民用航空器发生爆炸、空中解体、坠机等，造成重要地面设施巨大损失，并对设施使用、环境保护、公众安全、社会稳定等造成巨大影响的飞行事故处置。

② 可以电子邮件或传真方式提交。

面的情况说明。

5. 调查的信息发布

特大事故，由国务院调查组或国务院授权的机构发布；重大事故及其以下的飞行事故，由总局或总局授权的机构发布。

6. 处罚及其他善后处置

事故调查结束后，如果涉及对负法律责任的相关人员和单位的处罚的，按照管理权限和法定的处罚程序进行。

民用航空器飞行事故发生后，事故发生地人民政府应组织协调善后处置工作，尽快消除事故后果和影响，安抚受害人员，保证社会稳定，尽快恢复正常秩序。国家处置飞行事故指挥部办公室负责协调有关工作。

发生事故的民航运输企业应按有关法律、法规，及时对受害旅客、货主进行赔偿，对地面受损害的单位和个人进行赔偿；通知有关保险机构及时派员赶赴事故现场，按有关航空保险规定办理事故理赔工作；处理其他善后事宜。

（二）飞行事故以外的飞行不安全事件处置

为了确保飞行安全，消除不安全隐患，对尚未构成飞行事故的其他飞行不安全事件也应依法报告、调查、作出结论，以便吸取教训，防止事故发生。在中国区域内发生飞行事故以外的飞行不安全事件处置程序大体如下：

1. 初始信息报告程序

发生了无人员伤亡的不安全事件，当事人或事发单位应及时通过电话、电报、传真等向事发地安监办报告；安监办及时向当地管理局（航安办）报告，听取管理局指示，及时赶赴现场，获取有利于安全调查的第一手资料，组织人员保护好现场。如果是航空公司发生的不安全事件，当事人或事发单位还应向当地空管部门和所在的分、子公司报告（必要时可由空管部门代为报告），分、子公司应立即向上级公司和所在地管理局报告，上级公司应立即向公司所在地管理局报告。事发地管理局接到报告后，要立即报告总局航安办。

空管部门获得航空不安全事件信息后，除按空管系统报告程序逐级上报外，要立即报告当地安监办。无安监办的，要直接向管理局航安办或分管安全的局领导报告。如需要救援的，要立即根据应急救援方案，通知机场当局实施应急救援。通常不安全事件应逐级上报，必要时可越级上报。

2. 初始书面报告

发生飞行事故征候后，事发单位要尽快向事发所在地管理局口头或电话报告，并应于事发后24小时内向事发地的管理局填报《民用航空飞行不安全事件初始报告表》；管理局应在事发后48小时内向总局航安办报送经过审核的《民用航空飞行不安全事件初始报告表》。

发生不构成飞行事故征候的飞行不安全事件后，事发单位要尽快向事发所在地管理局口头或电话报告，并应于事发后48小时内向事发地的管理局填报《民用航空飞行不安全事件初始报告表》；管理局应在事发后72小时内向总局航安办报送经过审核的《民用航空飞行不安全事件初始报告表》。

3. 调查

根据属地管理的原则，事发地管理局组织对其辖区内的不安全事件进行调查。调查过程中，调查组或组织调查的管理局可向航空公司和相关单位直接索取必要的资料，也可请相关的管理局、民航相关科研单位给予必要的支援。各相关管理局、相关单位有责任给予协助。

组织调查的管理局，一般应于事发后 10 个工作日内向总局上报《民用航空飞行不安全事件最终报告表》和《调查报告》，并将《调查报告》抄送相关管理局。特殊情况下，若不能按时上报，应向总局说明理由。

4. 处置

对确实应当承担行政责任的，组织调查的管理局应当依据现行法律或规章作出处置决定并执行，或委托当事人/事发单位所在地管理局执行。作出处置决定的管理局承担相应的执法责任。

二、民用航空地面事故处置

发生在中国负责的区域内的航空地面事故处置程序大体上分为初始报告、应急救援、调查、最终报告四个阶段。每个阶段由若干环节构成。

1. 初始报告

航空地面事故发生后，事发单位应立即向事发所在地及事发单位所属地的民用航空管理机构报告，并于 12 小时内填写《民用航空地面不安全事件初始报告表》，报送事发地的民用航空管理机构；民用航空管理机构获悉该信息后，要立即向民航总局报告，并在事发后 24 小时内将经审核的初始报告表上报民航总局。

2. 应急救援

机场应急救援特指对发生在机场和机场周边地区的民用航空器紧急事件及各类非航空器紧急事件所采取的预防、响应和恢复的活动与计划。机场应急救援的对象是指航空器或机场固有设施发生、可能发生严重损害及导致有关人员伤亡的情况。航空器紧急事件包括：航空器失事；航空器空中故障；航空器受到非法干扰，包括劫持、爆炸物威胁；航空器与航空器相撞；航空器与障碍物相撞；涉及航空器的其他紧急事件。非航空器紧急事件包括：对机场设施的爆炸物威胁；建筑物失火；危险物品污染；自然灾害；医学紧急情况；不涉及航空器的其他紧急事件。

航空器紧急事件的应急救援分为紧急出动、集结待命、原地待命三个等级。紧急出动是指已发生航空器坠毁、爆炸、起火、严重损坏等紧急事件，各救援单位应当按指令立即出动，以最快速度赶赴事故现场。集结待命是指航空器在空中发生故障，随时有可能发生航空器坠毁、爆炸、起火、严重损坏，或者航空器受到非法干扰等紧急事件，各救援单位应当按指令在指定地点集结。原地待命是指航空器空中发生故障等紧急事件，但其故障对航空器安全着陆可能造成困难，各救援单位应当做好紧急出动的准备。

根据《民用运输机场应急救援规则》（2000 年 4 月 3 日民航总局令第 90 号）机场应急救援主要包括以下内容：

（1）对紧急事件的描述。包括紧急事件的类型、发生地点、原因、周围环境等内容。

（2）紧急事件的评估。在获知紧急事件发生后，根据紧急事件的描述，推断出紧急事件可能发生的后果，并作出相应的评估，根据评估的结果，作出相应的处置。

（3）对紧急事件的响应程序。响应程序是整个预案的核心内容，当紧急事件发生后，按照应急预案的响应程序指挥、协调救援行动、合理使用应急资源，使紧急事件迅速得到有效控制。紧急事件的响应程序一般包括：① 接警与通知程序，这是应急救援迅速启动的关键；② 救援队伍的集结、准备；③ 现场救援的实施过程；④ 分析导致紧急事件的因素以及消除方法；⑤ 受损物品的处理；⑥ 事故现场调查；⑦ 撤离、清理现场；⑧ 现场的恢复；⑨ 善后处理。

3. 事故调查

由事发所在地的管理局直接或授权安监办调查和处置。

4. 最终报告

调查完成后，组织调查的单位向民航总局提交《调查报告》和《民用航空地面不安全事件最终报告表》。

综上所述，无论是民用航空飞行不安全事件处置还是航空地面事故的处置，都必须贯彻以人为本、救死扶伤的理念，坚持集中管理、统一指挥、反应迅速和救援高效、依法调查、依法处置的基本原则，达到迅速、有效、协调统一地开展救援，避免或者减少人员伤亡和财产损失，防止类似事件再次发生，保证民航运输安全进行的目的。

第三节 民用航空器搜寻援救

现代民用航空活动从某种意义上讲是没有国界的。发生航空器飞行事故或者飞行事故征候，国际民用航空公约缔约国都要履行应尽的搜寻援救工作义务，及时有效地搜寻援救遇到紧急情况的民用航空器，避免或者减少人员伤亡和财产损失。

国际民用航空组织制定的《国际民用航空公约》第25条明确规定了对遇险航空器的搜寻援救原则，该公约附件12《搜寻援救》明确了航空器搜寻援救的国际标准，提出了建议措施。根据《国际民用航空公约》及其附件12等法律文件，我国制定了《中华人民共和国民用航空器搜寻援救规定》。该规定是我国实施航空器搜寻援救的主要依据之一，适用于中华人民共和国领域内以及中华人民共和国缔结或者参加的国际条约规定由中国承担搜寻援救工作的公海区域内搜寻援救民用航空器的活动。

一、航空器搜寻援救的含义

航空器搜寻援救是指担负搜寻援救民用航空器任务的机构，为了及时有效地搜寻援救遇到发生不安全紧急情况的民用航空器，避免或者减少人员伤亡和财产损失，依照相关法律规定，对遇到紧急情况的民用航空器进行寻找援助的一系列活动的总称。

1944年《国际民用航空公约》及其附件12和附件13、1996年颁布的《中华人民共和国民用航空法》①《国家突发公共事件总体应急预案》以及《中华人民共和国搜寻援救民用航空器规定》《国家处置民用航空器飞行事故应急预案》《民用航空器飞行事故应急反应和家属援助规定》以及各地方政府发布的处置民用航空器飞行事故应急求援预案②等是航空器搜寻救援的法律（广义）依据。

二、搜寻援救的区域及对象

根据国际民航公约及其附件、国内相关法律规定，搜寻援救区域包括陆上搜救区域③和海上搜救区域④。搜寻援救的对象是在搜寻援救区域发生紧急情况的航空器。民用航空器的紧急情况分为情况不明、告警、遇险三个阶段，对处于不同阶段的航空器有不同的搜寻援救方法。

（一）情况不明阶段

情况不明阶段是指民用航空器的安全出现下列令人疑虑的情况：（1）空中交通管制部门在规定的时间内同民用航空器没有取得联络；（2）民用航空器在规定的时间内没有降落，并且没有其他信息。

（二）告警阶段

告警阶段是指民用航空器的安全出现下列令人担忧的情况：（1）对情况不明阶段的民用航空器，仍然不能同其沟通联络；（2）民用航空器的飞行能力受到损害，但是尚未达到迫降的程度；（3）与已经允许降落的民用航空器失去通信联络，并且该民用航空器在预计降落时间后 5 分钟内没有降落。

（三）遇险阶段

遇险阶段是指确信民用航空器遇到下列紧急和严重危险，需要立即进行援救的情况：（1）根据油量计算，告警阶段的民用航空器难以继续飞行；（2）民用航空器的飞行能力受到严重损害，达到迫降程度；（3）民用航空器已经迫降或者坠毁。

三、航空器搜寻援救的组织机构

为了保证民用航空器搜寻援救工作的顺利进行，建立健全搜寻援救民用航空器的组织十分必要。

国际民航组织对搜寻援救民用航空器组织机构的设立高度重视，并在《国际民用航空公约》附件 12 中明确规定：缔约国必须在每一个搜寻援救区中设立一个援救协调中心；为了提高搜寻援救效率，任何时候只要能提高搜寻援救服务的效率，缔约国应设立援救分中心；在公共电信设备不方便发现航空器处于紧急情况的人直接、迅速通知有关援救协调中心的地方，缔约国还应当设置告警哨。援救协调中心是负责促进有效地组

---

① 《中华人民共和国民用航空法》第十一章“搜寻援救和事故调查”。

② 例如《湖北省处置民用航空器飞行事故应急救援预案》。

③ 民用机场及其邻近区域内发生的航空器失事、航空器空中故障、航空器受到非法干扰、航空器与航空器相撞等事故，其应急救援和现场保护工作按照《民用机场应急救援规则》执行；发生在上述区域以外的事故按照《中华人民共和国搜寻援救民用航空器规定》执行。

④ 包括中华人民共和国缔结或者参加的国际条约规定由中国承担搜寻援救工作的公海区域。

织搜寻援救服务，并在某一搜寻援救区内协调搜寻援救工作的组织。援救分中心是为了在某个搜寻援救区的某一划定的地段内，进一步提高援救协调中心的工作效率而设置的隶属于援救协调中心的一种机构。告警哨是接受公众反映航空器处于紧急状态情报的机构。

世界各国搜寻援救航空器的组织机构大体都是按照《国际民用航空公约》附件12设置的。但是，因各国国情不同，具体做法也有所区别。

中国根据《中华人民共和国搜寻援救民用航空器规定》，在民用航空总局设立了援救协调中心，地区管理局设立了搜寻援救中心。在中国搜寻援救区，搜寻援救民用航空器按照下列规定分工负责：（1）中国民用航空局负责统一指导全国范围的搜寻援救民用航空器的工作；（2）省、自治区、直辖市人民政府负责本行政区域内陆地搜寻援救民用航空器的工作，民用航空地区管理局予以协助；（3）国家海上搜寻援救组织负责海上搜寻援救民用航空器工作，有关部门予以配合。

中国民航总局搜寻援救协调中心和地区管理局搜寻援救协调中心承担陆上搜寻援救民用航空器的协调工作。中华人民共和国领域内以及中华人民共和国缔结或者参加的国际条约规定由中国承担搜寻援救工作的公海区域内为中华人民共和国民用航空搜寻援救区，该区域内划分若干地区民用航空搜寻援救区，具体地区划分范围由民航局公布。为执行搜寻援救民用航空器的紧急任务，有关地方、部门、单位和人员必须积极行动，互相配合，共同完成任务，尽量避免或者减少人员伤亡和财产损失。

四、航空器搜寻援救的程序

（一）搜寻援救的准备

为了保证搜寻援救工作快速、高效、有序地进行，负责搜寻援救的机构应当未雨绸缪，随时做好搜寻援救的准备。

根据《中华人民共和国搜寻援救民用航空器规定》，各地区管理局应当事先拟定在陆上使用航空器搜寻援救民用航空器的方案，经民航局批准后，报有关省、自治区、直辖市人民政府备案。沿海省、自治区、直辖市海上搜寻援救组织，应当拟定在海上使用船舶、航空器搜寻援救民用航空器的方案，经国家海上搜寻援救组织批准后，报省、自治区、直辖市人民政府和民航局备案，同时抄送有关地区管理局。地区管理局和沿海省、自治区、直辖市海上搜寻援救组织应当按照批准的方案定期组织演习，以备实施。

搜寻援救民用航空器方案应当包括下列内容：（1）使用航空器、船舶执行搜寻援救任务的单位，航空器、船舶的类型，以及日常准备工作的规定；（2）航空器使用的机场和船舶使用的港口，担任搜寻援救的区域和有关保障工作方面的规定；（3）执行海上搜寻援救任务的船舶、航空器协同配合方面的规定；（4）民用航空搜寻援救力量不足的，商请当地驻军派出航空器、舰艇支援的规定。

（二）搜寻援救的实施

根据《中华人民共和国搜寻援救民用航空器规定》，在中国搜寻援救区内，发现或者收听到民用航空器遇到紧急情况的单位或者个人，应当立即通知有关地区管理局搜寻援救协调中心；发现失事的民用航空器，其位置在陆地的，并应当同时通知当地政府；

其位置在海上的，并应当同时通知当地海上搜寻援救组织。

地区管理局搜寻援救协调中心收到民用航空器紧急情况的信息后，必须立即作出判断，按照《中华人民共和国搜寻援救民用航空器规定》，对处于不同紧急情况下的民用航空器采取相应的搜寻援救措施，并及时向民航局搜寻援救协调中心以及有关单位报告或者通报。

在中国搜寻援救区内，搜寻援救要根据民用航空器所处的不同阶段采取不同的措施：

（1）对情况不明阶段的民用航空器，地区管理局搜寻援救协调中心应当根据具体情况，确定搜寻的区域；通知开放有关的航空电台、导航台、定向台和雷达等设施，搜寻掌握该民用航空器的空中位置；尽快同该民用航空器沟通联络，进行有针对性的处置。

（2）对告警阶段的民用航空器，地区管理局搜寻援救协调中心应当立即向有关单位发出告警通知；要求担任搜寻援救任务的航空器、船舶立即进入待命执行任务状态；督促检查各种电子设施，对情况不明的民用航空器继续进行联络和搜寻；根据该民用航空器飞行能力受损情况和机长的意见，组织引导其在就近机场降落；会同接受降落的机场，迅速查明预计降落时间后5分钟内还没有降落的民用航空器的情况并进行处理。

（3）对遇险阶段的民用航空器，地区管理局搜寻援救协调中心应当立即向有关单位发出民用航空器遇险的通知；对燃油已尽，位置仍然不明的民用航空器，分析其可能遇险的区域，并通知搜寻援救单位派人或者派航空器、船舶，立即进行搜寻援救；对飞行能力受到严重损害、达到迫降程度的民用航空器，通知搜寻援救单位派航空器进行护航，或者根据预定迫降地点，派人或者派航空器、船舶前往援救；对已经迫降或者失事①的民用航空器，其位置在陆地的，立即报告省、自治区、直辖市人民政府；其位置在海上的，立即通报沿海有关省、自治区、直辖市的海上搜寻援救组织。

省、自治区、直辖市人民政府或者沿海省、自治区、直辖市海上搜寻援救组织收到关于民用航空器迫降或者失事的报告或者通报后，应当立即组织有关方面和当地驻军进行搜寻援救，并指派现场负责人。现场负责人的主要职责是：组织抢救幸存人员；对民用航空器采取措施防火、灭火；保护好民用航空器失事现场；为抢救人员或者灭火必须变动现场时，应当进行拍照或者录像；保护好失事的民用航空器及机上人员的财物等。指派的现场负责人未到达现场的，由第一个到达现场的援救单位的有关人员担任现场临时负责人，并负责向到达后的现场负责人移交工作。

对处于紧急情况下的民用航空器，地区管理局搜寻援救协调中心应当设法将已经采取的援救措施通报该民用航空器机组。民用航空器的紧急情况已经不存在或者可以结束搜寻援救工作的，地区管理局搜寻援救协调中心应当按照规定程序及时向有关单位发出

① 2004年11月21日8时20分，东航云南分公司从包头飞往上海的CRJ200型客机在内蒙古包头起飞后坠毁在包头南海公园。在事故发生后，国务院有关部门及时成立、委派事故调查组到达包头，并对善后工作作了部署和安排。内蒙古自治区副主席连辑带队，自治区民航局等相关部门也都在第一时间抵达现场。包头市委、市政府紧急启动突发事件预案，并成立了救援指挥部，现场打捞组（组长由国家民航总局副局长王昌顺担任），公安、武警、消防官兵第一时间赶赴现场开展灭火、打捞等紧急救援工作。

解除紧急情况的通知。

五、航空器搜寻援救信号

《国际民用航空公约》附件12规定了航空器与船舶之间、遇险待救航空器及其人员、搜寻援救工作人员与航空器之间使用的国际通用的航空器搜寻援救信号。航空器搜寻援救中，正确运用航空器搜寻援救信号对于搜寻援救工作的顺利进行十分重要。

按照《中华人民共和国搜寻援救民用航空器规定》，执行搜寻援救任务的航空器与船舶、遇险待救人员及搜寻援救工作组之间，应当使用无线电进行联络。条件不具备或者无线电联络失效的，应当依照《中华人民共和国搜寻援救民用航空器规定》附录规定的国际通用的《搜寻援救的信号》进行联络。

（一）航空器与船舶之间使用的信号

1. 航空器依次做下列动作，表示希望引导一艘船舶去援救遇险的航空器或者船舶：

（1）环绕船舶飞行至少一周；

（2）在低空紧靠船舶前方横穿其航向，并且摇摆机翼，或者按照最大、最小推拉油门手柄，螺旋桨飞机还可以推拉螺旋桨变距杆，以便进一步引起该船舶注意；

（3）向引导该船舶驶往的航向飞行。

重复上述运作意义相同。

2. 航空器做下列动作，表示取消已经发出的引导船舶执行援救任务的信号：

在低空紧靠船舶尾部横穿其尾流，并且摇摆机翼，或者按照最大、最小推拉油门手柄，螺旋桨飞机还可以推拉螺旋桨变距杆。

3. 船舶可以用下列方法，确认收到航空器发生的信号：

（1）悬挂信号旗（红白竖条）并升至顶（表示明白）；

（2）用信号灯发出一系列莫尔斯电码“T”的闪光；

（3）改变航向跟随该航空器。

4. 船舶可以用下列方法，表示不能执行收到的航空器发出的信号：

（1）悬挂国际信号旗“N”（交错的蓝白方格）；

（2）用信号灯发出一系列莫尔斯电码“N”的闪光。

（二）遇险待救人员、搜寻援救工作组与航空器之间使用的信号

1. 遇险待救人员使用的地对空信号①

2. 搜寻援救工作组使用的地对空信号②

3. 航空器使用的空对地信号

（1）航空器表示明白地面信号为——昼间：摇摆机翼；夜间：开关着陆灯两次。如果无着陆灯设备，则开关航行灯两次。

（2）航空器没有上述1中的动作和信号，则表示未观察到或者不明白地面信号。

---

① 具体符号、代码详见《国际民用航空公约》附件12的规定。

② 具体符号、代码详见《国际民用航空公约》附件12的规定。

六、航空器搜寻援救的原则

1944 年《国际民用航空公约》第 25 条“航空器遇险”明确规定：“缔约各国承允对在其领土内遇险的航空器，在其认为可行的情况下，采取援助措施，并在本国当局管制下准许该航空器所有人或该航空器登记国的当局采取情况所需的援助措施。缔约各国搜寻失踪的航空器时，应在按照本公约随时建议的各种协同措施方面进行合作。”

国际民航组织及各成员国都十分重视航空器搜寻援救工作。航空器搜寻援救工作应当依法定程序进行。任何缔约国都不得违反国际公约规定的国家义务。国内负有航空器搜寻援救任务的机构、组织和个人，必须遵循相关法律法规，履行搜寻援救职责。

民用航空器搜寻救援工作要遵循以人为本，避免和最大程度地减少人员伤亡。搜寻救援工作应作到：统一指挥、分级管理、分级响应；职责明确、分工协作、反应及时、措施果断、运转高效；信息互通、资源共享；依靠科学、依法处置。

对不积极行动配合完成搜寻援救任务造成重大损失的人员和不积极履行职责或者不服从指挥致使损失加重的人员以及玩忽职守，对民用航空器紧急情况判断、处置不当，贻误时机，造成损失的人员由其所在单位或者上级机关给予行政处分；构成犯罪的，依法追究刑事责任。

第四节　民用航空事故①家属援助

公共航空运输领域一旦发生航空事故，往往损失惨重、影响很大。航空事故发生后如何实施家属援助，尽量减少负面影响，给予罹难者、幸存者、失踪者及其家属必要的帮助，恢复公众对民用航空运输业的信心，是民用航空器飞行事故处置中不可或缺的重要内容。

一、航空事故家属援助立法概述

国际民航组织于 1998 年 10 月召开了第 32 届大会，审议了关于援助航空器事故遇难者及其家属的议题，并通过了第 A32-7 号决议，呼吁各缔约国重申对民用航空事故遇难者及其家属的承诺，制定航空器事故家属援助计划。2001 年，国际民航组织又发布了《航空器事故遇难者及其家属援助指南》(国际民航组织通告 285-AN/166)，为各缔约国制定航空事故家属援助法案提供了参考文献。

中国按照国际民航组织文件精神，根据现有法律法规，结合国内航空事故应急救援的实际需要，参考、借鉴美国的相关法令②，于 2005 年 10 月颁布了《民用航空器飞行事故应急反应和家属援助规定》(民航总局第 155 号令)，并于 2006 年 1 月 1 日施行。

---

① 此处指民用航空器飞行事故，不包括航空地面事故等其他航空事故。下同。

② 美国早在 1996 年 10 月 9 日，经国会通过并由克林顿总统签署了《1996 年空难家庭援助条例》。该条例对旅客信息的收集和保存、空难后的信息传递等作出了明确、具体的规定，为美国有效实施空难旅客家属援助提供了法律保证。

二、航空事故家属援助的含义

根据中国民用航空总局第155号令发布的《民用航空器飞行事故应急反应和家属援助规定》第29条规定，航空事故家属援助是指公共航空运输企业在本企业发生民用航空器飞行事故后，为提高对民用航空器飞行事故的应急反应能力，减轻事故危害，对涉及事故的罹难者、幸存者、失踪者及其家属提供物质的和精神的援助。

航空事故家属援助的对象是航空事故的罹难者、幸存者、失踪者及其家属。其中，罹难者是指由于民用航空器飞行事故直接导致死亡的人员，包括机组人员、持有运输凭证的旅客、免费旅客以及第三人。幸存者是指在民用航空器飞行事故中，没有因为事故受到致命伤害或者受到致命伤害经抢救而存活的人员。失踪者是指由于民用航空器飞行事故直接导致失踪的人员。家属是指民用航空器飞行事故罹难者、幸存者、失踪者的配偶、子女、父母、兄弟姐妹、祖父母、外祖父母。

《民用航空器飞行事故应急反应和家属援助规定》规定的“家庭援助”仅适用于发生在中华人民共和国领域内（不含香港特别行政区、澳门特别行政区和台湾地区）依照CCAR-121部和CCAR-135部进行商业运行的航空器发生的、依法由国务院民用航空主管部门组织调查的重大事故、国务院授权组织调查的特别重大民用航空器飞行事故。①

三、航空事故家属援助机构

在民用航空器飞行事故的善后处理中，发生事故的航空运输企业是家属援助的主要组织者和具体实施者。因此，公共航空运输企业在本企业发生民用航空器飞行事故后，应当对涉及事故的罹难者、幸存者、失踪者及其家属提供物质的和精神的援助。

为了保证发生民用航空器飞行事故后，能够为家属提供必要的帮助和抚慰，航空运输企业应当事先向行业主管部门上报家属援助计划。根据《民用航空器飞行事故应急反应和家属援助规定》，公共航空运输企业应当向民航总局提交的家属援助计划至少应当包含下列内容：（1）确保民用航空器飞行事故发生后能够迅速开通电话号码并提交经过训练有能力处理来自旅客家属电话的人员名单；（2）及时通知旅客家属的程序；（3）及时向主管部门提供、并更新机上人员信息的渠道；（4）保证与旅客家属协商处理罹难者遗体、个人财物等事宜；（5）保证对其职员和代理人的训练，以在必要时满足事故罹难者、幸存者、失踪者家属的需要；（6）赔偿计划与程序，罹难者后事处理的程序与组织；（7）保证为实施这一计划的足够资源。公共航空运输企业对家属援助计划的任何修改均应在修改后10日内报民航总局备案。

中国民用航空总局负责民用航空器飞行事故家属援助的监督检查，督促公共航空运输企业家属援助计划的制定和实施。中国民用航空地区管理局及其派出机构在本地区管

---

① 按照我国现行的民用航空器事故等级标准，我国的民用航空器事故划分为特别重大、重大和一般事故三个等级。从理论上说，不论事故的规模多大，罹难者及其家属均应该得到适当的援助，但由于航空器事故的性质和情况不同，提供家属援助所需资源的多少相差很大。考虑到我国公共航空运输的载客量等特点，规定将“家庭援助”适用范围限定在重大及其以上的民用航空器飞行事故。

辖范围内，协助处理航空事故家属援助工作。事故处理协调小组①有权会同公共航空运输企业共同检查罹难者、幸存者、失踪者家属的后勤援助工作，包括安全问题、居住地点的设施设备质量、家属隐私的保护等内容。事故处理协调小组应当与发生民用航空器飞行事故的公共航空运输企业、事故发生地地方人民政府共同组成家属援助联合行动中心，协调对家属的各项服务和活动。事故处理协调小组应当与发生民用航空器飞行事故的公共航空运输企业保持联系，及时获得其与罹难者、幸存者、失踪者家属联系的最新进展情况，并就有关家属援助情况以适当方式发布相关消息。

四、航空事故家属援助原则及内容

家属援助工作应当遵循及时、便利、以人为本的基本原则，为罹难者、幸存者、失踪者及其家属提供物质的和精神的帮助。

公共航空运输企业应当向罹难者、幸存者、失踪者家属提供援助，援助内容包括：(1) 为家属出发、到达、离开事故现场提供交通便利；(2) 为家属选择符合要求的居住和活动场所和其他必要的后勤保障；(3) 派出经过训练的人员为家属提供精神抚慰；(4) 为罹难者、幸存者、失踪者及其家属提供必要的医疗卫生保障；(5) 为实施家属援助提供必要的经费；(6) 其他与民用航空器飞行事故相关的必要援助。

公共航空运输企业应当及时公布家属联络等工作进展情况，以便与罹难者、幸存者、失踪者家属的进一步联络。发生民用航空器飞行事故的航空器上有外籍旅客的，公共航空运输企业应当向事故协调小组及时报告外籍旅客的必要信息，以便外交部门及时与有关的外国使馆取得联系，实施相应的家属援助。

第五节　民用航空器飞行事故调查

造成民用航空器飞行事故、影响民用航空安全的因素非常复杂，主要有：民用航空从业人员，尤其是驾驶员的素质；航空器和航空器部件等航空产品的设计、制造水平；航空器材的供应；航空器和航空器部件的维修质量；机场安全保障设施、设备的性能状态；空中交通管制能力；航空营运人、航空器维修部门、航空院校的资格；空中保安措施；恶劣气候、空中撞击、机械故障、燃料耗尽、着落地情况异常，以及诸如驾驶操作错误、迷航、载货超重、不固定、倾斜等人为因素，无线通讯电器或手提电话的电磁干扰、劫机与人为破坏；等等。

飞行安全是民用航空的生命，是民航事业发展的基础。世界各国对航空事故调查、预防工作极为重视。民用航空器发生事故后，各国民航管理部门都会对失事民用航空器的事故原因进行调查。这类调查往往耗时长久，而且花费巨大。

---

① 事故处理协调小组是指根据《国家处置民用航空器飞行事故应急预案》，由国家处置飞行事故指挥部指定的，负责在发生民用航空器飞行事故的公共航空运输企业和罹难者、幸存者、失踪者及其家属以及其他政府部门和机构之间协调、联络，以便向罹难者、幸存者、失踪者及其家属提供援助的组织机构。

一、航空器飞行事故调查的含义和法律依据

（一）航空器飞行事故调查的含义

航空事故调查是指为了预防航空事故的再度发生依法进行的一系列工作。航空事故调查工作包括：调查组的组成，事故现场调查，技术实验验证，事故原因分析，编写事故调查报告，提出安全预防建议，等等。

（二）航空器飞行事故调查的法律依据

1944年《国际民用航空公约》第26条“事故调查”明文规定：“一缔约国的航空器如在另一缔约国的领土内发生事故，致有死亡或严重伤害或表明航空器或航行设施有重大技术缺陷时，事故所在地国家应在该国法律许可的范围内，依照国际民用航空组织建议的程序，着手调查事故情形。航空器登记国应有机会指派观察员在调查时到场，而主持调查的国家，应将关于此事的报告及调查结果，通知航空登记国。”

国际民航组织理事会于1951年4月通过了关于航空器事故调查的标准和建议措施并定为《国际民用航空公约》的附件13予以颁布，建议各国遵照执行。该附件后来经过多次修订，越发完善。

1980年6月，中国民航总局发布了《中国民用航空飞行事故调查条例》。2000年7月，为了进一步规范民用航空器飞行事故调查工作，民航总局根据《国际民用航空公约》《中华人民共和国民用航空法》和国务院《特别重大事故调查程序暂行规定》，参照《国际民用航空公约》附件13、国际民航组织文件《航空器事故和事故调查手册》（DOC9756-AN/965）等重新制定并且颁布了《民用航空器飞行事故调查规定》（《中国民用航空飞行事故调查条例》同时失效）。

《民用航空器飞行事故调查规定》专门就航空事故调查的目的、基本原则、事故调查的组织、事故调查员、通知、事故调查、事故调查报告等作出了具体规定。中国民用航空总局和地区民用航空管理机构负责组织的对民用航空器飞行事故的调查及相关工作均按照《民用航空器飞行事故调查规定》进行。

二、航空器飞行事故调查的基本原则

航空事故调查的目的就是要查明发生事故的详细经过，分析事故的直接原因，得出事故结论，提出保障安全的建议，防止类似事故的再次发生。为了实现这一目的，航空事故调查必须坚持独立性、客观性、深入性、全面性的原则。

（1）独立调查原则。事故调查应当独立进行，任何单位和个人不得干扰、阻碍调查工作。

（2）客观调查原则。事故调查应当坚持实事求是的原则，客观、公正、科学地进行，不得带有主观倾向性。

（3）深入调查原则。事故调查应当查明事故发生的直接原因，事故发生、发展过程中的其他原因，并深入分析产生这些原因的因素，包括航空器设计、制造、运行、维修和人员训练，以及政府行政规章和企业管理制度及其实施方面的缺陷等。

（4）全面调查原则。航空事故调查不但应当查明和研究与本次事故发生有关的

各种原因和产生因素，还应当查明和研究与本次事故的发生无关，但在事故中暴露出来的或者在调查中发现的、在其他情况下可能对飞行安全构成威胁的所有其他问题。

三、航空器飞行事故调查的组织机构

航空事故调查是一项非常复杂的工作，需要由专门的机构负责，组成事故调查组，由专门的调查人员去完成。由于航空事故的性质、等级、发生地等的不同，负责调查某一航空事故的组织机构也有所不同。

（一）由国务院负责组织调查的事故

国务院认为应当由国务院调查的特别重大飞行事故，由国务院或者国务院授权的部门组织成立特大事故调查组①进行调查。

（二）由省、自治区、直辖市人民政府负责调查的事故

由省、自治区、直辖市人民政府负责组织调查②的事故为本辖区内的特别重大飞行事故，但由国务院负责调查的特别重大飞行事故除外。

（三）由民航总局负责组织调查的事故

由民航总局负责组织调查的事故有：（1）国务院授权民航总局调查的特别重大飞行事故；（2）外国民用航空器在我国境内发生的事故，但由国务院或者国务院授权其他部门组织调查的除外；（3）运输飞行重大飞行事故。

由民航总局组织的事故调查，事故发生地的地区管理机构和发生事故单位所在地的地区管理机构，应当根据民航总局的要求派人参加调查。

（四）由地区管理机构负责组织调查事故

地区管理机构负责组织调查在其所辖地区范围内发生的下列事故：（1）通用航空重大飞行事故和一般飞行事故；（2）运输飞行一般飞行事故；（3）民航总局授权地区管理机构组织调查的其他事故。

由地区管理机构负责组织的事故调查，民航总局认为必要时，可以直接组织调查。由地区管理机构负责组织的事故调查，事故发生单位所在地的地区管理机构应当派人参加，民航总局可以根据需要派出事故调查员或者技术人员予以协助。

（五）涉及军、民航的事故调查

涉及军、民航的航空事故由负责组织该事故调查的部门与军方协商进行。

（六）涉外事故调查的组织和参加

（1）在我国登记、经营或者由我国设计制造的民用航空器在境外某一国家、某一地区发生飞行事故，由民航总局派出一名国家授权的代表参加事故发生所在国家、地区的事故调查。为协助国家授权代表的工作，民航总局可以指派若干名顾问。

---

① 国务院《特别重大事故调查程序暂行规定》（已失效）第 17 条。

② 国务院《特别重大事故调查程序暂行规定》（已失效）第 16 条规定："特大事故发生后，按照事故发生单位的隶属关系，由省、自治区、直辖市人民政府或者国务院归口管理部门组织成立特大事故调查组，负责事故的调查工作……"

（2）在我国登记、经营的民用航空器在境外发生飞行事故，但事故地点不在某一国家、某一地区境内的，由民航总局组织事故调查，也可以部分或者全部委托别国进行调查。

（3）外国民航航空器在我国境内发生飞行事故，经民航总局批准，航空器的登记国、经营人国、设计国、制造国可以派出代表和顾问参加中国组织的事故调查。

（4）由外国设计、制造，在我国登记、经营的民用航空器在我国境内发生飞行事故，经民航总局批准，该航空器的设计国、制造国可以派出代表和顾问参加中国组织的事故调查。

2002年4月15日，中国国际航空公司的CA129航班波音767-200ER型B2552号飞机在韩国釜山金海国际机场北部山区失事。事故发生后，按照《国际民用航空公约》附件13的有关规定，韩国作为事故发生国负责事故调查，中国作为航空器注册国和运营人所在国派出了由委任代表和顾问组成的事故调查组参加调查，美国国家运输安全委员会也派出专家参加了调查。中国民航总局的调查活动严格依照1944年《芝加哥公约》的规定进行，体现了科学、公正。合理的原则。调查活动得到了韩国及美国方面的一致肯定。

四、航空器飞行事故调查组的权力与职责

航空事故的调查在调查组织机构的领导下，由调查组具体实施。

（一）事故调查组的组成

负责组织事故调查的部门应任命一名事故调查组组长。重大及重大以上飞行事故的事故调查组组长由主任事故调查员担任；一般飞行事故的事故调查组组长可以由主任事故调查员或者事故调查员担任。事故调查组组长对事故调查组的组成和事故调查工作有独立作出决定的权力。

事故调查组应由委任或者聘任的事故调查员和临时聘请的专家组成。参加事故调查的人员应当服从事故调查组组长和专业调查小组组长的领导，其调查工作只对事故调查组组长负责。

事故调查组组长可以根据调查工作的需要，组成若干专业调查小组。这些小组通常包括飞行、空管、适航、飞行记录器、公安、运输、综合小组等。根据参加调查人员的技术力量和调查工作的需要，事故调查组组长可以合并某些小组，或者组成另外的专门小组。专业小组组长由事故调查组组长指定。

（二）事故调查组的职责和权力

1. 事故调查组的职责

事故调查组的职责有：（1）查明事故造成的人员伤亡和航空器损坏情况；（2）查明与事故有关的事实及环境条件等因素，分析造成事故的原因，作出事故结论；（3）提出预防事故的安全建议；（4）提交事故调查报告。

2. 事故调查组的权力

事故调查组的权力有：（1）决定封存、启封和使用与发生事故的航空器运行和保

障有关的一切文件、资料、物品、设备和设施①；（2）要求发生事故的民用航空器的经营、保障、设计、制造、维修等单位提供情况和资料；（3）决定实施和解除对现场的监管；（4）对发生事故的民用航空器及其残骸的移动、保存、检查、拆卸、组装、取样、验证等有决定权，对其中有研究和保存价值的部件有最终处置权；（5）对事故有关人员及目击者进行询问、录音，并可以要求其写出书面材料；（6）要求对现场进行过拍照和录像的单位和个人提供照片、胶卷、磁带等影像资料。

事故调查组在履行职责和行使权力时，有关单位、个人应当积极协助，主动配合，如实反映情况，无正当理由不得拒绝。专业调查小组按规定履行各自的职责。

五、航空器飞行事故调查程序

事故调查是一项严肃而又复杂的工作，因此，一旦发生飞行事故，必须依照法定程序进行调查。事故调查一般包括基本调查、整理材料、分析原因、提出结论、提出安全建议等程序。

（一）基本调查

基本调查就是调查组织广泛搜集与事故有关的一切资料的活动。它是事故调查初始阶段，也是整个事故调查工作最关键的阶段。

基本调查要求查明如下情况：事故现场勘查；航空器；飞行过程；机组和其他机上人员；空中交通管制；飞行签派；天气；飞行记录器；航空器维修记录；航空器载重情况及装载物；通信、导航、雷达、航行情报、气象、油料、场道、灯光等各项勤务保障工作；事故当事人、见证人、目击者和其他人员的陈述；爆炸物破坏和非法干扰行为；人员伤亡原因等情况。

民用航空器飞行事故基本调查应与现场应急处置工作有机结合，事故调查的内容应包括对应急救援情况的调查。事故现场调查②是基本调查的重要环节。

---

① 发生事故后，与航空器的运行和保障有关的飞行、维修、空中交通管理、油料、运输、机场等单位应立即指定封存负责人，保管、封存与此次飞行有关的下列文件、样品、工具、设备：a. 飞行日志、飞行计划、通信、导航、气象、空中交通管制、雷达等有关资料；b. 飞行人员的技术、训练、检查记录，飞行时间统计；c. 航医工作记录，飞行人员体格检查记录和登记表门诊记录、飞行前体检记录和出勤健康证明书；d. 航空器履历、有关维护工具和维修记录等；e. 为航空器添加各种油料的车辆、设备以及应该的化验结果的记录和样品；f. 航空器地面电源和气源设备；g. 旅客货物舱单、载重平衡表、货物监装记录、货物收运存放记录、危险品装载记录、旅客名单、舱位图和人身意外伤害保险单据等；h. 旅客、行李安全检查记录，监控记录，飞机监护和交接记录；i. 其他需要封存的文件、工具和设备。所有封存的文件、样品、工具、设备、影像和技术资料等未经事故调查组批准，不得启封。

② 现场调查包括：事故基本情况的了解，事故现场的接管，事故现场的安全防护，对事故现场实施一般性勘察，测定事故地点，现场照相和摄像，绘制事故现场残骸分布图，调查航空器接地、接水状态，调查航空器和发动机状态，打捞坠水残骸，事故记录器搜寻与运输，收集非遗失性存储器，检查机载货物及行李，进行机上乘员调查、油液采样，残骸的现场处置（回收、运输、保管），证人调查（寻找证人，调查目击者，调查当事人，对证人的物证进行收集），进行飞行活动调查、航空医学调查、空中交通管理调查（空地通话录音和雷达录像的调查、值班管制员的调查、空管设备的调查、航行资料的调查、气象情况调查、适航性调查，飞行记录器调查），勤务保障调查（包括机场设施、油料、供气供电、飞机除冰等调查），运输调查，外来干扰调查，撤离与救援调查，专项试验、验证调查等。

（二）整理材料

整理材料就是将基本调查所得到的一切材料进行分类、整理、查证。

（三）分析原因

根据调查材料，认真研究，去伪存真，排除疑点，找出事故的直接原因。包括对飞行数据和舱音记录的研究分析，非遗失性存储器试验分析，机体残骸、发动机残骸、机械设备残骸试验分析，重量、重心的计算分析，证人证词分析，模拟试验分析，事故原因分析等。

（四）提出结论

根据事故直接原因和人员、飞机损伤程度，提出事故结论。

（五）完成事故报告、提出安全建议

根据事故调查和分析情况，完成事故调查报告①，针对事故的直接原因和暴露的问题，提出预防事故的建议。

事故调查报告经国务院或者民航总局批准，或者由民航总局转发后，事故调查即告结束。事故调查报告由民航总局负责统一发布。同时，还应按照《国际民用航空公约》附件13的规定，向国际民航组织送交事故调查报告。

事故调查结束后，组织事故调查的部门应当对事故调查工作进行总结，并对事故调查的文件、资料、证据等清理归档，并永久保存。事故调查结束后，发现新的证据，可能需要推翻原结论或者可能需要对原结论进行重大修改的，经批准机关同意，可以重新进行调查。

六、航空器飞行事故调查报告

航空事故调查结束后，应当由调查组提出事故结论，写出事故调查报告。由地区管理机构组织事故调查的，应当由地区管理机构在事故发生后90天内向民航总局提交事故调查报告。由民航总局组织事故调查的，应当在事故发生后120天内由民航总局向国务院或者国务院事故调查主管部门提交事故调查报告。不能按期提交事故调查报告的，应当向接受报告的部门提交书面的情况说明。

事故调查报告应当由事故调查组组长负责组织完成。事故调查报告的表述应当完整、准确、清晰。各专业调查小组应当首先向调查组组长提交一份本小组的调查报告，调查组组长应当在总结和归纳各小组报告的基础上，编写事故调查报告。小组报告作为事故调查报告的附件。

事故调查报告应当包括调查中查明的各种事实、事故原因分析及主要依据、事故结论、安全建议、各种必要的附件、调查中尚未解决的问题等基本内容。

事故调查报告的具体内容有：

（1）事故有关情况：发生事故的时间、地点，飞机所属单位、机型机号、机长姓名、气象最低条件，空勤组成员、航线、任务性质和飞机技术状况。

---

① 具体内容详见本节“六、航空器飞行事故调查报告”。

（2）事故经过情况：飞行详细经过情况，当天的天气情况、造成的人员伤亡和飞机损坏情况及事故等级，气象情况，助航设备，通信情况，机场情况，飞行记录器，残骸及碰撞情况，医疗和病理资料等。

（3）事故原因分析和主要依据：对事实情况以及有关确定事故原因和结论的资料作出适当的分析。根据事故事件链中的因果关系，确定其中属于原因性的事件，并分析和找出促使事故发生的其他因素。深入分析这些事件和因素，找出导致事故发生的直接原因和间接原因。查找事故原因的分析工作①应当进行到可以提出明确可行的防止类似事故再次发生的安全措施为止。

（4）事故结论：事故结论是对事故调查结果和在调查中确定的各种原因的陈述。对事故调查结论的陈述应当是鉴定性的，不必叙述证据，只陈述调查结果和在调查中确定的原因。在作结论时，应当综合各方面调查分析的结果，以调查获得的各项有证据的事实为依据，对事故原因作出系统的、逻辑的、明确的、简要的表述。

（5）安全建议：为了预防同类事故的再次发生，应当对调查中确定的各种事故原因和影响飞行安全的所有因素，向相关部门提出改进安全的建议。提出安全建议与调查工作本身具有同等重要的意义。安全建议是事故调查报告的组成部分。提出的各项安全建议应当有明确的针对性和改进的目的。建议中一般只提出落实建议的部门和改进要求，建议采取的行动应当是原则性的，不必提出改进行动的具体措施。负责事故调查的部门应当跟踪安全建议的落实情况，并关注相关部门改进措施或方案的可行性和实施效果。

（6）各种必要的附件、现场照片、图表以及与该次事故直接有关的记录和资料。

七、预防航空器飞行事故的措施

航空事故具有严峻性、国际性、损失不可预见性、旅客的高层次性等多重特征。航空运输中事故一旦发生，不但造成航空器的损毁，而且对人们的生命财产造成致命的打击，有的空难发生还可能影响到国家外交、国防等各个方面。因此，预防航空事故、防止事故发生、保障民航安全成为各国政府和民航部门首要关心和着力解决的重大问题。

2002 年是中国航空史上的灾难年。中国国际航空公司和原北方航空公司先后发生

---

① 民用航空事故的调查采取的技术分析方法最常见的有两种：第一种方法是，对民用航空器“飞行记录仪”（黑匣子）进行解读。“飞行记录仪”是民用航空器的一个重要附件，它是由 UFD（飞行数据记录仪）和 CVR（舱音记录器）所组成。它可以对民用航空器飞行速度、飞行姿态、机组人员间的通话等几十项内容进行记录。“飞行记录仪”被安放在两个橘红色的钢制外壳内，可以承受极大的压强、高温及水浸。同时，为了保证“飞行记录仪”尽可能地在事故中不被损毁，“飞行记录仪”一般都被安放在民用航空器的尾部。在民用航空器事故发生后，只要找到“飞行记录仪”，在大多数情况下都可以通过解读“飞行记录仪”来确定事故的原因。但“飞行记录仪”不是万能的。某些事故原因通过“飞行记录仪”的解读也不能解决。当然，也有些民用航空器在发生事故后，“飞行记录仪”损毁到不能解读的状况。如 1999 年 4 月 15 日大韩航空公司的 MD-11 货机在上海发生坠机事故后，其“飞行记录仪”便被严重损毁，尤其是 CVR 总共才找到 3 分钟磁带残片，给事故调查带来了极大的不便。目前，也并非所有的民用航空器都安装了“飞行记录仪”。第二种方法是，对失事民用航空器的碎片进行分析。在这种方法中，有关部门将收集到的各种碎片交给专家进行分析。世界有名的“洛克比”空难事件，便是通过碎片分析最终得出失事原因是炸弹爆炸所致。

特别重大飞行事故，大韩航空公司 MD-11 货机也在上海坠毁，事故后果十分惨重。空难发生后，中国政府严格执行《国际民航公约》附件 13 的要求，依照《民用航空器飞行事故调查规定》等国内相关法律的规定，进行了事故的通知、调查和报告，完成了航空器事故调查工作。同时，结合中国航空运输实际运行环境，借鉴航空发达国家的成功经验，对近几年在事故预防措施方面的问题进行了积极探索，着力从以下几方面加强工作，预防民航航空事故的发生：

（1）加强立法，建立健全航空法律体系，完善中国民航总局、民航地区管理局和航空安全监管办公室①三级监管的政府航空安全监督体系，明确各级政府的监管职责。

（2）进一步开展对公共航空运输承运人运行合格审定工作②，保证中国所有运输航空公司都持有民航总局颁发的运行合格证。

（3）强化对空管、机场、通用航空企事业单位的规范化管理工作。按照《国际民用航空公约》相关附件的内容，依据中国民航有关安全方面的法律、法规和规章的要求，制定了规范化管理手册，建立安全责任制。

（4）开发航空公司、民用机场、空管单位的安全评估系统。对航空公司、机场和空管单位进行安全评估。强制推广使用飞行品质监控系统（QAR），促进航空安全。

（5）根据《国际民航公约》附件 13 第 8.1 条规定，制定了《中国民用航空安全信息管理规定》等规定，明确事故、事故征候和其他不安全事件信息的报告时限、内容、格式、报告方式和信息的发布要求，建立和完善强制性航空安全信息报告系统。

（6）启动中国航空安全自愿报告系统。《国际民航公约》附件 13 第 8.2 条，建议各成员国建立自愿报告系统，以便收集强制性报告系统可能收集不到的信息。中国政府积极响应上述建议，于 2004 年 9 月正式启动中国民航的自愿报告系统。鼓励广大飞行人员、机务人员、空中交通管制人员通过报告表、信函、电话、电子邮件、互联网上传报给中国民航自愿报告系统的承办单位，以便发现民航运行系统的缺陷和隐患，传播安全信息，分享经验教训，找出国家航空安全系统存在的不足，提高国家航空系统的安全水平。

（7）加强法制宣传教育，加大培训力度，提高安全管理人员和事故调查员的法制意识和技术水平。加大安全检查监督力度，提高守法自觉性。对发生事故的单位认真分析事故原因，引导企业从事故中吸取教训，杜绝类似事故的重复发生。

（8）高度重视事故征候，建立一系列规章制度，采取处理飞行事故征候执行“四不放过”③ 的基本原则、建立飞行事故征候处理情况报告制度④等各种措施预防航空事故征候，确保航空运输安全。

---

① 各航空安全监管办公室是民航地区管理局派出机构，对所在区域内的航空运行进行安全监管，根据管理局授权查处不安全事件。

② 2000~2001 年，中国民航总局完成了当时全部 22 家运输航空公司的运行合格审定。

③ 即未查清原因不放过、未分清责任不放过、未采取有效措施不放过、未严肃处理不放过。

④ 对于不按要求上报《飞行事故征候处理情况报告表》，或弄虚作假、推卸责任的责任单位，由总局、地区管理局等相关部门严肃查处。

思考题

1. 简述民用航空不安全事件。
2. 试论如何进行航空器的搜寻援救。
3. 为什么要进行航空器飞行事故调查？
4. 简述航空事故家庭援助立法的目的和意义。

第十章

对地面第三人损害的赔偿责任

第一节　对地面第三人损害赔偿责任概述

一、地面第三人的概念

第三人在不同的部门法中有着不同的含义，如我国《民事诉讼法》中的第三人是指对他人的诉讼标的有独立的请求权，或者虽然没有独立的请求权，但同案件处理结果有法律上的利害关系，而参加他人之间正在进行的诉讼的人。民法实体法上的第三人，指不参加当事人之间的法律关系，但是与当事人之间法律关系的结果有利害关系的人。第三人还可以包括行政诉讼第三人、行政复议第三人等。所以有人将法律中的第三人分为实体法上的第三人和程序法上的第三人。①

在航空法中对地面三人的界定非常复杂。一次航空运输活动，至少涉及到两个以上法律关系，一是航空旅客或货物运输合同法律关系，二是航空器经营人所投第三人责任保险法律关系或担保法律关系。那么，航空法中的地面第三人是以哪一个法律关系作为界定的基础？如果以航空运输合同法律关系作为界定第三人的基础，那么在地面的非航空运输合同当事人的人都是地面第三人；如果以第二个法律关系作为界定的基础，那么除了该保险或担保法律关系以外的在地面的人都是地面第三人。一般，对地面第三人的界定应当综合考虑该航空运输所涉及的法律关系。

第一，地面第三人中“地面”二字排除了“空中”第三人。

该次航行活动对乘坐该航空器的任何人或物的权利人所造成的损害，都不是对地面第三人造成的损害。即使他们之间没有运输合同关系的约束，例如，航空器空中碰撞，或一架航空器或该航空器上落下的人或物造成另一架航空器或该航空器上的人或物的损害，另一架航空器内的人或物的权利人不能以“从飞行中的航空器上落下的人或物造成的损害赔偿责任”进行索赔。反之亦然。因为地面第三人中的“地面”二字足以对上述人员排除适用了。

① 余子新，甘玲，耿雅清．第三人分类研究．燕山大学学报：哲学社会科学版，2004（5）：43.

第二，地面第三人不包括与经营人或者同发生损害时对民用航空器有使用权的人订立的合同所约束，或者为适用两方之间劳动合同的法律有关职工赔偿的规定所约束的损害的人。

（1）地面第三人不包括与经营人订立的合同所约束的人。如某农场雇佣经营人使用航空器洒农药，航空器坠毁或从该航空器上落下的人或物造成该农场主人身伤亡或财产损失，此种损害受双方所订立雇佣合同的约束，因此该农场主就不是“地面第三人”。

（2）地面第三人不包括与对民用航空器有使用权的人订立合同所约束的受到损害的人。对民用航空有使用权的人是指除经营人以外的有权使用航空器的人。如某农场主雇佣民用航空器的承租人使用航空器洒农药，机组人员由出租人配备，航空器坠毁或从该航空器上落下的人或物造成该农场主人身伤亡或财产损失，此种损害受双方所订立合同的约束，该农场主不是“地面第三人”。

（3）地面第三人不包括与经营人或同损害发生时与对民用航空器有使用权的人所订立的受劳动合同约束的人。

在航空法中，从目前的国际公约和国内法的规定来看，一般是指对地面第三人造成的损害，但“地面”二字有被取消的趋势，在国际民用航空组织制定的《外国航空器对第三人造成损害的公约（草案）》中可以看出这个变化。

因此，航空法中的地面第三人既不同于民法实体法上的第三人，也不同于《民事诉讼法》中的第三人。民法实体法上的第三人，指不参加当事人之间的法律关系，但与当事人之间的结果有利害关系的人。而航空法中的地面第三人不参加当事人之间的法律关系，和当事人之间的结果也没有利害关系。[①] 我国《民事诉讼法》第 56 条第 1 款规定：“对当事人双方的诉讼标的，第三人认为有独立请求权的，有权提起诉讼。”在《民事诉讼法》中，第三人参与诉讼有诸多的限制，如他人之间的诉讼正在进行；对他人之间争议的诉讼标的全部或部分享有独立的实体权利；第三人参加诉讼，必须以本诉的双方当事人为共同被告。而航空法中的地面第三人是直接的诉讼主体，直接起诉航空器经营人，也可以在法定条件下，即经营人破产情况下，直接起诉保险人；它不需要以航空器经营人和保险人之间的诉讼为前置程序，只要有保险合同的存在就足够了。

二、对地面第三人损害的法律性质

航空器在空中航行，系高度危险作业。世界上很多国家对高度危险作业致人损害的性质基本上都认为是一种特殊的侵权责任，但在归责的原则上略有不同。1922 年的德国《空中交通法》（1959 年 1 月 10 日修订）规定了航空器对地面第三人造成损害的适用无过失责任，法国 1924 年 5 月 31 日颁布了关于航空器及其空中航行的私法规则中对航空器经营者的危险责任作出了如下规定：当航空器上的装置或物体同航空器脱落而坠

---

① 相对于地面第三人责任险双方当事人或担保关系双方当事人而言，地面第三人也在其中享有权益，即为受益人。但相对于航空运输合同而言，他不仅不参加当事人之间的法律关系，而且也与当事人之间的结果没有利害关系。

入地面时，航空器的经营者即应就这些装置或物体对地面第三人所造成的人身或财产损害承担侵权责任，即便它们在经营航空器时没有过错，亦是如此。法国的此种法律规定在实际生活中被广泛适用，包括航空器因起降而产生的噪音损害。前苏联的《苏俄民法典》第454条规定："其活动对周围的人有高度危险的组织和公民（交通运输组织，工业企业、建筑工程部门、汽车占有人等），如果不能证明高度危险来源所造成的损害是由于不可抗拒的力量或受害人的故意所致，应当赔偿所造成的损害。"在此之后，原捷克斯洛伐克、南斯拉夫、东德等国家，也都建立了相应的制度。美国法上，对于航空事故造成的地面第三人损害是否能够适用基于异常危险行为的严格责任，虽一直存在争议，但航空飞行从一开始就被毫无疑问地视为异常危险行为，因此，对于因航空飞行对地面或者水面第三人造成的损害不论是人身伤害还是财产损害，受害人都可以基于异常危险行为的严格责任向加害人主张损害赔偿。我国《民法通则》第123条规定："从事高空、高压、易燃、易爆、剧毒、放射性、高速运输工具等对周围环境有高度危险的作业造成他人损害的，应当承担民事责任；如果能够证明损害是由受害人故意造成的，不承担民事责任。"

从以上规定来看，各国法律对高度危险作业致人损害都认为是特殊侵权，其归责原则主要有两个：一个是无过错责任制，一个是严格责任制。

从我国《民法通则》第123条的规定上来看，高度危险作业对第三人损害赔偿责任的归责是无过错责任制。故有学者认为民用航空器对地面第三人侵权行为适用的原则是无过错责任[①]；但《民法通则》中对无过错责任的免责事由进行了严格限制，即只有不可抗力和受害人的故意行为。而《民用航空法》第161条规定："依照本章规定应当承担责任的人证明损害是完全由于受害人或者其受雇人、代理人的过错造成的，免除其赔偿责任；应当承担责任的人证明损害是部分由于受害人或者其受雇人、代理人的过错造成的，相应减轻其赔偿责任。但是，损害是由于受害人的受雇人、代理人的过错造成时，受害人证明其受雇人、代理人的行为超出其所授权的范围的，不免除或者不减轻应当承担责任的人的赔偿责任。一人对另一人的死亡或者伤害提起诉讼，请求赔偿时，损害是该另一人或者其受雇人、代理人的过错造成的，适用前款规定。"可见，受害人的过错成为了经营人或应当承担责任的人的免责事由，因此叫严格责任更为贴切。因为严格责任并不是不考虑行为人的过错，只是加重行为人的举证责任，当行为人造成损害结果时推定行为人有过错，应承担责任，除非行为人能举证自己的行为符合法定的免责条件。同时严格责任还要考虑受害人的过错，这与无过错责任中的绝对责任明显有别。

航空器空中碰撞，往往呈现复杂的情况，经常难于判明谁有过错。有学者认为在这种情况下实行"公平责任原则"。[②] 但我国《民用航空法》第162条规定："两个以上的民用航空器在飞行中相撞或者相扰，造成本法第一百五十七条规定的应当赔偿的损害，或者两个以上的民用航空器共同造成此种损害的，各有关民用航空器均应当被认为

① 刘伟民．航空法教程．北京：中国法制出版社，2001：373.
② 刘伟民．航空法教程．北京：中国法制出版社，2001：374.

已经造成此种损害，各有关民用航空器的经营人均应当承担责任。”从此规定可以看出，在航空器空中碰撞中，对地面第三人而言，公平责任原则无论是在其实质方面还是在其操作性方面都存在一定问题，所以不应作为对地面第三人侵权的一项归责原则。对于地面第三人而言，相撞的航空器应承担严格责任，他根本没有必要去追究哪一架航空器有过失。

三、对地面第三人侵权行为的构成要件

从飞行中的航空器或航空器上落下的人或物对地面第三人造成损害的，航空器的经营人应当承担赔偿责任。对地面第三人侵权责任的构成要件包括三个方面：一是损害事实的客观存在；二是损害事实与侵权行为有因果关系；三是不属于法定免责事由。

（一）损害事实的客观存在

在航空运输中，对地面第三人造成损害，既包括财产损害，也包括非财产的人身伤亡。损害事实并非仅指实际的财产损失，只要损害是造成地面第三人人身或财产利益受损的结果，同时损害本身又具有可补救性和确定性，再综合其他要件，即可追究经营人的责任。此处的损害是直接损害还是间接损害，航空法中并没有作出明示。一般认为是直接损害，不包括间接损害，也不包括精神损害。

（二）损害事实与侵权行为之间有因果关系

只要受害人能够证明，损害是由于飞行中的航空器以及航空器上落下的人或物造成的，即二者有因果关系，航空器的经营人就应当承担赔偿责任。此处的因果关系应当是近因而不是直接因果关系，直接因果关系只能有一个，而近因可能有多个；只要从民用航空器上落下的人或物以及该航空器坠毁是造成第三人的财产或人身伤害的近因，地面第三人就有权获得赔偿。

（三）不属于法定免责事由

对于特殊侵权的免责事由，法律中一般规定了不可抗力和受害人的故意行为。如我国《民法通则》第123条规定：“从事高空、高压、易燃、易爆、剧毒、放射性、高速运输工具等对周围环境有高度危险的作业造成他人损害的，应当承担民事责任；如果能够证明损害是由受害人故意造成的，不承担民事责任。”我国《民法典草案》第八编第42条规定：“航天器、航空器在运行中造成他人损害的，航天器、航空器的作业人应当承担侵权责任，但航天器、航空器的作业人能够证明损害是由于受害人故意造成的，不承担侵权责任。”但在航空法中对地面第三人应当承担责任的人除了法定免责事由以外，都应当承担赔偿责任。这些情形主要具体规定在我国《民用航空法》第157、160、161、164、167、171条和第172条中，1952年《罗马公约》第5条和第6条的规定中。我们在后面结合第二节和第三节再进行详细论述。

四、对地面第三人损害责任赔偿的法律基础

飞行中的航空器对地面第三人造成损害的责任主要涉及两个方面：一是飞行中的航空器或者从飞行中的航空器上落下的人或物对地面（包括水面）造成损害的责任；二是航空器碰撞所造成损害的责任。还可以分为两个方面：一是外国民用航空器飞入、飞

经、飞离一国所造成的对地面第三人的损害；二是本国民用航空器造成的对本国地面第三人的损害。

在航空器空中航行或运输过程中，除航空承运人对消费者等作为运输合同当事方的赔偿责任外，还涉及到其他方面当事人的民事责任问题，其赔偿对象既有旅客、托运人，也有非旅客或托运人而受到损害的第三人。在航空运输中，对旅客和托运人的赔偿，有华沙体制、各国国内法以及航空公司之间协议的规定作保障。对地面第三人的赔偿问题，在国际上也形成了一套比较完备的法律制度，如 1952 年《罗马公约》，1978 年对《罗马公约》进行修订的《蒙特利尔议定书》，以及目前正在审议的被称为《罗马公约》现代化的《外国航空器对第三人造成损害的公约（草案）》。

当然，国际公约只对加入国具有法律效力，对于非参加国而言，外国民用航空器造成本国地面第三人人身和财产损害的赔偿，主要适用的是国内法的规定或者国际私法冲突的一般原则来确定其适用的法律。另外，各国为了保护本国地面第三人的合法权益，对飞入本国的外国航空器作出了要求其投地面第三人责任险或提供相应的责任担保。如《民用航空法》第 175 条规定："外国民用航空器飞入中华人民共和国领空，其经营人应当提供有关证明书，证明其已经投保地面第三人责任险或者已经取得相应的责任担保；其经营人未提供有关证明书的，中华人民共和国国务院民用航空主管部门有权拒绝其飞入中华人民共和国领空。"

民用航空器在本国境内对地面第三人的侵权，法律适用的基础是各国的国内法。如我国《民用航空法》专辟一章第十二章"对地面第三人损害的赔偿责任"的规定。同时为了保障受害人能够得到充分的赔偿，我国《民用航空法》规定民用航空器从事空中航行活动要投地面第三人责任险或取得责任担保。①

对于本国民用航空器在本国境外的侵权行为的法律基础要根据具体情况进行分析，按照国际私法冲突的一般规则进行法律适用上的确定。如我国《民用航空法》第 189 条规定："民用航空器对地面第三人的损害赔偿，适用侵权行为地法律。民用航空器在公海上空对水面第三人的损害赔偿，适用受理案件的法院所在地法律。"我国《民法典草案》第九编第 85 条也作出了相同的规定。②

另外，关于民用航空器噪声、声震对地面第三人造成损害的责任，国际上并没有统一的条约加以适用。这主要是结合航空器的适航管理所制定的相关文件③进行处理，而且缺乏相应的制裁措施。航空器的噪声、声震的损害是巨大的，但形成国际统一的规定以及在国内法中增加相应制裁条款来保护地面第三人的权益还有很长的路要走。

---

① 《民用航空法》第 105 条规定："公共航空运输企业应当投保地面第三人责任险。"第 150 条规定："从事通用航空活动的，应当投保地面第三人责任险。"第 166 条规定："民用航空器的经营人应当投保地面第三人责任险或者取得相应的责任担保。"

② 《民法典草案》第九编第 85 条规定："民用航空器对地面第三人的损害赔偿，适用侵权行为地法律。"

③ 《国际民航公约》附件 16《环境保护》（第 I 卷-航空器噪声）；美国联邦航空条例第 36 部（FAR36）和欧洲联合适航标准第 36 部；中国民用航空总局在 2002 年 3 月 20 日制定的，于同年 4 月 19 日实施的，并于 2005 年 5 月 23 日修订的《航空器型号和适航合格审定噪声规定》（CCAR-36）。

第二节 1952年《罗马公约》

1925年开始起草、1929年通过的《华沙公约》，只就国际航空运输问题统一了某些规则，而未解决飞行中的航空器对地面或者水面上第三人造成损害的责任问题。因此，从1927年6月开始，国际航空法律专家技术委员会着手研究对第三人的责任问题。到1930年，才就对第三人责任赔偿限额达成了协议。1933年5月，在罗马举行第三届国际航空私法会议，通过了《统一航空器对地（水）面上第三人造成损害的某些规则公约》，即1933年《罗马公约》。为了明确并限制航空器经营人的保险人的责任，后又签订了1938年《布鲁塞尔议定书》，作为1933年《罗马公约》的补充。由于许多国家认为1933年《罗马公约》及其1938年《布鲁塞尔议定书》已落后于航空的发展形势，因而不批准该公约。1948年5月，开始了公约的修订工作。1952年10月7日终于通过了新的《关于外国航空器对地（水）面第三人造成损害的公约》即1952年《罗马公约》，并于1958年2月4日起生效。但由于1952年《罗马公约》所规定的赔偿责任被当时许多国家认为太低，在国际民用航空组织的主持下，于1978年在蒙特利尔召开航空法会议修订1952年《罗马公约》，制定了1978年《蒙特利尔议定书》，主要提高了责任限额，如对人员死亡的每人赔偿限额由4万美元提高到15万美元。但因为没有达到法定的生效国家数，迟迟没有生效，直到2002年7月25日，该议定书才正式生效。为了更好地统一航空器对地面第三人的损害赔偿责任制度，实现1952年《罗马公约》现代化，国际民用航空组织制定了《外国航空器对第三人造成损害的公约（草案）》，为推动《罗马公约》的现代化奠定了基础。

一、《罗马公约》适用范围

（一）一般规定

1952年《罗马公约》第23条规定：“一、本公约适用于在一缔约国领土内，由在另一缔约国登记的航空器在飞行中对地面或者水面第三人造成的损害。二、就本公约而言，在公海上的船舶或者航空器应被视为该船舶或者航空器登记国的领土的一部分。”

从第23条规定上来看，可以清楚地看出，1952年《罗马公约》所适用的范围是在另一缔约国登记的飞行中的航空器对在缔约国领土内对地面第三人造成的损害。

1. 航空器必须是在缔约国登记，否则公约将不予适用

在当时情况下，航空器包、租、换业务并不发达，航空器的经营人国往往就是航空器的登记国，在二者重合的时候，不会产生法律适用上的难题，但是随着航空器包、租、换业务的不断发展，航空器的登记国和经营人的国籍国可能出现了相分离的状况，而《罗马公约》第2条第1款规定：“本公约规定的赔偿责任，由航空器的经营人承担。”这是公约的核心内容，如果航空器的经营人所属国不是缔约国，在诸如责任的担保和保险的规定、对法院判决的执行等，都会遇到诸多的障碍。再如，该航空器在A国登记，被B国经营人所租赁，从事B国到C国的航空运输，如果A、B、C三国都是

1952 年《罗马公约》的缔约国，那么这次运输如果在 C 国对地面第三人造成损害，适用 1952 年《罗马公约》，但如果航空器的登记国 A 国不是《罗马公约》成员国，即便 B、C 国都是《罗马公约》缔约国，《罗马公约》也不适用。显然单纯以航空器国籍划分，而忽视经营人国籍显然不太合理。所以，1978 年《蒙特利尔议定书》对适用范围作出了修改，修订后的范围是："一、本公约适用于第一条所指的在一缔约国领土内由在另一缔约国登记的航空器造成的损害，或者由不论在何处登记的但经营人的主营业所或无主营业所而其永久居所是在另一缔约国的航空器所造成的损害。二、就本公约而言，在公海上的船舶或者航空器应被视为该船舶或者航空器登记国的领土的一部分。"这样就解决了航空器在包、租、换业务中经营人所属国是《罗马公约》缔约国而航空器在非缔约国登记而不适用《罗马公约》的状况。1978 年《蒙特利尔议定书》在第 17 条中还对经营人所属国下了一个定义，"'经营人所属国'指登记国以外的、经营人在其领土上有主营业所或无主营业所而有永久居所的任何缔约国"。这样，就摆脱了航空器的国籍对《罗马公约》适用的限制。

2. 该损害是发生在另一缔约国的领土内

（1）损害。《罗马公约》第 1 条第 1 款规定："经证明，因飞行中的航空器或者从飞行中的航空器上落下的人或者物，造成地面（包括水面，下同）上的损害的，受害人有权获得本公约规定的赔偿；但是，所受损害并非造成损害的事故的直接后果，或者所受损害仅是依照现行的空中交通规则在空中通过造成的，受害人无权要求赔偿。""所受损害仅是依照现行的空中交通规则在空中通过造成的，受害人无权要求赔偿"排除了航空器因噪声或声震而造成的损害；"所受损害并非造成损害的事故的直接后果"表明了所受损害是直接损害，而非间接损害。在制定该公约过程中，这是一个争论十分激烈的问题，不少代表认为，将损害局限于与航空器直接接触所造成的损害，似乎不大公平。例如出席会议的美国代表卡尔金斯举例说，某人看到飞机在他身旁坠毁吓出了心脏病、飞机坠落物砸断了电线致使电灯熄灭后引起的事故等等。后来也的确发生过一些间接损害的事例。但是，后来司法判决和学者们的解释逐渐扩大化，认为只要从民用航空器上落下的人或物以及该航空器坠毁是造成第三人的财产或人身伤害的近因，地面第三人就有权获得赔偿。①

《外国航空器对第三人造成损害的公约（草案）》第 1 条"定义"中对"损害"的描述是："损害是指死亡、身体损害或对财产的损害"，并在脚注中标明："应包含一个就精神损害设定的适当限额。"这里明确规定了损害的范围，即造成第三人死亡、身体伤害和财产损害，同时还涉及到精神损害这个敏感的话题。

（2）一国领土。《罗马公约》第 30 条对"一国领土"作出了规定，是指一国的本土以及在对外关系上由该国负责的一切领土。但该国可以"声明其对公约的接受不适用于其在对外关系上负责的一部分或几部分领土"。另外，根据《罗马公约》第 23 条第 2 款的规定，"就本公约而言，在公海上的船舶或者航空器应被视为该船舶或者航空器登记国的领土的一部分"。

---

① 赵维田．国际航空法．北京：社会科学文献出版社，2000：376.

3. 航空器在“飞行中”对地面第三人造成的损害

根据1952年《罗马公约》第1条第2款的规定，航空器在“飞行中”是指：“为本公约目的，航空器从为起飞而发动时起，到降落滑跑完毕时止，被认为是在飞行中。对于轻于空气的航空器，‘在飞行中’一词指从与地（水）面脱离接触时起，到再接触地（水）面时止的期间。”这是国际航空法中第一次对“飞行中”下的定义，后来为1963年《东京公约》所仿效。

（二）公约不适用的几种情况

1952年《罗马公约》第24~26条以及1978年《蒙特利尔议定书》第14条四个条文分别对应下列四项，被排除出公约的适用：

（1）本公约不适用于对飞行中的航空器或者对该航空器上的人或物造成的损害。排除了航空器空中碰撞相互之间的损害赔偿对公约的适用，以及机上人员伤亡或货物损害对公约的适用，这分别由华沙体制或相关国家国内法调整。

但在《外国航空器对第三人造成损害的公约（草案）》第9条中试图给在航空器空中相撞时位于一架航空器上的人员向另一运行人请求赔偿提供一个诉因。

（2）如果地（水）面上的损害责任由受害人与发生损害时有权使用该航空器的人之间的合同来调整，或者由适用于上述人员之间签订的劳动合同关于职工赔偿的法律所调整，则本公约不适用。

（3）不适用军事、海关和警察用的航空器所造成的损害。1978年《蒙特利尔议定书》第13条将《罗马公约》第26条修订为“不适用供军事、海关和警察部门使用的航空器”。

（4）不适用于核损害。这是1978年《蒙特利尔议定书》第14条所增加的新内容。

二、《罗马公约》责任原则和责任范围

（一）责任原则

1. 一般规定

1952年《罗马公约》采取了责任原则，有人认为是完全责任原则，只要该损害是由航空器所引起，经营人就有应予以赔偿的责任；有人认为是客观责任制或称之为无过错责任制，认为无论经营人有无过错，只要发生了《罗马公约》第1条上的损害，经营人就应当承担责任；我们认为从《罗马公约》的整体着眼，叫严格责任更好。

在《外国航空器对第三人造成损害的公约（草案）》中，经营人的责任原则发生了变化，引入了1999年《蒙特利尔公约》对旅客赔偿责任的归责原则，实行了双梯度责任制。即在第一梯度下，运行人对证实的损害不论是否有过错，均承担25~50万特别提款权的严格责任。在第二梯度下，即超过25~50万特别提款权的损害请求，则对运行人适用过错推定责任原则，即损害发生后，推定运行人有过错并由其承担责任，除非运行人能证明其对损害的发生无过错。

2. 经营人

航空器对地面第三人造成的损害，根据《罗马公约》第2条第1款的规定，应当由该航空器的经营人承担责任。《罗马公约》采取或使用了“经营人”的概念，因为这

类责任不限于航空运输中发生的情况，使用“承运人”显然是不适当的。[①] 对于何谓经营人，《罗马公约》第2~4条和第9条对经营人的范围作出了界定，并且对被视为经营人及承担责任的情况进行了说明，下文第（1）、（2）项是《罗马公约》第2条第2、3款的规定，第（3）、（4）、（5）项分别对应《罗马公约》第3、4、9条的规定。

（1）经营人是指造成损害时使用航空器的人，航空器使用权已经直接或间接地授予他人，本人保留对该航空器的航行控制权的，本人仍被视为经营人。航空器的使用权直接授予他人的有航空器被租用、包用或借用等情况；航空器的使用权间接地授予他人的有航空器被转租、转包、转借等情况。在判断经营人上应当注意：① 当航空器的使用权直接或间接地授予他人时，被授予航空器使用权的人是航空器的经营人。② 当航空器的使用权直接或间接地授予他人时，而本人仍然保留对该航空器的航行控制权时，本人是经营人。

在航空活动中，判断谁具有航行控制权，就要看谁能够真正控制飞行活动。在航空实践中，一般来说，谁配备机组，谁就提供燃料、投保航空保险，并负责航空器发动机的正常运行。以租赁航空器为例，承租人自出租人租赁不带机组的航空器（即干租），自行配备机组时，承租人具有航行控制权；承租人自出租人租赁带机组的航空器（即湿租），出租人（一般是般空器的所有人）具有航行控制权；但在跨国湿租飞机的情况下，谁具有航行控制权，以合同约定为准。

另外，经营人的受雇人或代理人在职务过程中使用航空器的，无论他们是否在其职务范围内行事，均被认为是经营人使用航空器。

（2）无法确定经营人时，推定航空器登记的所有人为经营人。无法确定经营人，应将航空器登记的所有人推定为经营人并由此承担责任，除非在决定其责任的诉讼中所有人证明经营人是其他人，并且在法定程序许可范围内采取适当措施使该其他人成为诉讼当事人之一。

（3）损害发生时，经营人自拥有使用权之日起对民用航空器没有完全使用权达到14日以上的，被授权使用该航空器的人应当与经营人承担连带责任，各受公约规定以及公约规定的赔偿责任限额的约束。

（4）未经对航空器有航行控制权的人同意而使用航空器，对地面第三人造成损害的，有航行控制权的人除证明本人已经适当注意防止此种使用外，应当与该非法使用人承担连带责任，各受公约规定以及公约规定的赔偿责任限额的约束。

（5）两个以上的航空器在飞行中相撞或者相扰，造成《罗马公约》第1条规定的应当赔偿的损害，或者两个以上的航空器共同造成此种损害的，各有关航空器均应当被认为已经造成此种损害，各有关航空器的经营人均应当在本公约规定的条件和责任限制范围内承担责任。

---

① 1952年罗马国际航空私法会议上讨论时，人们从各种不同角度提供的定义达50多个，莫衷一是。这在很大程度上是因包租（干租或湿租）与互换飞机引起的，同时经营人中除航空公司外，还有各种个人所有飞机、轻气球等所谓“通用航空”（general aviation）这类复杂情况。以美国而论，据20世纪80年代初的统计，各航空公司的飞机不超过4千架，军用飞机约2万架，而私人所有的飞机达20万架。转引自赵维田．国际航空法．北京：社会科学文献出版社，2000：375.

3. 免责条款

《罗马公约》第5条和第6条规定了依照公约规定应当承担责任的人的免责事由，其中第（1）项是公约第5条的规定，其他各项是公约第6条的规定。

（1）损害是由于武装冲突或骚乱的直接结果，或者由于公共当局的行为剥夺了该人使用该航空器的权利，依照公约规定应当承担责任的人不承担责任。《罗马公约》将战争或武装冲突以及政府的行为剥夺了经营人的飞机使用权，都规定为属于不可抗力的范围。

对第三人在航空器上放置炸弹或爆炸物引起航空器坠毁对地面第三人造成损害的情况，虽也属于经营人无能为力的不可抗力，但《罗马公约》未列入免责范围。赵维田教授认为："《罗马公约》的完全责任制并不彻底，或许叫它严格责任制更为贴切。"①

（2）损害完全是由受害人或者其受雇人、代理人的过错造成。依照公约规定应当承担责任的人证明损害完全是由受害人或者其受雇人或代理人的过错造成的，不承担责任；但是，损害完全是由于受害人的受雇人、代理人的过错造成时，受害人证明其受雇人、代理人的行为超出授权的范围的，不免除应当承担责任的人的赔偿责任。

（3）损害部分是由受害人或者其受雇人、代理人的过错造成。依照公约规定应当承担责任的人证明损害部分是由于受害人或者其受雇人或代理人的过错造成的，相应减轻其赔偿责任；但是，损害部分是由于受害人的受雇人、代理人的过错造成时，受害人证明其受雇人、代理人的行为超出授权的范围的，不减轻应当承担责任的人的赔偿责任。

（4）一人对另一人的死亡或者伤害提起诉讼请求赔偿时，损害是该另一人或者其受雇人、代理人的过错造成的，适用上述第（2）和（3）项的规定。

（二）责任范围

由于航空事故所造成的损害巨大，经营人在一般情况下就是航空承运人，有时他们不仅要赔偿旅客或者托运人的损害，而且还要赔偿地面第三人的损害，其赔偿数额巨大，不限制经营人的责任，经营人是难以赔偿的。即使限制了经营人的责任，如果发生巨大航空事故，单纯依靠经营人的力量进行赔偿，对于经营人而言也是难以想象的。《罗马公约》的制定者们似乎也看到了这一点，公约除了专门规定了"责任担保"制度外，还坚持了责任限制原则。虽然后来修订的1978年《蒙特利尔议定书》分别将1952年的限额提高了4~9倍，但是仍然实行了责任限制。

1. 责任限制的标准

《罗马公约》实行了责任限额制，按照其第11条中规定的航空器"重量"和人员生命伤亡两种标准来确定赔偿最高限额。

（1）航空器"重量"作为标准的责任限额情况见表10.1。

---

① 赵维田．国际航空法．北京：社会科学文献出版社，2000：378.

表 10.1　1952 年《罗马公约》和 1978 年《蒙特利尔议定书》

1952 年《罗马公约》		1978 年《蒙特利尔议定书》	
航空器重量	责任限额	航空器重量	责任限额
1 千公斤或以下	50 万法郎	2 千公斤或以下	30 万特别提款权
1 千公斤以上 6 千公斤以下	除 50 万法郎外，超过 1 千公斤的每 1 公斤另加 400 法郎	2 千公斤以上 6 千公斤以下	除 30 万特别提款权外，其超过 2 千公斤的每 1 公斤另加 175 提款权
6 千公斤以上 2 万公斤以下	除 250 万法郎外，超过 6 千公斤的每 1 公斤另加 250 法郎	6 千公斤以上 3 万公斤以下	除 100 万特别提款权外，其超过 6 千公斤的每 1 公斤另加 62.5 提款权
2 万公斤以上 5 万公斤以下	除 600 万法郎外，超过 2 万公斤的每 1 公斤另加 150 法郎	超过 3 万公斤以上	除 250 万特别提款权外，其超过 3 万公斤的每 1 公斤另加 65 提款权
超过 5 万公斤以上	除 1050 万法郎外，超过 5 万公斤的每 1 公斤另加 100 法郎		

注：① 航空器“重量”是指航空器适航证上认可的航空器最大起飞重量，如用充气气体助升，则不包括助升气体的作用。

② 法郎，系指含有千分之九百成色的六十五点毫克黄金的货币单位。此法郎数额可以折算为各国货币，取其整数。在以此项法郎数额折算为非金本位国家的货币时，如进行法律诉讼，应按判决之日的黄金价格折算，或者按赔偿金分配之日的黄金价格折算。

③ 特别提款权是指国际货币基金组织规定的特别提款权。

（2）人身伤亡的责任限额情况。《罗马公约》第 11 条第 2 款中对人身伤亡的责任限额，原为 50 万普安卡雷法郎，1978 年《蒙特利尔议定书》提高到 187 万 5 千“货币单位”或 12 万 5 千特别提款权。如果与修订《华沙公约》的 1975 年《蒙特利尔第三号附加议定书》相比，相差无几。

2. 两个以上赔偿主体的赔偿限额

由两个或两个以上的人对损害，或者航空器登记的所有人虽非经营人而被视为经营人对损害负责的，受害人能够主张的赔偿总额不得超过按照公约规定的由一个应负责任的人给付的最高赔偿额。

当航空器空中相撞或者相扰时，给受害人造成损害的，受害人可以获得对有关的每一架航空器适用的赔偿限额的总数，但每一个经营人负责赔偿的数额除按照公约规定无限制外，应不超过适用于他的航空器的限额。

如果确定的各项赔偿总数超过了公约规定适用的责任限额时，《罗马公约》第 14 条规定了下列适用的规则：“（一）如果赔偿仅涉及人身死亡或伤害，或者仅涉及财产损失，则按照各项赔偿金额的比例给予减少。（二）如果赔偿既涉及人身死亡或伤害，又涉及财产损失时，则应以用来分摊的金额的总数的一半优先满足人身死亡或伤害的赔偿，若不足清偿，则按照各项赔偿金额的比例分摊。用来分摊的金额余数，按照各项财产损害的赔偿金额以及人身死亡或伤害赔偿金未清偿了结的部分比例分摊。”

1978年《蒙特利尔议定书》将《罗马公约》第14条适用的规则修改为：“（一）如果赔偿仅涉及人身死亡或伤害，或者仅涉及到财产损失，则按照各项赔偿金额的比例给予减少。（二）如果赔偿既涉及人身死亡或伤害，又涉及财产损失时，则应从用来分摊的金额的总数优先赔偿人身死亡或伤害，并按比例给付赔偿金。如果用来分摊的金额留有余额，则将余额按比例分摊赔偿物质损失。”

《外国航空器对第三人造成损害的公约（草案）》中增加了先行拨付的条款，引入了与1999年《蒙特利尔公约》第28条相似的一条，以保证当出现涉及死亡或身体伤害或未保险的不动产受到损失时，经营人应当在其国内法有此种规定时，向索赔人先行赔偿。

3. 不限制责任的情况

根据《罗马公约》第12条的规定，下列两种情况应当承担无限制的责任：

（1）受害人证明损害是由经营人或其受雇人、代理人故意造成损害的作为或者不作为所造成的，经营人的责任将无限制；对于受雇人、代理人的上述作为或不作为，受害人还需证明是在其在执行职务的过程中并在职权范围内的行为。

（2）未经有使用权的人的同意而非法取得并使用航空器的人，应当承担无限制的责任。

《外国航空器对第三人造成损害的公约（草案）》中规定的责任限制在经营人或其雇员或代理人对造成损失有故意作为或不作为的情况下也不适用。

三、经营人责任的担保

1952年《罗马公约》规定，任何缔约国可以要求在另一国登记的航空器经营人，就航空器可能在该缔约国领土内对地面或水面第三人造成损害应承担的责任进行保险或者提供其他方式的担保。在实践中，各国一般都要求外国航空器具有这种保险或提供其他方式的担保，否则不准许在其领土内飞行。

《罗马公约》从第15~18条对责任担保问题制定了相应的规则。

（一）保险

1. 保险应当充分

《罗马公约》第15条规定：“任何缔约国得要求：在另一缔约国登记的航空器经营人对其在该国境内蒙受损害而导致本公约第一条赔偿权的责任，进行保险，其数额达到第十一条适用限额。”

（1）按照公约规定的条件，向根据航空器登记国或者保险人住所地国或者其主要营业地国的法律被许可办理此项保险业务并由上述国家之一审核了清偿能力的保险人投保时，此项保险应被视为是充分的。

（2）如任何国家根据公约第15条第1款的规定要求保险，而依照在该国所作的终审判决给付的赔偿金未能按照所提出的要求以该国货币偿付时，则任何缔约国在该项赔款偿付以前，可以拒绝承认该保险人有清偿能力。

（3）尽管有上述两项的规定，但未经一缔约国许可办理此项保险业务的保险人所作的保险，航空器的飞经国仍然可以拒绝承认该保险是充分的。

2. 证明文件

航空器飞越国可以要求航空器具备保险人出具的证明书，证明已按照公约的规定签订了保险，并列明被该项保险所担保责任的被保险人，以及附有航空器登记国或者保险人住所地国或其主营业所所在地国的适当机关所发的证明书或所作的签注，证明保险人具有清偿能力。

如果该证明书的一份经认证的副本已经送存航空器飞越国指定的适当机关，或者如经国际民用航空组织同意，已送存该组织，并由该组织复制副本分送各缔约国，则此项证明书无须在航空器内放置。

（二）担保

1. 一般规定

担保应专门用于并优先支付本公约规定的赔偿金。担保应当是充分的。担保在下列情况被视为是充分的，对于一架航空器的经营人而言，担保金额应等于公约规定的限额；对于拥有几架航空器的经营人而言，担保金额不少于限额最高的两架航空器的赔偿限额之和。

索赔要求一经通知经营人，担保金额的总数即应增加为相等于下列两个数额之和：根据公约要求的规定要求担保的金额，及不超过适用的责任限度的索赔金额。此项增加的担保金额应保留至索赔要求处理完毕时止。

2. 担保的方式

担保的方式主要有三种：（1）在航空器登记的缔约国的保管机构内或在经该国准许充当保管机构的银行内缴存现金；（2）由航空器登记的缔约国认可并审核了清偿能力的银行提供担保；（3）由航空器登记的缔约国提供担保，但该缔约国须承允对有关该项担保的诉讼将不援引司法豁免权。

3. 担保证明书

如系按规定提供其他担保，则航空器须由航空器登记国适当机关签发的关于该项担保的证明书。如证明书的一份经认证的副本已送存航空器飞越国指定的适当机关，或者如经国际民用航空组织同意，已送存该组织，并由该组织复制副本分送各缔约国，则此项证明书无须在航空器内放置。

（三）补充证据

如航空器飞越国有合理根据对保险人或者对提供担保的银行的清偿能力有所怀疑，该国可以要求提供关于清偿能力的补充证据。如果对这些证据是否充分发生争议，涉及有关各国的争端应经其中一国的请求送交仲裁庭。此仲裁庭或是国际民用航空组织理事会，或是经各方同意组成的仲裁庭。在此仲裁庭作出裁决以前，保险或担保将被航空器飞越国认为暂时有效。

1978 年《蒙特利尔议定书》将以上的规定进行了简化，简化后为两个方面：

（1）任何缔约国可以要求航空器的经营人，对于他可能在该缔约国领土内造成应予赔偿的损害责任，根据公约规定的适用限额，通过一项保险或一项其他担保予以保证。如飞经国要求，经营人应提供上述担保的证据。

（2）如果航空器飞经的缔约国认为保险人或提供担保的其他人在财务上无能力清偿本公约规定的债务，该国可以随时要求航空器登记国、经营人所属国或提供担保的任何其他缔约国进行磋商。

（四）担保人、保险人的权利

《罗马公约》第16条规定了担保人、保险人的抗辩权和追索权及其限制条件。

1. 抗辩权

对经营人的责任提供担保的保险人或任何其他人，对抗根据公约提出的赔偿要求，除可以援用经营人的抗辩理由和以伪造文件为抗辩理由外，仅能援引下列理由抗辩：

（1）损害发生在担保有效期终止以后。但是，如果担保有效期在飞行中届满，则该项担保的有效期应延长至飞行计划列明的下一次降落，但以不超过24小时为限；如果担保由于有效期届满或更换经营人以外的原因而终止有效，则在保险人或担保人将该项担保终止有效通知出具证书的国家适当机关后的15天内，或者在15天期限内撤回按照要求提供保险人的证明书或担保证明书，则至该证明书被实际撤回时止，该项担保继续有效。

当保险或其他担保因有效期届满以外的原因终止有效时，出具或签注证明书的国家，应尽速将此情况通知各有关缔约国。

如按照要求提供了保险或其他担保的证明书，而在担保的有效期内更换经营人，则该项担保将适用于负公约规定责任的新经营人，除非新经营人的责任已有另外的担保，或者新经营人为航空器的非法使用人。但是，该担保适用于新经营人的期限将不超过自保险人或担保人将该担保的失效通知出具证明书的国家适当机关后的15天，或者在15天期限内撤回按照要求提供保险人的证明书，则至该证明书被实际撤回时止。

延长担保有效期的规定，仅在对受害人有利时适用。

（2）损害发生在担保规定的地区范围以外，除非飞越此种范围是由于不可抗力、必须援助他人，或者领航、驾驶或导航上的错误而造成的。

2. 担保人的追索权

上述规定不妨碍保险人或担保人是否向他人追偿的权利。

3. 符合法定条件的免诉权

仅在下列情况下，受害人可以对保险人或担保人提起直接诉讼，但这并不妨碍受害人根据有关保险合同或担保合同适用的法律进行直接诉讼的权利：（1）延长担保有效期时；（2）经营人被宣告破产时。

在受害人适用公约提起直接诉讼的情况下，除上述所规定的抗辩理由外，对经营人责任提供担保的保险人或任何其他人不得援用任何担保无效的理由进行抗辩，也不得援引追溯撤销担保的权利。

四、程序规则和诉讼期限

（一）管辖法院

《罗马公约》第20条规定：损害发生地国法院是依《罗马公约》规定起诉的唯一法院。这就是单一管辖原则，其意义是只能向损害发生地的缔约国的法院提起诉讼。统一规则的适用意义重大，不仅有利于减轻诉讼参与人的负担，而且更有利于案件的及时审理和判决。

但这一规定不是严格的，它留有一定的灵活余地。如果原告和被告彼此同意，诉讼可以在任何其他缔约国的法院提起，但此种诉讼程序对于向损害发生地国的法院提起诉讼的人的权利无任何妨碍。各当事方如果同意，也可以在任何缔约国内将争议提交仲裁。同一事故引起的各项责任诉讼，遵循由同一个法院一次综合审理原则。针对该情形，公约只要求各缔约国应尽可能地这样处理。

（二）索赔期限和诉讼时效

1. 索赔期限

《罗马公约》第19条规定：航空器对地面第三人造成了损害，受害人应该自造成损害的事实发生之日起6个月内，向航空器的经营人提出索赔要求。如果受害人未对经营人提起索赔诉讼，或者未在造成损害的事件发生之日起6个月内将索赔通知书送交经营人，则索赔人只能在上述期限内提出的全部索赔要求得到充分清偿之后，从经营人留存待分摊的赔偿金余额中获得赔偿。

2. 诉讼时效

《罗马公约》第21条第1款规定的诉讼时效，自事件发生之日算起，为期2年。第2款规定，时效中断或中止的理由由受理法院地法决定，“但是，凡自造成损害的事件之日起满三年者，提起诉讼的权利一律消灭”。

（三）判决的承认和执行

对于本国法院的判决，不发生对判决的承认和执行问题。这里所说的是对外国法院判决的承认和执行问题。《罗马公约》规定的一般原则是，凡终审判决在任何缔约国都可以执行。当终审判决，甚至缺席判决，由公约规定有管辖权的法院作出后，在外国法院按照其法律规定可以提出执行请求，并按照被请求执行地国家的法律履行了手续，这一终审判决即可以执行。一般是在败诉方的住所地或者他的主营业所所在地的缔约国内执行；如果在上述缔约国内，败诉方的财产不足支付判决的赔偿金，则在败诉方有财产的缔约国内执行。判决执行申请必须在终审判决作出之日起5年内提出。1978年《蒙特利尔议定书》将此改为2年。

在申请执行的诉讼中不再讨论案件本身的是非问题。但对遇有下列情况之一的，受理法院可以拒绝发布执行令：（1）此项判决系缺席判决，而被告未在有效期间内获知对他提起了诉讼，以至未能抗辩。（2）被告未获得公平和足够的机会为其利益辩护。（3）判决涉及的争讼是相同当事人另一诉讼的标的并已作了判决或裁决，而根据被申请执行的国家的法律，该项判决或裁决具有既判力。（4）此项判决是由于当事人任何一方的欺诈行为所造成的。（5）执行申请人没有申请执行的资格。（6）如果判决违背被申请执行的国家的公共秩序时，被申请执行的法院也可以拒绝执行。（7）拒绝执行的理由或情况还有：① 只要损害发生地国所有的判决没有被全部执行完毕，被申请执行的法院可拒绝执行损害发生地国以外的国家的法院所作的任何判决。② 只要对受害人按照公约规定的时限在损害发生地国提起的各项诉讼未全部作出终审判决，而被告证明这些判决可能判给的赔偿金总额将超过本公约规定适用的责任限额，被申请执行的法院也可以拒绝执行。③ 同样，当受害人按照公约规定的时限在损害发生地国提起诉讼，而判决的赔偿金总额超过适用的责任限额，上述被申请执行的法院将不予发布执行令，直至这些判决的赔偿金额按照规定予以减少后止。

如果被请求执行国的法院因上述的第（1）、（2）、（4）、（6）项的原因之一拒绝执行的，受害人可以在接到拒绝执行通知之日起一年内，向法院重新提出诉讼。一经开始重新诉讼，以前的诉讼即终结执行。

许多学者对《罗马公约》上述关于判决执行条款给予较高评价，例如英国著名法官韦伯福斯（Wilber force）认为，这是第一次各国力图将判决执行纳入多边体制，起码它在该公约适用范围这个有限领域统一了国际私法中关于外国判决执行的规则，澄清了若干法律冲突引起的混乱。

五、《外国航空器对第三人造成损害的公约（草案）》中其他规定

（一）有关非法干扰行为的责任制度

《外国航空器对第三人造成损害的公约（草案）》第三章规定了非法干扰（恐怖主义）行为造成损害的运行人责任体制。对于此种行为造成的损害，运行人就每一架航空器和事件以航空器重量为基础受到限额保护，这是采用1952年《罗马公约》的基本理念，同时参考了欧盟的有关规定作出的。新公约草案的相关规定比《罗马公约》划分得更具体，限额也高得多，按照航空器重量共划分为10个等级，分别规定了不同的责任限额。

（二）责任规则的中止

公约草案引入了一个新的规则，即当一个非法干扰行为严重破坏或可能严重破坏航空保险的提供时，国际民航组织理事会可以向成员国建议中止他们在本公约中的权利和义务。

六、《罗马公约》的历史意义及现代化

（一）《罗马公约》的历史意义

虽然对比起1929年《华沙公约》和1944年《芝加哥公约》为国际社会广泛而普遍接受来说，1952年《罗马公约》及1978年《蒙特利尔议定书》似乎相形见绌，但是《罗马公约》对国际航空私法所作的伟大尝试，其本身的价值还是很大的。虽然该公约的某些规定还存在一些瑕疵，如对担保或者保险没有规定缔约国强制执行等等，但是也不能抹杀其在国际航空法上的地位。

国际民航组织的原法律局长米尔德如下一段话是十分中肯的："人们原希望，制定1978年《蒙特利尔议定书》多少会导致各国对1952年《罗马公约》较广泛的接受。要

使修订后的公约得到或近乎普遍接受，几乎是不可能的，因为许多国家在立法中不同意对地（水）面第三方采取限制责任的原则。总之，从 1933 年第一个《罗马公约》以来，各国所以不愿意成为该公约的缔约国，是因为该公约处理的是一种极少发生的事件，而又无不可克服的法律冲突和管辖冲突，在这个领域实行统一法律。”

《罗马公约》本身在法律上的合理性，到 20 世纪 90 年代，才从一个事件中获得令人信服的证实。1992 年 10 月 4 日，发生在荷兰阿姆斯特丹市郊的一架以色列 ELAL 航空公司波音 747 货机撞入一家工厂车间而坠毁。当场炸、烧死四十余人，伤二十余人，财物损害难以数计。这本是一个相当典型地适用《罗马公约》的案件，却因荷兰与以色列均非《罗马公约》缔约国，而只能适用荷兰法。荷兰民法对此并没有规定，因此只能按民法一般原则，适用过失责任，即受害人（或其家属）必须证明 ELAL 航空公司人员有过失，才能获得赔偿。让受害人（或其家属）来证明航空公司人员有过失，其难度可想而知。因此，从各方面来说都应该给予《罗马公约》以积极的评价，尤其它关于责任担保和判决执行的条款，是世界上各国法律专家智慧的结晶，也是国际私法领域实行统一规则的可贵尝试。《罗马公约》的规则不仅为各国进行国内有关立法提供重要参考，而且从法学价值，或者从国际航空法今后发展角度上说，仍然是一个宝贵的文件或资料。①

（二）《罗马公约》的现代化

就《罗马公约》本身的现代化问题的研究工作也没有停止，如何适用新的形势，加速《罗马公约》的现代化也成为国际民用航空组织讨论的重点。2000 年 8 月 28 日至 9 月 8 日，在蒙特利尔召开的国际民航组织法律委员会第 31 届会议上，瑞典代表首先提出将 1952 年《罗马公约》现代化问题列入法律委员会工作计划的建议，该建议得到大会的同意。

国际民航组织秘书处于 2001 年初开始，着手对 1952 年《罗马公约》现代化问题进行研究，2001 年 6 月 15 日，秘书处给各国发了一份国家级信件，为这项研究收集资料。2001 年美国发生“9·11”事件后，民用航空保险市场出现了新的情况，恐怖主义的行为使得航空保险市场的风险无法预测，保险商向航空公司提出了关于取消战争保险的 7 天通知。各国政府纷纷对超过 5 000 万美元以上的战争保险为航空公司提供担保。

国际民用航空组织为了解决航空战争险的问题，成立了一个特别小组，研究如何稳定商业保险市场。特别小组提出了短期、中期及长期解决方案，其中的长期方案就是尽快制定一个对地面第三人损害赔偿的新公约及其他相关机制，就战争和类似的危险或其他非法干扰行为对地面造成的损害为航空公司设定责任限额。2002 年 3 月 4 日，理事会决定将这一长期事项放在法律委员会工作方案中关于 1952 年《罗马公约》现代化问题的项目下处理。

在 2002~2003 年期间，秘书处关于《罗马公约》现代化研究小组举行了 4 次会议，在小组的协助下，秘书处编写了外国航空器对第三方造成损害的公约草案。2002 年 3 月 26 日，美国的 M. B. Jennison 先生被法律委员会主席任命为关于审议 1952 年《罗马

① 赵维田. 国际航空法. 北京：社会科学文献出版社，2000：387-388.

公约》这一事项的报告员。2004年3月召开的法律委员会第32届会议将这一项目作为会议审议的主要事项，会议审议了秘书处准备的公约草案、报告员的报告以及由委员会成员及观察员提交的一系列工作文件和其他文件。在委员会审议了所有草案案文后，法律委员会主席表示，会议就1952年《罗马公约》现代化问题取得了一定进展，但公约草案还不成熟，尚不能提交给外交会议。在2004年5月举行的会议上，理事会决定建立一个关于1952年《罗马公约》现代化的特别小组，以推进此项工作。

1952年《罗马公约》现代化特别小组由17个成员国和观察员组成，我国作为特别小组的成员参与了此项工作。2005年1月，小组在蒙特利尔召开了第一次小组会议，会议对第32届法律委员会会议后修改的公约草案文本进行了深入讨论，既包括实体问题的讨论，也包括程序规则的讨论。此次会议就公约草案文本达成了12个方面的协议要点，同时提出了需要进一步讨论研究的11个“灰色点”目录。

2005年7月，特别小组在蒙特利尔召开了第二次小组会议，会议重申了第一次小组会议的结论，对第一次会议提出的11个“灰色点”问题进行了广泛讨论，就建立与恐怖主义事件相关的补充性补偿机制的可能性、必要性和目标等达成了初步的统一意见，对补充性补偿机制的适用范围、资金来源、资金筹集方式等进行了深入的研究，进一步讨论了公约草案案文的修改完善问题。

2006年2月的第三次小组会议上，小组重点审议了关于外国航空器对第三方造成损害的公约的补充赔偿机制的议定书草案。该议定书草案是会议主席根据小组第二次会议对补充赔偿机制达成的要点，以及2005年10月在比利时召开的“主席之友”会议讨论结果草拟的。此次讨论涉及的主要问题包括补充赔偿机制的适用范围、参与方、理赔与财务问题、程序性问题等。此外，讨论还涉及了公约的整体框架方案这个一直未达成协议的问题。由于各国法律差异的巨大，要想在短时间内实现一个全新的外国民用航空器对第三人赔偿的公约，《罗马公约》现代化还有很长的路要走。

第三节　我国《民用航空法》的规定

我国《民用航空法》第十二章“对地面第三人损害的赔偿责任”的制定，主要参考了1952年《罗马公约》以及1978年《蒙特利尔议定书》的规定，共分两大部分内容，一部分是关于航空器的经营人对地面第三人损害的赔偿责任制度的规定，另一部分是关于对地面第三人损害赔偿责任和保险问题的规定。

一、适用范围

（一）一般规定

我国《民用航空法》第157条规定：“因飞行中的民用航空器或者从飞行中的民用航空器上落下的人或者物，造成地面（包括水面，下同）上的人身伤亡或者财产损害的，受害人有权获得赔偿；但是，所受损害并非造成损害的事故的直接后果，或者所受损害仅是民用航空器依照国家有关的空中交通规则在空中通过造成的，受害人无权要求赔偿。前款所称飞行中，是指自民用航空器为实际起飞而使用动力时起至着陆冲程终了时止；就轻于空气的民用航空器而言，飞行中是指自其离开地面时起至其重新着地时止。”这是参考1952年《罗马公约》第1条的规定制定的，基本上与该公约的规定相一致。

1. “飞行中”

飞行中的概念和《罗马公约》的规定完全一样，即“飞行中”是指民用航空器为实际起飞而使用动力时起，至该航空器着陆冲程终了时止的期间。民用航空器为从停机坪移往跑道而使用动力进行滑行的过程不是“飞行中”；民用航空器进入跑道后为实际从地面起飞而使用动力的时候，才是飞行的开始。同样航空器在降落地面时其降落或着陆的惯性结束时即为着陆冲程终了；自着陆冲程终了时起使用动力从跑道向停机坪或廊桥滑行的过程也不是“飞行中”。① 对轻于空气的民用航空器来说，“飞行中”是指自其离开地面时起至其重新附着在地面时止。轻于空气的民用航空器是指使用轻于空气的气体作为其动力的民用航空器，如热气球等。

2. 损害

《民用航空法》第157条规定得非常清楚，损害的范围有两个方面：一是人身伤亡，二是财产损失。除此以外的损害在目前都不应当属于飞行中的民用航空器或者从飞行中的民用航空器上落下的人或物造成地面上的损害的“损害”。造成损害的原因也有两个：一是飞行中的民用航空器造成地面上的人身伤亡或财产损害，如航空器在空中飞行时坠落造成地面人员伤亡或财产损失；二是从飞行中的民用航空器上落下的人或物造成的地面上第三人人身伤亡或财产损害，如飞行中的航空器在空中投弃物品造成地面人员伤亡或财产损失。

受害人对上述损害有权要求赔偿，对上述损害以外的精神损害无权要求赔偿。另外，对于没有处在“飞行中”状态的民用航空器，所造成的地面第三人的人身伤亡或财产损害不在航空法中的对地面第三人损害之列；飞行中的民用航空器或者从飞行中的民用航空器上落下的人或物造成的非地面上的人身伤亡或财产损害，包括航空器之间碰撞引起的损害，航空器碰撞对旅客、机上人员和货物的损害不属于我国航空法规定的对地面第三人损害之列。

该损害适用于飞行中的民用航空器或从飞行中的民用航空器上落下的人或物与地面上的人或物发生实际接触而造成的地面第三人损害。地面上所受损害仅仅是民用航空器依照国家有关的空中交通规则在空中通过造成的，受害人亦无权要求赔偿。例如因民用航空器在规定的飞行高度通过时发生的噪音或声震引起的地面上人员耳聋等。

（二）不适用的几种情况

根据《民用航空法》第172条的规定，对地面第三人损害赔偿责任的规定不适用下列损害：对飞行中的民用航空器或者对该航空器上的人或者物造成的损害；为受害人同经营人或者同发生损害时对民用航空器有使用权的人订立的合同所约束，或者为适用两方之间劳动合同的法律有关职工赔偿的规定所约束的损害；核损害。另外，根据

① 曹三明，夏兴华．民用航空法释义．沈阳：辽宁教育出版社，1996：355.

《民用航空法》第5条的规定，本法所指的民用航空器，是指除执行军事、海关和警察飞行任务外的民用航空器，故我国民航法中对地面第三人的损害也不适用于执行军事、海关和警察飞行任务的航空器造成的损害。

二、赔偿责任人

（一）一般规定

我国《民用航空法》中对赔偿主体的规定和1952年《罗马公约》的规定基本相同，《民用航空法》第158条规定："本法第一百五十七条规定的赔偿责任，由民用航空器的经营人承担。前款所称经营人，是指损害发生时使用民用航空器的人。民用航空器的使用权已经直接或者间接地授予他人，本人保留对该民用航空器的航行控制权的，本人仍被视为经营人。经营人的受雇人、代理人在受雇、代理过程中使用民用航空器，无论是否在其受雇、代理范围内行事，均视为经营人使用民用航空器。民用航空器登记的所有人应当被视为经营人，并承担经营人的责任；除非在判定其责任的诉讼中，所有人证明经营人是他人，并在法律程序许可的范围内采取适当措施使该人成为诉讼当事人之一。"赔偿主体是航空器的经营人、所有人以及非法使用人。

（二）经营人

航空器或者从航空器上落下的人或物对地面第三人的赔偿的主体是民用航空器的经营人。下列人员被界定为经营人：

（1）经营人是指损害发生时使用民用航空器的人。即损害发生时，对民用航空器有完全使用权的人。

（2）民用航空器的使用权已经直接或者间接地授予他人，本人保留对该民用航空器的航行控制权的，本人仍被视为经营人。我们在第二节中已经论述，此处不再赘述。

（3）经营人的受雇人、代理人在受雇、代理过程中使用民用航空器，无论是否在其受雇、代理范围内行事，均视为经营人使用民用航空器。经营人作为事主，其本人使用民用航空器，或者由其受雇人或代理人在受雇或代理的过程中使用民用航空器，无论该受雇人或代理人是不是在其受雇或代理权限范围内行事，均视为经营人使用民用航空器。[①] 一旦受雇人、代理人在受雇、代理过程之中且超出受雇、代理权限范围行事，即构成非法使用，非法使用人也难逃其咎。

（4）在无法判定谁是经营人的情况下，推定民用航空器所有权登记证书上登记为所有人的人为经营人，并使其承担经营人的责任。但是，该所有人在判定其责任的诉讼

---

① 这与民法中代理的一般规定有区别，根据民法代理关系的一般规定，被代理人仅对代理人在代理权限范围内的作为和不作为负责，代理人超越代理权限行事，被代理人不负责任。但在对地面第三人的侵权行为中，民用航空器经营人不仅要对受雇人、代理人在受雇和代理范围内的行为负责，还要对受雇、代理范围之外的行为负责。究其原由，主要是保护遭受损害的地面第三人的利益。一方面，受雇人、代理人的经济偿付能力有限，不能保障受害人获得充分的赔偿；另一方面，受雇人或代理人超出受雇或代理范围行事，说明经营人在选择雇佣或委托对象方面存在缺陷，由经营人承担责任也是合理的。另外，从《民用航空法》第159条的规定来看，这样的规定也不会造成代理人或受雇人肆意滥用经营人对他的信任和授权。因为经营人只对其受雇人、代理人在受雇、代理过程中的行为负责，而不对其受雇人、代理人在受雇、代理过程之外的行为负责。

中如果能够证明经营人是他人，并采取法律允许的措施使该人成为诉讼当事人之一时，所有人即可摆脱被推定为经营人的可能。被所有人证明为经营人并因所有人采取的措施而成为诉讼当事人的人，将承担经营人的责任。例如，所有人证明自己已将航空器出租给某家航空公司，并要求法院将该航空公司追加为当事人之一，该航空公司即为经营人，并承担经营人的责任。

对所有人来说，在事故发生后去证明他人是经营人往往是非常困难的。因此，所有人一般都采取事先在合同中明示经营人的办法使自己摆脱“经营人”的地位。然而，并不是所有的情况下，所有人都能摆脱责任。在经营人对民用航空器没有完全的使用权达法律规定期限的条件下发生对地面第三人损害时，所有人将与经营人承担连带责任。当然，法律规定期限是自经营人开始有权使用该民用航空器时起计算的。

（5）未经对民用航空器有航行控制权的人同意而使用民用航空器，对地面第三人造成损害的，有航行控制权的人除证明本人已经适当注意防止此种使用外，应当与该非法使用人承担连带责任。

（6）两个以上的民用航空器在飞行中相撞或者相扰，造成《民用航空法》第157条规定的应当赔偿的损害，或者两个以上的民用航空器共同造成此种损害的，各有关民用航空器均应当被认为已经造成此种损害，各有关民用航空器的经营人均应当承担责任。

三、责任原则和责任范围

（一）责任原则

1. 一般规定

我国《民法典草案》第42条规定：“航天器、航空器在运行中造成他人损害的，航天器、航空器的作业人应当承担侵权责任，但航天器、航空器的作业人能够证明损害是由于受害人故意造成的，不承担侵权责任。”第49条规定：“由于第三人的过错导致高度危险作业对他人造成损害的，高度危险的作业人赔偿后，有权向第三人追偿。”可见，航空器在运行中造成他人损害的，包括地面第三人，由航空器的作业人应当承担侵权责任，但能够证明受害人故意造成的，不承担责任。很清楚，从以上法律条文的规定来推断，航空器对地面第三人造成的损害适用的是无过错原则。但是从我国《民用航空法》第161条的规定来看，受害人及其代理人的过错也变成了经营人的免责事由，因此，叫严格责任更为合适。

2. 免责事由

我国《民用航空法》第160条和第161条对经营人的免责事由作出了规定，第160条规定：“损害是武装冲突或者骚乱的直接后果，依照本章规定应当承担责任的人不承担责任。依照本章规定应当承担责任的人对民用航空器的使用权业经国家机关依法剥夺的，不承担责任。”第161条规定：“依照本章规定应当承担责任的人证明损害是完全由于受害人或者其受雇人、代理人的过错造成的，免除其赔偿责任；应当承担责任的人证明损害是部分由于受害人或者其受雇人、代理人的过错造成的，相应减轻其赔偿责任。但是，损害是由于受害人的受雇人、代理人的过错造成时，受害人证明其受雇人、代理人的行为超出其所授权的范围的，不免除或者不减轻应当承担责任的人的赔偿责任。一人对另一人的死亡或者伤害提起诉讼，请求赔偿时，损害是该另一人或者其受雇人、代理人的过错造成的，适用前款规定。”这与《罗马公约》第 5 条和第 6 条对经营人的免责事由的规定完全相同。

（二）责任范围

《民用航空法》中没有规定责任限制的情况，而是根据民法的一般规定来确定赔偿的数额。

我国民航法中对不免除责任的情况的规定表现在《民用航空法》第 164 条中，只有一种情况，即应当承担责任的人的故意行为。该条规定：“除本章有明确规定外，经营人、所有人和本法第一百五十九条规定的应当承担责任的人，以及他们的受雇人、代理人，对于飞行中的民用航空器或者从飞行中的民用航空器上落下的人或者物造成的地面上的损害不承担责任，但是故意造成此种损害的人除外。”

四、责任的保险或担保

（一）一般规定

我国《民用航空法》中对经营人责任的担保包括保险和担保。《民用航空法》第 150 规定：“从事通用航空活动的，应当投保地面第三人责任险。”第 166 条规定：“民用航空器的经营人应当投保地面第三人责任险或者取得相应的责任担保。”第 175 条规定：“外国民用航空器飞入中华人民共和国领空，其经营人应当提供有关证明书，证明其已经投保地面第三人责任险或者已经取得相应的责任担保；其经营人未提供有关证明书的，中华人民共和国国务院民用航空主管部门有权拒绝其飞入中华人民共和国领空。”

（二）保险人和担保人的抗辩权

我国《民用航空法》第 167 条规定保险人和担保人享有下列抗辩权：（1）享有与经营人相同的抗辩权。（2）享有对伪造证件进行抗辩的权利。（3）损害发生在保险或者担保终止有效后。如果保险或担保有效期在飞行中终止，则将有效期自动延长至在飞行计划中所载下一次降落时为止，但延长以 24 小时为限。（4）损害发生在保险或者担保所指定的地区范围外。但飞行超过规定范围是由于不可抗力、援助他人所必需，或者驾驶、航行或者领航上的差错造成的，不受此限。

上述延长有效期或扩大范围使保险或担保有效的规定，只有对受害人有利时适用。即是说，除非在上述情况下发生损害赔偿应使保险人或担保人承担责任外，不得解释为在任何情况下都可以延长有效期或者扩大保险或担保的地域范围。

受害人直接对保险人或者担保人提起诉讼的情况，法律规定：（1）在下列情形，受害人可以直接对保险人或担保人提起诉讼：① 在上述延长有效期或者扩大保险或担保范围使保险或者担保继续有效的；② 民用航空器经营人破产的。（2）受害人可以根据有关保险合同或者担保合同的法律规定提起直接诉讼。（3）在受害人提起直接诉讼的情况下，除保险人或担保人拥有上述抗辩权外，“不得以保险或者担保的无效或者追溯力终止为由进行抗辩”。

（三）受害人的优先受偿

经营人投保的地面第三人责任险或取得的相应责任担保，应被专门指定优先支付对地面第三人造成损害的责任赔偿；保险人支付给经营人的款项，在被造成损害的第三人的赔偿请求未满足前，不受经营人的债权人的扣留和处理。

五、诉讼时效

地面第三人损害赔偿诉讼时效期为 2 年，自损害发生之日起计算；但是，在任何情况下，时效期间不得超过自损害发生之日起 3 年。以上规定，2 年是诉讼时效，3 年是除斥期间。

六、对地面第三人损害赔偿金的计算

《民用航空法》对此没有具体规定，但明确规定了“民用航空器对地面第三人的损害赔偿，适用侵权行为地法律”，“民用航空器在公海上空对水面第三人的损害赔偿，适用受理案件的法院所在地法律”。

1999 年 4 月 15 日，韩国大韩航空公司一架货机在上海莘庄一带坠毁，造成地面 5 名中国公民不幸遇难。这是对地面第三人造成的伤害，不是对乘客所造成的伤害。上海市高级人民法院根据《民用航空法》和《民法通则》的规定，判处大韩航空公司分别赔偿 4 位空难死难者家属 88 万、88 万、108 万和 111 万元人民币，另一名死难者家属和韩国大韩航空公司达成协议，接受了 52. 5 万元的赔偿。

我国《民法通则》对地面（水面）第三人造成损害应当按实际损失赔偿，没有限额规定。“损坏国家的、集体的财产或者他人财产的，应当恢复原状或者折价赔偿。”“受害人因此遭受其他重大损失的，侵害人并应赔偿损失。”“侵害公民身体造成伤害的，应当赔偿医疗费、因误工减少的收入、残废者生活补助费等费用；造成死亡的，并应当支付丧葬费、死者生前扶养的人必要的生活费等费用。”

因此，对地面第三人造成损害赔偿，应按照实际损害情况，合情合理个案理算。如果当事人之间不能就赔偿金额达成协议，可由受理案件的法院裁决。

表 10. 2　　本章中索赔期限和诉讼时效一览表

名称 / 对象	期限	起算日	逾期后果	性质
1952 年《罗马公约》	6 个月	从造成损害的事件发生之日起	从经营人留存待分摊的赔偿金余额中获得赔偿	索赔期限
	2 年	同上	胜诉权消灭	诉讼时效
	3 年	同上	诉权消灭	除斥期间
	1 年	自收到拒绝执行判决的通知之日起	重新提起诉讼的权利消灭	诉讼时效
	5 年	从造成损害的事件发生之日起	判决执行请求权消灭	除斥期间

续表

名称 对象	期限	起算日	逾期后果	性质
1978年《蒙特利尔议定书》	6个月	从造成损害的事件发生之日起	从经营人留存待分摊的赔偿金余额中获得赔偿	索赔期限
	2年	同上	胜诉权消灭	诉讼时效
	3年	同上	诉权消灭	除斥期间
	1年	自收到拒绝执行判决的通知之日起	重新提起诉讼的权利消灭	诉讼时效
	2年	从造成损害的事件发生之日起	判决执行请求权消灭	除斥期间
我国《民用航空法》	2年	自损害发生之日起	胜诉权消灭	诉讼时效
	3年	同上	诉权消灭	除斥期间

思考题

1. 简述航空活动的侵权及其分类。
2. 简述1952年《罗马公约》所规定的主要内容。
3. 论1952年《罗马公约》的现代化。
4. 简述我国《民用航空法》中关于航空器对地面第三人的损害赔偿的规定。

第十一章

制止危害民用航空安全的法律规则

第一节　关于民用航空安全概述

一、非法干扰民用航空安全的行为

保护民用航空器及其所载人员和财产的安全一直是各国非常重视的问题。20世纪60年代初以来，国际上以暴力劫持民航飞机和破坏民航设施的事件频繁发生。世界各国民航均发生过恐怖分子和犯罪分子使用爆炸物、武器等劫持或破坏飞机的现象，防止劫持航空器和破坏航空器成为各国政府保证民航安全飞行的重要工作。航空安全分为飞行安全和空防安全，相比起气象、机械故障引发的飞行安全，各国对空防安全的关注和投入要弱很多。

“9·11”事件①是一个转折。“9·11”恐怖活动给全球民航业的发展带来巨大的灾难性打击，各国政府和民航当局十分重视对付恐怖主义的潜在威胁，纷纷采取强有力的措施，打击恶性非法干扰行为。

危害民用航空安全的行为是指破坏航空秩序（包括机场秩序、机上秩序等与航空器航行有关的一切秩序）、损坏或破坏民用航空器、民航设施，干扰民用航空器的正常航行，从而产生或足以产生危害民用航空安全后果的所有行为，包括犯罪行为和违法行为。

随着我国民航事业的快速发展，危害民航安全的事件持续上升，不仅破坏了良好的航空秩序，也损害了旅客的生命财产利益，阻碍了民航事业进一步健康发展。因此，如

---

① 美国时间2001年9月11日上午，19名恐怖分子劫持4架民航客机对美国的两个城市发动了有史以来最为严重的袭击。美国航空公司的两架客机遭劫持，机上共有156名乘客和机组人员。8时48分，其中一架波音767飞机在超低空飞行后一头撞向世贸中心南侧大楼，大楼在爆炸后轰然倒塌。18分钟后，另一架被劫持的波音757飞机再次以极快的速度撞穿了世贸中心姊妹楼的北侧大楼，并引起巨大爆炸。大楼在爆炸中成为废墟，闻名世界的纽约世界贸易中心姐妹双塔从此告别了世界。

何合理预防、制止危害民用航空安全的行为是摆在我们面前的重要课题。世界各国都十分重视这方面的立法，注意制定完备的法律规则，以打击、惩治这些违法犯罪行为。

二、法律渊源

关于制止危害民用航空安全的法律渊源分国内法和国际法两部分。

（一）国内法渊源

（1）1997年《中华人民共和国刑法》。"分则"编中涉及民用航空安全的有第116、117、119、121、123条和第131条等。1992年第七届全国人大会通过的《关于惩治劫持航空器犯罪分子的决定》。

（2）1995年《中华人民共和国民用航空法》第191～199条以及第212条就追究非法干扰民用航空安全行为的刑事责任作了规定。

（3）2005年《中华人民共和国治安管理处罚法》。比起《治安管理处罚条例》的5章45条，新的《治安管理处罚法》有6章119条，增加了应当受到处罚的违反治安管理行为，增加了处罚的种类，大幅提高了罚款处罚幅度，增加了治安管理强制措施的规定。其中涉及民用航空安全的有第23、25、30条和第32条。

（4）1996年《中华人民共和国民用航空器安全保卫条例》。这部条例对加强民航安全保卫，保护旅客人身和财产安全以及正常的民用航空秩序起到了积极的作用。条例颁布至今已有10年，期间出现了许多新情况、新问题，目前正在修改之中。

（二）国际法渊源

国际法渊源主要指有关制止危害民用航空安全的国际条约，具体指《关于在航空器内的犯罪和犯有某些其他行为的公约》《关于制止非法劫持航空器的公约》《关于制止危害民用航空安全的非法行为的公约》《制止在用于国际民用航空的机场发生的非法暴力行为》等条约，详细内容见本章第三节的介绍。

这些法律法规和国际条约对民用航空安全具有重要的保障作用，对于同一切非法干扰民用航空的犯罪行为作斗争，坚决制止劫持航空器、破坏航空器或航行设施，干扰空中航行正常工作等行为的发生，以维护空中航行正常秩序，切实保障民用航空安全具有重要意义。

第二节　关于民用航空安全的国内法律规定

1979年7月1日通过，1997年修订的《中华人民共和国刑法》在"危害公共安全罪"一章中，对危害和非法干扰民用航空活动，规定了相应的罪名和处罚规定，对于遏制和制裁此类犯罪行为，提供了法律依据。1992年12月28日，第七届全国人大会通过了《关于惩治劫持航空器犯罪分子的决定》，对于严惩和预防劫持航空器的犯罪，更好地履行国际公约，加强我国同其他国家之间的反劫持民用航空器的合作，依法严惩劫持航空器的犯罪活动提供了有力的法律保障。《中华人民共和国民用航空法》第

191~198条对非法干扰民用航空活动更是作了十分明确的规定。

一、危害民用航空安全的罪行

（一）劫持航空器罪

非法干扰民用航空的活动有许多，劫机是这些非法活动中最为严重的一种罪行，直接严重威胁机上全体旅客的生命财产安全，损害人们对民航安全的信心。劫持航空器罪是指任何人在飞行的航空器内，非法地用武力、用武力相威胁或者用其他任何方式恐吓劫持或控制该航空器，或是企图采取这种行动以及同谋参与非法劫持航空器活动的犯罪行为。

我国《民用航空法》第 191 条规定，以暴力、胁迫或者其他方法劫持航空器的，依照《关于惩治劫持航空器犯罪分子的决定》追究刑事责任。以暴力、胁迫或者其他方法劫持航空器的，处 10 年以上有期徒刑或者无期徒刑；致人重伤、死亡或者使航空器遭受严重破坏或者情节特别严重的，处死刑；情节较轻的，处 5 年以上 10 年以下有期徒刑。

我国《刑法》第 121 条规定，以暴力、胁迫或者其他方法劫持航空器的，处 10 年以上有期徒刑或者无期徒刑；致人重伤、死亡或者使航空器遭受严重破坏的，处死刑。劫持者无论出于何种目的，实际上都将危及航空器和旅客安全，只要实施了这种劫持行为，就应当构成犯罪，而不以其目的如何作为犯罪构成条件。因此，在补充规定中规定“以暴力、胁迫或者其他方法劫持航空器的”即构成犯罪，起刑点为 10 年，并规定对致人重伤、死亡或者使航空器遭受严重破坏以及造成其他严重后果的，处以死刑。

1989 年 12 月 16 日，中国公民张振海劫持了一架中国国际航空公司的民航客机飞往日本。作为航空器登记国、犯罪发生地国和犯罪人国籍国，我国根据《海牙公约》和《蒙特利尔公约》的规定，向日本提出了引渡请求。但是，根据国际法上的引渡规则提出引渡，必须符合引渡罪名相同原则。由于当时我国的《刑法》没有规定劫机罪，不符合这一原则；而日本《刑法》采取罪行法定主义原则，中日双方的引渡谈判一度陷入困境。最终，在我国作出同样的引渡承诺后，按照互惠原则，我国于 1990 年 4 月 28 日将张振海引渡回国。作为对我国《刑法》规定缺失的弥补，1992 年 12 月 28 日，我国全国人大常委会第二十九次会议通过了《关于惩治劫持航空器犯罪分子的决定》，增补了劫持航空器罪。

（二）暴力危及飞行安全罪

我国《民用航空法》第 192 条规定，对飞行中的民用航空器上的人员使用暴力，危及飞行安全，尚未造成严重后果的，依照《刑法》第 105 条的规定追究刑事责任。造成严重后果的，依照《刑法》第 106 条的规定追究刑事责任。我国《刑法》第 123 条规定，对飞行中的航空器上的人员使用暴力，危及飞行安全，尚未造成严重后果的，处 5 年以下有期徒刑或者拘役；造成严重后果的，处 5 年以上有期徒刑。

（三）破坏航空器罪

我国《民用航空法》第 195~197 条规定，故意在使用中的民用航空器上放置危险品或者唆使他人放置危险品，足以毁坏该民用航空器，危及飞行安全的；故意传递虚假情报，扰乱正常飞行秩序，使公私财产遭受重大损失的；盗窃或者故意损毁、移动使用中的航行设施，危及飞行安全的，依照《刑法》规定追究刑事责任。我国《刑法》第116条规定，破坏火车、汽车、电车、船只、航空器，足以使火车、汽车、电车、船只、航空器发生倾覆、毁坏危险，尚未造成严重后果的，处3年以上10年以下有期徒刑。

（四）破坏航空设施罪

我国《民用航空法》第198条规定，聚众扰乱民用机场秩序，隐匿携带炸药、雷管或者其他危险品乘坐民用航空器，或者以非危险品品名托运危险品，隐匿携带枪支子弹、管制刀具乘坐民用航空器的，依照《刑法》的规定追究刑事责任。《刑法》第117条规定，破坏机场、航道、灯塔、标志或者进行其他破坏活动，足以使航空器发生倾覆、毁坏危险，尚未造成严重后果的，处3年以上10年以下有期徒刑。

（五）非法携带危险物品危及公共安全罪

《刑法》第130条规定，非法携带枪支、弹药、管制刀具或者爆炸性、易燃性、放射性、毒害性、腐蚀性物品，进入公共场所或者公共交通工具，危及公共安全，情节严重的，处3年以下有期徒刑、拘役或者管制。

《民用航空法》第193条规定，违反本法规定，隐匿携带炸药、雷管或者其他危险品乘坐民用航空器，或者以非危险品品名托运危险品，尚未造成严重后果的，比照《刑法》第163条的规定追究刑事责任；造成严重后果的，依照《刑法》第110条的规定追究刑事责任。隐匿携带枪支子弹、管制刀具乘坐民用航空器的，比照《刑法》第163条的规定追究刑事责任。

（六）聚众扰乱机场秩序罪

《刑法》第291条规定，聚众扰乱车站、码头、民用航空站、商场、公园、影剧院、展览会、运动场或者其他公共场所秩序，聚众堵塞交通或者破坏交通秩序，抗拒、阻碍国家治安管理工作人员依法执行职务，情节严重的，对首要分子，处5年以下有期徒刑、拘役或者管制。

《民用航空法》第198条规定，聚众扰乱民用机场秩序的，依照《刑法》第159条的规定追究刑事责任。

（七）编造传播虚假情报信息罪

投放虚假的爆炸性、毒害性、放射性、传染病病原体等物质，或者编造爆炸威胁、生化威胁、放射威胁等恐怖信息，或者明知是编造的恐怖信息而故意传播，严重扰乱社会秩序的，处5年以下有期徒刑、拘役或者管制；造成严重后果的，处5年以上有期徒刑。（《刑法修正案（三）》第8条）

《民用航空法》第196条规定，故意传递虚假情报，扰乱正常飞行秩序，使公私财产遭受重大损失的，依照《刑法》第158条的规定追究刑事责任。

二、危害民用航空安全的违法行为

常见的危害民用航空安全的违法行为有扰乱航空器秩序、散布虚假信息、盗窃、损坏、擅自移动使用中的航空设施、非法携带枪支、弹药或者国家规定的管制器具进入航空器、非法运输危险品等。《中华人民共和国治安管理处罚法》明确规定对这些违法行为进行处罚。①

第 23 条规定，有下列行为之一的，处警告或者 200 元以下罚款；情节较重的，处 5 日以上 10 日以下拘留，可以并处 500 元以下罚款：（1）扰乱机关、团体、企业、事业单位秩序，致使工作、生产、营业、医疗、教学、科研不能正常进行，尚未造成严重损失的；（2）扰乱车站、港口、码头、机场、商场、公园、展览馆或者其他公共场所秩序的；（3）扰乱公共汽车、电车、火车、船舶、航空器或者其他公共交通工具上的秩序的；（4）非法拦截或者强登、扒乘机动车、船舶、航空器以及其他交通工具，影响交通工具正常行驶的；（5）破坏依法进行的选举秩序的。聚众实施前款行为的，对首要分子处 10 日以上 15 日以下拘留，可以并处 1 000 元以下罚款。

第 25 条规定，有下列行为之一的，处 5 日以上 10 日以下拘留，可以并处 500 元以下罚款；情节较轻的，处 5 日以下拘留或者 500 元以下罚款：（1）散布谣言，谎报险情、疫情、警情或者以其他方法故意扰乱公共秩序的；（2）投放虚假的爆炸性、毒害性、放射性、腐蚀性物质或者传染病病原体等危险物质扰乱公共秩序的；（3）扬言实施放火、爆炸、投放危险物质扰乱公共秩序的。

比如有如下一案例：由北京飞往上海的一航班开始向跑道滑行，乘务员像往常一样检查旅客的行李是否放好，当检查到林某时，林某声称行李内有炸弹，不能动，顿时客舱内一片混乱。为排除安全隐患，机长决定停止起飞，地面人员立即对该旅客及行李重新进行安全检查。结果发现林某的行李中并没有炸弹，他只是不愿接受乘务员让其移动行李的要求。首都机场公安分局决定对该旅客行政拘留 7 天。

对妨害公共运输安全的行为，《中华人民共和国治安管理处罚法》也作出了处罚规定。违反国家规定，制造、买卖、储存、运输、邮寄、携带、使用、提供、处置爆炸性、毒害性、放射性、腐蚀性物质或者传染病病原体等危险物质的，处 10 日以上 15 日以下拘留；情节较轻的，处 5 日以上 10 日以下拘留。（第 30 条）非法携带枪支、弹药或者弩、匕首等国家规定的管制器具的，处 5 日以下拘留，可以并处 500 元以下罚款；情节较轻的，处警告或者 200 元以下罚款。非法携带枪支、弹药或者弩、匕首等国家规定的管制器具进入公共场所或者公共交通工具的，处 5 日以上 10 日以下拘留，可以并处 500 元以下罚款。（第 32 条）盗窃、损坏、擅自移动使用中的航空设施，或者强行进入航空器驾驶舱的，处 10 日以上 15 日以下拘留；在使用中的航空器上使用可能影响导航系统正常功能的器具、工具，不听劝阻的，处 5 日以下拘留或者 500 元以下罚款。（第 34 条）

---

① 《中华人民共和国治安管理处罚法》由中华人民共和国第十届全国人民代表大会常务委员会第十七次会议于 2005 年 8 月 28 日通过，自 2006 年 3 月 1 日起施行。

第三节 关于民用航空安全的国际条约

一、国际条约体系及其规定的非法行为

为防止和惩治在航空器上的犯罪活动，国际社会通过召开外交会议，制定了制止危害国际民用航空安全的条约，即1963年《东京公约》、1970年《海牙公约》和1971年《蒙特利尔公约》。1988年，针对一些国家多次发生机场暴力行为，国际民用航空组织主持制定了《蒙特利尔议定书》，规定了在国际民用航空的机场发生的非法暴力行为也是犯罪。1991年，又制定了《蒙特利尔公约》（又称《关于注标塑性炸药以便探测的公约》），公约禁止生产、储存和运输非注标塑性炸药，以防止恐怖分子利用难以探测的塑性炸药进行恐怖活动，而危及民用航空活动。这些公约和议定书，从不同的角度对危害国际民用航空安全的非法行为的概念、犯罪、管辖权、引渡和起诉、缔约国的权力和责任以及航空器机长的权力等问题作出了明确的规定，缔约国都要承担义务，不得放纵危害民用航空安全的罪行，对罪犯要给予严厉惩罚，从而建立了制止危害国际民航安全的行为的法律制度，也是对国际航空刑法的重大发展。我国政府历来十分重视民用航空安全，先后于1978年11月加入《东京公约》，1980年9月加入《海牙公约》和《蒙特利尔公约》。上述三个条约并没有对危害国际航空安全的犯罪确定罪名，而只是规定了某些行为为犯罪行为，并规定缔约国应当将这些犯罪行为规定为国内法上的犯罪并予以处罚。

（一）国际条约体系

1. 1963年《东京公约》

《关于在航空器内的犯罪和犯有某些其他行为的公约》，即1963年《东京公约》。1963年8月20日，国际民用航空组织在东京举行会议，讨论国际航空飞行中发生犯罪行为的管辖权问题，于9月14日在东京签署公约，故亦称为《东京公约》。该公约对航空器在飞行中发生的犯罪行为及对此行为的管辖问题作了规定。这是第一个关于空中犯罪问题的国际公约，1969年12月4日生效，现有缔约国137个，中国于1978年加入了该公约。

该公约规定适用于：（1）违反刑法的犯罪；（2）可能或确已危害航空器或其所载人员或财产的安全，或者危害航空器内的正常秩序和纪律的行为，不论此种行为是否构成犯罪。（第1条第1款）所谓“犯罪”，是指违反航空器登记国的刑法的犯罪；所谓“某些其他行为”，是指危害航空器或者其所载人员或财产的安全，或者危害航空器内的正常秩序和纪律的行为，不论此种行为是否构成犯罪。

2. 1970年《海牙公约》

《关于制止非法劫持航空器的公约》，即1970年《海牙公约》，通称为《反劫机公约》（The Hijacking Convention）。1970年12月6日订于海牙，1971年10月14日起生

效。公约专门处理空中劫持问题，对非法劫持航空器下了定义并认为应给予严厉惩罚。公约规定这种犯罪行为应作为可引渡罪行。现有缔约国 144 个，中国于 1980 年加入了该公约。

该公约规定，在飞行中的航空器内的任何人用暴力或暴力威胁，或用任何其他胁迫方式，非法劫持或控制该航空器，或任何此类未遂行为或其共犯，即构成刑事犯罪。（第 1 条）公约规定，在其境内发现被指称的犯罪分子的缔约国，如不将此人引渡则应起诉。（第 7 条）各缔约国承允以严厉刑罚惩治犯罪。（第 2 条）

3. 1971 年《蒙特利尔公约》

《关于制止危害民用航空安全的非法行为的公约》，即 1971 年《蒙特利尔公约》，通称《反破坏公约》（The Sabotage Convention），1971 年 9 月 23 日订于蒙特利尔，1973 年 1 月 26 日起生效。本公约的规定与《海牙公约》大体相同，但对危害民用航空安全的行为作了更具体的规定，扩大了适用范围并规定此种行为在实际上应受普遍性管辖。现有缔约国 148 个，中国于 1980 年加入了该公约。

公约规定下列行为均构成犯罪：（1）对飞行中的航空器内的人实施暴力行为，如该行为足以危及该航空器的安全；（2）破坏使用中的航空器，或者对该航空器造成损坏使其不能飞行或足以危及其飞行安全；（3）不论采取何种方法，在使用中的航空器内放置或使他人放置一种装置或物质，该装置或物质具有破坏该航空器，或者对其造成损坏使其不能飞行或足以危及其飞行安全的特性；（4）破坏或损坏航行设施或扰乱其工作，若任何此种行为足以危及飞行中航空器的安全；传递他明知是虚假的情报，由此危及飞行中的航空器的安全。

4. 1988 年《蒙特利尔议定书》

《制止在用于国际民用航空的机场发生的非法暴力行为以补充 1971 年 9 月 23 日订于蒙特利尔的〈关于制止危害民用航空安全的非法行为的公约〉的议定书》，即 1988 年《蒙特利尔议定书》。1988 年 2 月 24 日订于蒙特利尔，自 1989 年 8 月 6 日起生效，用以制裁破坏或严重损坏用于国际民用航空的机场的设备或停在机场上未在使用中的航空器或者中断机场服务以致危及该机场安全的行为。该议定书规定：（1）在用于国际民用航空的机场内非法对人实施暴力行为而造成重伤或死亡；（2）破坏机场设备或者中断机场服务以致危及该机场的安全，即为犯罪。在本议定书各缔约国之间，1971 年公约和本议定书应被视为并解释为一个单一的文件。

5. 1991 年《蒙特利尔公约》

全称为《关于注标塑性炸药以便探测的公约》，1991 年 3 月 1 日订于蒙特利尔，自 1998 年 6 月 21 日起生效。所谓“注标塑性炸药”（marking of plastic explosive），是指生产塑性炸药时在其内添加一种可跟踪的元素，以便探测。该公约规定，禁止生产、贮存和运输非注标塑性炸药，以防止恐怖分子利用难以探测的塑性炸药进行恐怖活动，而危及民用航空以及旅客生命、财产的安全。

（二）公约的适用范围

1. 1963 年《东京公约》

1963 年《东京公约》不适用于供军事、海关或警察用的航空器。公约适用的时空范围规定如下："适用于在任何缔约国登记的航空器内的人实施的犯罪或行为，无论该航空器是在飞行中或在公海海面上，或在不属于任何国家领土的其他地区地（水）面上"，但关于航空器机长的权力的规定，"不适用于在登记国领空、公海上空或不属于任何国家领土的其他地区上空飞行的航空器内的人已经或即将实施的犯罪和行为，除非前一起飞地点或预定的下一降落地点不在登记国领土上，或该航空器随后在非登记国领空内飞行而该人仍在航空器内"。对上述规定需注意的是：

第一，公约的适用在整体上而言不论是国内航班还是国际航班，只要航空器在飞行中、在公海海面上或在不属于任何国家领土的其他地（水）面上，公约均适用。这样规定，既可以解决航空器登记国的空中刑事管辖权问题，又可以避开很多复杂的因素。至于航空器机长的权力，只在国际航班飞行或事实上已成国际飞行的情势下，公约的规定才适用。这是因为在国内航班飞行的情况下，关于机长权力完全可以由国内法规定，而各国关于机长的权力的规定不尽一致。

第二，关于航空器"在飞行中"的概念，《东京公约》作了两种规定：一种是技术上的飞行期间，即航空器自起飞使用动力时起，至降落终结时止，被认为"在飞行中"。《东京公约》所称"飞行中"一般是指这一概念。另一种是拟制的飞行期间，规定为"关门—开门"的概念以及在迫降情况下的特殊处置办法，仅适用机长行使权力的期间；与前面提到的1970年《海牙公约》和1971年《蒙特利尔公约》的规定一致，这便于机长行使权力，保障民用航空安全。

2. 1970年《海牙公约》

1970年《海牙公约》仅在实际上涉及两个以上国家的情况下方可适用。对于惩治犯罪，各国无不强调适用本国法的规定，当涉及两个以上国家时，则应加强国际刑法的统一规范。因此，公约规定"仅适用于在其内发生犯罪的航空器的起飞地点或实际降落地点是在该航空器登记国领土以外，不论该航空器是从事国际飞行或国内飞行"；在建立航空运输联营组织或国际经营机构的情况下，在其内发生犯罪的航空器的起飞地点和实际降落地点是在同一个国家的领土内，而这一国家又是参加联营组织或国际经营机构的国家之一，则公约不适用；如果犯罪分子或被指称的犯罪分子在航空器登记国以外的一国领土内发现，则不论该航空器的起飞地点或实际降落地点在何处，则公约第6条（关于拘留和初步调查的规定）、第7条（关于起诉或引渡的规定）、第8条（关于引渡条件的规定）和第10条（关于司法协助的规定）均应予适用。

3. 1971年《蒙特利尔公约》

1971年《蒙特利尔公约》关于适用范围的规定，其立法宗旨与1970年《海牙公约》相同，可详见公约第4条的规定，在此需要指出的是，关于破坏航行设施和在机场施行暴力行为的犯罪，因航行设施和机场在一国领土之内，一般应完全置于该国管辖并适用该国法律。因此，只有当航行设施和机场用于国际民用航空时，公约才予以适用。

（三）公约规定的非法行为

1. 1963年《东京公约》

危害民用航空安全的非法行为，《东京公约》规定包括下列五种：（1）对飞行中的航空器内的人从事暴力行为，如该行为将会危及该航空器的安全；（2）破坏使用中的航空器或对该航空器造成损坏，使其不能飞行或将会危及其飞行安全；（3）用任何方法在使用中的航空器内放置或使别人放置一种将会破坏该航空器或对其造成损坏使其不能飞行或对其造成损坏而将会危及其飞行安全的装置或物质；（4）破坏或损坏航行设备或妨碍其工作，如任何此种行为将会危及飞行中航空器的安全；（5）传送他明知是虚假的情报，从而危及飞行中的航空器的安全。

2. 1970 年《海牙公约》和 1971 年《蒙特利尔公约》

1970 年《海牙公约》和 1971 年《蒙特利尔公约》及其补充议定书，对什么是犯罪作了明确规定；根据公约规定，凡实施下列行为或其未遂行为以及实施此类行为或其未遂行为的人的共犯，即构成犯罪：（1）在飞行中的航空器内用暴力或用暴力威胁，或用任何其他胁迫方法，非法劫持或控制该航空器；（2）对飞行中的航空器内的人实施暴力行为，如该行为足以危及该航空器的安全；（3）破坏使用中的航空器，或者对该航空器造成损坏使其不能飞行或足以危及其飞行安全；（4）不论采用何种方法，在使用中的航空器内放置或唆使他人放置一种装置或物质，该装置或物质具有破坏该航空器，或者对其造成损坏使其不能飞行或足以危及飞行安全的特性；（5）破坏或损坏航行设施或扰乱其工作，若任何此种行为足以危及飞行中航空器的安全；（6）传送明知是虚假的情报，由此危及飞行中的航空器的安全；（7）使用一种装置、物质或武器，在用于国际民用航空的机场内对人实施暴力行为，造成或足以造成重伤或死亡的；（8）使用一种装置、物质或武器，破坏或严重损坏用于国际民用航空的机场的设备或停在机场上未在使用中的航空器，或者中断机场服务以致危及或足以危及该机场的安全。

在以上八种犯罪中：（1）所谓航空器“在飞行中”，是指航空器从装载完毕、机舱外部各门均已关闭时起，直到打开任一机舱门以便卸载时为止，被认为是在飞行中；航空器被迫降落时，在主管当局接管对该航空器及其所载人员和财产的责任前，应被认为仍在飞行中。（2）所谓航空器“在使用中”，是指从地面人员或机组人员为一确定的飞行而对航空器进行飞行前的准备时起，直到降落后 24 小时止，该航空器应被认为是在使用中；在任何情况下，使用的期间应包括航空器在飞行中的整个时间。（3）公约虽对犯罪作了明确规定，并对罪状作了简单表述，但如何定罪名，仍需依据追诉犯罪的国家的国内法确定。

二、刑事管辖权

所谓“空中刑事管辖权”，是指对飞行中的航空器内发生的犯罪如何行使管辖权。《国际民用航空公约》第 12 条规定，民用航空器应遵守当地关于航空器飞行和运转的现行规则和规章；当民用航空器降落停留时在其内发生的犯罪，根据属地管辖原则，受领土国管辖并受该国法律的约束，这也符合民用航空器在本国领域之外不享受任何治外法权的原则。但对在飞行中的航空器内犯罪如何管辖，现实情况比较复杂，这一问题长期得不到解决，直至 1963 年《东京公约》的签署。

（一）航空器登记国管辖原则

1963年《东京公约》第3条第1款规定："航空器登记国有权对在该航空器内的犯罪和行为行使管辖权。"

这一规定是首次用国际条约的形式，确立了空中刑事管辖权的航空器登记国管辖原则，适用于飞行中的航空器和处在公海海面上或在不属于任何国家领土的其他地区地（水）面上的航空器内发生的犯罪和行为。这是适应空中航行特点的自成一类的原则，既不能看成是管辖权的属地原则的延伸，又不能看成是管辖权属人原则类推的结果。因为航空器内的空间不能被拟制为该航空器登记国领土的一部分；航空器的国籍制度与人的国籍制度亦不能相提并论。

这一规定以国际条约确认了航空器登记国法律的域外适用，符合国际法的基本原则；以国际条约弥补了处在公海或不属于任何国家领土的地区的航空器内犯罪可能出现的管辖权问题而使犯罪分子逃脱惩罚的空白，从而完善了惩治犯罪的制度。

（二）并行管辖制度

所谓"并行管辖"（Concurrent Jurisdiction），是指多个国家或者一国的多个法院对同一案件都有管辖权的情形。

1963年《东京公约》虽然确定了航空器登记国的管辖权（第3条第1款），但规定并"不排除根据本国法行使任何刑事管辖权"（第3条第3款），同时公约又未确定优先次序，因此，公约建立了一种并行管辖制度；在这种制度下，对飞行中的航空器内的犯罪，航空器的登记国有管辖权，其他有关国家根据其本国法也有管辖权。不过，公约对航空器飞经国行使刑事管辖权有一定的限制，规定非登记国的缔约国除五种情况之外，不得为对航空器内的犯罪行使刑事管辖权而干预飞行中的航空器。所谓"干预飞行中的航空器"，是指要求、勒令或拦截飞行中的航空器使其降落，以便行使刑事管辖权。五种例外情况是：（1）犯罪在该国领土上具有后果；（2）犯罪人或受害人为该国国民或在该国有永久居所；（3）犯罪危及该国安全；（4）犯罪违反了该国有关航空器飞行或运转的现行规则或规章；（5）为确保该国遵守其在多边国际协定中所承担的任何义务而有必要行使管辖权。（第4条）

（三）关于管辖权的具体规定

1963年《东京公约》第3条和第4条确立了航空器登记国管辖原则和并行管辖制度，而1970年《海牙公约》第4条和1971年《蒙特利尔公约》第5条在此基础上就管辖问题作了具体规定，并引入了普遍适用管辖原则，明确了下列国家在公约规定的条件下对公约规定的犯罪有管辖权：（1）航空器登记国；（2）航空器承租人主营业所所在地国或其永久居所地国；（3）航空器降落地国；（4）犯罪发生地国；（5）被指称的犯罪分子所在地国；（6）其他国家根据本国法行使刑事管辖权。公约还规定，各缔约国应采取通过制定国内立法规定等必要措施，以确立其对犯罪的管辖权。

三、劫机犯罪的引渡、起诉和刑事处罚

空中劫持是指在飞行中的航空器内从事的劫夺（seize）行为。《海牙公约》第1条规定："凡在飞行中的航空器内的任何人，用暴力或暴力威胁，或用任何其他胁迫方

式，非法劫持或控制该航空器，或任何此类未遂行为，或者是实施此类行为或任何此类未遂行为的人的共犯，即构成犯罪。”

国际上第一起劫机事件发生于 1930 年 2 月的秘鲁，从此劫机作为航空犯罪的最主要形式不断发生。从那时起到 2002 年，初步统计国际上发生劫机事件1 000多起，劫机得逞率约在 60% 左右。空中劫持犯罪的不断发生，严重威胁着民用航空安全，成为全球民用航空安全的最大隐患。

东京、海牙和蒙特利尔公约的意义在于保证使任何非法干扰民用航空的犯罪分子得到惩治，保证被劫机的航空器、机上旅客、机组以及货物可以继续飞行，保证民用航空顺利发展。但是，各国对带有政治色彩的空中劫持的认识并不一致，某些国家充当了劫机犯和破坏分子的避难所，而对违约国的制裁，这三个公约又未加规定。为此，国际民用航空理事会曾号召各缔约国一起讨论，着手决定根据国际法应该采取什么样的共同行动亦即协调行动，以防止一国扣留被非法劫机的飞机、旅客或机组人员，或者不引渡、起诉劫机犯。在 1973 年 1 月召开的国际民用航空组织法律委员会会议上，有的国家提出了运用《国际民用航空公约》第十八章设想的制裁措施，类似《联合国宪章》第 41 条授权联合国安理会行使制裁权力，对违反海牙公约和蒙特利尔公约关于归还航空器以及机上的人员和财产、引渡或对劫机犯起诉的要求的违约国暂停其航空器或暂停其在国际民用航空组织的表决权，但这些建议和措施由于各国的意见分歧和牵涉到对国际民用航空公约的修改而未获通过。

对于引渡或起诉罪犯，国际社会主要存在两种观点：一种观点是，应硬性规定“不引渡则起诉”；另一种观点是，应保留引渡的自由权利，维护起诉的适宜性原则（to preserve the liberty of extradition and to maintain the principle of opportunity）。1970 年《海牙公约》和 1971 年《蒙特利尔公约》第 7 条规定：“在其境内发现被指称的犯罪分子的缔约国，如不将此人引渡，则不论犯罪是否在其境内发生，应毫无例外地将此案件提交其主管当局以便起诉。该当局应按照本国法律，以对待任何严重性质的普通罪案件的同样方式作出决定。”因此，第 7 条是上述两种对立观点妥协的产物，并非是“不引渡则起诉”的硬性规定，在解释上仍有一定的任意性。但鉴于劫持航空器的犯罪行为危及人身和财产的安全，并损害世界人民对民用航空安全的信任，因此，在解释公约条文时，应从有利于保障民用航空安全出发，坚决预防和制止危及民用航空安全的犯罪的发生。对于这类犯罪分子，应该是不引渡则起诉，使其受到应有的惩罚。

关于引渡的规定，公约没有设立给予引渡义务的强制性规范，是否引渡，完全由被请求引渡的国家自行决定。对此，1963 年《东京公约》规定得十分明确，即“在不妨碍前款规定的条件下，本公约的任何规定不得被解释为设立给予引渡的义务”（第 16 条第 2 款）；“在一缔约国登记的航空器内的犯罪，为引渡的目的，应看作不仅是发生在犯罪地点，而且也是发生在航空器登记国的领土上”（第 16 条第 1 款）。这样规定，只是为了方便引渡目的，并没有实质性的意义。因为引渡是将罪犯遣送到犯罪发生地国进行审判或惩罚，只有当犯罪发生在请求引渡国的领土上，请求引渡的国家才有权请求引渡。尽管 1970 年《海牙公约》和 1971 年《蒙特利尔公约》第 8 条第 4 款对引渡作了进一步规定，但其意义仅在于为各缔约国间引渡犯罪分子提供了方便条件。具体规定如下：

（1）“犯罪应被视为是可引渡之罪已包括在缔约各国间现有的引渡条约中。缔约各国承允，将犯罪作为可引渡之罪列入它们之间将要缔结的任何引渡条约中。”缔约各国间如已签订引渡条约，即公约所指的犯罪应被视为已列入条约中可引渡之罪的清单之中，因而不必修改原引渡条约。同时，缔约各国有义务在将来签订条约时，把公约所指的犯罪列入可引渡之罪的清单中。

（2）“缔约各国如果规定只有订有引渡条约的条件下才可以引渡，当它接到来自与其订有引渡条约的另一缔约国的引渡请求时，可以自行决定是否将本公约作为犯罪进行引渡的法律根据。引渡应遵照被请求国法律规定的其他条件。”有些国家规定，只有签订了引渡条约才能予以引渡。若没有订立引渡条约，引渡就缺乏法律根据无从进行。公约的规定解决了这一问题。但公约毕竟不是引渡条约，是否作为引渡的法律根据，完全由被请求国自行决定；同时，引渡还应遵照被请求国法律规定的其他条件。因此，公约没有规定缔约国应承担引渡的强制性义务，而且引渡应尊重被请求国的主权权利。

（3）“缔约各国如没有规定只有在订有引渡条约才可引渡，则在遵照被请求国法律规定的条件下，承认上述犯罪是它们之间可引渡之罪。”缔约各国既然没有规定必须有引渡条约才可以引渡，那么就应承认公约所指犯罪是可引渡之罪。这里需要注意以下两点：一是公约仅规定了“承认”的义务，而是否引渡，还得由被请求国自行决定；二是同时还应遵照被请求国法律规定的条件。因此，公约并无规定强制性的义务。

（4）为在缔约国间的引渡的目的，犯罪应看作不仅是发生在犯罪地点，而且也是发生在根据《海牙公约》第4条第1款、《蒙特利尔公约》第5条第2款第2项、第3项和第4项要求确立其管辖权的国家领土上。这一款规定满足了引渡规则的条件，方便了引渡的进行。

四、国家的权力和义务

1963年《东京公约》、1970年《海牙公约》和1971年《蒙特利尔公约》分别就缔约国的权力和义务作了规定，主要有下列方面：

（一）确立空中刑事管辖权

公约建立了空中刑事管辖权制度。公约还要求各国采取必要的措施以确立其管辖权，保证这一制度的施行以便惩处犯罪。

我国于1987年6月23日通过全国人大常委会的有关规定，确立了公约规定的管辖权。1997年《刑法》第9条规定：“对于中华人民共和国缔结或者参加的国际条约所规定的罪行，中华人民共和国在所承担条约义务的范围内行使刑事管辖权的，适用本法。”

（二）准许机长使人下机和接受机长移交的人

《东京公约》规定，任何缔约国应准许在另一缔约国登记的航空器的机长，按照第8条第1款的规定，使任何人下机。（第12条）任何缔约国应接受航空器机长按照第9条第1款的规定移交给它的任何人。（第13条第1款）

对于上述规定，应结合《海牙公约》《蒙特利尔公约》的其他有关规定正确处理；

应及时判明情况，按问题的性质分别处理；必要时，应采取拘留或其他措施。这里需注意的是：

（1）采取拘留和其他措施应符合该国的法律规定，并不得超过提起刑事诉讼或进行引渡程序所必要的期限。

（2）应立即对事实进行初步调查。

（3）对被拘留的人提供方便，以便其与本国的最近的合法代表取得联系。

（4）将拘留该人和应予拘留的情况立即通知航空器登记国及其他有关国家；如进行初步调查，应将初步调查的结果通知上述国家，并说明是否行使管辖权。

（5）在不妨碍缔约国关于入境、许可入境和引渡、驱逐出境的法律的条件下，对于下机或移交的人或被怀疑犯了公约所指行为的人，在保护和安全方面所给予的待遇不得低于在类似情况下给予其本国国民的待遇。

（6）在对航空器内犯罪采取调查或逮捕措施，或者以任何其他方式行使管辖权时，各缔约国应对空中航行的安全和其他利益予以应有的注意；并应避免对航空器、旅客、机组人员或货物造成不必要的延误。

（三）引渡或起诉，以严惩犯罪

公约所列的犯罪是缔约各国之间可引渡之罪。或引渡或起诉原则是指在其境内发现被请求引渡的犯罪人的国家，按照其签订的有关条约或者互惠原则，应当将该人引渡给请求国；如果不同意引渡，则应当按照本国法律对该人提起诉讼以便追究其刑事责任。按照这一原则，在其领土内发现被指称的国际犯罪分子的国家，应当将案犯引渡给有权管辖并提出引渡请求的国家；如果在其领土内发现罪犯的国家不愿将罪犯引渡给请求国，那就应当按照普遍管辖原则，将其交给本国有权对其进行起诉的司法机关，按照本国法律追究其刑事责任。

（四）预防犯罪和对旅客、机组提供协助

缔约国应当根据国际法和本国法，采取一切可行的措施，以防止发生公约所规定的犯罪。当发生劫机或其他犯罪使飞行延误或中断时，航空器、旅客或机组人员所在的缔约国应采取一切适当措施，以恢复或维持合法机长对航空器的控制；应为旅客和机组人员尽快继续其旅行提供方便，并将航空器和所载货物不迟延地交还给合法的占有人。

（五）通报国际民用航空组织

缔约国应按照其本国法尽快地向国际民用航空组织就下列各项报告它所掌握的任何有关情况：（1）犯罪情况；（2）犯罪使飞行延误或中断后的恢复情况；（3）对犯罪分子或被指称的犯罪分子采取的措施，尤其是引渡程序或其他司法程序的结果。

五、制止犯罪的国际合作和司法协助

（一）国际合作

民用航空的安全问题一直被国际民航界所关注，为制止危害国际民用航空安全犯罪行为，各国应加强国际合作和司法协助，引渡或起诉犯罪分子，共同打击犯罪行为。

国际民用航空组织是联合国的专门机构，致力于有关保卫民用航空安全的国际多边

合作。1970年6月，国际民用航空组织大会第17届特别会议“谴责一切针对国际航空运输所用航空器及其机组人员、旅客的暴力行为”，“承认迫切需要各国团结一致，以广泛国际合作保证国际航空运输的安全”，“要求各国采取协调行动制止一切危害国际民用航空运输安全与有序运行的行为”。

国际民用航空组织理事会下设有反非法干扰国际民用航空安全委员会，积极开展各种活动，举行航空保安专门小组会议，成立专家专题小组开展研究工作，举办航空保安研讨会，实施航空保安培训计划，建立航空保安财务、技术和物资援助机制，加强各国间的技术合作，及时通报航空保安情况。国际民航组织秘书处及其下设的地区办事处亦积极参与航空保安活动，走访各国调查了解情况，帮助实施航空保安计划。这些措施都对制止非法干扰民用航空行为的发生，保障民用航空安全，起到了积极的促进作用。

“9·11”事件对全球航空运输业造成了巨大的负面影响。“9·11”事件后，各国采取经济支持等方面的补救行动，强化了航空保安措施，以恢复消费者对航空运输的信心和促进航空运输的安全、健康发展。同时，为加强国际社会合作，国际民用航空组织全面制定实施《国际民航公约》附件17《防止对国际民用航空进行非法干扰行为的安全保卫》航空保安国际标准和建议措施。作为指导性文件，国际民用航空组织建议将航空保安标准条款列入各国双边航空运输协定中予以遵守，其主要内容如下：

（1）根据国际规定的权利和义务，缔约双方重申，作为双边协定不可分割的部分，相互承担防止非法干扰、保护民用航空安全的义务。在不限制国际法权利和义务的一般原则情况下，缔约双方应特别遵守1963年《东京公约》、1970年《海牙公约》和1971年《蒙特利尔公约》的规定。

（2）缔约双方应根据请求，为防止非法劫持民用航空器和危害航空器及其乘客、机组、机场、助航设施安全的其他非法行为，以及危及民用航空安全的任何威胁，相互提供一切必要的援助。

（3）缔约双方在双边关系中应遵守国际民用航空组织制定的和国际民用航空公约附件中列明的航空保安规定，并将这些规定延伸适用于各缔约方；双方应要求在本国登记的航空器的经营人，或者在本国领土上有主营业所或永久居所的航空器经营人，以及在本国领土上的机场经营人予以遵守。

（4）缔约双方同意，缔约一方的上述航空器经营人在进入、离开或停留在缔约另一方领土时，应根据要求，遵守上述列明的航空保安规定，缔约双方应保证在其领土上为保护航空器和旅客登机或装载货物之前和过程中检查旅客、机组、手提物品、行李、货物和机上供应品而采取的适当措施有效地施行。缔约一方对另一方遇到特殊威胁需要采取合理的特别保安措施的任何请求，亦应给予充分的考虑。当发生非法劫持民用航空器或危害航空器及其乘客、机组、机场或航行设施安全的其他非法行为的事件或事件威胁，缔约双方相互援助，方便通信联系，采取旨在迅速和安全结束该事件或事件威胁的其他适当措施。

近年来，国际民用航空的保安状况得到了很大的改善，公众对航空运输安全的信心正在逐步恢复。在此期间，国际民航组织进行了对《国际民航公约》附件17的修订，研究了开展航空保安审计工作的有关标准和程序；各缔约国政府加强了航空保安的国内立法，强化了政府的责任，加强了监管措施，增加了资金的投入，改善了防护设备。国际民航组织和各缔约国政府在统一全球民用航空保安标准、加强保安措施方面所作的积极努力，保证了国际航空运输的安全、健康发展。

（二）司法协助

刑事上的司法协助，是指一国为另一国预审、判决和惩罚犯罪提供公安力量或司法机关协助的各种办法。一国法院在审理涉外案件时的某些必要的诉讼行为在本国领域内无法施行，而诉讼行为是行使国家主权的一种表现，不经外国的同意，亦不能在外国进行。因此国家之间需要相互提供司法协助。

根据《海牙公约》第 10 条、《蒙特利尔公约》第 11 条的规定，缔约各国对公约所指犯罪行为提起的刑事诉讼，应相互给予最大程度的司法协助。此项规定在任何情况下，都应适用被请求国的法律。这个规定不影响因任何其他双边或多边条约在刑事问题上全部地或部分地规定或将规定的相互司法协助而承担的义务。

1. 公约的有关规定

公约规定，缔约各国对公约所指犯罪和其他行为提起的刑事诉讼，应相互给予最大程度的司法协助：（1）此规定在任何情况下，都应适用被请求国的法律；（2）不影响因任何其他双边或多边条约在刑事问题上全部地或部分地规定或将规定的相互司法协助而承担义务。

2. 进行司法协助的一般程序

进行司法协助的一般程序是：（1）提出请求。提出请求的程序一般由请求国的国内法决定，通过外交途径提出，或至少要通过本国的司法行政部门提出。请求国对案件有管辖权，是提出司法协助要求的条件。（2）被请求国根据请求国的法律对司法协助请求进行审核。（3）被请求国根据当地（即执行地的）的法律实施司法协助。

思考题

1. 简述非法干扰民用航空安全的行为。
2. 简述我国《刑法》关于危害民用航空安全的规定。
3. 试述劫机犯罪的引渡、起诉和刑事处罚。

第十二章

民用航空涉外关系的
法律适用

民用航空涉外关系是指发生在国际航空运输领域中具有涉外因素的各种民事关系，又称为国际航空运输关系。与海事关系的法律适用问题相比，国际航空运输关系的法律适用问题历来未受到国际私法学界的重视，对此进行专门系统研究尚不多见。之所以形成这种局面，与国际航空运输本身的特点是分不开的。国际航空运输的发展离不开国际社会的协调与合作，国家之间制定的国际公约即统一实体法是调整国际航空运输关系的主要法律渊源，而且国际航空运输领域的国际公约如《华沙公约》等均规定了公约的优先与排他性适用，因此各国学者都将重点放在了对相关国际公约的研究上。但是我们也应看到，国际公约调整的范围毕竟有限，即使国际公约对某一问题作了规定，在有些情况下也需要依据国内法律规定进行解释，而且国际公约在制定过程中由于各国利益的冲突，在很多问题上难以达成一致，留下许多空白需要国内法律来解决，而各国国内法律的规定又存在着很大差异，不可避免会发生法律冲突，如何解决法律冲突，如何确定民用航空运输关系的法律适用就成为国际法学者迫切需要研究的问题。

在国际航空运输领域，解决国际航空运输关系的法律冲突问题主要依靠两种方法：冲突法解决方法①和统一实体法解决方法②。其中统一实体法解决方法占有重要的地位，是解决国际航空运输纠纷的主要方法。虽然统一实体法在解决国际航空运输纠纷中占据主要地位，但其调整的范围毕竟有限，即使国际公约对某一问题作了规定，在有些情况下也需要依据国内法律规定进行解决，因此冲突法的解决方法仍然会发挥作用。

国际航空运输领域主要存在航空器物权、国际航空运输合同、国际航空侵权三方面的法律关系，本章主要从这三个方面研究国际航空运输关系的法律适用问题，在此基础上，对我国的相关规定进行探讨并提出相应的立法建议。

---

① 通过国内立法制定冲突规范指明应适用的内国法或外国法，从而解决法律冲突。

② 通过国际公约制定统一规则直接规定当事人的权利与义务，从而解决法律冲突。

第一节 航空器物权关系的法律适用

物权是一定社会的财产所有和支配关系的法律表现形式，物权是权利人在法律规定的范围内按照自己的意志支配自有物或者依照授权支配他人的物，直接享受物的效益的排他性财产权。① 根据物权标的是动产还是不动产可将物权分为动产物权与不动产物权。物权关系，特别是不动产物权关系适用物之所在地法是国际私法调整物权关系法律适用的主要原则，而飞行器作为动产，由于其特殊性，在各国国际私法立法中历来作为物之所在地法原则适用的例外而规定了专门的冲突法规则。

一、航空器所有权关系的法律适用

所有权是指财产所有人依法按照自己的意志通过对其所有物进行占有、使用、收益和处分等方式，独占性支配所有物并排斥他人非法干涉的永久性权利。② 简言之，所有权是所有人依法对自己的财产享有占有、使用、收益和处分的权利。顾名思义，航空器所有权就是指航空器所有权人依法对航空器享有占有、使用、收益和处分的权利。所谓占有，是指所有人对航空器在事实上或法律上的控制，航空器一般为所有人所占有，有时非所有人也可以依法占有航空器，如航空器融资租赁期间，承租人对航空器的占有。所谓使用，是对航空器的性能加以利用，使用权一般由所有人直接使用，也可以依法由非所有人使用，如承租人在租赁期间对航空器的使用。所谓收益，是通过对航空器的占有、使用取得收益。所谓处分，是指航空器所有人依法对航空器进行处置，行使处分权。对航空器的占有、使用、收益、处分四项权利共同构成航空器所有权的内容。③

航空器所有权与一般民法意义上的所有权相比，具有以下特征：（1）航空器所有权的主体是航空器所有人，但有些国家将航空器经营人也看作航空器所有权的主体，如美国的通用惯例“根据6个月以上租约占有飞机的权利”。④（2）航空器所有权的客体是航空器，即飞机，各国对航空器的管理都存在特殊的规定，不仅受民法调整，同时还要符合行政法规的规定。（3）航空器所有权的取得、转让和丧失应当进行登记。

正是由于航空器所有权具有不同于一般财产所有权的特征，因此航空器所有权关系没有采用物权关系的主要法律适用原则——物之所在地法原则，而形成了以登记地国为主要连结点的法律适用原则。

（一）航空器所有权适用登记地国法

“航空器所有权适用登记地国法”是解决航空器所有权法律冲突的主要法律适用原

① 张俊浩．民法学原理．修订3版．北京：中国政法大学出版社，2000：382-383.
② 江平．民法学．北京：中国政法大学出版社，2000：347.
③ 吴建瑞．航空法学．北京：中国民航出版社，2005：72-73.
④ ［荷兰］Diederiks-Verschoor. 航空法简介．赵维田，译．北京：中国对外翻译出版公司，1987：199.

则。航空器作为动产，之所以没有像其他动产那样适用物之所在地法是因为航空器的流动性大，很难确定所在地。而且航空器价值巨大，各国为了便于管理，一般都规定了航空器的登记制度，航空器登记地国易于确定，因此，航空器所有权适用登记地国法在立法中得到了一致的采用。

首先从国内立法来看，很多国家在其国际私法或相关立法中作了规定。

——1978 年《奥地利国际私法》第 33 条第 1 款规定："经备案或登记于一注册处的水上或空中运输工具的物权，除第 2 款另有规定外，依注册国的法律。"①

——1984 年《秘鲁民法典》第十编"国际私法"第 2092 条规定："因所有权证书或注册而发生的交通工具物权的创立、转移和消灭，依发放此证书国家的法律或注册发生地法。"②

——2002 年 3 月 1 日生效的《俄罗斯联邦民法典（第三部分）》第四编"国际私法"第 1207 条关于"船舶和航天器物权的准据法"规定："需经国家注册的航空器和海洋船舶、内航船舶、航天器的所有权和其他物权及其行使和保护，依其注册地法。"③

其次从国际立法来看，规定"航空器所有权适用登记地国法"既有区域性条约，也有国际性条约。区域性条约如 1928 年在第六届美洲国家会议上通过的《布斯塔曼特法典》，该法典在第二卷第三篇第一章"船舶和飞机"中规定了船舶和飞机所有权转移、消灭应依船旗国法和登记地国法。国际性条约有一定代表性的当属 1948 年 6 月 19 日订于日内瓦的《关于国际承认航空器权利公约》，公约第 2 条第 2 款规定："除本公约另有规定外，登记本公约第 1 条第 1 款④所列的任何权利对第三者的效力，根据该项权利登记地的缔约国的法律确定。"

（二）最密切联系原则的优先适用

最密切联系原则是现代国际私法领域解决民事关系法律适用的重要原则，它的基本主张是：某一法律关系应适用与该法律关系本质上有最密切联系的国家的法律。最密切联系原则抛弃了传统国际私法中确定连结点的机械做法，要求法官对与法律关系有联系的众多因素进行考察，从而决定最终应适用的法律。最密切联系原则实现了法律选择方法上的飞跃，是现代国际私法理论中原则性与灵活性、主观性与客观性相结合的典范。

最密切联系原则运用于航空器所有权关系，只是作为航空器所有权适用登记地国法的补充，只有极少数国家采用。例如，德国《关于非合同债权关系和物权的国际私法

---

① 李双元，欧福永，熊之才．国际私法教学参考资料选编．北京：北京大学出版社，2002：368.

② 李双元，欧福永，熊之才．国际私法教学参考资料选编．北京：北京大学出版社，2002：512.

③ 张洪波，姚晓南，译，刘慧珊，校．俄罗斯联邦民法典：第四编国际私法∥中国国际私法与比较法年刊：第五卷．北京：法律出版社，2002：619.

④ 1948 年《日内瓦公约》已于 1953 年 9 月 17 日生效。公约第 1 条第 1 款规定："缔约各国承允，承认：（一）拥有航空器所有权的权利；（二）航空器占有人通过购买取得该航空器所有权的权利；（三）租赁航空器为期六个月以上的使用航空器的权利；（四）为担保偿付债务而协议设定的各种航空器抵押权和任何类似权利，但这些权利必须符合下列条件：（1）权利的设定符合该航空器进行国籍登记的缔约国在设定该权利时的法律，并（2）经合法地登记在该航空器进行国籍登记的缔约国的公共登记簿内。这些权利连续在不同缔约国中登记的合法性，按照每次登记时该航空器进行国籍登记的缔约国的法律予以确定。"中国民用航空总局政策法规司．国际民用航空条约汇编．北京：中国民航出版社，2005：67.

立法》第 45 条（交通工具）第 1 款规定：对空中、水上和轨道交通工具的权利适用来源国法律。即（1）对于飞行器为国籍国①；（2）对于水上交通工具为注册登记国，否则为船籍港货船籍所在地国；（3）对于轨道交通工具为入境许可国。第 46 条（实质性更密切联系）规定：如果存在比依照第43~45条所确定的法律具有更密切联系的另一国法律，则适用该国法律。②

二、航空器抵押权的法律适用

著名法学家史尚宽先生在其《物权法论》一书中指出："抵押权，谓债权人对于债务人或第三人不移转占有，继续使用收益，而供担保之物（原则上为不动产），于债务不履行时，得就其卖得价金受清偿之担保物权。"③ 从史先生的论述我们可以看出，抵押权为担保物权，其目的在于担保债务的清偿，抵押权之设定，不移转抵押物的占有，而抵押物原则上为不动产。对于动产可否作为抵押物呢？从法理角度讲，动产除物权变动需登记者外，其他皆不适合为抵押物。而航空器等交通运输工具，作为"可登记的动产"，由于其价值巨大，各国立法均将其作为可抵押的财产。

何为航空器抵押权？航空器抵押权是指债权人将抵押人提供的作为债务担保的航空器，在抵押人不履行债务时，可以依法拍卖，从卖得的价款中优先受偿的权利。虽然各国法律允许将航空器作为抵押物，但对于航空器抵押权的设立方式各国法律却存在着不同规定，如有些国家允许当事人通过合同或协议设立，而有些国家还需要经过登记。对于航空器抵押权的法律冲突主要适用航空器登记地国法解决。

1931 年，航空法专家国际技术委员会曾起草了《关于抵押权、其他不动产担保与航空特权的公约》，该公约草案规定：在本公约意义上，航空抵押权，不论其名称与起源如何，应理解为一种填具在公布权利注册簿中的，指定用飞机作偿付的，其价额与填具数额相等的债务的不动产担保。这种权利必须依飞机国籍登记国法而设立。1948 年《日内瓦公约》延续了这一规定，该公约第 1 条规定："缔约各国承允，承认：……（四）为担保偿付债务而协议设定的各种航空器抵押权和任何类似权利，但这些权利必须符合下列条件：（1）权利的设定符合该航空器进行国籍登记的缔约国在设定该权利时的法律，并（2）经合法地登记在该航空器进行国籍登记的缔约国的公共登记簿内。"

航空器抵押权适用登记地国法主要有以下理由：（1）航空器抵押权的设立是由于航空器作为"可登记的动产"的性质决定的。航空器等交通运输工具之所以可以作为抵押物是因为航空器所有权的设立、变更必须经过登记，只有这种"可登记的动产"才可设立抵押权，而不需登记的动产，其转让极为容易，若抵押人将抵押之动产转卖，不需要登记，抵押权便有落空可能，因此各国是不允许一般动产作为抵押物的。既然航空器抵押权的设立与"登记"密切相关，适用登记地国法就是顺理成章的事情了。（2）航空器流动性强，很难确定所在地，和航空器所有权关系一样，航空器抵押权不宜适用物之所在地

① 航空器具有登记地国家的国籍，一般情况下国籍国即为登记地国，见本书第二章第二节关于航空器国籍的论述。

② 李双元，欧福永，熊之才．国际私法教学参考资料选编．北京：北京大学出版社，2002：338.

③ 史尚宽．物权法论．北京：中国政法大学出版社，2000：260.

法。(3) 航空器抵押权适用登记地国法不仅合理而且最为有效，便于实行。①

三、航空器优先权的法律适用

物权的优先权亦称物权的优先效力，其基本含义是指权利效力的强弱，即同一标的物上有数个利益相互冲突的权利并存时，具有较强效力的权利排斥或先于效力较弱权利的实现。② 航空器的优先权是指债权人依照有关法律规定，向航空器所有人、承租人提出赔偿请求，对产生该赔偿请求的航空器具有优先受偿的权利。③各国一般规定，因对航空器的救援而产生的债权可以优先受偿。

航空器优先权适用法院地法是国际上解决航空器优先权法律冲突的主要法律适用原则。1948 年《日内瓦公约》第 4 条规定："根据援救或者保管航空器的活动终结地的缔约国的法律，由于下列事项对航空器产生的求偿权，缔约国应当予以承认，并且此项权利优先于对该航空器的所有其他权利：(一) 援救航空器的报酬，或 (二) 保管航空器必需的额外费用。……上述权利应当在援救或保管工作终了之日起三个月内进行登记。前款规定的三个月期限届满后，缔约国即不再承认上述权利，除非在此期限内 (1) 此项权利已按第三款规定进行登记；并且 (2) 权利金额已经经协议确定或就此项权利已提起了司法诉讼。在司法诉讼情况下，该期限的中断或中止由受理案件的法院地法律确定。"从本条规定可以看出，《日内瓦公约》规定了救助和保管两项优先权，所适用的法律为活动终结地法。通常情况下，活动终结地的缔约国法律就是法院地国法律，而且对于优先权三个月期限的中断和中止明确规定由受理案件的法院地法确定。

航空器优先权适用法院地法就是由法院地法决定以下内容：(1) 民用航空器优先权的项目；(2) 优先权各项目之间的受偿顺序；(3) 民用航空器优先权与其他权利之间的受偿顺序；(4) 民用航空器优先权的产生、转让和消灭。

同海商法中船舶优先权适用法院地法一样，航空器优先权适用法院地法是国际上的通行做法，有利于保护航空器优先权人的利益，客观上可以鼓励救助航空器的正义行为。④

第二节　国际航空运输合同关系的法律适用

一、国际航空运输合同与运输凭证

(一) 国际航空运输合同的概念和特征

国际航空运输合同是旅客、托运人和承运人及其代理人依法达成的，确定他们之间

---

① 赵维田．国际航空法．北京：社会科学文献出版社，2000：413.

② 江平．民法学．北京：中国政法大学出版社，2000：326.

③ 吴建瑞．航空法学．北京：中国民航出版社，2005：76.

④ 曹三明，夏兴华．民用航空法释义．沈阳：辽宁教育出版社，1996：404.

在国际航空运输中权利义务关系的协议。国际航空运输合同从运送对象来看，可分为国际航空旅客运输合同、国际航空行李运输合同和国际航空货物运输合同。① 与一般合同不同，国际航空运输合同是通过旅客购买机票、托运人通过承运人填写货运单达成的，从性质上来讲，航空运输合同属于附和合同，因此具有附和合同的特征。

所谓附和合同又称标准合同、格式合同，它是利用格式条款②所订立的合同。附和合同的特征是，约定双方权利与义务的合同条款或条件是由一方拟定的，而且合同条款是不可以协商的，因此，国际航空运输合同的条款或条件是由承运人（一般为航空公司）事先拟定，旅客或托运人只能表示接受或不接受，而无权就合同条款与承运人进行协商，旅客、托运人与承运人处于不平等的地位。为避免合同条款或条件的不公平，各国一般就当事人的基本权利义务及责任制定专门法规加以规定，承运人所提供的格式合同不能违反相关法律规定。为统一各国航空公司的合同条款，国际航空运输协会制定了大量的运输共同条件，对国际航空运输合同的内容加以规范，这些运输条件被各国采用之后，构成了国际航空运输合同的组成部分。

（二）运输凭证的法律性质

一般来说，航空运输承运人与旅客或托运人并不签订具体协议，国际航空运输合同的成立是通过签发运输凭证来完成的，运输凭证是在国际航空运输中用来确定当事人权利义务关系的法律文件，在国际航空运输中具有重要的法律意义。对运输凭证的种类、性质，1929 年《华沙公约》第 3～16 条及 1955 年《海牙议定书》第 3～8 条作了全面规定。

公约规定的运输凭证包括客票、行李票和航空货运单，对于运输凭证的法律性质，《华沙公约》及《海牙议定书》作出了明确规定。

对于客票，《海牙议定书》第 3 条第 2 款规定，“在无相反的证明时，客票应作为载运契约的缔结及载运条件的证据。客票的阙如，不合规定或遗失，并不影响载运契约的存在或有效，载运契约仍受本公约规定的约束。……”。对于行李票，《海牙议定书》第 4 条第 2 款规定，“在无相反的证明时，行李票应作为行李登记及载运契约条件的证据。行李票的阙如，不合规定或遗失，并不影响载运契约的存在或有效，载运契约仍受本公约规定的约束。……”。上述规定表明，客票及行李票是承运人与旅客订立国际航空旅客运输合同的证据，同时其记载的内容是合同的组成部分。

对于航空货运单，《华沙公约》第 11 条第 1 款规定：“在没有相反的证据时，航空货运单是订立合同、接受货物和承运条件的证明。”从本条规定可以看出，航空货运单既是承运人与托运人订立国际航空货物运输合同的证据，也是托运人交付货物、承运人接受货物的收据，航空货运单上记载的内容同样是运输合同的组成部分。

根据运输凭证所记载的内容，运输凭证的作用还在于：（1）根据运输凭证上记载

---

① 国际航空邮件运输合同也属于国际航空运输合同的一种，但由于华沙公约只适用于旅客、行李或货物的运输，公约第 2 条明确规定：“本公约不适用于按照国际邮政公约的规定而办理的运输。”因此本文并不涉及国际航空邮件运输合同。

② 格式条款是当事人为了重复使用而预先拟定，并在订立合同时未与对方协商的条款。

的出发地、目的地及约定的经停地点可以判断运输是否属于国际运输，是否受公约的调整。(2) 根据运输凭证上记载的内容可以决定运输合同纠纷的管辖法院，因为，《华沙公约》第 28 条规定："有关赔偿的诉讼，应该按原告的意愿，在一个缔约国的领土内，向承运人住所地或其总管理处所在地或签订契约的机构所在地法院提出，或向目的地法院提出。"运输凭证上均有出票地点、目的地等内容，据此可确定航空运输合同纠纷的管辖法院。

二、国际航空运输合同的主要法律适用原则

（一）国际条约优先与强制性适用的原则

一般来说，合同领域法律适用的首要原则是意思自治原则，即使有国际条约的存在，也允许当事人选择或排除适用。例如在国际货物买卖合同领域，调整国际货物买卖合同的《联合国国际货物销售合同公约》第 6 条就规定："双方当事人可以不适用本公约，或在第 12 条的条件下，减损本公约的任何规定或改变其效力。"《联合国国际货物销售合同公约》同《华沙公约》一样，同样属于实体法公约，其所调整的是国际货物买卖合同中双方当事人的具体权利与义务，缔约国的当事人完全可以在合同中约定所适用的法律，而不受公约的限制。

在国际航空运输领域，调整国际航空运输关系的国际公约均规定了公约的优先与强制性适用，以《华沙公约》为例，《华沙公约》有三条是规定公约的优先与强制性适用问题的。它们是：

第 1 条："本公约适用于所有以航空器运送旅客、行李或货物而收取报酬的国际运输。本公约同样适用于航空运输企业以航空器办理的免费运输。"

第 23 条："企图免除承运人的责任，或定出一个低于本公约所规定责任限额的任何条款，都不生效力，但合同仍受本公约规定的约束，并不因此而失效。"

第 24 条："(1) 如果遇到第十八（关于行李与货物的责任）、十九（关于旅客、行李或货物延误的责任）两条所规定的情况，不论其根据如何，一切有关责任的诉讼只能按照本公约所列条件和限额提出。(2) 如果遇到第十七条（关于旅客伤亡的责任）所规定的情况，也适用上项规定，但不妨碍确定谁有权提出诉讼以及他们各自的权利。"

从上述规定可以看出，公约的优先与强制性适用是缔约国的条约义务，各缔约国或将公约内容直接规定在国内立法中，或在相关立法中规定某一问题适用《华沙公约》之规定。例如，英国批准 1955 年《海牙议定书》后，就由《1961 年空中运输法》在英国赋予了法律效力。而且规定公约内容的《1961 年空中运输法》在英国应直接地、排他性地适用，而不必考虑英国的冲突规则。正如莫里斯在《戴西和莫里斯论冲突法》一书中指出："在联合王国《1961 年空中运输法第一附件》第 1 条之 (2) 规定的旅客、行李或货物的空中"国际"运输合同，由该法和《1962 年空中运输（补充规定）法》的规定排他地支配，代替了依据英格兰或苏格兰或北爱尔兰法律冲突一般原则而可能适用的任何其他国家的内国法。公约排除了自体法理论的运用，声明合同中的任何条款都是无效的，只要当事人试图通过该条款违反公约确立的规则，而不论是决定适用

的法律还是改变管辖的规则。因此，公约未给法律选择留有余地。”①

1999年《蒙特利尔公约》对公约的优先与强制性适用基本延续了《华沙公约》的规定且更加明确，《蒙特利尔公约》第29条规定：“在旅客、行李和货物运输中，有关损害赔偿的诉讼，不论其根据如何，是根据本公约、根据合同、根据侵权，还是根据其他任何理由，只能依照本公约规定的条件和责任限额提起，但是不妨碍确定谁有权提起诉讼以及他们各自的权利。在任何此类诉讼中，均不得判给惩罚性、惩戒性或者任何其他非补偿性的损害赔偿。”这就说明只要属于公约调整的事项，不论当事人以何种理由提起诉讼，均要适用公约的规定。

此外在公约的适用上还应注意一个问题，如果国际航空运输在《蒙特利尔公约》的缔约国之间履行，而这些缔约国同为华沙公约及其修订议定书的缔约国，在这种情况下，《蒙特利尔公约》应优先适用，即《蒙特利尔公约》优先于国际航空运输所适用的任何规则。②

（二）意思自治原则

意思自治在民法上就是契约自由原则，即任何人都有按照自己的意思缔结契约的自由，契约是双方当事人合意的产物，以合意订立的契约具有法律效力。而冲突法中的意思自治原则是指当事人可以自由选择合同应适用的法律，这是民法上的契约自由原则在冲突法上的体现，既然当事人可以自主订立契约，那么解决争议的法律也应该由当事人自主选择。基于此，意思自治原则自提出以来已成为各国公认的解决合同法律冲突的首要原则。

那么，意思自治原则是否也是解决国际航空运输合同的首要原则呢？回答是否定的。虽然意思自治原则并没有明确排除适用于国际航空运输合同，但意思自治原则在航空运输合同上的适用仍受到很大限制。这主要是基于以下原因：

（1）国际公约的优先与排他性适用是国际航空运输领域的强制性规则。众所周知，《华沙公约》在世界范围内已被各国广泛采用，按照公约的规定：航空运输合同的任何条款和在损失发生以前的任何特别协议，如果运输合同各方借以违背本公约的规则，无论是选择所适用的法律或变更管辖权的规定，都不生效力。③ 可见，按照公约的规定，缔约国当事人是不可以在航空运输合同中订立法律选择条款的。

（2）意思自治的核心是赋予当事人自行选择其合同所适用法律的权利，但现行国际航空运输合同的附合合同的性质剥夺了国际航空运输消费者群体的代表与承运人航空公司就运输合同中的法律选择条款于合同订立前进行磋商的机会，从而使意思自治失去了存在的条件。④

---

① 莫里斯．戴西和莫里斯论冲突法．李双元，胡振杰，杨国华，张茂，译．北京：中国大百科全书出版社，1998：1246.

② 参见1999年《蒙特利尔公约》第55条。

③ 参见1929年《华沙公约》第32条。

④ 柳芳．国际航空运输合同准据法问题研究．外国法译评，1999（3）：89.

（3）机票中关于适用公约规定的条款是缔约国当事人按照公约规定所必须作出的声明①，严格讲并不是法律选择条款。实践中，各国航空公司所出具的国际机票中均没有法律选择条款的内容。

此外也有学者认为，一些国家将国际航空运输合同归于消费合同，而一旦被归于消费合同，那么就有可能在法律适用上排除意思自治的因素，而排除法律选择的意义在于对消费者权益更好的保护。② 实际上，尽管有些国家对消费合同规定了自己的冲突规则，排除了意思自治的运用，但在规定消费合同法律适用时明确强调，本条不适用于运输合同。例如 1986 年《联邦德国关于改革国际私法的立法》第 29 条关于消费合同法律适用的规定中明确排除适用于运输合同。③ 应该说航空运输合同在许多国家仍然与其他合同一样可以适用意思自治原则。

尽管如此，虽然各国没有排除意思自治原则在国际航空运输合同领域的运用，但在司法实践中由于上述原因，意思自治原则基本没有发挥作用。

（三）最密切联系原则

最密切联系原则是 20 世纪冲突法研究的重要成果，自被提出以来已被广泛运用于国际私法领域。最密切联系原则在合同领域主要作为意思自治原则的补充被加以运用，其含义是指当某一法律关系在当事人没有选择应适用的法律或选择无效的情况下，由法院根据这一原则，在与法律关系有联系的国家中，选择一个与该法律关系本质上有重大联系，利害关系最密切的国家的法律予以适用。④

由于上文所提到的原因，意思自治原则并没有被运用于国际航空运输合同领域，这样就使得最密切联系原则成为调整国际航空运输合同法律冲突的主要法律适用原则。那么，何处是国际航空运输合同中的“最密切联系地”呢？在国际航空运输中，与航空运输合同法律关系有联系的地点主要有承运人住所地、承运人主要营业地、目的地、出发地、旅客及托运人的住所地、合同缔结地等。

在合同当事人没有选择法律时，规定承运人的住所地或主营业地为运输合同最密切联系地的国家较多。例如，2002 年《俄罗斯联邦民法典（第三部分）》第四编“国际私法”第 1211 条规定：“1. 在双方当事人没有协议选择合同准据法时，适用于合同有最密切联系的国家的法律。2. 如果根据法律、合同的条款或实质或者案件的综合情况并无其他结论，则实施对合同内容具有决定意义的履行的一方当事人，其住所地国或者主营业地国的法律，视为合同与之有最密切联系的国际的法律。3. ……以下一方当事人为实施对合同内容具有决定意义的履行的当事人……（6）运输合同中的承运

---

①《华沙公约》第 3 条规定：“（1）承运人运送旅客时必须出具客票，客票上应该包括以下各项：……（五）声明运输应受本公约所规定责任制的约束。”

② 唐明毅，陈宇．国际航空私法．北京：法律出版社，2004：299.

③ 1980 年欧共体国家订于罗马的《国际合同义务法律适用公约》首先明确规定了消费合同的冲突规则不适用于运输合同，运输合同和其他合同一样适用意思自治原则与最密切联系原则。该规定被许多国家采用，特别是一些最新立法，如 2001 年《立陶宛共和国国际私法》第 1.39t 条和 2002 年《俄罗斯联邦民法典》第 1212 条。

④ 赵相林．中国国际私法立法问题研究．北京：中国政法大学出版社，2002：257.

人……”[①] 可见，俄罗斯法律将承运人的住所地法或主营业地法作为最密切联系地法，在当事人没有选择法律时，作为首先考虑的法律而加以适用。

另外有些国家，虽然也将承运人的主营业地作为最密切联系地，但需要附加一些条件。例如，1986年《联邦德国关于改革国际私法的立法》第28条规定：当事人未选择法律时，“在财产运送契约中，可以推定它们同承运人在缔约时与主要营业处的国家有最密切的联系，只要这个国家同时也是装货地或卸货地或托运人的主要营业处所在地”。[②] 德国的这一规定实际上采纳了1980年欧共体国家订于罗马的《国际合同义务法律适用公约》的规定。[③] 上述规定采用了复合连结点确定应适用的法律，应该说复合连结点共同指定的法律一般是与合同有最密切联系的法律。

将承运人住所地或主营业地作为最密切联系地首先考虑是“特征履行说”在国际航空运输合同中的具体运用。“特征履行说”是大陆法系国家运用最密切联系原则的一种方法，它要求法院根据合同的特殊性质，以何方履行的义务最能体现合同的特性来决定合同的准据法。[④] 在国际航空运输合同中，承运人的履行最能体现国际航空运输合同的特征，而且承运人的住所地或主营业地往往也是合同缔结地。此外，乘客或者托运人应该意识到，他们对航空公司运输条件的承诺，意味着他将自己置身于承运人通常运作的法律制度之中；而且适用承运人住所地法或主营业地法能体现对同一航班乘客的平等保护。[⑤] 因此，在合同当事人没有选择法律时，应首先考虑适用承运人的住所地法或主营业地法。

在合同当事人没有选择法律时，也有些国家优先考虑旅客出发地或货物发送地。例如，美国《冲突法重述（第二次）》第八章“合同”第197条“运送合同”规定：“运送旅客或货物的合同的有效性及由该合同产生的权利，在当事人未作有效的法律选择时，依旅客出发地或货物发送地州的本地法。”美国之所以采用出发地或发送地，是因为一般情况下，出发地或发送地可能就是旅客的住所地和托运人的主营业地，适用旅客出发地或货物发送地州的本地法有利于保护旅客及托运人的利益。近年来，美国一直在世界范围内追求实现四个目标，即无限责任、绝对责任、住所地法以及第五管辖权。[⑥] 适用旅客住所地法可以使美国旅客依据美国法律获得高额赔偿，而不管事故发生在什么地方。因此，适用住所地法很可能成为未来解决国际航空运输合同纠纷的主要法律适用原则。

---

① 张洪波，姚晓南，译，刘慧珊，校．俄罗斯联邦民法典：第四编国际私法//中国国际私法与比较法年刊：第五卷．北京：法律出版社，2002：620-621.

② 联邦德国关于改革国际私法的立法：中文译本//李双元，欧福永，熊之才．国际私法教学参考资料选编．北京：北京大学出版社，2002：327.

③ 《国际合同义务法律适用公约》第4条“未作选择适用的法律”规定：“……四、货运合同不得适用本条第二款进行推定。在此种合同中，如在订立合同时，承运方有其主营业所所在地的国家亦为装运地、卸货地，或发货方主营业所所在地的国家，应推定合同与此国家有最密切联系。……”

④ 赵相林．国际私法．北京：中国政法大学出版社，2002：239.

⑤ 贺元骅．航空民商法研究．成都：西南交通大学出版社，2003：192.

⑥ Jonathan L Neville. IATA's Attempt to Modify International Air Disaster Liability. The Georgia Journal of International and Comparative Law; Summer. 3Ga. J. Int'l &Comp. L., 1999: 571.

应当注意的是，虽然各国法律为国际航空运输合同指明了最密切联系地，但这并不是绝对的，如果合同明显与另一国法律有更密切联系，则适用另一国法律。

第三节 国际航空侵权关系的法律适用

交通运输发展到今天，航空运输以其快捷便利的优势已成为国际间重要的交通运输方式，但随之而来的空难、劫机等空中侵权行为也不断涌现。发生在国际航空运输中的侵权行为，主要有以下几种情况：（1）发生在航空器内的侵权行为；（2）因航空器碰撞或航空器与其他物体碰撞所发生的侵权行为；（3）因航空器事故致旅客死亡或物品毁损的侵权行为；（4）航空器失事对地（水）面第三人造成的损害。对上述侵权行为法律冲突的解决，如果存在国际公约，应首先适用公约的规定；其次适用各国为解决航空侵权行为法律冲突所制定的专门冲突规范；最后，如果没有专门的冲突规范，则适用解决一般侵权行为法律冲突的冲突规范。

一、航空器内部侵权行为的法律适用

航空器内部侵权行为主要是指旅客之间或旅客和乘务人员之间发生的殴打、侮辱、性侵犯等行为。近年来，在世界范围内，航班上乘客实施性侵犯行为的数量不断增长，已成为航空器内部侵权行为的主要类型。① 航空器内部侵权行为由于不是由《华沙公约》规定的“事故”引起的损害，因此不属于《华沙公约》的适用范围，受害人如果追究加害人的责任，应该按照冲突规范指定的内国法解决。

对于航空器内部的侵权行为各国主要适用航空器登记地国法解决。例如，1982年《南斯拉夫国际冲突法》第29条规定：“如果造成损害赔偿之债的事件，发生在轮船上、在公海上或在航空器上，则轮船所属国法律或航空器登记国法律应视为造成损害赔偿之债的事实发生地法。”② 又如，1966年葡萄牙《民法典》第24条规定：“在港口或飞机场之外的船舶或航空器上完成的行为，适用船舶或航空器的登记地国家的法律。”

航空器内部侵权行为适用航空器登记地国法的主要理由是：

（1）航空器一般被作为一国的浮动领土，因此可以认为，航空器内部发生的侵权行为是发生在该航空器登记地国领土上的侵权行为，根据“场所支配行为原则”，在一国领土上发生的侵权行为就应该适用该国的法律，特别是当侵权行为发生在公海或无主土地之上时。

（2）航空器的日常管理要按照航空器登记地国的法律，接受航空器登记地国的管辖。在航空器内部发生的侵权行为适用登记地国法律，体现了对航空器登记地国的尊重，而且

---

① Judith R Karp. Mile High Assaults: Air Carrier Liability Under The Warsaw Convention. Journal of Air Law and Commerce: Fall. 66 J. Air L. & Com., 2001: 1551.

② 《南斯拉夫国际冲突法》第28条规定：对非合同的损害责任，依事实发生地法或结果发生地法，选择该二法律中对受害人最为有利者而适用之。

航空器的登记地国是明确并且唯一的，以航空器登记地国作为连结点，较易于确定。

（3）航空器在空中进行活动，而且飞行速度极快，航空器、乘客及机组人员与其飞越国领土之间的联系是偶然的，并且在很多情况下，很难证明侵权实施的准确时间以及侵权发生时航空器的位置，侵权行为地很难确定，一般认为应适用航空器登记地国法律更为合适。正如霍尼格（Honig）所说："高速飞行的飞机很快经过许多不能看见的国家边界，所以在很多情况下，很难决定一个事件是否发生在一个特定的国家境内，从而也不能去采用属地原则适用行为地法。"①

（4）一般来说，登记地国法就是承运人的主营业地所在国法律，与承运人存在着固定的法律联系。旅客选择乘坐某航空公司的客机不仅表明他对该航空公司商誉的信赖，有自愿接受该国法律管辖之意，因此，适用登记地国法律最能符合当事人之意思②，同时也有利于判决的承认与执行。

有的国家在实践中对航空器内部侵权行为适用侵权行为地法解决。它们认为，以航空器登记地国法为空中侵权行为准据法，无非视航空器与船舶相同，以登记地国法比之船旗国法。船舶上的侵权行为之所以适用船旗国法，盖因航海运送需要长时间航行，船上人员与船舶关系密切，且多航行在不属于各国控制的公海上。而航空器航行速度快，时间短，并非以在公海上空飞行为主，其经常在各国领域上空飞行，按照国际法之原则，一国对其领域上空，包括领海上空，享有绝对与排他之主权，故空中侵权行为应适用侵权行为成立时地面所属国法律。③

也有学者，如英国学者莫里斯认为，对于在一国领空中发生的侵权行为，应在航空器登记地国法和侵权发生时航空器所在领土上空的国家法律之间作出选择，如果不列颠飞机在从伦敦飞往罗马的过程中，一个乘客对另一个乘客实施了侵权，那么，根据侵权行为发生时航空器的地理位置而将英格兰、法国、瑞士或意大利法适用于责任问题，似乎有些勉强，一般应适用航空器登记国法律。如果侵权是在公海上空发生的，例如美国飞机在从旧金山飞往夏威夷的途中，位于太平洋的公海上空时，一个乘客攻击了另一乘客，那么，侵权行为地法就为英格兰普通法，应适用英格兰普通法支配侵权人的责任。④ 实际上，对于发生在公海上空的侵权行为，所谓适用英格兰普通法，也就是适用法院地法。

对于航空器内部侵权行为的法律适用，本书认为，除主要适用航空器登记地国法外，还可以考虑适用侵权行为当事人的共同属人法，如果侵权行为当事人具有同一国籍或在同一国家有住所或惯常居所，适用当事人的共同国籍国法、共同住所地法或共同惯常居所地法对当事人来说更加容易接受。共同属人法原则是各国解决一般侵权行为法律

---

① 王瀚，孙玉超．航空器上法律事实与行为法律适用问题比较研究．河北法学，2006（2）：41.

② A D Mcnair. The Law of the Air. 2nd ed. London，1937：270；C N Shawcross and Beaumont. Air Law. London，1951：360. 转引自赖来焜．涉外侵权行为问题之研究——国际私法的新发展．"台湾国立政治大学"法律研究所硕士论文．

③ 刘铁铮．论侵权行为之准据法//"台湾国立政治大学"法律学系法学丛书编辑委员会．国际私法论丛．6版．台北：三民书局，2000：13.

④ 莫里斯．戴西和莫里斯论冲突法：下．李双元，胡振杰，杨国华，张茂，译．北京：中国大百科全书出版社，1998：1411.

适用的主要原则，将其作为解决航空器内部侵权行为法律冲突的补充原则，可增加法律适用的灵活性，有利于航空侵权法律冲突的最终解决。

二、航空器碰撞的法律适用

对于因航空器碰撞或航空器与其他物体碰撞所发生的侵权行为，可分为两种情形：一是发生在一国领空内的碰撞，一是发生在公海上空的碰撞。对于因航空器碰撞或航空器与其他物体碰撞所发生的侵权行为如何适用法律，各国立法作出专门规定的较少，毕竟此类侵权行为出现的情况不多，对此作出较全面规定的当属《布斯塔曼特法典》。该法典第289~294条确立了以下法律适用原则：（1）在领海或领空内发生的意外碰撞事件，如碰撞各方属于同一国旗，适用该国的法律；如碰撞各方不属于同一国旗，则适用当地法律。（2）在公海或其上空发生的意外或有过失的碰撞事件，如碰撞各方属于同一国旗，适用该国法律；如碰撞各方不属于同一国旗，而碰撞是出于过失，则该碰撞事件应依被撞飞机的旗帜所属国家的法律调整。

在各国的司法实践中，一般的做法是，如果碰撞发生在具有相同国籍国的航空器之间，不论碰撞发生在何处，均适用航空器国籍国法即登记地国法；如果碰撞的航空器具有不同国籍，发生在一国领空内的碰撞事件，适用碰撞地法律，发生在公海上空的碰撞事件，适用受理案件的法院地法律。例如，意大利《航行法典》规定，在其他主权国家内的航空器碰撞适用侵权行为地法，而在公海等无主权地域的地区碰撞时适用意大利法。① 也有国家主张，当碰撞的航空器不具有同一国籍时，适用被碰撞或受害一方的航空登记地法，这是出于保护受害一方利益的考虑。

从各国已有的关于此类侵权的冲突规则及相关判例来看，在保留上述传统法律适用原则的同时，也增加了一些新的考虑因素，体现了新的倾向。比如，1965年美国哥伦比亚特区巡回上诉法院在审理特拉蒙塔纳案时，对赔偿责任问题就适用了加害一方航空器登记国的法律。该案的受害人是一个住在美国马里兰州的居民，他在巴西乘坐一架美国海军的飞机时，在里约热内卢上空被一家巴西航空公司的飞机碰撞而致死。原被告之间就适用什么法律发生很大的争执。根据巴西航空法的规定，对航空事故伤亡者的最高赔偿费为10万科鲁塞罗，远低于美国法律规定的赔偿费用。根据传统的空中侵权行为法律适用原则，在被碰撞一方没有过失的情况下，应该适用被碰撞方，也就是美国的法律，但是巡回上诉法院却适用了巴西的航空法，理由是巴西是最关心此案赔偿问题的国家，它的航空法是为了保护它年幼的航空运输事业而订立的，因此考虑到利益因素，应该适用巴西的航空法。②

三、因航空器事故致旅客伤亡或物品毁损的法律适用

对于因航空器事故致旅客伤亡或物品毁损的侵权行为，目前主要适用有关国际公约

---

① 王瀚，孙玉超．国际航空运输领域侵权行为法律适用问题研究．河南省政法管理干部学院学报，2006(1)：76.

② CMV Clarkson. Jaffey on the Conflict of Laws. London：Butterworths，1997. 转引自赵相林．国际私法．北京：中国政法大学出版社，2005：317-318.

即《华沙公约》体系的规定。这主要是因为航空活动的国际性突出，每一国际航班都载有不同国籍的旅客，发生事故后，由何国法院管辖和适用何国法律存在很大的争议。而各国国内调整航空运输的法律差异较大，特别表现在赔偿的责任基础、赔偿的最高限额等方面，因此只有各国订立统一适用的国际公约才能更好地解决上述问题。正因为有国际公约的存在，很多国家在立法中直接规定适用国际公约之规定。1997年《俄罗斯联邦航空法》第116条“承运人、经营者和发送者的责任承担原则”规定：“承运人对运输中的旅客和货物所有者所负责任，应按照俄罗斯联邦立法规定和俄罗斯联邦签署的有关国际条约规定处理，包括航空旅客运输的国际条约，航空货物运输的国际条约或者航空邮件运输的国际条约。”

虽然航空器事故致旅客伤亡或物品毁损的侵权行为主要适用统一实体法解决，但冲突规范仍会发生作用。冲突规范主要适用于以下情形：（1）运输不属于《华沙公约》界定的国际运输；（2）运输虽属于《华沙公约》界定的国际运输，但当事国非公约缔约国，或者一国为《华沙公约》缔约国，如美国，一国为《海牙议定书》缔约国，如韩国；（3）运输虽属于《华沙公约》界定的国际运输，但公约不可能解决所有问题，有些问题需要国内法加以解决，如适用何国法律决定谁为损害赔偿请求权人。

当适用冲突法解决航空器事故的损害赔偿时，首先要解决侵权责任与违约责任的竞合问题。因为这类侵权行为发生在作为承运人的航空公司与旅客或托运人之间，一般来说，承运人与旅客之间存在航空旅客运输合同，承运人与托运人之间存在航空货物运输合同，对于同一当事人，就会同时发生侵权行为损害赔偿请求权与合同不履行之损害赔偿请求权的竞合问题。

在出现侵权责任与违约责任竞合时，债权人不得提出双重请求，这已为各国法律所公认。但是，发生竞合时，二者的关系如何，请求权人如何主张权利，这不仅关系到争议的定性，而且影响到准据法的确定。如定性为侵权行为之债，应适用侵权行为之准据法；如定性为契约之债，则适用契约之准据法。①

四、航空器对地（水）面第三人造成损害的法律适用

航空器对地（水）面第三人造成损害主要是指飞行中的航空器坠落或从飞行中的航空器坠落下的人或物对地（水）面的人或物造成的损害。在国际航空运输中，由于航空器事故，不仅会造成承运人对旅客和托运人的赔偿责任，而且会造成承运人对地（水）面第三人的赔偿责任。对于此种侵权责任《华沙公约》并没有涉及，虽然为解决航空器对地（水）面第三人造成损害的赔偿问题，国际社会制定了1933年《统一航空器对地（水）面上第三人造成损害的某些规则公约》和1952年《关于外国航空器对地（水）面第三人造成损害的公约》，但由于1933年公约批准国只有五国②，作用极为有限；而1952年《罗马公约》参加国也只有26国，其中不包括美国、加拿大等航空大

---

① 刘铁铮．航空运送人对旅客损害赔偿责任之研究//“台湾国立政治大学”法律学系法学丛书编辑委员会．国际私法论丛．6版．台北：三民书局，2000：351.

② 参加公约的五个国家是比利时、巴西、危地马拉、罗马尼亚和西班牙。

国，欧洲则只有意大利、比利时与卢森堡参加。之所以如此，正如国际民航组织原法律局长米尔德（MILDE）所说："从1933年第一个《罗马公约》以来，各国所以不愿意成为该公约的缔约国，是因为该公约处理的是一种极少发生的事件，而又无不可克服的法律冲突和管辖冲突，在这个领域实行统一法律似无多大必要。"① 可见，统一实体法在航空器对地（水）面第三人造成损害的赔偿责任问题上，不像在承运人对旅客、托运人的赔偿责任上，发挥如此重要的作用，因此，冲突法在解决此类侵权行为时仍是主要的方法。

航空器对地（水）面第三人造成损害主要分为两种情况：一是损害发生在一国主权领域之内；一是损害发生在公海等一国主权领域之外的地面或水面。

对于第一种情况，各国一般规定适用侵权行为地法。例如，1992年《罗马尼亚关于调整国际私法法律关系的第105号法》第144条规定："飞机对陆地造成之损害适用损害发生地国法。"② 适用侵权行为地法是为维护行为地国的主权和社会公共利益，因为一旦发生事故，航空器对地面及水面造成的损害非常之大。以1999年大韩航空公司运输机在我国上海附近坠落为例，该次事件造成5人死亡、37人受伤，11幢建筑物、32家店铺、317户居民房屋受损。③ 正是由于损害发生地因此种行为蒙受的损失最大，故应适用侵权行为地法。

对于第二种情况，各国一般适用受理案件的法院地法律。因为损害如果发生在公海等一国主权领域之外，侵权行为地法律就无从适用，而只能适用法院地法律。但也有国家规定适用航空器国籍国法律，例如，1995年《越南社会主义共和国民法典》第835条规定："飞行器在国际空间或船舶在公海造成的损害赔偿，由飞行器或船舶国籍国法确定，但越南社会主义共和国海上交通法和航空法另有规定的除外。"从上述规定可以看出，即使适用航空器国籍国法，也不能违反法院地相关法律的规定。

第四节　我国民用航空关系法律适用的立法

一、我国的立法现状

我国调整民用航空运输的法律主要包括两个方面：一是国内立法。早期的国内立法主要由国务院和中国民航总局颁布实施的行政法规及规章所组成。随着我国国际国内航空运输的飞速发展，仅靠行政法规和部门规章已不能适应航空运输发展的需要，我国于

---

① M Milde. Tenth International Conference on Air Law. Air Law, 1979: 41. 转引自赵维田．国际航空法．北京：社会科学文献出版社，2000：387.

② 罗马尼亚关于调整国际私法法律关系的第105号法：中文译本//李双元，欧福永，熊之才．国际私法教学参考资料选编．北京：北京大学出版社，2002：286.

③ 由于坠落同时对上海市盛帆房地产公司开发的房地产项目造成损害，2001年盛帆公司将大韩航空公司起诉到我国法院，索赔金额高达4.3亿元人民币。详见2002年4月7日《北京青年报》"天价索赔4.3亿韩航上海坠机事件跨国纠纷开审"一文。

1995 年颁布了《中华人民共和国民用航空法》，这是我国调整航空运输的专门法律。二是我国签订的双边协定和参加的多边国际条约。截至 2005 年末，我国与其他国家签订了 98 个双边航空运输协定。① 参加了调整国际民用航空运输的三个主要公约，它们是 1929 年《华沙公约》、1955 年《海牙议定书》和 1999 年《蒙特利尔公约》。

（一）《中华人民共和国民用航空法》关于涉外关系法律适用的规定

1995 年 10 月 30 日，第八届全国人民代表大会常务委员会第十六次会议通过了《中华人民共和国民用航空法》，并于 1996 年 3 月 1 日起施行。《民用航空法》共计 16 章 214 条，对民用航空领域涉及的主要问题作了全面规定，是调整我国民用航空活动的专门法律。

《民用航空法》为国际航空运输关系的法律适用确定了几个原则：首先是国际条约的优先适用，即中华人民共和国缔结或者参加的国际条约同《民用航空法》有不同规定的，适用国际条约的规定；但是，中华人民共和国声明保留的条款除外。其次是国际惯例补缺原则，即中华人民共和国法律和中华人民共和国缔结或者参加的国际条约没有规定的，可以适用国际惯例。最后，《民用航空法》还规定了公共秩序保留制度，该法第 190 条规定："依照本章规定适用外国法律或者国际惯例，不得违背中华人民共和国的社会公共利益。"上述原则性的规定基本延续了我国其他法律如《民法通则》、《民事诉讼法》的类似规定。

《民用航空法》第十四章从民用航空器物权、民用航空运输合同以及民用航空器侵权三方面对国际航空运输关系的法律适用作了专门规定。

1. 民用航空器物权关系的法律适用

根据《民用航空法》第 185～187 条之规定，民用航空器所有权的取得、转让和消灭，适用民用航空器国籍登记国法律。民用航空器抵押权适用民用航空器国籍登记国法律。民用航空器优先权适用受理案件的法院所在地法律。

2. 民用航空运输合同关系的法律适用

《民用航空法》第 188 条规定，民用航空运输合同当事人可以选择合同适用的法律，但是法律另有规定的除外；合同当事人没有选择的，适用与合同有最密切联系的国家的法律。

3. 航空侵权关系的法律适用

《民用航空法》第 189 条规定，民用航空器对地面第三人的损害赔偿，适用侵权行为地法律；民用航空器在公海上空对水面第三人的损害赔偿，适用受理案件的法院所在地法律。

（二）国际条约在我国的适用

我国参加的航空私法条约主要有三个，它们是 1929 年《华沙公约》、1955 年《海牙议定书》和 1999 年《蒙特利尔公约》。

《华沙公约》全称为《统一国际航空运输某些规则的公约》，我国于 1958 年递交了加入通知书，自 1958 年 10 月 18 日起对我国生效。《华沙公约》是世界上第一个明确规

---

① 中国民航总局副局长高宏峰于 2006 年 2 月 14 日在国务院新闻办公室举行的新闻发布会上公布的数字。

定航空运输当事人权利和义务的公约，是调整国际航空运输关系最主要的公约，也是华沙体制中最基本的公约。

《海牙议定书》全称为《修订 1929 年 10 月 12 日在华沙签订的〈统一国际航空运输某些规则的公约〉的议定书》，我国于 1975 年 8 月递交了加入通知书，同年 11 月 8 日对我国生效。《海牙议定书》对《华沙公约》的修改主要有三方面：（1）将承运人对旅客身体伤亡的责任限额从《华沙公约》规定的 125 000 法郎提高到 250 000 法郎。（2）简化了对航空运输凭证的要求。（3）按普通法系“wilful misconduct”（故意的不良行为）的概念取代了实践中备受争议的法国国内法术语“dol”（故意造成损害的不法行为），代之以具体定义。

《蒙特利尔公约》全称为《统一国际航空运输某些规则的公约》，该公约于 1999 年 5 月 28 日在蒙特利尔召开的航空法国际会议上通过，于 2003 年 11 月 4 日正式生效。我国于 1999 年签署该公约，2005 年 2 月 28 日经第十届全国人民代表大会常务委员会第十四次会议审议批准加入，2005 年 7 月 31 日对我国生效。① 《蒙特利尔公约》取代了共同构成华沙体制的所有法律文件，是国际航空私法领域全新的公约。

在国际航空运输领域，我国参加的国际公约与我国国内法在适用上的相互关系可以表述为：国际公约的优先适用，国内法律的补充适用。这是由国际公约和国内法律的规定决定的。

从国际公约的规定来看，作为缔约国，只要发生了公约所调整的国际运输纠纷，不论是合同纠纷还是侵权纠纷，一律适用公约来解决，合同中任何旨在免除公约规定的承运人责任的条款均属无效。以 1999 年《蒙特利尔公约》为例，该公约有三条规定强调国际公约的优先与强制性适用：

第 1 条第 1 款规定：“本公约适用于所有以航空器运送人员、行李或者货物而收取报酬的国际运输。”第 26 条规定：“任何旨在免除本公约规定的承运人责任或者降低本公约规定的责任限额的条款，均属无效，但是，此种条款的无效，不影响整个合同的效力，该合同仍受本公约规定的约束。”第 29 条规定：“在旅客、行李和货物运输中，有关损害赔偿的诉讼，不论其根据如何，是根据本公约、根据合同、根据侵权，还是根据其他任何理由，只能依照本公约规定的条件和责任限额提起，但是不妨碍确定谁有权提起诉讼以及他们各自的权利。在任何此类诉讼中，均不得判给惩罚性、惩戒性或者任何其他非补偿性的损害赔偿。”

从我国国内法的规定来看，对于国际条约和国内法的关系，虽然我国无宪法性的法律规定，但我国现行的许多法律和司法解释对国际条约与国内法的关系却规定了明确的原则，主要是国际条约优先适用的原则。例如，1986 年《民法通则》第 142 条第 2 款规定：“中华人民共和国缔结或者参加的国际条约同中华人民共和国的民事法律有不同规定的，适用国际条约的规定，但中华人民共和国声明保留的条款除外。”据不完全统计，作出类似规定的法律、法规已近七十部。1996 年《民用航空法》也作出了同样的

① 根据中国加入时的声明，1999 年蒙特利尔公约在中国政府另行通知前，暂不适用于中华人民共和国香港特别行政区。

规定，该法第184条第1款规定：“中华人民共和国缔结或者参加的国际条约同本法有不同规定的，适用国际条约的规定；但是，中华人民共和国声明保留的条款除外。”

当所发生的国际航空运输纠纷不属于国际公约的调整范围或国际公约没有相关规定时，才可以适用我国的冲突规范找出解决争议的实体法。我国关于国际航空运输关系的冲突规范主要规定在《民用航空法》第十四章和《民法通则》第八章中，根据特殊法优于普通法的原则，首先应适用《民用航空法》中规定的冲突规范，当《民用航空法》没有规定时，再适用《民法通则》中规定的冲突规范。

如果根据我国冲突规范指明应适用我国法律，这时才可以适用我国的实体法解决国际航空运输中的损害赔偿问题。

二、对我国相关规定的完善

（一）《民用航空法》应否单独成章规定法律适用问题

国际航空运输关系的法律适用主要规定在《民用航空法》第十四章，共7个条文。在专门法律中单独成章规定涉外关系的法律适用始于1992年通过的《中华人民共和国海商法》，《海商法》第十四章用9个条文规定了海事关系的法律适用。众所周知，我国的国际私法规范主要规定在1986年《中华人民共和国民法通则》中，仅有9个条文，随着我国改革开放的进一步深入，对外交往的日益增多，我国关于涉外民事关系法律适用的规定已远远不能适应国际交往的需要。等待《民法通则》的修改或制定民法典或制定国际私法典在当时是不现实的，只有在专门法律中规定相关涉外关系的法律适用，以解决涉外案件适用法律无法可依的状况。以《海商法》为先例，以后的《中华人民共和国票据法》和《民用航空法》均设专章规定涉外关系的法律适用。应该说，三部专门法律中关于法律适用的规定填补了我国国际私法领域立法的空白，为相关涉外民事案件的解决提供了法律依据。

众所周知，我国正在起草《民法典》，“涉外民事关系的法律适用法”作为《民法典》草案的第九编已形成专家建议稿①、室内稿②等草案，其中均对国际航空运输关系的法律适用作了规定。这样就出现了一个问题，关于国际航空运输关系的法律适用是规定在基本法律民法典中还是规定在专门法民用航空法中。通过考察各国的航空立法，我们看出，由于航空法既调整行政管理关系又调整民商事关系，所涉及的内容非常之多，加之航空法专业性、行业性较强，因此航空立法有自己一套专门的体系，将法律适用单独成章规定在航空法中的几乎没有。各国一般将航空运输关系的法律适用问题规定在民法典或国际私法典中，而散见在航空法中的主要是指定适用公约的规定或原则性规定。例如，1997年3月19日生效的《俄罗斯联邦航空法》第116条第1款关于承运人、经营者和发送者的责任承担原则规定：承运人对运输中的旅客和货物所有者所负责任，应按照俄罗斯联邦立法规定和俄罗斯联邦签署的有关国际条约规定，包括航空旅客运输的

① 专家建议稿由费宗祎、刘慧珊、章尚锦起草，在中国国际私法学会《中华人民共和国涉外民商事关系法（专家建议稿）》基础上编纂。

② 室内稿由全国人大常委会法制工作委员会民法室起草。

国际条约，航空货物运输的国际条约或者航空邮件运输的国际条约。

考虑到各国的立法实践以及民法典“涉外民事关系法律适用法”的科学性与完整性，将国际航空运输关系的法律适用规定在民法典中，民用航空法中仅规定对某些实体问题的法律适用，或直接规定适用国际公约，如上述提到的“国际航空运输承运人的赔偿责任限额适用1999年《统一国际航空运输某些规则的公约》”，或直接规定某些问题按我国其他法律规定处理，没有必要设专章规定“涉外关系的法律适用”，若设专章规定则既破坏了民用航空法的体系，有画蛇添足之嫌，又不符合国际上民用航空法的立法趋势。

如果在民法典和民用航空法中均作出规定也是不妥的，因为立法上的重复规定反映了我国立法技术的落后，会造成立法资源的浪费，不仅如此，还要考虑两法规定的一致，以避免出现一国之内两部法律发生冲突的现象，因此，航空关系的法律适用以在民法典中主要规定为宜。

（二）对国际航空运输关系法律适用具体规定的完善

《民用航空法》第十四章“涉外关系的法律适用”对航空运输中所发生的三方面的法律关系，即飞行器物权关系、国际航空运输合同关系、航空侵权关系分别规定了应适用的法律，在规定法律适用的同时还对国内法与国际条约、国际惯例在适用上的相互关系作了规定，应该说还是比较全面的。而且《民用航空法》所规定的法律适用原则也与大多数国家的做法相一致，反映了航空领域国际私法的发展趋势。

《民用航空法》制定已近十年，十年来，我国航空运输发生了巨大的变化，而对航空运输关系的法律适用，我国学者也提出了各种建议，其中最有影响的是中国国际私法学会编撰的《中华人民共和国国际私法示范法》，民法典专家建议稿关于航空关系法律适用基本采用了《中国国际私法示范法》的规定。

《中国国际私法示范法》[①] 关于航空关系法律适用的规定如下：

“第88条【飞行器和其他运输工具物权】飞行器和其他运输工具物权，适用登记地法。

第101条【最密切联系】当事人没有选择法律的，适用和合同的最密切联系地法。在通常情况下，下列合同的最密切联系地法依如下规定确定：……

第120条【航空侵权】发生在飞行器内部的侵权行为，适用飞行器登记地国法。

飞行事故致使旅客伤亡、财物毁损的损害赔偿，适用飞行地登记地法或者侵权行为地法。

飞行事故对地面造成的人员伤亡、财物毁损的损害赔偿，适用事故发生地法。

飞行器碰撞的损害赔偿，适用无过失一方的飞行器登记地法。双方均有过失的，则适用受理案件的法院地法。”

与《民用航空法》相比较，《国际私法示范法》关于航空器物权的规定较为简单，关于侵权的规定较为全面。

对于航空关系的法律适用，本书认为应首先明确国际条约的优先适用，其次对航空

---

① 中国国际私法学会．中华人民共和国国际私法示范法．北京：法律出版社，2000.

运输中所发生的三方面的法律关系，即航空器物权关系、国际航空运输合同关系、航空侵权关系均应作出规定，最后还应明确，对于航空关系的法律适用，没有专门规定的可以适用本编的其他规定。

关于航空器物权关系的法律适用可以沿用现行《民用航空法》的规定，即“民用航空器所有权的取得、转让和消灭，适用民用航空器国籍登记国法律。民用航空器抵押权适用民用航空器国籍登记国法律。民用航空器优先权适用受理案件的法院所在地法律”。

关于国际航空运输合同关系的法律适用，首先应明确国际航空运输合同与国际条约的关系，可以规定：“中华人民共和国缔结或者参加的国际条约对与国际航空运输合同有关的问题有直接规定的，适用国际条约的规定。”其次再规定调整国际航空运输合同的冲突规范，即“民用航空运输合同当事人可以选择合同适用的法律，但是法律另有规定的除外；合同当事人没有选择的，适用与合同有最密切联系的国家的法律”。

关于航空侵权关系的法律适用，应结合现行《民用航空法》和《中国国际私法示范法》对以下问题分别加以规定：

发生在航空器内部的侵权行为，适用航空器登记地国法律。

航空器事故致使旅客伤亡、财物毁损的损害赔偿，适用航空器登记地国法律或者侵权行为地法律。

航空器碰撞的损害赔偿，适用无过失一方的航空器登记地国法律。双方均有过失的，则适用受理案件的法院地法律。

航空器对地面第三人的损害赔偿，适用侵权行为地法律。民用航空器在公海上空对水面第三人的损害赔偿，适用受理案件的法院所在地法律。

思考题

1. 简述航空器抵押权的法律适用。
2. 简述航空器优先权的法律适用。
3. 简述国际航空运输合同的主要法律适用原则。
4. 试述因航空器事故致旅客伤亡或物品毁损的法律适用。

高等院校法学专业规划教材

1. 法理学教程
2. 宪法教程
3. 民法总论教程
4. 民法分论教程
5. 行政法教程
6. 经济法教程
7. 刑事诉讼法教程
8. 民事诉讼法教程
9. 刑法教程
10. 商法教程
11. 侵权法教程
12. 婚姻与继承法教程
13. 知识产权法教程
14. 国际公法教程
15. 国际私法教程
16. 国际商法教程
17. 国际经济法教程
18. 国际投资法教程
19. 国际贸易法教程
20. 海洋法教程
21. 中国法制史教程
22. 外国法制史教程
23. 法律英语教程
24. 合同法教程
25. 公司法教程
26. 金融法教程
27. 税法教程
28. 票据法教程
29. 电子商务法教程
30. 仲裁法教程
31. 担保法教程
32. 保险法教程
33. 海商法教程
34. 破产法教程
35. 房地产法教程
36. 证券法教程
37. 物权法教程
38. 债权法教程
39. 环境与资源法教程
40. 国家赔偿法教程
41. 航空法教程（第2版）
42. 中国法律思想教程
43. 西方法律思想史教程
44. 世界贸易组织法教程